现代交通三大建设的实践与思考

郭剑彪　著

人民交通出版社

内 容 提 要

浙江在由区域小省、资源小省成为经济大省、市场大省的过程中，交通为经济社会发展提供了强有力的支撑和保障。如今，浙江交通人深入学习实践科学发展观，前瞻性提出现代交通三大建设的目标，即建设大港口、建设大路网、建设大物流。

本书收录了作者关于现代交通三大建设的思考与实践经验，可供交通运输行业管理者、建设者参考借鉴。

图书在版编目（CIP）数据

现代交通三大建设的实践与思考/郭剑彪著. --北京：人民交通出版社，2011.11
ISBN 978-7-114-07598-8

Ⅰ.①现… Ⅱ.①郭… Ⅲ.①交通运输业-经济建设-研究-浙江省 Ⅳ.①F512.755

中国版本图书馆 CIP 数据核字（2011）第 027868 号

书　　名：现代交通三大建设的实践与思考
著 作 者：郭剑彪
责任编辑：沈鸿雁　丁润铎
出版发行：人民交通出版社
地　　址：(100011) 北京市朝阳区安定门外外馆斜街 3 号
网　　址：http://www.ccpress.com.cn
销售电话：(010) 59757969，59757973
总 经 销：人民交通出版社发行部
经　　销：各地新华书店
印　　刷：北京鑫正大印刷有限公司
开　　本：720×960　1/16
印　　张：22
字　　数：345 千
版　　次：2011 年 11 月　第 1 版
印　　次：2011 年 11 月　第 1 次印刷
书　　号：ISBN 978-7-114-07598-8
定　　价：36.00 元

序

XU

浙江省是我国改革开放的先行省份，在交通运输方面同样如此。近年来，浙江省交通工作以科学发展观为指导，在省委、省政府的正确领导下，提出了建设大港口、大路网、大物流的现代交通三大建设的新思路，符合现代交通运输业发展规律，符合浙江交通运输的实际。大港口建设抓住浙江的优势所在，有利于拓展对外开放广度和深度，是建设上海国际航运中心的重要内容；大路网建设适应长三角一体化的需求，是区域、城乡统筹发展的基础保障；大物流建设体现浙江市场大省的特色，是推动结构调整转变发展方式的有效途径。过去的一年，经历了抗雪救灾、抗震救灾、奥运安保和严峻经济形势，浙江交通运输取得了骄人业绩，交通运输基础设施建设保持高强度投入，公路路网进一步完善，建成了杭州湾跨海大桥等一批重大项目；港航建设掀起高潮，宁波—舟山港货物吞吐量世界领先；交通大物流建设迈出实质性步伐，规划政策体系初步形成。

实践表明，现代交通三大建设坚持以科学发展观为统领，立足浙江省情，有效推进了现代交通运输业的发展。浙江发展交通新的思路、新的措施、新的经验和做法，对交通运输系统来讲，都可以很好地学习借鉴。《现代交通三大建设的实践与思考》一书汇集成册，是总结经验、学以致用、推动科学发展的有效方式。这本书凝聚了浙江省委省政府领导和交通厅同志们的心血，汇集了推进现代交通运输业发展的实践探索。希望浙江省交通厅继续以现代交通三大建设为抓手，解放思想、开拓创新，进一步深入贯彻落实科学发展观，加快推进现代交通运输业发展，为浙江经济社会发展和全国交通运输事业做出新的更大贡献！

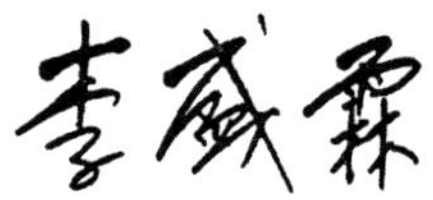

出版说明

CHUBANSHUOMING

交通运输面貌发生翻天覆地的巨变，使浙江这个区域小省、资源小省成为经济大省、市场大省。没有畅通的交通便没有一切经济发展的可能，交通为浙江经济社会发展提供了强有力的支撑和保障。

浙江省委委员、浙江省交通运输厅党组书记、厅长郭剑彪同志，自2006年10月上任以来，就开始思考：如何在原来浙江已形成“四小时公路交通圈”的基础上，让浙江交通向现代交通转型升级。郭剑彪边干边学、边学边干，2008年初，提出了发展浙江现代交通“三大建设”(即大港口、大路网、大物流)的战略思路，并积极探索转变浙江交通运输发展方式。郭剑彪同志有着丰富的经历。他研究生学历，曾任浙江省农业厅人事科教处干部、浙江省委组织部副主任科员，省土地管理局人事科教处副处长、建设用地处处长，宁波高新技术园区开发公司总裁，1997年6月任省体改委主任助理，1998年2月任省经济体制改革委员会副主任、党组成员；后主持省经济体制改革办公室全面工作。2003年3月起任舟山市人民政府代市长、市长。正是由于郭剑彪在综合部门担任领导职务，使他具备把握宏观经济的能力；正是由于郭剑彪在地区政府担任过市长，使他拥有区域经济如何协调推进的宽阔视野，高度、广度、深度的完美结合，使他懂得浙江交通是处于什么阶段，交通重点是什么，如何抓好交通重点，怎样发展现代交通，怎样推动发展方式的转变。

交通在全社会固定资产投资中占有重要比重，在拉动内需、促进经济增长中居于重要地位。近年来，浙江在科学分析国内外、省内外经济社会发展和交通发展形势的基础上，始终坚持浙江交通仍处于大建设、大发展时期这一基本判断，始终保持高强度的交通基础设施投入。尤其是2008年以来，浙江克服重重困难，有力推进交通基础设施建设，取得了显著的成果。在2008年1月10日召开的浙江省交通工作会议上，浙江对今后五年交通发展面临的形势和任务早已作出正确认识、科学分析："今后五年既是浙江交通建设高潮的持续期，又是浙江交通发展的矛盾凸显期，也是浙江交通的转型发展期。必须继续保持昂扬向上、奋发有为的斗志，弘扬忠诚事业、甘于奉献、艰苦奋斗、争创一流的精神，走创业创新之路，全力谱写浙江交通发展的新篇章。"根据浙江省经济发展阶段和发达国家交通运输业发展经验，浙江省交通运输业正处于十分关键的发展时期：一是建设高潮的持续期；二是综合交通的整合期；三是现代物流的提升期；四是发展方式的转型期。

近年来浙江推动交通运输业科学发展的措施和做法，集中体现在做到"五个坚持"，推进"五个发展"。一是坚持以发展为第一要务，推进率先发展；二是坚持改革开放，推进创新发展；三是坚持以人为本，推进惠民发展；四是坚持统筹兼顾，推进协调发展；五是坚持转变模式，推进集约发展。

正是正确认识和准确判断经济社会发展形势，正确认识和判断交通面临的机遇和挑战，把握住浙江交通发展的阶段性特征，做到审时度势，清醒有为，乘势而上，才创出了令人震惊的浙江速度。凭着这样的远见卓识，浙江交通建设硬是呈现出蓬勃向上、生机盎然的发展春天。2006～2010年，浙江交通投资连续五年均位列全国首位，取得了现代交通三大建设的显著成就，极大推动了浙江经济社会持续较快发展。

深入学习实践科学发展观，浙江推进现代交通"三大建设"，即着眼于发挥海洋资源优势，构建对外开放新格局，增强浙江的国际竞争能力，建设大港口；着眼于融入长三角、辐射周边省，提高区域和城乡发展协调性，增强浙江区域经济实力，建设大路网；着眼于加快发展现代服务业，促进资源优化配置，增强浙江市场经济活力，建设大物流。

2008 年初提出的“三大建设”今后五年争取达到的指标分别是：

——大港口：全省沿海港口货物吞吐量突破 8 亿吨，集装箱吞吐量超过 1 500 万标准箱，其中宁波—舟山港货物吞吐量达到 6.5 亿吨，集装箱吞吐量达到 1 400 万标准箱。

——大路网：全省公路总里程达到 11 万公里以上，公路密度达到 110 公里/百平方公里；高速公路总里程达到 3 500 公里以上，具备条件行政村全部通上等级公路并实现路面硬化。

——大物流：建成 4 ~6 个综合性交通物流基地，培育 10 ~15 家专业化交通物流龙头企业，建成全省物流公共信息平台，市县也建设和培育出相应数量的基地和龙头企业，完成重点物流企业与信息平台的联网应用。

浙江交通人进一步解放思想、改革创新，更新发展观念、转变发展思路、破解发展难题、完善体制机制，以加快交通转型发展为主线，坚持适度超前、调整结构、统筹协调，大力推进现代交通三大建设，努力使浙江交通在学习实践科学发展观中走在前列，实现“两个率先”，更好地发挥经济社会发展“先行官”的作用。

目　录

MULU

理念创新篇

发展战略篇

实践探索篇

和谐发展篇

理 念 创 新 篇

新时期浙江交通转型发展的思考

（2007 年 7 月 20 日）

一、浙江交通已经进入转型发展的新时期

正确认识新时期浙江交通发展面临的形势，首先必须立足于国情、省情。21 世纪头 20 年，是我国的重要战略机遇期。抓住并用好这一战略机遇期，对于完成社会主义初级阶段的历史任务，实现全面建设小康社会的目标，具有极其重大的意义。从世界历史的角度来看，这个时期是中国实现民族复兴和平崛起的阶段，中国将从单一的政治大国转变为在各方面具有全球影响力的大国，尤其是将成为世界经济的主要发动机，进出口贸易会迅猛增长。

这个时期既是黄金发展期，又是矛盾凸显期。在这个时期，社会结构深刻变动，利益格局深刻调整，思想观念深刻变化，经济体制深刻变革。把握好这个时期的变化，防止出现“拉美化陷阱”，是国家的一个重要政治问题。大家知道，拉美曾经有一个经济快速增长的时期，但到了人均 GDP 超过 3 000美元的时候，由于没有妥善处理好社会问题，导致了经济停滞、政局动荡，更谈不上搞现代化。我在这几年的工作学习中不断理解“科学发展观”的内涵，也越来越感觉到“科学发展观”的重要性。浙江作为我国经济发达省份、体制改革先发地区，较早地遇到发展中的深层次矛盾和问题。一方面，这几年我省经济爆发式地发展，GDP 增长 13.1%，财政从 500 多亿元一下增长到 2 000 多亿元，我省人均 GDP 继 2005 年突破 3 000 美元之后，2006 年接近 4 000 美元，按照国际标准已稳步跨入中上等收入地区行列，这种发展速度没有一个专家能预测。另一方面，我省产业结构亟须转型，工业增幅持续趋缓，资源、环境、市场需求的“三重约束”同时并存，国际贸易摩擦、贸易壁垒也频频威胁浙江“块状经济”。要继续保持浙江的先行优势，必须全

面提升我省工业化、城市化、市场化、国际化水平。

在这样的国情、省情下，浙江交通发展面临着新的机遇和挑战。首先，从交通发展的外部宏观环境来看：

一是经济社会的持续快速发展给交通发展带来了巨大需求。省第十二次党代会提出今后五年总的奋斗目标是全面建设小康社会，继续走在前列。从经济指标来讲，在“十一五”规划期末人均生产总值达到40 000元左右，到2012年超过50 000元。实现这样的目标，全省生产总值年均增长将在9%左右。这必将持续产生出巨大的交通运输需求，在客观上驱动全社会加快交通发展，同时也意味着交通工作面临着更大的压力。

经过多年的努力，浙江的交通已经打下了很好的基础，本届政府五年的任务，我们四年就已经基本完成了。截止到2006年，全省公路总里程达95 310公里，其中高速公路2 382公里，居全国第五，等级公路通村率90.23%，通村公路路面硬化率80.76%；2006年年货物吞吐量突破4.23亿吨，集装箱吞吐量突破713万标准箱；内河通航总里程9 652公里，居全国第五，其中高等级航道1 066公里。本届政府五年，经济能保持13.1%这样的水平，如果没有浙江的交通发展作为支撑，也是做不到的。

我们交通不是以最后造好多少公里路为目的，最后的目的是满足经济社会发展对交通的要求。根据预测，“十一五”，浙江的公路客运量还将增长到19.1亿人次，客运的周转量要达到740亿人/公里，每年的增幅分别要达到5.3%、4.4%；货运量达到12.55亿吨，周转量达到420亿吨/公里，平均也要增长8.1%、2.9%。到2010年，具体到公路上，杭甬通道年均要达到20万辆/日，大部分通道也都在10万辆以上，远远超过目前各通道内公路的总通行能力。水运将呈现客运减、货运增趋势，货运量、货运周转量的年均增幅可分别高达8.9%、10.7%。到2010年，主要沿海港口货物吞吐量将达到6.1亿吨，主要内河航道运量将达到4.45亿吨。

面对如此大的需求，再来看我们交通的现实情况，我们只能说浙江的交通瓶颈制约只是得到了初步缓解，我们交通发展的不平衡性、不稳定性依然存在。“不平衡性”是指区域交通之间、城乡交通之间、建设和管理之间、公路和水路之间、任务和队伍之间发展不平衡。“不稳定性”是指目前交通供需关系处于脆弱的平衡中，一旦出现突发事件或者经济社会发展加速，交通瓶颈制约将可能重现。我之所以这么强调，就是想提醒新来的局长，要认识到交通工作任务还很艰巨,高潮期还要持续一段时间。我来厅里的时候也有些人跟我说,浙江交通已经发展的差不多了,后面的工作就轻松了。到了交通厅之后,我就马上发现这种想法完全错误,无论是高速公路、农村公路,还是港口、航道,建设任务还很重,而且管理上的工作也很多。

二是中央关于科学发展的一系列重大战略对交通发展提出了全新要求。十六届三中全会提出了以人为本、全面协调可持续的科学发展观,给交通系统各级各部门的发展思路、发展战略、发展模式带来了一次彻底转变。五中全会提出了制定国民经济和社会发展“十一五”规划的建议,随后部署了建设社会主义新农村、建设创新型国家和建设资源节约型社会、环境友好型社会等重大任务。这一系列重大战略为交通实现转型发展指明了方向,要求发展理念从侧重技术经济转向注重提高人民生活质量,体现“以人为本”和“人与自然和谐”,服务于构建社会主义和谐社会和建设社会主义新农村,最大限度地惠及民生民计;发展内容从偏重基础设施建设转向注重基础设施、运输服务和管理的全面发展;发展方式从效率优先转向效率与公平并重,增强交通运输的国土开发功能,促进区域、城乡协调发展;发展动力由注重依靠资源环境消耗、传统技术应用和劳动者数量投入转向清洁生产、科技创新和人力资源开发,以信息化、物流化提升运输效益,实现质量型、效益型的发展。总体发展阶段也要由目前的“得到缓解”和“基本适应”步入“全面适应”或“适度超前” 的新阶段,提前基本实现交通现代化。

三是国家加强和改善宏观调控改变了交通发展的外部环境。2003 年下半年开始,国家采取了一系列宏观调控措施,这对于保持经济又好又快发展,是完全必要和正确及时的。虽然宏观调控坚持“有保有压、区别对待”的方针,对交通重点建设项目原则上予以支持,但是在实际操作过程中,这一方针很难得到体现,大量必需、急需的交通重点建设项目受制于繁琐迟缓的审批手续。尤其是 2006 年下半年开始新一轮宏观调控,国家进一步收紧土地、信贷闸门,土地和资金制约骤然加剧。2007 年全省公路、水路建设至少需要土地 6.3 万亩,而有关部门初步只安排了 4.6 万亩,缺口很大。为此,省政府专门开会协调,最后我省重点工程用地中,交通占到了 60% 。同时,国家实行稳中偏紧的货币政策,交通建设的筹资难度增加。某种程度上讲,宏观调控形成了一种“倒逼机制”,迫使我们转变交通的传统发展模式,提高工作的规范化程度。要研究,前期工作怎么深化,工作效率怎么提高,包括运输业怎么通过科技创新、技术改造节能降耗。

四是党委、政府的关心支持和群众期盼是交通发展的强大动力。省委、省政府一直以来高度重视和关心支持交通工作，省领导亲自过问和协调交通发展中的重大问题，多次检查指导工作。市、县，党委、政府对交通工作也很重视，交通部门也是地位比较高的部门，这是我们有利的工作条件。省第十二次党代会布置了很多新任务，其中与交通有关内容很多，尤其是"着力推动经济建设，实现又好又快发展"中十个方面的工作与交通息息相关。党代会还首次明确提出要"发挥海洋资源优势，加快建设港航强省"，这对我们交通系统来讲是一个最大的机遇。赵洪祝书记在讲到关于加快临港工业发展和港航强省建设时说：省第十二次党代会明确提出了加快发展临港工业，建设港航强省的目标要求。临港工业发展和港航强省建设是我省发展海洋经济的重中之重，是浙江经济发展新的增长点，对我省充分发挥海洋资源优势，加快经济结构调整，提高综合竞争力，具有重要意义。当前全国各沿海城市临港工业和港口建设都在快速发展，这对我省发展临港工业和港口建设提出了更为紧迫的要求。

从大背景来讲，交通工作面临着这么多新形势、新要求和新任务。从我们本系统来讲，交通工作面临的形势是：

一是交通整体功能、整体效益未能得到发挥。以交通基础设施而言，第一表现在公路网络化程度不高，高速公路仍有不少"接口路"、"断头路"、"联网路"没有建成，加起来有 1 850 公里。第二是全省港航资源缺乏整合利用，建设港航强省任重道远。第三是公路、水路交通之间，公路、水路交通与铁路、航空、管道等其他交通方式之间，也缺乏综合规划，不能实现"无缝衔接"，甚至存在冲突、重复建设和无序竞争。第四是交通与经济社会的其他方面的发展协同性不够。交通发展与土地开发利用、生产力空间布局、新型城市化和环保、水利等专项规划等之间的协调有待加强。

二是行业管理的难度日益凸显。随着经济社会的发展和市场经济体制改革的深化，利益主体多元化、利益取向多极化、利益差别显性化成为当前社会的突出特点。我们交通行业涉及老百姓的面特别广，路政、航政、运政、稽征、质监等行业管理工作的外部环境都面临新的问题。譬如，路政方面，由于市场秩序没有根本好转，源头治理没有完全实现，车辆超限运输态势随时可能反弹；大量新建农村公路需要路政管理，但经费和人员都难以落实。

运政方面,主要问题是市场主体多、小、散、弱,管理成本高、效率低,发展农村客运难度大,班线开不起来,出租车行业不稳定等。稽征方面,由于费改税政策的影响,养路费征收的社会环境不利,变相偷逃乃至暴力抗法现象多有发生。安全、质量监管方面,关键是责任和制度不够落实,对于多元化的市场主体,安全、质量监管工作难以到位,长效机制尚未建立。

三是交通投资建设体制不能适应发展需要。在过去的建设高潮中,经济效益比较好的交通基础设施项目已经基本完成,今后随着建设重点向欠发达地区转移,交通项目的经济效益相对不明显,但政治和社会效益显著。而目前完全市场化的交通投资建设体制,不能适应这一发展需要。一方面原有的市场化融资渠道因为宏观经济环境变化而受到削弱,另一方面国有交通投资主体未能很好地发挥作用,过于看重眼前的效益。这给我们出了个既要交通率先发展、又要解决投资主体缺位的大题目。

四是队伍整体素质有待提高。经过多年的实践考验,交通系统有一支很好的干部职工队伍。但是,随着经济社会的快速发展,随着事业的不断进步,队伍的整体素质会显现出与行业发展需求不适应的矛盾,不少干部职工的政治思想素质、业务工作能力都需要大幅度提高。我们要认真审视自己这支队伍,努力地提高综合素质。

总之,浙江交通正处于提前基本实现现代化的关键阶段,既面临着前所未有的机遇,也面临着前所未有的挑战。在这个阶段,在这样的机遇和挑战之下,浙江交通发展呈现出以下几个新特点:一是从传统交通向现代综合交通转变。过去计划经济的色彩比较重,改革开放以后建设方面的任务比较重,主要精力放在交通自身管辖的公路、水路交通上,但是现在综合交通的概念对我们交通提出了挑战。这方面上海的理念比较先进,在考虑机场的时候就考虑高速公路,考虑出租车,考虑公交车;考虑港口的时候考虑整个集疏运体系。二是从陆域交通为主向水陆交通并重转变,港口航运的独特优势将得到充分发挥,其在经济社会和综合交通体系中的地位将得到历史性提升。三是从建设为主向建管并重转变,并逐步走向以管理为主。四是重点从发达地区向欠发达地区转变,这是交通自身完善网络的需要,也是现代化建设的必然需要。五是从追求数量、速度向追求质量、效益转变,切实改变粗放型增长方式,更多地强调结构调整、节能降耗、环境保护等要求,提高工程建设和管理服务质量,提高投入产出效益。

二、浙江交通发展需要树立新理念

在新的时期，面对新的形势和任务，浙江交通要实现又好又快的发展，首要是要全面落实科学发展观，树立全新的发展理念，大力建设惠及民生的交通工程。

一是树立港航强省的理念。浙江一直是一个资源小省，但我们有26万平方公里的海域，我们对海洋的认识需要大大深化。我们对海洋生物，海洋能源，海洋化学以及海洋环境保护利用远远不够。省第十二次党代会提出了港航强省战略，我们交通系统责无旁贷，更要增强这方面的意识。有几个概念要清楚：

(1)港口对浙江来讲就是油田、矿山、粮田、煤田，这些在宁波—舟山港已经变成事实。像石油，宁波—舟山港已经成为了国家四大石油储备基地，而且发展潜力相当大。

(2)要有港区的概念，把港口和后方腹地联系起来，作为整体来考虑。港口不是简单的几个码头，港口是一个市场，就像我们浙江的专业市场。所以我们要以宁波—舟山港为龙头，带动温台港、嘉兴港，通过浙北航道、钱塘江航道、杭甬运河三条水路延伸，还有公路集疏运体系。我们要通过做水路的文章，把公路的网络更加完善起来。这个集疏运体系不仅限于浙江，还要辐射到相邻的省份，重要战略物资还要辐射地更远，如铁矿要到武汉。

(3)港口物流功能多样化，货物品种上不是单一的集装箱。以后浙江港口发展格局中，集装箱是重要的一个货源，为把贸易成本降到最低程度提供便利条件。但这毕竟是有限的，集装箱发展是有拐点的，这是国际经验。浙江的人均资源占有量很少，只有利用“两种资源，两种市场”来发展，今后浙江港口在重要战略物资储运方面如油、矿、煤、粮等和游人码头等等，大有可为、大有文章。

(4)港口发展涉及多种行业。储运、物流、加工、贸易、金融、保险、船贷、货代、信息、口岸服务、造船、能源，还有临港工业，都与港口有关，可以延伸出许多产业。因此，港口发展需要很多相关部门的参与支持，没有这些部门的支持，港口不可能现代化。

二是树立“三个服务”的理念。交通部党组在去年的建设创新型行业工作会议上首次提出交通要努力做好“三个服务”，今年的全国交通工作会议将“三个服务”确立为今后一个时期交通工作的指导思想。“三个服务”的提出,既是对多年来交通实践经验的总结,也是对交通发展规律认识的深化,更是对交通工作全面落实科学发展观要求的新认识。首先,“三个服务”揭示了交通运输的本质属性,使交通工作根本立足点和最终目标定位到以人为本、服务于经济社会与人的全面发展,体现了科学发展观的精神内涵。其次,“三个服务”抓住了国家大力发展服务业的重大机遇。交通运输提供的生产性服务,面向国民经济的所有生产部门,服务过程贯穿于社会生产、流通的各个方面,是与国民经济其他生产部门关联度最高的行业之一;交通运输提供的消费性服务,与人民群众的生活息息相关,是惠及千家万户的普遍性服务,服务对象涵盖所有社会群体和个体。因此,明确交通运输的服务业性质,在当前的宏观调控形势下,更有利于保持在国民经济的基础性地位,得到国家优先发展的政策支持。第三,“三个服务”有利于推进行业自身提高服务水平,树立良好社会形象。今后一个阶段,从产业结构来看,是我省深入推进新型工业化的重要时期,产业结构将进一步优化;从消费结构来看,汽车、旅游等享受型消费比重将进一步上升;从城乡结构来看,将进入城乡一体化加速推进的时期。这些都对交通运输提出了更加高效率、更加多样化的要求。交通行业只有适应这种经济结构变动和人民生活质量提高的趋势,不断提高服务水平,才能促进文明创建,提升行业形象。通过树立“三个服务”理念,推动交通从传统产业向现代服务业转型,可以使交通在经济社会发展全局中找准定位,更好地发挥功能,体现自身的战略地位。

三是树立综合交通的理念。交通实际上是一个综合体系。现在的社会经济发展给我们提出了综合交通的概念。尤其是像浙江省,陆域10万平方公里的土地上,各种交通方式交织在一起,很密集,更要研究综合交通。公路、水路、铁路、航空、管道这几种交通方式,无论是不是交通部门管辖,都要有这种综合交通理念,建公路的时候就要想到铁路怎么办,航空怎么办,在规划上、在项目安排上有通盘的考虑。在体制方面,江苏省有了突破,我们省宁波、绍兴、温州也进行了有益尝试。

四是树立城乡统筹的理念。由于历史原因,我国长期实行城乡二元体制,使得经济社会生活的许多方面都存在城乡分割现象。随着现代化建设的推进,这种二元体制已经严重制约了我国经济社会的健康发展,阻碍了全面建设小康社会。十六届三中全会提出要统筹城乡发展,随后中央又提出要把握“两个趋势”，实行工业反哺农业、城市支持农村，最终作出了建设社会主义新农村的重大决策。交通系统要主动服从和服务于社会主义新农村建设，加快农村公路建设和运输发展。过去的几年，我们实施乡村康庄工程取得了很大成效，但今后的任务更加艰巨。第一，今后要实施的地区主要在山区、海岛、欠发达地区，集体经济薄弱，技术难度大、建设成本高，环境承受力差，因此必须要有更大的决心、更多的投入。第二，群众出行要求提高，配套设施尤其是安全设施要逐步完善，还要加快撤渡建桥步伐，这方面欠账较多，社会呼声又很高。第三，农村公路网络化程度低，农村客货运输成本相对较高，有了路跑不起车的现象普遍存在，这方面我们做了不少探索，但长效性的机制仍难以建立。同时，由于体制原因，城市公交延伸对城乡客运造成较大冲击。第四，就是新型农村公路养护管理体制尚未建立，农村公路的养护管理责任、养护管理资金来源有待落实。因此，交通部门要进一步强化城乡统筹理念，积极争取当地党委、政府的支持，加大对农村交通发展的投入，加快城乡交通一体化进程。

五是树立现代物流的理念。现代物流业实际上不是个新名词，但对浙江省来讲，在转变经济增长方式当中，发展现代物流业是恰逢其时。目前，我国社会物流总费用与 GDP 的比率高出发达国家 1 倍左右。如果测算一下，这个比率每降低 1 个百分点，就可以节约物流费用 2 000 亿元。所以说物流业的社会效益是非常好的。因此，我们应在远方面开始考虑，特别是运输管理，考虑如何调整运输结构，如何建立物流园区。长期以来，传统的管理内容、方式，包括政策举措都有问题。我们下一步要研究如何抓住这个运输行业中的亮点来制定新的政策举措，对于做得比较好的地方其经验要好好总结。

三、浙江交通发展的新思路和新举措

一是加快港航强省建设，更好地发挥全省港航资源的整体功能。以宁波—舟山港为龙头，整合全省资源，增强集疏运能力，形成“一个龙头”、“两个区域”（嘉兴港、温台港）、“三条主线”（浙北航道、钱江中上游航道、杭甬运河）的水运网络。

二是加快公路网络化建设，更好地发挥区域与城乡公路网络的整体功能。高速公路重点建设世界级跨海大桥（杭州湾跨海大桥、舟山大陆连岛工程金塘大桥和西堠门大桥等)和通往省外的"接口路"、省内的"断头路"、区域间的"联网路",干线公路重点强化配套、确保畅通,农村公路重点提高通达水平、健全管理养护体制。

三是加快交通体制建设,更好地发挥交通行业的整体功能。重点推进港口管理体制改革、高速公路建设与运营体制改革、农村公路管理养护体制改革。同时,加快发展现代物流,促进区域与城乡交通一体化;积极研究和协调建立综合交通体制。

按照以上的思路,在今后一个时期,需要采取以下一系列新举措,也就是"五个加强":

一是加强港航强省建设。积极稳妥地推进宁波—舟山港管理体制的统一,加快"三大基地"建设,并在宁波—舟山港的龙头带动下,着手整合嘉兴、温台港口资源,强化政府在港口开发中的主导作用,筹划组建全省港口联盟,增强浙江港口的整体实力。加快建设"煤、矿、油、箱和公共基础设施"五大类代表性工程项目,新建各类泊位 123 个(万吨级以上泊位 82 个),新增吞吐能力 3.22 亿吨,其中集装箱 920 万标准箱。到 2010 年末,沿海港口总吞吐能力超过 7 亿吨,集装箱吞吐能力超过 1 300 万标准箱。大力发展港口服务业、海运业,提高港口现代化水平。

二是加强公路路网完善。按照"抓两头、促中间"的思路,"十一五"期间,重点完善高速路网和农村路网。规划新增高速公路 1 700 ~ 1 900 公里,建成 3 座世界级跨海大桥和 4 条通往省外的接口高速公路、改建 6 条省内断头高速公路、16 条省内联网高速公路,新开工项目 800 公里,拓宽部分通行能力不适应的高速公路,我省高速路网基本完善。同时,服务社会主义新农村建设,新改建通村公路 32 500 公里,促进"整村搬迁、异地脱贫",使全省具备条件的行政村全部通等级公路和路面硬化,并按照规划有序地改造农村联网公路,加快建立健全"统一领导、分级管理,以县为主、乡村配合"的农村公路养护管理体制。

三是加强运输市场培育。完善省内大中城市之间和长三角地区主要城市之间的直达快速客运网络,发展以省内中心城市为节点的超长线路节点运输;大力发展农村客运,提高通达率和网络化程度;积极培育和扶持货运骨干企业,引导传统货运企业向现代物流企业转型;引导车船运力结构调整,发展大型化、专业化、节能环保型运力,提高运输效率和安全水平;鼓励海运业和内河航运业发展，提高水水中转和河海联运能力，保障我省战略物资运输。

四是加强行业自身建设。以建设“和谐交通”为总目标，推进行业自身建设。一要进一步规范建设和运输市场秩序，建设“诚信交通”；二要抓好行业安全生产和行业稳定，建设“平安交通”；三要加强交通法制建设，建设“法治交通”；四要实施“人才工程”，加强交通科研工作，建设“创新交通”；五要深化党风廉政建设和反腐败斗争，建设“阳光交通”；六要深入开展“作风建设年”活动，打造学习型、服务型、创新型、廉洁型和节约型机关，建设“效能交通”。

五是加强集约环保工作。要强化建设资源节约型、生态友好型行业的观念，建立交通能耗和污染物排放指标体系，加强交通节能环保技术的研究和推广；科学设置门槛，采用经济调节手段，鼓励和引导企业加强节能环保工作，淘汰高能耗、重污染的落后运力；提高工程前期工作水平，优化设计方案，尽量减少对耕地资源的占用和生态环境的影响，加强施工后的生态恢复工作。

全面贯彻落实科学发展观
推进转型发展　建设现代交通

(2007 年 11 月 7 日)

同志们:

每年一度召开厅党组理论务虚会,是一个很好的理论学习形式,有助于提高思想认识,把握行业规律,理清工作思路。今年,为了开好这次务虚会,厅里专门组织调研组分赴各市,深入县市广泛听取意见。昨天上午,会议安排了十七大报告的学习辅导,大家听得非常认真,下午分组讨论发言非常热烈。大家谈体会、谈问题、谈思路,思想十分活跃。今天上午,厅党组听了各小组讨论小结,集中大家的思想智慧,对我们班子启发很大,特别是对我本人。交通系统队伍确实是一支求真务实的队伍,既有理论又有实践,都谈到了点子上。

一个会议一般解决一两个问题,比如说我们七月份的局长学习会主要是以学习省十二次党代会精神为主要任务,研究分析我省交通的新形势,让大家认识到交通目前处于转型时期。这次会议主要是学习十七大精神为主要任务,共同探讨解决我们怎么转型的问题,虚实结合,更多的是考虑战略问题。这个战略问题主要有三个方面——战略思想、战略目标、战略任务。如果这三个问题明确了,那我们就明确了如何转型的问题。等到全省交通工作会议时,再来部署明年以及今后五年的工作。

下面,我代表厅党组作一个会议总结,主要谈三个方面的问题。

一、认真学习十七大精神,全面贯彻落实科学发展观

党的十七大是在我国改革发展关键阶段召开的一次十分重要的大会。大会高举中国特色社会主义伟大旗帜,承前启后,继往开来,为夺取全面建设小康社会新胜利、开创中国特色社会主义事业新局面作出了战略部署,是

进一步统一思想、振奋精神、凝聚力量、鼓舞干劲的大会，是团结、胜利、奋进的大会，在我们党和国家的发展历程中具有里程碑意义。

学习十七大精神，主要是要学好胡锦涛总书记的报告和修改后的党章。胡总书记的报告，分析了国际国内形势的新变化，鲜明回答了党在改革发展关键阶段举什么旗、走什么路、以什么样的精神状态、朝着什么样的发展目标继续前进的重大问题。报告回顾了党的十六大以来党和国家事业的新进展，总结了改革开放的伟大历史进程和宝贵经验，阐述了科学发展观的科学内涵和根本要求，明确了实现全面建设小康社会奋斗目标的新要求，对我国经济建设、政治建设、文化建设、社会建设和党的建设作出了全面部署。报告为我们继续推动党和国家事业发展指明了前进方向，是全党全国各族人民智慧的结晶，是我们党团结带领全国各族人民坚定不移走中国特色社会主义道路、在新的历史起点上继续发展中国特色社会主义的政治宣言和行动纲领，是马克思主义的纲领性文献。《中国共产党章程(修正案)》体现了党的理论创新和实践发展的成果，体现了党的十七大报告确立的重大理论观点、重大战略思想、重大工作部署，对坚持和完善党的领导、加强和改进党的建设提出了明确要求。

我们学习十七大精神，关键是要理出一个今后交通发展的战略思想，树立新的发展理念，这是交通工作的灵魂。我们在构思战略思想、战略任务、战略目标的时候一定要着眼于经济社会发展大局，着眼于贯彻十七大精神和省委要求，着眼于交通工作实际，把这三者结合起来。根据十七大精神，厅党组经过认真地调查研究，认为浙江交通下一步总体要求是要建设现代交通。

建设现代交通的关键是增强服务能力和水平。交通实际上是一个基础服务性产业，要按照交通运输部提出的做好“三个服务”，即服务于经济和社会发展全局、服务于社会主义新农村建设、服务于人民群众安全便捷出行。交通工作最后一定要落实到“服务”两个字，一定要增强服务能力和水平。这个服务能力包括三个方面，一是有没有完善的基础设施服务网络，二是有没有充足高效的运输服务能力，三是我们的队伍素质有没有达到较高的服务水平。如何落实好十七大精神，建设好现代交通，关键是要以“五个坚持”来推进“五个发展”。

(一)坚持以发展为第一要务，推进率先发展

2003 年所提出的浙江交通做到“两个率先”,即率先在全国同行业中实现现代化,率先在省内各行业间实现现代化,应当继续坚持,努力当好交通这个“先行官”。交通率先发展也是硬道理,才能为浙江全面建设小康社会这个大局服务。

交通对于经济社会发展具有基础性和先导性。基础性作用表现在交通提供的服务,贯穿于从生产到消费的各个环节,涵盖所有社会群体,“面向各行各业,联系千家万户”,国民经济和社会生活须臾离不开交通。先导性作用是指交通是经济社会发展的先决条件,资源开发利用、区域经济发展、对外开放、改善民生都有赖于交通的发展。我们可以作个假设,把高速公路从地图上拿掉,现在浙江能不能发展到这个程度？这是不可想像的。另外,交通基础设施建设需要一定的周期,重大项目从立项到设计、施工直至最后建成投产,至少需要 3 ~ 5 年,目前土地、环保等审批日趋收紧,时间更难控制。如果等经济社会发展达到一定程度,运输需求爆发性增长后,再开始建设,就会成为瓶颈制约。

十七大报告指出,要“积极支持东部地区率先发展”,“形成若干带动力强、联系紧密的经济圈和经济带”,“鼓励东部地区带动和帮助中西部地区发展”。中央将长三角定位为我国综合实力最强的经济中心、亚太地区重要的国际门户、全球重要的先进制造业基地、率先跻身世界级城市群的地区。胡锦涛总书记对浙江提出了“走在前列”的要求。要实现这些目标,必须首先实现交通的内外畅通,使人流、物流能够便捷地流动,使各种要素能有效地集聚和辐射。

浙江这几年的交通发展在全国来讲,虽然快了几步,但相对长三角率先发展的要求和面临的沿海地区乃至发达国家的竞争,我们仍需要努力,不能满足于过去的成绩之中,否则肯定落后。需要特别强调的是,我们所说的率先发展,是全面的率先发展,不但是数量、规模上的率先发展,还有质量、效益的率先发展。也就是说要在综合服务水平上要达到高水平,工程建设质量、运输服务质量、依法行政水平等都要走在前列,打响品牌,发挥榜样示范作用,这才是真正的现代交通。

(二)坚持改革开放,推进创新发展

十七大指出,“深入贯彻落实科学发展观,要求我们继续深化改革开放。要把改革创新贯彻到治国理政的各个环节,毫不动摇地坚持改革方向”。省第十二次党代会也提出了“创业富民，创新强省”战略，十二届二次全会进一步作出了扎实推进创业富民创新强省的决定，要求全面推进各项创新，努力打造全面创新型省份。应该讲，创新是浙江精神的灵魂，是浙江人最宝贵素质。正是因为创新，浙江才能从一个陆域资源小省发展成为经济大省、市场大省。交通作为一个老系统、老行业，特别要注重创新，改革一切不利于科学发展的体制机制。

推进创新发展，首先必须解放思想、转变观念。解放思想是发展中国特色社会主义的一大法宝，在交通发展中同样要毫不动摇地加以坚持。要根据浙江交通发展的新形势，树立港航强省、综合交通、“三个服务”、城乡统筹、现代物流等新理念，充分认识和正确把握现代交通发展的规律，“跳出交通看交通”、“跳出交通发展交通”，以大视野、长眼光来省思交通工作，理清新思路，采取新举措，打开新局面，与时俱进地推动交通事业发展。我们不能光埋头在行业内部抓工作，这几年建了那么多工程，对经济社会的作用那么大，但社会上仍然对交通有这样那样的意见，这是不少同志感到困惑和正在思考的问题。这次会议讨论中大家也都提到了这一点。不从经济社会发展全局来看交通，不把交通融入到党委、政府的全局工作中去，与满足人民群众的利益需要结合起来，我们的工作就会“吃力不讨好”，得不到理解和支持。

推进创新发展，关键是要推进交通行业体制机制改革。要根据事业发展的需要和经济社会发展的实际，来反思现行体制机制、政策法规、管理方式等方面存在的不适应、不协调之处，积极地加以调整、完善和全面改革，着力构建充满活力、富有效率、更加开放、有利于科学发展的交通体制机制。要从全局高度来谋划改革思路，制定改革方案，把握改革时机、节奏和力度，提高改革决策的科学性，增强改革措施的协调性，确保改革进程的有序性。

推进创新发展，依赖于交通科技进步和人才队伍建设。科学技术是第一生产力，人才资源是第一资源。交通是以技术应用为主的行业，未来我省交通发展任务十分繁重，对工程技术的要求也越来越高，更加需要推进交通科技创新，提高自主创新能力，攻克关键性技术，突破牵动性技术，普及应用型技术，提高科技对交通发展的贡献率，走新型工业化之路。要培养大批具有创新精神的优秀人才，造就有利于人才辈出的良好环境，充分发挥人才的积极性、主动性、创造性，建设规模宏大、结构合理、素质较高的交通人才队伍。

(三)坚持以人为本,推进惠民发展

以人为本是科学发展观的核心,是我们一切工作的出发点和归宿。省第十二次党代会鲜明地提出了"建设惠及全省人民的小康社会"目标,交通工作同样要坚持以人为本,以惠民便民为价值追求。

第一,要明确交通的公共服务导向。衣食住行是人的基本需求,必要的交通条件是实现人的发展权的基本前提。十七大报告的一大亮点就是关注民生、改善民生,将其作为构建和谐社会的主要任务,提出要"扩大公共服务"。发展交通就是改善民生、扩大公共服务的重要方面和保障条件。交通又是有着巨大"溢出效应"的产业,交通基础设施的社会效益大大超过单纯的经济效益。一条公路、一条航道、一个港口,它所带来的效益绝不仅仅限于实现了人和物的位移,而是彻底改变一个区域的区位条件,带动百业兴旺发达,带动群众创业致富。过去,我们在特定的历史条件下,运用市场的手段来投资建设交通基础设施,有其必要性,但这不能改变交通基础设施的公共产品属性。

第二,要进一步转变部门职能。要始终牢记全心全意为人民服务的宗旨,做到权为民所用、情为民所系、利为民所谋,努力实现好、维护好、发展好最广大人民的根本利益,以求真务实的作风推进交通各项工作,多干打基础、利长远的事,做到交通发展为了人民、交通发展依靠人民,交通发展成果由人民共享,坚决反对搞劳民伤财的"政绩工程"、"形象工程"。要从最大限度地满足人民群众交通需求出发,谋划我们的交通工作思路,转变交通部门行政职能,寓管理于服务之中,建设负责任部门、负责任行业。

第三,要大力改进行业风气。要积极倡导和大力弘扬"惠民、奉献、服务"为主题的交通文化,开展形式多样的文明行业创建活动,大力纠正行业不正之风,提高行业诚信度和服务水平。特别是要通过经济、法律和必要的行政手段,引导和督促从业者将安全和质量放到首要地位,保护人民的生命财产安全,为社会提供优质高效的服务。

(四)坚持统筹兼顾,推进协调发展

交通是个综合性系统,效用的发挥依赖于各部分的协调发展。要坚持统筹兼顾这一科学发展观的根本方法,增强发展的协调性,整体推进交通各项事业的发展。

一是要做到水陆并举，努力构建综合交通体系。各种交通方式有各自的特点、优势，需要衔接配套，形成综合优势，这样才能满足多样的运输需求，实现投入产出效益的最大化。十七大报告明确指出，要“加强基础产业基础设施建设，加快发展现代能源产业和综合运输体系”，而且十七大报告还提到要“加大机构整合力度，探索实行职能有机统一的大部门体制，健全部门间协调配合机制”。所以，作为公路、水路交通主管部门，要站在全局的高度，给党委、政府当好参谋，筹划综合交通体系建设，科学布局本区域内的公路、水路交通项目，与其他交通方式衔接配套。今后一个时期，要把加快建设港航强省作为交通协调发展的重要抓手，水陆并举，促进综合交通体系建设。要进一步提高对建设港航强省重要意义和科学内涵的认识，从开创对外开放新格局、促进产业结构升级、建设生态文明等角度来充分认识建设港航强省在推进浙江经济新一轮发展、全面建设小康社会中的突出地位和重大作用。

二是要做到城乡兼顾，进一步推进新农村建设。由于历史原因，我国经济社会发展呈现出城乡二元格局，长期以来城市、工业向农村、农业汲取资源、资金和人才，造成了经济结构畸形、消费能力不足、内需拉动乏力等经济问题，也带来了一系列社会矛盾。解决好“三农”问题，事关全面建设小康社会大局，始终是党和政府工作的重中之重。十七大再次强调要统筹城乡发展，推进社会主义新农村建设，并提出要“建立以工促农、以城带乡长效机制，形成城乡经济社会发展一体化新格局”，“加强农村基础设施建设”，“加大支农惠农政策力度”。交通是城乡交流的纽带，是农村全面奔小康的基础，在建设社会主义新农村、促进城乡一体化方面责无旁贷。发展农村交通，不是“恩赐”，而是我们的责任，是对农村、农民巨大历史贡献的“感恩”。进一步改善农村交通面貌，不但有利于建设社会主义新农村，也有利于推进新型城市化、工业化，有利于建设全民创业型社会。

三是要做到区域平衡，继续加大对欠发达地区的支持。无论全国还是浙江，都存在着区域发展不平衡的问题，十七大提出要推动区域协调发展，优化国土开发格局，并提出“缩小区域发展差距，必须注重实现基本公共服务均等化，引导生产要素跨区域合理流动”。这同样离不开交通，一方面，发展欠发达地区的交通本身是实现基本公共服务均等化的题中之义；另一方面，不同地区之间交通联结成网之后，生产要素才能跨区域合理流动，实现优化配置。我们要重点加大对欠发达地区交通发展的扶持，重大项目布局充分考虑支持欠发达地区发展；要突破行政区划界限，优先投资建设具有对外开放、贯通省外、区域联网功能的交通项目；要加快大通道、大枢纽建设，以大带小，以点带面，促进大中小城市和小城镇协调发展，促进产业带和城市群的形成。我们这里说的区域平衡还不单单指省内的，而要从整个长三角去看这个问题，一定要考虑我们周边省市的关系。现代经济的发展已经淡化了行政区划概念，一个省或市闭门搞发展肯定是不行的。与此相适应，交通首先要加快一体化，为区域平衡发展创造条件。

四是要做到建管并重，促进行业健康发展。交通部门要树立“建设是发展、管理也是发展”的理念，充分认识到行业管理工作的重要性、持久性，适应经济社会发展的新形势，提高管理的科学化程度，以管理促发展，向管理要效益。如果行业管理没跟上去，又快又好发展就无从谈起。我们要改变善于搞建设、不善抓管理的局面，学会两手抓、两条腿走路，善于统筹兼顾、协调发展，切实强化行业管理工作，促进行业健康发展。

（五）坚持转变模式，推进集约发展

转变经济发展方式是贯彻落实科学发展观、实现经济又好又快发展的必由之路。交通的发展模式要从外延粗放型向内涵集约型转变，产业形态要从传统产业向现代服务业的转型。

交通集约发展需要科学规划，形成布局合理、功能完善的交通基础设施网络。不同的交通基础设施具有不同的功能，但又必须成网贯通，才能发挥规模效益、整体效益。要处理好全局和局部的关系、长远和当前的关系，在科学预测的基础上，并根据实际可能，编制交通基础设施规划，合理布局重大交通项目。我们现在不少规划是几年前编制的，随着形势的发展，具体实施上会有问题，需要抓紧进行修编。各种规划之间要衔接，公路规划与港航规划，高速公路规划、干线公路规划与农村公路规划，港口布局规划与港口总体规划、各港区详规，全省交通规划和地方交通规划，还有与铁路、航空规划，都要注意衔接。

交通集约发展需要积极引导运输结构调整，发展现代物流。要调整车船运力结构，提高运输效率，降低运输成本，满足安全、环保、节能及防止超限运输的要求；调整市场主体结构，促进经营主体集约化、规模化经营和规范化服务，形成由大型骨干企业发挥主导作用、中小企业和零散经营业户有序参与、分层次竞争的市场格局;调整运输经营结构,优化运输生产的组织方式,完善运输网络,加强信息化建设,发展现代物流,推动浙江由道路运输大省、航运大省向道路运输强省、航运强省转变。

交通集约发展需要牢固树立生态文明观念,努力建设资源节约型和环境友好型行业。交通不可避免地要耗费资源,关键是要最节约、最有效地使用资源,使资源的利用价值得到充分发挥。交通要影响环境,这也是客观现实,关键是要对生态环境实行最大限度地保护,最小程度地影响和最强力度的恢复。我们要按照十七大提出的建设生态文明的要求,推广10月份衢州现场会的经验,进一步推动交通行业资源节约和节能减排工作,尤其是要十分珍惜和集约利用土地资源、线位资源和岸线资源,加强交通建设中的环境保护,减少公路、水路运输的单位能耗和污染物排放。

前面我讲的这"五个坚持",是现代交通的基本要求,体现了十七大的精神,与昨天中央经济会议的"五个要求"也是基本吻合的。

二、正确分析我省交通发展现状,牢牢把握战略机遇

改革开放近三十年来,浙江交通在省委、省政府和交通运输部的正确领导下,通过全系统干部职工的共同努力,取得的成绩有目共睹,为浙江经济社会的发展提供了强有力的保障。但我们也要清醒地看到今后浙江交通的发展肩负着更为艰巨的任务,前进道路中还面临着很多困难和问题。十七大再次明确了到2020年全面建成小康社会的奋斗目标,省第十二次党代会明确今后五年浙江要在圆满完成"十一五"规划的基础上,建设惠及全省人民的小康社会,继续走在前列。实现这些目标,全面提升工业化、信息化、城市化、市场化、国际化水平,都与交通密切相关。今后五年真正是浙江交通发展的关键期,逆水行舟,不进则退,是艰苦的五年,奋进的五年。

(一)今后五年仍将是交通建设高潮的持续期。主要有四个因素:

第一,浙江经济发展处于新一轮上升期,对交通运输需求仍非常旺盛。2006年,我省人均GDP为31 684元,2012年将超过50 000元。从国际经验看,新兴国家人均GDP超过3 000美元后,经济从起飞阶段进入高位运行阶段,社会运输需求将持续大幅攀升,只有进入到工业化后期,社会运输总量才会趋于平稳。按经济年均增长9%以上测算,公路客运量、货运量年增幅5%和8%以上,水路货运量年增幅9%左右,现有主要干线通道交通量将趋

于饱和。今年“十一”黄金周,我让高速公路结算中心每天统计,省内大多数高速公路每日车流量都在4～5万辆,甬台温是10万辆,沪杭甬最高达16万多辆。另外,随着汽车的普及,浙江的汽车保有量以每年20%的速度大幅增长,如果达到发达国家的水平,车流量更不得了。

第二,长三角率先发展和省内区域间协调发展,亟需交通基础设施进一步健全网络。浙江作为长三角的重要组成部分,肩负着率先发展和带动周边共同发展的艰巨任务,这是国家区域发展战略的要求,也是浙江寻求更大发展空间的需要。这要求我们加快打造接轨上海、联结江苏的长三角一体化交通平台,同时贯通闽、赣、皖,促进与周边省市更加紧密的交流协作。从省内而言,也需要围绕杭、甬、温都市圈及浙中城市群和环杭州湾、温台沿海、金衢丽三大产业带,着力推进区域交通网络建设,促进山海协作,改善欠发达地区的区位条件,培育新的经济增长点。

第三,我省产业结构和消费结构升级,对交通基础设施建设提出了更多更高的要求。浙江经济发展已经深刻融入经济全球化进程,一方面要积极承接世界制造业向我国(首先是沿海地区)的梯度转移,譬如说船舶工业,以前在欧美,后来转移到日本、韩国,现在又向中国大规模转移。对此要有充分考虑,在交通方面做好准备。另一方面还要发展现代产业体系,提升高新技术产业,占据产业链的高端。这将造成能源、原材料贸易量增加,货物流通市场半径扩大,运输需求多样化,大运量、低价值货运需求和小批量、高价值货运需求同步快速增长。同时,随着人民收入水平的提高,家庭消费从“总体小康”向“全面小康”转变,人们的出行次数和里程增加,不但要求“走得了”,更要求“走得好”。这些都需要交通基础设施相应提升配套。

第四,从行业自身发展水平看,必须继续加快建设。一是公路瓶颈制约基本缓解,但部分区域仍然滞后,公路网络化建设任务仍然繁重。预计到今年年底,我省公路总里程将达到9.88万公里,公路密度在97公里/百平方公里以上,其中高速公路总里程达2 762公里,国省道里程达9 630公里,农村公路里程达8.9万公里(含县道2.4万公里),96.2%的行政村通上等级公路,所有乡道以上公路和94.4%的通村公路实现路面硬化。二十世纪八九十年代的那种“大堵车”不复出现,公路交通对经济社会的瓶颈制约从全省总体上看已经基本缓解。但是,公路的网络化程度不高,与外省连接的通道还不够多,计划建设52个,目前仅完成28个;省内区域之间联系也不够紧密，个别区域公路建设相对滞后，欠发达地区要求改善交通的愿望十分强烈；公路建设与港航发展不相协调，疏港通道需进一步加强规划、加快建设；年底全省尚有1 263个行政村不通等级公路，而且农村公路网络性不强，安全设施不完善。与先进省份相比，浙江的公路也有一定差距。以2006年底指标看，我省公路、高速公路每百平方公里密度分别为93.6公里、2.34公里，而江苏每百平方公里密度分别123.7公里、3.26公里。

二是港航建设成效初显，但与建设港航强省的要求还有相当差距，需要大力推进，迅速掀起高潮。近年来，宁波—舟山港一体化扎实推进，一批重大港航基础设施项目启动实施，沿海港口生产稳步增长，宁波—舟山港集装箱吞吐量有望突破1 000万标箱。预计到今年年底，沿海万吨级泊位达到115个，内河高等级航道突破1 300公里，全长239公里的杭甬运河基本贯通，建成首条典型示范航道湖嘉申线湖州段。但是，相比于我省如此丰富、优质的港航资源，相比于社会对于港航发展巨大的现实和潜在需求，不少地方和部门无论是重视程度、建设力度还是推进速度上都存在较大差距。浙江的港口面临着国内外的竞争，是“前有标兵，后有追兵”。譬如，上海港先后建成了洋山深水港一期、二期，目前三期也在抓紧建设，计划2010年投产，“十一五”集装箱吞吐量规划目标是3 000万标箱；深圳港“十一五”规划完成投资400多亿元，建设万吨级泊位46个，集装箱吞吐量规划目标是2 500万标箱，与香港联手构筑“亚太地区国际航运中心”；江苏“十一五”要投入370多亿元，建成5个亿吨大港，港口吞吐能力翻一番，达到8亿吨，集装箱吞吐能力达到1 200万标箱，2007年省财政拨出20亿元用于三大航道建设，同时建立航道建设专项资金，每年预算安排不少于5亿元。韩国实行釜山/光阳港“双港政策”，计划于2011年前新建集装箱码头33个，使釜山/光阳港的年吞吐能力达到1 737万标箱，是目前作业能量的3倍。新加坡港计划到2011年前，新增15个集装箱泊位，且全部配备巨型装卸桥，年吞吐能力达到3 100万标箱。

因此，无论是从外部还是从内部，无论是从公路还是从港航，今后五年我省交通基础设施建设任务仍十分繁重。我们要有一种奋发进取、埋头苦干的创业精神，继续全力推进交通基础设施建设。

（二）今后五年是交通发展的矛盾凸显期。在过去的大建设时期，不少矛盾没有暴露出来，但随着形势的变化，这些矛盾都开始慢慢表现出来、暴

露出来了。主要有这样几个方面:

第一,工作思路和方法不适应国家宏观调控的形势,不适应落实科学发展观的要求。自2003年国家实施宏观调控以来,要素制约持续收紧。日前国务院办公厅再次发出《关于加强和规范新开工项目管理的通知》,要求加强和规范新开工项目管理,严格规范投资项目新开工条件,建立新开工项目管理的联动机制,强化新开工项目的监督检查,总投资5 000万以上的拟建项目需定期向上级发改部门报送项目信息。在要素制约中,最为严重的是土地。据测算,2008~2012年全省大概要1.9万公顷的土地,预计前三年的缺口就达到8 910公顷。2005年以来,我省上报国土资源部178个项目,仅批复31个,不到18%,其中98个是交通项目。而且由于占补平衡、农用地划补问题难以解决,不少项目申报手续迟迟不能报出,浪费了用地指标,项目也不能按计划开工。

同时,交通建设资金压力持续加大。国家对交通基础设施项目贷款政策由原来支持转为控制,贷款难度加大。今年以来,央行五次调高利率,八次提高存款准备金率,同时发行特别国债回收流动性,年底又大力压缩贷款规模,大大提高了融资成本。同时,经过前几年大规模建设,各级交通部门累积负债规模已经比较大,财务风险凸显,再融资能力有限。国有交通投资企业也受制于种种因素,不能充分发挥作用,欠发达地区的重大交通基础设施资金来源无法落实,项目法人组建困难。而且,社会各界对撤并收费站的呼声强烈,不少收费公路项目经营效益持续下降,乃至发生亏损。今后除了高速公路,其他公路项目很难再利用“四自”政策吸引社会资金。因此,亟需改革创新破解土地、资金这两大要素制约,保障交通基础设施建设的正常推进。

第二,行业管理难度不断增加。随着改革开放的深入,我国社会经济成分、组织形式、就业方式、利益关系和分配方式日益多样化,给交通行业带来巨大活力的同时,也给行业管理带来了更大难度。而一段时期以来,我们搞建设得心应手,对行业管理则不够重视,常常是“管用的不会用,会用的不管用”,“头痛医头,脚痛医脚”,解决不了新问题、新矛盾。譬如,经过近几年乡村康庄工程的实施,建成了大批农村公路,但配套设施不全,路政管理和养护跟不上,班车通达难度大,黑车横行,安全事故易发多发,形成了新的社会热点。再如,浙江是桥梁大省、隧道大省,特别是跨大江大海的桥梁多、山区长大隧道多，但相应的监测、养护、管理工作滞后，留下了一些隐患。

第三，体制机制改革相对滞后。前一时期，我们在交通国有企业改制、投融资体制、执法体制、管养体制等方面做了有益探索，但步子还不够大。目前，比较突出的体制问题有：高速公路投资主体多元化，政府与企业目标不一致，建设和运营缺少统一规范，影响路网完善和联网运行；公路养护管理体制改革前几年进行了一些有益探索，但不够彻底，需要进一步深化；一些国有交通企业还没有完成改制，或者改制不彻底，有不少历史遗留问题；交通执法资源相对分散，正规化建设有待加强，不能充分体现建设服务型政府的要求等。

第四，队伍综合素质不能完全适应。经过多年的努力，交通系统有一支很好的干部职工队伍，整体素质有较大提高，是党和人民信得过的队伍，对此省委、省政府领导都给予了充分肯定。但与快速发展的交通事业相比，队伍的法制观念、服务意识、业务水平、工作作风还存在不少问题。个别领导干部领导科学发展的能力不强，廉洁从政意识淡薄，违法违纪案件时有发生；一些执法人员擅用自由裁量权，甚至滥用职权，损害了交通的社会形象。因此，当前亟需采取一些有行业特色、有较大社会影响的措施，来加强队伍建设。同时，需要深化干部人事制度改革，创新人才评价和使用机制，调动广大干部职工创业创新的积极性。

因此，今后五年既是浙江交通建设高潮的持续期，又是各种矛盾的凸显期。在这样的背景下，我们要好好地研究浙江交通今后发展的战略目标是什么，下一步我们应该抓什么。厅党组经过研究，包括这两天听取大家的建议，认为浙江交通今后发展的战略目标应该确定为现代交通“三大建设”，即：建设大港口、建设大路网、建设大物流。

一是着眼于发挥港航资源优势，构建对外开放新格局，建设大港口，以增强浙江的国际竞争能力。浙江是海洋大省，海域面积是陆地面积的2.5倍，拥有6 600公里的海岸线，深水岸线利用率只有6%～7%，初步形成了宁波—舟山港为龙头的港口体系，具有一定的基础。浙江以后真正能在世界做到第一、第二的就是港口。到今年底，宁波—舟山港货物吞吐量就能与上海基本持平了。因此从量上来看，建成世界级大港是完全可以做到的。但是港口发展不仅是总量问题，还要讲服务，讲效率。港口失去港口服务业支撑，将毫无生气，会变成“空港”。港口服务业包含内容广泛，涉及十多个行业,对区域经济带动性很强。长三角要真正成为世界第六大都市圈,也离不开大港口的支撑。世界上35个大都市,除了四个是首都在内陆,其他都属于港口城市,最明显的是美国、日本。浙江对外开放程度高,外贸依存度达71%,省内资源、能源缺乏,大量依靠输入。我曾经说过,港口就是油田,港口就是煤矿,港口就是森林,因为通过港口我们可以从全世界进口这些资源。因此,建设大港口是充分发挥港航资源优势,利用"两种资源,两个市场",构筑对外开放新格局的重要举措,可以增强浙江的国际竞争能力。

建设大港口的目标是:争取到2012年,全省沿海港口货物吞吐量突破8亿吨,集装箱吞吐量超过1 500万标箱,其中宁波—舟山港货物吞吐量达到6.5亿吨,力争达到世界首位,集装箱吞吐量达到1 400万标箱。

二是着眼于融入长三角、辐射周边省,提高区域和城乡发展协调性,建设大路网,以增强浙江区域经济实力。跨越行政区划界限,发展区域经济,是市场经济发展的内在规律,也是区域协调发展的必然要求。公路作为区域交流合作的主要途径,需要率先形成大路网。大路网包括几层意思:一是跨省市,包括长三角和安徽、江西、福建,与这个五个周边省市贯通,拓展浙江的发展空间,把有用的资源运进来,把浙江的产品输出去;二是围绕港航强省战略,与建设大港口相适应,形成完善的疏港公路网络;三是高速公路、干线公路、农村公路三个层次相互衔接配套;四是与其他交通方式相协调,公路要连通机场、火车站,发挥综合交通的整体效应。

建设大路网的目标是,争取到2012年,全省公路总里程达到11万公里以上,公路密度达到110公里/百平方公里;高速公路总里程达到3 700公里以上,具备条件的行政村通等级公路率达到100%。

三是着眼于加快发展现代服务业,促进资源优化配置,建设大物流,以增强浙江市场经济活力。市场经济的活力来自于要素的自由流动,要素的流动离不开物流的发展。交通运输是物流的基础环节,居于供应链的中心,具有发展现代物流的优势。有的人提出,物流不是交通部门主管的。对于这一点,我也很清楚。发展现代物流不是一个部门能够做好的事情,需要多个具体职能部门结合本部门去抓落实。交通部门抓物流并不是意味着要牵头去搞,而是我们有这个条件和优势。而且交通转型也需要把发展物流作为一个重要抓手。还有人提出,搞物流是不是把客运这块给忘了。我认为不能这样简单地去看问题。物流最早是在美国出现的,既包括货物流动也包括人的流动。后来，日本为降低企业成本学习美国，逐步形成了现在的物流概念。建设大物流有重要的现实意义，根据测算，浙江工业物流成本占工业增加值的比重至少为20.32%，比发达国家高1倍，且有上升趋势，其中比例最高的是运输费用，约占45%~49%。现在市场竞争很激烈，压缩生产成本和扩大市场份额的空间越来越小，降低物流成本将成为企业的第三利润源。近几年浙江工业企业效益呈下降趋势，发展现代物流是一个重要的解决手段。浙江又是一个市场大省，全省大大小小专业市场有4 000多个，大量的商品要进来出去，发展现代物流的空间很大。现在有些企业已经有现代物流意识，也开始在做了，但多数还是小企业，与跨国物流企业差距太大。这个时候如果政府不出面，单靠企业来做，许多基础性的东西就发展不起来，知识、技术、人才方面条件也不足，整个物流业也就不可能做大做强。传统运输行业提升转型，出路也在于发展现代物流，可以推动运输企业从单一承运人向供应链管理商转变，促进运输结构的调整，提高运输生产效率。

建设大物流的目标是：编制完成全省交通物流基地布局规划，出台促进交通物流发展指导意见；形成一批综合性物流基地和现代物流龙头企业，建成物流公共信息平台；形成完善的辐射全国的城际客运网络，行政村班车通达率达到97%、城乡客运一体化覆盖率达到50%。

三、弘扬求真务实作风，抓好目标任务落实

目标确定之后，关键是要抓落实。我们要以求真务实的作风，落实好六项战略任务。

（一）加快建设港航强省

抓住省第十二次党代会作出建设港航强省重大战略决策的宝贵机遇，充分利用我省得天独厚的港航资源，充分发挥水运比较优势，“建设一流港口，带动临港产业，拓展发展空间，振兴省经济活力”。争取在五年内，实现“2468”目标，即：内河新增三级航道200公里，运输能力新增400万载重吨，沿海港口新增60个万吨级以上深水泊位，新增集装箱吞吐能力800万标箱。其中，宁波—舟山港新增货物吞吐能力超过2.5亿吨，新增集装箱吞吐能力超过650万标箱。为此，一是要构建结构合理、功能完善的沿海港口体系。以宁波—舟山港为龙头、温台和浙北港口为两翼，大力发展大型化、深水化、专业化的公用码头，完善港口功能，提高港口效率。二是要构建干支直达、

通江达海的内河航道体系。以浙北航道网为核心完善“北网南线、双十千八”航道网布局。提升航道等级,重点实施“四建四提升”,加快建设内河集装箱运输通道,加快推进钱塘江、瓯江中上游航道开发。三是要构建水陆配套、江海联运的集疏运体系。加快建设重点集疏运项目,疏通内河出海通道,发展水水中转,实现港口与公路、铁路、航道、管道网的顺畅衔接,达到港疏其通、货行其畅,不断拓展港口的经济腹地和辐射范围。四是要构建安全便捷、经济可靠的航运体系。探索建立港口、航运联盟,着力建设以宁波—舟山港为干线港的全省沿海集装箱内支线运输网络,推进航运企业规模化发展、集约化经营,提高内河运输组织化程度,积极拓展国际市场。五是要构建信息畅通、优质高效的服务保障体系。进一步改善软环境,提高口岸管理的规范化、标准化水平,推进港航依法行政,完善水上交通安全监督机制,加快人才培养,吸引国内外各类人才,实现行业人才专业化,培育开放式、融合型的港航文化。六是要构建临港沿河、相对集聚的蓝色产业支持体系。促进临港、沿河产业发展,带动水路运输产品和运输结构的升级,大力发展航运融资、保险、交易、咨询、运输代理等现代航运服务业。

(二)加快完善公路网络

以提高路网整体通行能力为标准,以完善网络、改善路况、健全配套,提高服务水平为重点,加快建设全省干支相连、联网配套、功能齐全的公路网络。争取在五年内,实现“1127”目标,即公路总里程新增10 000公里,新建高速公路1 000公里,新改建国省道及区域干线公路2 000公里,建设改造农村公路7 000公里。为此,一是要加快高速公路成网贯通。主要建设以长三角为重点通外周边省市的“接口路”、连接主要港口的“疏港路”,五年后形成较为完善的全省高速公路网。建成杭州湾跨海大桥和舟山大陆连岛工程两大世界级桥梁工程。二是要提高干线公路通行能力。发挥干线公路上连高速公路、下接农村公路的路网纽带功能和区域经济中心节点间的快速通道功能,加快疏通港区、联网加密、改建扩容和连通省外的干线公路建设改造步伐,逐步提高技术等级标准。三是要提升农村公路通达通畅水平。今后五年,重点放在欠发达地区、山区,使具备条件的行政村都通等级公路,更好地服务社会主义新农村建设,推进城乡经济社会一体化发展。四是要加强公路养护管理,争取到2012年,全省公路平均好路率达到80%以上,国省道公路好路率达到92%以上,高速公路优等路率达到95%;国省道交通标志标线达到国家标准，县道交通标志标线完好率90%以上，乡道交通标志标线完好率70%以上，村道交通标志标线完好率力争50%。

(三)加快提升运输产业

“建设是基础，运输是目的”，保障人便于行，实现货畅其流，是交通部门最基本的职责。要推动道路运输和航运业转型升级，发展现代物流，提高运输服务质量。争取在五年内，全省建设4~6个综合物流基地，培育10~15家左右不同类别、具有核心竞争力的现代物流龙头企业，在不同专业领域成为“小巨龙”，建成“浙江省物流公共信息服务系统”，行政村班车通达率、城乡客运一体化覆盖率各提高10%以上。为此，一是要加强物流基地建设。加快编制全省交通物流基地布局规划，以产业带为依托，根据物流资源现状和发展可能，加快物流基地建设，形成集散有效、层次分明的物流网络。二是要推进物流企业示范工程。重点扶持和培育现代物流龙头企业，发挥典型示范作用，提高组织化程度，促进集约化经营，规范运输市场秩序。三是要构筑物流公共信息平台。加大公共信息平台和标准化物流软件研发和推广力度，重点建设“浙江省物流公共信息服务系统”。四是要提高客运服务质量。城际间客运要以长三角为核心，辐射全国，完善网络，提高运行效率和服务质量。城乡客运要延伸线路，扩大网络，完善站点，确保安全，稳步推进城乡交通一体化，为农村群众提供优质的出行服务。五是要促进运力结构调整。加强政策引导，积极发展安全、节能、环保和专业化的车船运力，提高运输生产力。

(四)加强安全质量管理

安全和质量是交通行业的生命。我们要将安全和质量要求贯穿于交通工作的全过程，建立和完善长效管理机制，强化交通安全保障体系，建设精品工程、“平安交通”。一是要建立健全安全生产长效管理机制。督促落实企业的安全生产主体责任，强化安全管理基础工作，实施动态监管；加强对一线操作人员的安全教育，提高安全生产意识和技能；建立安全考核与企业资质、业绩挂钩的机制，鼓励企业加大安全投入，更新技术装备。二是要加强交通基础设施安全隐患排查，以桥梁、隧道、临水临崖危险路段为重点，按照“配备一支专业队伍、制订一套管理制度、建立一个数据系统、落实一笔专项经费”的要求加快整治。同时加大安保工程投入，加快渡口渡船改造，提高治超工作水平，控制新的安全质量隐患发生。对于新建项目实行主体工程与配套工程的整体预算、同步建设,避免产生质量安全欠债。三是要加强运输行业安全监管,把好"三关一监督",狠抓"安全链管理"。进一步完善突发事故应急处置预案,加强应急队伍和设施设备建设,开展应急演练,普及避险自救知识,提高应急救援能力。四是要加强交通基础设施工程质量管理。严格执行基本建设管理程序,做深做细前期工作,强化质量保障体系,精心设计,科学施工,依法监理,打造"精品工程"。完善招投标制度,严格合同管理,规范建设市场秩序。五是要加强交通资源节约和环境保护工作,发展循环经济,促进生态文明建设,确保环境安全。

(五)加强行业改革创新

实践永无止境,创新永无止境。要把改革创新精神贯彻到交通工作各个环节,根据新时期、新形势的要求不断推进行业各项改革。一是要推进体制改革和机制创新,努力消除制约交通又好又快发展的体制机制障碍。要加快交通基础设施投融资体制改革,拓宽投融资渠道,创新工程建设管理方式。要推进公路养护管理体制改革,积极探索建立科学高效的养护管理体制和运行机制。要认真落实农村公路养护责任和资金,基本建立起农村公路长效管养体制。要着力构建治超工作的长效机制,综合运用各种手段,从源头上规范车辆装载和运输行为。二是要创新前期工作思路和机制,确保前期工作顺利较快地推进。要更新工程设计理念,强化各个环节的科学管理,落实环境保护和资源节约要求。要提高前期工作人员政策水平和操作能力,以新思路、新办法破解前期工作难题。三是要深化政策研究,为领导决策提供科学依据,提高行业发展政策的前瞻性、协调性和可操作性。要加强交通法制建设,力争修订和出台一批急需、管用的法规规章,尽早形成完善的地方交通法规体系,巩固改革成果,促进和保障体制机制创新。四是要积极利用现代科技和信息技术,增强交通行业自主创新能力。要建立健全交通行业科研创新体系,整合和充分利用交通科研资源,开展重大关键技术的攻关。要完善科研成果转化机制,加快培育交通科技中介服务机构,积极推广应用"四新"技术。要以电子政务为龙头、以有效监管为重点、以公共服务为落脚点推进信息化建设,初步建成标准统一、功能完善、安全可靠的交通政务信息网络平台,基本实现各级交通部门政务办公和信息交换的自动化、电子化、网络化,加强交通部门门户网站建设,为公众提供网上"一站式"服务。

（六）加强人才队伍建设

政以才治，业以才兴。交通事业又好又快发展需要一支高素质、创新型的人才队伍。一是要把反腐倡廉建设放在更加突出的位置，坚持“标本兼治、综合治理，惩防并举、注重预防”的方针，以改革创新精神扎实推进惩治和预防腐败体系建设，在坚决惩治腐败的同时，更加注重治本，更加注重预防，更加注重制度建设，拓展从源头上防治腐败工作领域。严格执行党风廉政建设责任制，重点加强交通基础设施领域的反腐败工作，形成拒腐防变教育长效机制、反腐倡廉制度体系、权力运行监控机制，违法违纪案件得到有效遏制。二是要切实加强交通系统各级领导班子建设和干部队伍建设，完善民主决策、依法决策、科学决策机制，开展大规模的干部培训，改进干部特别是领导干部作风，创新干部选拔任用机制，增强干部队伍活力。三是要加强专业人才队伍建设。积极推行职业资质制度，发展交通职业教育，加快紧缺型人才培养，基本形成数量充足、素质优良、门类齐全、结构合理的行业人才队伍。四是要加强交通文化建设，充分发挥交通文化所具有的导向性、激励性作用，加大先进典型的挖掘和宣传力度，凝聚和振奋人心，增强交通行业的软实力，向社会展示良好形象。要大力增强惠民意识，大力弘扬奉献精神，大力提高服务本领，促进全省交通系统形成勤奋好学、学以致用的新学风，务实创新、廉洁高效的新政风，团结和谐、服务奉献的新行风。

以上这六项战略任务，概括起来就是“三个加快，三个加强”，前者偏重于建设，直接为社会服务，后者偏重于管理，起到保障作用，结合起来就是“又好又快”。战略思想、战略目标和战略任务是一个整体，是浙江交通认真学习十七大精神、全面贯彻落实科学发展观的成果，是今后一个时期我们工作的基本思路。接下来，省厅将制定具体的实施意见，推进“三大建设”，落实六项任务。

最后，我再简单布置一下岁末年初的工作。一是要认真深入地继续学习十七大精神。学习贯彻党的十七大精神是当前交通系统的首要政治任务，要有重点、分步骤、多形式的开展学习活动，做到学习内容、人员、时间、效果四落实，做到学以致用、学有所成。通过学习，把十七大精神、省十二次党代会和省十二届二次全会精神、中央经济工作会议精神和这次厅党组务虚会精神，与本地、本部门实际结合起来，理出今后五年和明年工作思路。在12月25日，把学习贯彻情况报到省厅。二是全力以赴地推进今年计划内的各项工作,确保年度目标任务的完成。重点是督促年底建成高速公路项目完成后期工程建设,做好通车前的各项准备工作。三是要毫不松懈地强化安全生产管理,针对冬季施工、运输的特点,采取切实有效措施,同时做好一年一度的春运工作准备。四是要更加警惕地关注行业稳定,特别是对于工程款不到位的建设项目,要督促投资方和业主积极筹资,同时加强对转包企业的管理,确保民工工资及时、足额支付。另外,要继续监控油价调整后的运输行业动态,做好油价补贴工作,及时消除不稳定因素。

同志们,浙江交通已经进入了实现现代化的关键期,面临着艰巨任务,肩负着光荣使命。让我们以学习贯彻党的十七大精神为动力,团结一致,开拓奋进,大力推进转型发展,全面建设现代交通,谱写浙江交通事业的新篇章!

全面实施港航强省战略
服务浙江经济又好又快发展

（2008 年 6 月 10 日）

省第十二次党代会提出要发挥海洋资源优势、加快建设港航强省，这是省委、省政府着眼于新时期浙江经济社会发展全局，审时度势，高瞻远瞩，作出的一项重大战略决策。为全面贯彻省党代会精神，切实推进港航强省建设，省交通厅召开各方面专家、学者参加的港航强省发展战略研讨会、老同志座谈会和交通、港航部门务虚会，广泛听取建议意见，先后与省委政策研究室、省发改委、省财政厅、省海洋与渔业局等部门进行了沟通，并到国外和兄弟省市专题考察，借鉴吸收有益经验，形成了工作思路。今年以来吕祖善省长、陈敏尔常务副省长、茅临生和王建满副省长分别听取了汇报，之后又作了进一步修改，形成了本调研报告。

一、浙江港航基本情况

浙江港航的发展拥有得天独厚的条件，全省拥有海岸线 6 646 公里，占我国海岸线总长的 21%，水深大于 10 米的港口深水岸线达 471 公里，居全国第 1 位。我省水网密布，内河通航里程达 9 667 公里，居全国第 5 位，四级及以上高等级航道 1 112 公里。丰富的深水港口、疏港的内河航道资源和地处长江经济带与沿海经济带的“T”形交汇点，是我省最突出的资源优势和区位优势。改革开放以来，省委、省政府采取了一系列措施加快港航发展，“九五”全省港航建设完成投资 37 亿元，其中政府投入 30 亿元，“十五”完成投资 147 亿元，其中政府投入 34 亿元。

全省现有宁波—舟山、温州、台州和嘉兴等 4 个沿海港口，到 2007 年底，共拥有生产性泊位 1 107 个，港口通过能力 4.5 亿吨，其中万吨级以上深水泊位 115 个(不含洋山港区)，并形成了以宁波—舟山港为核心，浙北、温台港口为两翼的浙江沿海港口群;以及与之相配套的多种运输方式相结合的便捷高效的港口集疏运网络。现有杭州港、湖州港、嘉兴内河港、绍兴港、宁波内河港、金华兰溪港、丽水青田港等 7 个内河重点港口,拥有生产性泊位 5 117 个,港口通过能力 3.2 亿吨。

2007 年底,全省拥有运输船舶 24 874 艘,运力总规模已达 1 203.8 万载重吨。其中,特种运输船舶达到 153 万载重吨,万吨级运输船舶达到 427 万载重吨。运力总量居全国各省市第 3 位,其中,海上运力总量位居第 1 位。沿海、内河运输船舶的平均载货吨位分别达到了 2 485 吨和 144 吨,运输船舶继续向大型化、专业化方向发展。通过淘汰内河水泥质船舶 4.2 万余艘、钢质挂桨机船 1.4 万艘,内河船舶结构调整取得突破性进展,内河船型已逐步实现标准化。

2007 年,全省完成水路货运量 5.11 亿吨(居全国第 1 位)、周转量 4 132.7 亿吨公里(占综合运输总量的 83.2%),分别比 2002 年底增长 108.1%、278.2%,年均增长 15.8%、30.5%。完成水路客运量 0.32 亿人次、周转量 6.9 亿人公里,分别比 2002 年底增长 49.1%、3.7%,年均增长 8.3%、0.7%。沿海港口全年完成货物吞吐量 5.74 亿吨,(居全国第 2 位,位于广东省之后);内河港口完成货物吞吐量 3.12 亿吨(位居全国第 2 位,位于江苏省之后),分别比 2002 年底增长 123.6%、89.8%,年均增长 17.5%、13.7%;其中集装箱吞吐量为 987 万标准箱(居全国第 4 位,位于广东省、上海市、山东省之后),比 2002 年底增长 375%,年均增长 37%。其中,宁波—舟山港货物吞吐量达 4.73 亿吨,居全国港口第 2 位、世界港口第 4 位,完成集装箱吞吐量 943 万标准箱,居全国第 4 位。宁波—舟山港集装箱航线达 190 条,其中远洋干线 100 余条,每月 700 多航班,连接全球 100 多个国家和地区的 600 多个港口,吸引了 239 家国际海运和中介服务机构落户,排名世界前 20 位的集装箱航运企业设立了分支机构。2007 年全省水上运输业直接创造GDP145.33 亿元,比上年同期增长 25.6%。

二、港航强省建设的重要意义

港航强省建设是贯彻落实“两创”总战略的主战场,是浙江经济新一轮发展的增长极,是经济全球化时代浙江的潜力所在、优势所在、希望所在,具有重大而深远的意义。

(一)建设港航强省是发展海洋经济的主要组成部分

近代的历史,是一部从内陆文明走向海洋文明的历史。纵观16世纪以来大国的崛起,无不依靠港口航运的发展,当代世界五大城市群也都依托于国际性港口。发展海洋经济首先是要发展港口航运。2007年全国海洋经济统计公报显示,港航及相关产业占到全部海洋产业增加值的40%以上。如果加上临港产业,则比例将更大。据省统计局测算,2006年全省港航经济总产出为4 354亿元,增加值为887亿元,港航经济增加值占GDP比重为5.6%。而且港口通过集疏运体系,可以发挥强大的辐射能力,带动内陆地区加快发展。

(二)建设港航强省是扩大浙江对外开放的必然要求

世界经济已经进入全球化时代,不断扩大对外开放,是浙江经济持续快速发展的重要经验和必由之路。浙江是外贸大省,进出口连年大幅增长,外贸依存度达68.5%。港航是对外经济合作的重要渠道,目前,我省90%以上的外贸货物通过海运实现。

(三)建设港航强省是破解资源瓶颈制约的有效途径

港口航道本身是重要资源,还可以在更大范围组织和配置资源,促进资源节约。浙江是传统资源小省,经济"两头在外,大进大出",大宗矿产资源基本依赖省外调入和国外进口,是经济发展的瓶颈所在。确保资源供应,是浙江经济可持续发展的首要之务。水运是浙江大宗资源运输的主要途径,具有特殊优势,今年年初雪灾期间,通过水运实现的电煤运输占到80%,为保民生保经济作出重要贡献。通过港航强省建设,可以使浙江的港口成为覆盖长三角、长江流域乃至全国和东亚的战略物资储运基地,为经济发展提供源源不断的原料和动力,同时也可以借此改变浙江在区域和全球资源配置格局中的劣势地位。

(四)建设港航强省是提高节能减排水平的重要手段

水运是一种绿色运输方式,一是运能大。四级航道年通过量相当于3条双向4车道高速公路或者是一条铁路干线的总运量,2006年仅京杭运河就完成货运量7 610万吨,若全部通过公路运输需要建造两条双向车道的沪杭高速才能满足需求(扩容后的沪杭高速设计日通过能力为6~10万辆)。二是投资省。如杭嘉湖干线航道建设平均造价为1 000万元/公里,而宣杭铁路复线平均造价达1 522万元/公里。三是占地少,每公里双向四车道的高速公路占地约130亩，复线铁路占地约40亩，而航道改造占地仅为19亩。四是能耗小、污染轻。据测算，内河、铁路和公路运输的单位能耗比为1:1.3:3.2。五是成本低、运价廉。从杭州运钢材至上海，公路需45～55元/吨，而水路仅需14～15元/吨。以长湖申线为例，2006年货运量8 972万吨，相比公路运输共节约运输成本约84亿元。六是综合效益高。水运是综合利用水资源的重要途径，如杭嘉湖地区内河高等级航道的整治，可以扩大过水断面，增强行洪排涝能力，增加水体自净能力和水环境容量，改善沿岸的生态环境和城镇市容。

（五）建设港航强省是加快三大产业带发展的推动力量

在港航优势的吸引下，很多大运量产业采用水运方式向滨海、沿河地带集聚，并带动了制造、建筑、金融、服务等相关行业的发展，加快了资源优化配置和产业合理布局，为我省构筑环杭州湾、温台沿海和金衢丽三大产业带提供了有力支撑，也为我省融入长三角，扩大对外开放，承接国际产业大转移创造了条件。同时港航的发展也改善了沿线地区的区位条件，优化了投资创业环境，加快了我省工业化、城镇化、市场化和国际化的进程。

（六）建设港航强省是全面改善民生的必要措施

建设港航强省的一项重要内容是实施水上康庄工程，加快陆岛码头建设和渡口改造，有条件的撤渡建桥，这将极大地改善海岛、农村地区和库区群众的出行条件。同时，通过港航强省，可以促进航运业、港口服务业和临港产业发展，提供更多的就业岗位，带动内需增长。香港航运产业提供的职位超过60万个，约占总就业人数的1/5。

三、当前港航发展存在的突出问题

（一）全社会对建设港航强省的思想认识有待进一步提高

省党代会作出建设港航强省的决策之后，各地兴起了建设港航强省的热潮，但对其全局性、重要性、紧迫性的认识有待提高，思路上还多停留在就港航论港航的层次，没有站在贯彻落实“两创”总战略、全面建设小康社会的高度上，来统筹谋划和全面推进港航强省建设。

（二）港航基础设施有效供给不足，资源利用不够合理

2003年以来，我省沿海港口货物吞吐量、水路货运量大大超过现有港口和航道的通过能力，堵航、压港现象时有发生。目前，我省港口适应度为（吞

吐能力与实际吞吐量之比)0.81,低于全国平均水平,与交通运输部提出的2010年达到1.1,2020年达到1.2的目标相比,尚有相当大的差距,多数公用码头已处于超负荷状态。内河航道多数仍处于天然状态,内河四级以上航道里程仅占总里程的11%。以杭嘉湖航区为例,2004年以来共发生8小时以上堵航近90次,单次堵航历时最长达11天,造成电煤、建材等大宗物资运输紧张。

同时,港航资源未能得到科学利用。目前,货主码头占沿海泊位总数的65.4%(不考虑100吨级以下的码头),占内河泊位总数的86.2%,部分港区布局不合理,码头布设零乱,岸线利用率低。沿海港口深水泊位仅占总泊位数的9.1%,码头结构性矛盾较为突出。

内河航道网也有待进一步完善,个别航道瓶颈制约严重。钱塘江中上游航道受制于富春江电站大坝,航运能力远未发挥(钱塘江中上游航道航运恢复后其运力相当于一条复线铁路或两条高速公路的运量。按规划实施,2015年钱塘江中上游运量将达到3 200万吨,通过富春江船闸的潜在运量在2 800万吨左右,每年能节约运输费用约9亿元,经济效益和社会效益非常显著)。内河航道与沿海港口之间没有形成江海联运体系,港航的整体优势尚未充分发挥。

(三)全省港口资源有待整合,整体效益未能充分发挥

目前宁波—舟山港港口一体化仍处于磨合期,现有管理体制不能适应进一步推进一体化的要求,相关各方在具体项目审批、开发时序、投融资等方面存在分歧。温州港、台州港分别在1984年和1989年被国家批准为对外开放口岸,但至今未能形成集约化的核心港区,目前仍以传统的装卸、储存、转运为主。全省港口资源亟须整合发展,加快形成结构合理、层次分明、分工合作的现代化港口体系,提高我省港口的综合竞争力。

(四)港口集疏运体系不完善,影响了港口辐射功能发挥

现有公路、铁路设施与港口发展的需求不相适应,尤其是宁波—舟山、台州、温州港的集疏运网络发展滞后。杭甬运河与宁波—舟山港沟通瓶颈尚未解决。沿海高速公路建设因尚未列入交通运输部规划,且因线型、土地、投资机制问题迟迟未定,影响开工建设,严重制约了沿海港口群的发展。

(五)海运业缺乏竞争力,现代物流和临港产业发展较慢

我省海运船舶的数量和吨位规模居全国各省市前列,但在运力结构、船

型、吨位和船龄等方面不尽合理,企业规模偏小,市场竞争力不强。2007 年底,我省海运船舶平均吨位 2 526 载重吨,低于全国平均水平,且船型多数以散杂货船为主,基本从事国内经营。部分海运企业管理水平低,经营规模小,抗风险能力弱,市场竞争力不强。

目前我省除宁波港域外,其余沿海港口仍处于第一代港口的地位,服务范围仍是以传统的装卸、储存、转运为主,缺少货检、分装、包装等增值服务;港口的运输组织功能和综合运输枢纽作用不明显,发展现代物流业的空间还很大;港口发展与沿海产业带布局、物流园区规划、临港工业园区规划的协调配套有待加强,影响临港产业发展。沿河产业带布局缺少规划指导和政策引导,促进区域经济发展的潜力没有得到很好发挥。

(六)资源要素和资金制约严重,港航建设投入不足

宏观调控以来,土地资源严重紧缺,航道建设与基本农田保护的矛盾突出。据测算,今后五年我省港航建设需要用地 3 700 公顷,其中农用地 1 750 公顷,在国家实行最严格的用地政策的环境下,耕地占补平衡和基本农田补划难度空前提高,土地问题已严重制约着港航发展。同时,融资环境日趋紧张,港航基础设施建设资金的融资平台尚未有效建立,财政资金支持力度还需进一步加大,欠发达地区自身的筹资能力和外部对其投资热情有限,尤其是内河航道作为公共产品,吸引社会资金有限,政府投入又相对不足,建设资金十分匮乏。据测算,今后五年我省港航建设全社会总投资 670 亿元,其中社会资金 539 亿元,预计交通运输部补助 49 亿元,地市筹集 30 亿元,省级资金补助 52 亿元,根据现有资金来源,省级缺口资金尚有 22 亿元,现有筹资能力与实际需求相差悬殊。

四、建设港航强省的总体思路和主要任务

建设港航强省,要以邓小平理论和“三个代表”重要思想为指导,深入贯彻落实科学发展观,充分发挥港航资源丰富、运输需求旺盛、港航基础较好的优势,促进我省海洋经济的发展、产业布局的优化和发展模式的转变。

发展方向:强化龙头“宁波—舟山港”,积极推进梅山港区和金塘港区建设,做大两翼“温台和浙北港”,努力打造核心港区;以京杭运河为重点,全面提升浙北航道网;以杭甬运河为主干,完善浙东航道体系;以加快富春江七

里泷大坝改造为突破口，全面复兴钱江水运；以瓯江开发为契机，推进浙西山区沿江入海。

(一)发展目标

今后5年，港航发展主要指标达到"2468"，即内河新增三级航道200公里，运输能力新增400万载重吨，沿海港口新增60个万吨级以上深水泊位(新增货物吞吐能力3.1亿吨)，新增集装箱吞吐能力800万标准箱。其中，宁波—舟山港新增货物吞吐能力超过2.5亿吨，新增集装箱吞吐能力超过650万标准箱。

到2012年，全省沿海港口货物吞吐量8亿吨，居全国第三；集装箱吞吐量1 500万标准箱，居全国第四；船舶运力总规模达到1 600万载重吨，居全国第三。

宁波—舟山港2012年货物吞吐能力、集装箱吞吐能力分别为6.3亿吨、1 265万标准箱，居全国第一、第四位。到2020年，宁波—舟山港货物吞吐量超过8亿吨，继续保持全国第一；集装箱吞吐量超过2 500万标准箱，力争进入全国前三位。

到2020年，港航总体满足我省国民经济和社会发展需要并适度超前，实现港口现代化、航道网络化、航运规模化、服务优质化和产业集聚化，主要指标达到"1123"，即沿海港口货物吞吐量达到10亿吨，全面提升1万公里内河航道通航能力，船舶运力总规模达到2 000万载重吨，集装箱吞吐量争取达到3 000万标准箱。届时，我省港航发展综合水平进入全国前三强，沿海港口货物吞吐量、集装箱吞吐量分别位居第三，船舶运力总规模位居首位。

(二)主要任务

为实现以上目标，今后5年将着力构建六大体系：

一是构建结构合理、功能完善的沿海港口体系。以宁波—舟山港为龙头、温台和浙北港口为两翼，大力发展大型化、深水化、专业化的公用码头，加大老码头的更新改造力度，加强深水航道及公共锚地的建设，不断扩大港口规模，新建万吨级以上泊位60个，万吨级以上泊位总数达到175个，占泊位总数的比例达到15%。宁波—舟山港要以加快推进梅山港区和金塘港区建设为重点，建设大型集装箱码头，推进鼠浪湖、凉潭、马迹山等矿石中转码头，大榭、岙山等原油接卸码头，六横煤炭中转码头以及虾峙门航道、条帚门航道、佛渡锚地等项目。温州、台州港要以围绕建设现代化港口城市和沿海产业带为目标,以乐清湾、状元岙、头门开发为着力点,推进优势互补和协调发展。嘉兴港要以上海港功能调整为契机,加快推进独山港区建设。

完善港口功能,建成集装箱、煤炭、油品、铁矿石等四大货种的运输体系,矿石中转运输基地、原油中转运输和储备基地的地位得到确立。提高港口效率,港口营运实现信息化、智能化管理,作业效率不断提升。按照专业化、规模化的要求,整合港口、航运资源。加强港口岸线的管理、保护和使用,避免重复建设和资源浪费。

二是构建干支直达、通江达海的内河航道体系。以浙北航道网为核心完善“北网南线、双十千八”航道网布局。提升航道等级,建设改造四级以上高等级航道里程600公里,新增三级航道200公里,全省内河高等级航道通达里程超过1 000公里。重点实施“五建四提升”,即建设杭甬运河、湖嘉申线、杭平申线、钱塘江、瓯江五条骨干航道,重点提升京杭运河、杭申线、长湖申线、乍嘉苏线等四条骨干航道的通航等级。

三是构建水陆配套、公铁衔接的集疏运体系。根据港口发展需要,进一步完善铁路、公路、航道发展规划,建设与港口发展相匹配的集疏运网络。加快建设金塘大桥、沿海高速公路(甬台温高速公路复线)、甬台温铁路等重点项目,推进港口与公路、铁路、航道、管道网的网络对接,达到港疏其通、货行其畅,不断拓展港口的经济腹地。通过构建浙北骨干航道与嘉兴港、杭甬运河与宁波—舟山港、瓯江与温州港的海河联运体系,完善集疏运体系,扩大港口的辐射服务范围。

四是构建安全便捷、经济可靠的航运体系。探索建立港口、航运联盟。引导和促进我省港口与港口、港口与航运企业、航运企业与航运企业间进行多种形式联合和合作,着力建设以宁波—舟山港为干线港的全省沿海集装箱内支线运输网络。

以经济杠杆引导、推进航运企业规模化发展、集约化经营,提高内河运输组织化程度,鼓励航运企业做大做强,形成以运力规模超百万吨的航运企业为龙头,运力规模在20万吨以上的企业为骨干的我省航运经营主体结构。

培育和发展国内水路运输市场,积极拓展国际市场。引导航运企业发展集装箱、特种运输船舶,鼓励海运企业参与国际海运市场竞争;拓展服务市场,吸引新的货种,寻找内河航运新的增长点。

五是构建信息畅通、优质高效的服务保障体系。进一步改善软环境,提高口岸管理的规范化、标准化水平,以建设EDI电子数据交换系统为重点,加快电子口岸和信息平台建设,实现业务、管理数据共享与联网核查,不断提高集装箱运输的通关效率和便捷化服务水平,降低相关企业的交易成本,增强代理、信息、结算、修缮、后勤补给等综合服务功能,吸引国际航运和物流要素的集聚。

推进港航依法行政,争取出台《浙江省航道管理条例》、《浙江省水上交通安全管理条例》、《浙江省港口岸线管理办法》、《浙江省游艇管理办法》、《浙江省船舶质量管理办法》等法规规章,促进执法的文明、高效、规范,创造良好的体制、政策、法制环境。

完善水上交通安全监督机制,整合辖区内水上交通安全监管和搜救力量,提高监管效能和快速反应能力,建立健全港口、船舶的重大事故应急预案和突发事件应急预案。加大水上交通安全监管基础建设投入,在全省范围内建成搜救信息系统和安全指挥系统,建立健全船舶溢油监测体系和油污应急反应机制。

加快人才培养,吸引国内外各类人才,实现行业人才专业化,培育开放式、融合型的港航文化。

六是构建临港沿河、相对集聚的产业依托体系。促进临港、沿河产业发展,在石油化工、装备制造、电子信息、船舶修造、粮食加工等领域形成产业集群;以临港、沿河产业的发展带动水路运输产品和运输结构的升级,形成临港、沿河经济和港航互为依存、互相促进的良性循环。

大力发展航运融资、保险、交易、咨询、运输代理等现代航运服务业,加强与国内外物流基地、物流企业的连接,构造跨区域、一体化的现代物流网络,降低物流成本,促进物流、信息、资金、人才的集聚和充分流动。

五、加快建设港航强省的政策措施和建议

为加快港航发展,借鉴江苏、山东、广东等省的经验,建议省政府研究出台以下的政策和措施:

(一)进一步加强组织领导,统筹协调解决重大问题

一是以全省港口规划建设委员会为基础,建立港航强省推进协调机构,

负责组织领导全省港航发展工作,及时协调和解决各类重大问题。各地区也要切实把加快港航发展列入重要的议事日程,完善工作制度,为加快港航发展创造良好条件。

二是尽快制订加快建设港航强省的实施意见,并建立目标责任管理机制,重点解决推进港航强省建设中存在的主要问题和困难。

三是为了突出港航强省战略的重大意义,有力推进这项工作的实施,建议省委、省政府召开全省建设港航强省发展海洋经济会议,结合贯彻落实省第十二次党代会精神,进一步统一思想,明确目标,引导和号召各级政府及有关部门进一步重视港航发展,同时将港航强省指标分解到省级有关部门及各市列入年度考核,共同加快港航事业发展。

四是加强舆论宣传工作,充分调动全社会参与和支持港航发展的积极性和主动性,营造良好社会氛围,形成加快建设港航强省的强大合力。

五是与省内重点院校合作,加强港航发展战略研究,依托各院校研究资源,对加快建设港航强省开展前瞻性政策研究。

(二)加快推进宁波舟山港口一体化

从有利于推进海洋经济发展,有利于建设港航强省,有利于促进依法行政的高度,在充分考虑各方权益的基础上,进一步理顺宁波—舟山港管理体制,既能促进港口资源的统筹利用,又能充分调动各方积极性。适时制订关于宁波—舟山港管理的专项法规或规章,提供宁波—舟山港一体化的法制保障。

调整完善港口及集疏运规划。进一步修改完善《宁波—舟山港总体规划》,并制订具体的实施方案。在此基础上,做好港口集疏运专项规划,同步推进港口和后方集疏运体系的建设。

进一步为宁波—舟山港创造良好的外部环境。宁波—舟山港作为我省沿海港口群“一体二翼”中的龙头,各级政府和管理部门应当继续做好管理与服务工作,优化口岸环境,提高办事效率,并对宁波—舟山港采取扶持政策,鼓励港航企业做大做强,积极参与国际竞争。

探索建立港口联盟,积极发展集装箱运输。按“政府推动,企业为主,资产联系,优势互补,互利共赢”的原则,成立以政府部门为主的联盟推进委员会(依托于宁波舟山港口一体化工作领导小组)和以企业为主的联盟集装箱发展与运输专业委员会(内设于浙江省港口协会),在宁波—舟山港的龙头带动下，充分发挥各港的资源优势，优化港口结构，推动企业管理和技术进步，互利互助，走共同发展之路。

（三）加强各方协调以进一步优化港航发展环境

一是加强规划衔接，把干线航道网建设列入省重点工程项目，请各有关部门全力支持，共同营造良好的航道建设环境。在项目审批方面，简化程序，加快审批；在土地使用方面，对港航建设优先安排，确保使用；在水资源综合利用方面，用好水利基金，实行水利建设与航道建设的拼盘共建、双赢发展，在山区航道实行“航电结合、以航为主、以电补航”的建设模式；在项目建设中，港区内的水、电等配套设施由相关单位负责落实。

二是加快解决内河三大瓶颈制约。杭州市政府要加快京杭运河杭州段二通道建设，督促宁波市政府尽快确定和实施杭甬运河宁波段三期，真正提高运河的通行效能，实现京杭运河通江达海；加快解决钱塘江中上游航道受制于七里泷船闸问题，使改造项目尽早实施。

三是要尽快出台《浙江省航道管理条例》、《浙江省港口岸线管理办法》，运用法律手段保护港口岸线和航道资源。既充分考虑地方经济发展的需要，又确保全省经济社会发展的大局，避免盲目发展。在港口及周边区域的规划建设中，必须突出港口发展主体地位，优先保障港口后方用地，并进一步扩大港区后方陆域配套用地。邻近港区和规划港区的后方土地用途、功能要予以严格控制，主要用于与港口相关的配套产业和临港工业。

（四）进一步加大政策扶持力度

一是加大财政投入和金融支持。由于航道和港口锚地、防波堤等基础设施是公共设施，又难以像公路一样建立起“贷款建设、收费还贷”的筹资发展机制，仅靠交通部门力所不及。并且现有国资开发公司因是经营性企业，追求经济效益的最大化，在参与港口开发时往往考虑企业经济效益，只投资“热门”和高回报项目，对公共项目和战略性投资项目缺少积极性，难以全面贯彻省委、省政府决策和思路。因此应要举全省之力，加大政府的资金投入。

建议设立港航发展专项资金，建议创新港口开发体制，按“政府主导、市场运作、优化资源”的原则，参照上海国际航运中心洋山深水港区的开发模式，一次性从省财政预算中安排20亿元，组建单独的港口投资开发机构，加快沿海港口的航道、锚地、防波堤等公共设施建设、陆域围垦和岸线资源整合以及战略性项目投资,强化政府在港口开发中的主导作用,相关收益用于港口滚动开发。

每年从省财政预算内安排不少于4亿元专项资金,用于内河航道的建设。市县各级政府每年在财政预算内安排一定的资金,用于港航建设。引导各级金融机构加大对港航建设的扶持力度,给予港航项目贷款一定的政策倾斜。

二是对列入国家和省重点工程建设项目的港口、航道、应急搜救基地工程,免缴河道堤防工程占用补偿费。返回或免除重大公共港航基础设施项目上缴的有关税、费,减轻港航建设资金压力。将沿海大电厂留在省的税收返给地方,专项用于港口、航道建设。

三是在省市各级用地指标安排上予以倾斜,内河骨干航道及主要港口等公益性建设项目,优先列入省重点工程,由省级戴帽下达用地指标,并减免相关规费。积极鼓励土地捆绑式开发,带动航道、港口的建设。在不减少水域面积的前提下,新、老航道可进行置换,老航道造地。航道、船闸等公共基础设施建设用地可以依法划拨。

四是实行以陆补水、以航养航。进一步加大以陆补水力度,公路补助水路建设资金由每年2亿元增加到4亿元,交通部门的跨航道桥梁建设全部纳入公路项目。加快实行港口岸线有偿使用。钱塘江中上游航道和瓯江航道,航电结合,以航为主,实行综合开发,采砂挖砂、新增土地等收益弥补航道建设资金。

五是建立航运业规模化发展专项补助资金,对投资组建航运企业、购造船舶、优化运力机构等项目给予资金补助。对运力规模达到5万吨并且保持5万吨以上在我省注册的航运企业实行税收扶持。建立港口、航运企业金融信用担保体系,帮助企业切实解决融资困难。

解放思想　创业创新
全面推进浙江交通科学发展进程

（2008 年 10 月 13 日）

浙江省交通厅党组根据党中央和浙江省委要求，全面动员部署开展深入学习实践科学发展观活动。2008 年 9 月 19 日至 23 日，党中央召开了开展深入学习实践科学发展观活动动员大会，胡锦涛总书记发表了重要讲话。9 月 27 日，浙江省委召开全省深入学习实践科学发展观活动动员大会，对全省开展学习实践活动进行思想动员和总体部署，正式启动了全省学习实践活动。浙江省交通厅党组高度重视学习实践活动，9 月 27 日省委动员会后，29 日厅党组利用休息时间及时召开会议传达学习省委文件和主要领导讲话精神，第一时间对省厅学习实践活动作了部署。10 月 10 日，厅学习实践活动领导小组召开会议，讨论、修改了《省交通厅关于开展深入学习实践科学发展观活动实施方案》的征求意见稿，召开全厅开展深入学习实践科学发展观活动动员大会，对省厅开展学习实践活动进行思想动员和工作部署。

一、开展深入学习实践科学发展观活动的重大意义

在全党开展深入学习实践科学发展观活动，是党的十七大作出的战略决策，是用中国特色社会主义理论体系武装全党的重大举措，是“三个代表”重要思想学习教育活动和保持共产党员先进性教育活动的继续，是深入推进改革开放、推动经济社会又好又快发展、促进社会和谐稳定的迫切需要，是提高党的执政能力、保持和发展党的先进性的必然要求。要从中国特色社会主义事业兴衰成败的高度，从浙江深入实施“两创”总战略、建设惠及全省人民的小康社会的高度，从推进现代交通“三大建设”的高度，全面深刻认识开展学习实践活动的重大意义。

开展深入学习实践科学发展观活动，是贯彻落实党的十七大精神、用中

国特色社会主义理论体系武装全党的重大举措。科学发展观作为中国特色社会主义理论体系的重要组成部分,是对党的三代中央领导集体关于发展的重要思想的继承和发展,是马克思主义关于发展的世界观和方法论的集中体现,是同马克思列宁主义、毛泽东思想、邓小平理论和"三个代表"重要思想既一脉相承又与时俱进的科学理论,是我国经济社会发展的重要指导方针,是发展中国特色社会主义必须坚持和贯彻的重大战略思想。实践证明,科学发展观对于我国经济社会和各项事业的发展起到了巨大的推动作用,得到了全党各族人民的衷心拥护,越来越显示出强大的真理力量。党中央深刻把握世情、国情、党情的发展变化,决定开展深入学习实践科学发展观活动,这对于用马克思主义中国化的最新成果武装全党、教育人民、统一思想、推动工作,具有深远的历史意义和重大的现实意义。我们要通过开展深入学习实践活动,准确把握科学发展观的重大意义、科学内涵、精神实质和根本要求,切实增强贯彻落实科学发展观的自觉性和坚定性。

开展深入学习实践科学发展观活动,是浙江省加快经济转型升级、深入实施"两创"总战略,全面建设惠及全省人民的小康社会的迫切需要。改革开放以来,浙江省经济社会发展取得巨大成就,当前进入了人均国民生产总值从 5 000 美元到 8 000 ~ 10 000 美元的新阶段,正处于全面提升工业化、信息化、城市化、市场化、国际化水平的重要时期,经济发展中的结构性、素质性、资源环境性矛盾和问题也日益凸显。尤其是今年以来,受到国际金融危机的影响,面临通货膨胀、出口下滑、中小企业大批关停等一系列困难,浙江经济处在艰难的"爬陡坡"过程中。解决当前发展的各种矛盾和问题、应对各种风险和挑战、保持又好又快发展,就要按照科学发展观的要求,转变经济发展方式,加快经济转型升级,推进全面协调可持续发展。为此,9 月 26 日省委十二届四次全会通过了《中共浙江省委关于深入学习实践科学发展观,加快转变经济发展方式,推进经济转型升级的决定》,明确提出要加快构筑现代产业发展、节约集约创新发展、消费投资出口协调拉动和城乡区域协调发展的新格局。在这个关键时刻,开展深入学习科学发展观活动,对于贯彻落实省委四次全会决定,推进经济转型升级,是一股强劲的东风和一个有力的促进。我们要紧紧抓住和充分利用好这一难得机遇,积极主动地开展好学习实践活动,在更高层次上解放思想、改革创新,理清发展思路、破解发展难题、促进科学发展,不断开拓经济转型升级的新局面,再创经济社会发展新优势,夺取深入实施“两创”总战略、全面建设小康社会的新胜利。

开展深入学习实践科学发展观活动,是浙江省交通全面推进“三大建设”、加快发展现代交通运输业的必然要求。改革开放以来,特别是党的十六大以来,全省交通系统在邓小平理论和“三个代表”重要思想指引下,牢固树立和认真落实科学发展观,按照省委省政府和交通运输部作出的一系列决策部署,交通各项工作取得了显著成绩,交通面貌发生了巨大变化。今年9月,交通运输部部长李盛霖来浙江,充分肯定了浙江的交通工作,指出浙江交通发展的经验值得向全国推广。浙江交通已经进入了新的发展时期,呈现出新的阶段性特征:一是公路水路交通基础设施建设成效显著,但规模总量仍显不足,按照综合交通发展要求,交通结构不尽合理;二是公路、水路交通运输快速发展,但部分领域资源利用效率不高,科技意识、科技含量、科技手段有待加强,发展方式比较粗放;三是交通行业具备一定的发展实力,但创新能力仍显不足,核心竞争力仍需提升;四是行业管理初步适应建立社会主义市场经济体制的要求,但管理能力和服务水平还比较低,体制机制性障碍仍需进一步消除。今后一个时期是浙江交通建设高潮的持续期、综合交通的整合期、现代物流的提升期和发展方式的转型期。9 月 26 日,交通运输部部长李盛霖来浙江省视察调研,充分肯定了现代交通“三大建设”这一发展思路,希望浙江交通紧紧抓住两个机遇、积极推进“三个转变”,切实提高交通运输“三个服务”的能力和水平,加快推进交通运输业全面转入科学发展轨道。通过开展学习实践活动,可以促进我们转变发展理念,深化对交通运输业发展规律的认识,在新的形势下审视、改进和完善交通工作,解决制约我省交通科学发展的问题,进一步推进现代交通“三大建设”,实现浙江交通又好又快发展。

开展深入学习实践科学发展观活动,是提高党的执政能力、保持和发展党的先进性和增强交通系统干部职工综合素质的必然要求。随着国内外、行业内外发展形势的变化,交通系统的干部队伍建设面临许多新课题新考验。当前,交通系统管理能力和服务水平与新形势新任务的要求还不完全适应、不完全符合,一些交通系统干部职工的思想观念、能力素质与“三个服务”的要求还不完全适应、不完全符合,一些基层交通部门的管理手段和创新能力与交通大建设、大发展的任务还不完全适应、不完全符合,尤其是不善于应对宏观环境变化后的要素制约难题,不善于应对复杂情况下的行业管理难题,包括应急、安全管理水平滞后于现实需要。在今年两次大的自然灾害中,浙江省交通系统通过全力奋斗取得了抗灾工作胜利,得到了交通运输部和省委、省政府表扬,但也暴露出在工作体制机制上还有一些薄弱环节。交通系统各级党组织和全体党员干部是系统内各单位、各部门的领导核心和骨干力量。因此,解决这些问题和矛盾,关键在于加强党的建设,提高党在交通工作中的执政能力,充分发挥党组织的战斗堡垒作用和党员干部的先锋模范作用。通过开展学习实践科学发展观活动,可以使我们进一步增强机遇意识、忧患意识、责任意识和宗旨意识,更加主动地改进我们的思想作风、工作作风和生活作风,真正体现"惠民、奉献、服务"的交通文化核心价值,提高领导科学发展、实践科学发展、服务科学发展的能力,从而在交通系统中提高党的执政能力,保持和发展党的先进性,并带动全系统干部职工队伍综合素质的增强。

因此,参加省厅学习实践活动的全体党员特别是领导干部,要切实增强积极参与的责任感和使命感,以这次学习实践活动为契机,努力在对科学发展观的认识上取得新突破,努力在构建有利于交通事业科学发展的制度机制上取得新进展,努力在作风建设上取得新成效,以切实提高"三个服务"的能力和水平,更有力地推动现代交通"三大建设"。作为第一批开展活动的单位之一,我们还要争取做到有特色、有亮点,能够发挥表率和导向作用。

二、通过学习实践活动解决制约交通科学发展的突出问题

浙江省交通厅开展学习实践活动的指导思想是:全面贯彻党的十七大精神,高举中国特色社会主义伟大旗帜,以邓小平理论和"三大代表"重要思想为指导,以"加快转变交通发展方式,全面推进现代交通'三大建设',切实提高'三个服务'的能力和水平"为实践载体,以领导班子和党员领导干部为重点,紧紧围绕党员干部受教育、科学发展上水平、人民群众得实惠,进一步解放思想、实事求是、改革创新,切实增强贯彻落实科学发展观的自觉性和坚定性,着力转变不适应、不符合科学发展观要求的思想观念,着力解决影响和制约交通科学发展的突出问题以及群众反映强烈的突出问题,着力构建有利于交通科学发展的体制机制,提高领导交通科学发展的能力,把全行业的发展积极性进一步引导到科学发展上来,把科学发展观贯彻落实到交通发展的各个方面,推动全省交通运输业全面转入科学发展的轨道,为深入

实施“创业富民、创新强省”总战略、全面推进交通“三大建设”、加快发展现代交通运输业，提供坚强有力的保证。

通过这次学习实践活动，努力达到以下目标：

一是提高思想认识，凝聚转型共识。进一步加深党员干部特别是领导干部对科学发展观的理解，增强贯彻落实科学发展观的自觉性和坚定性。进一步解放思想，转变不适应、不符合科学发展观的思想观念。特别是要清楚地认识交通基础性、全局性、战略性地位，清楚地认识交通仍处于大建设、大发展时期的阶段性特征，清楚地认识经济社会和生态等宏观环境变化对交通提出的新任务、新要求，强化率先发展的责任意识、转型升级的时代意识、改革创新的开拓意识和惠民便民的服务意识，形成推进现代交通“三大建设”、实现浙江交通转型发展的牢固共识。

二是解决突出问题，增强发展活力。以科学发展观的要求审视浙江省交通发展，重在解决影响和制约交通科学发展的突出问题，抓住新机遇确定浙江省交通事业发展的新举措，应对新挑战制定交通行业发展的新对策，走出一条符合浙江交通实际的科学发展之路。重在加强领导班子思想政治建设，解决党性党风党纪方面群众反映强烈的突出问题，推动广大党员特别是领导干部讲党性、重品行、作表率，并以党风促政风带行风，进一步塑造交通系统的良好社会形象。

三是创新体制机制，优化制度环境。围绕推进现代交通“三大建设”、加快发展现代交通运输业，抓住机构改革这一重要机遇，把解决突出问题与建立长效机制结合起来，进一步建立健全符合科学发展要求的交通发展机制体制，完善落实科学发展观的决策指挥、操作执行和管理监督机制，建立体现科学发展观的干部考核评价和选拔任用机制，努力为全面贯彻落实科学发展观营造良好的政策制度环境。

四是推进科学发展，发挥先导作用。通过学习实践活动，把科学发展观的要求转化为推进交通科学发展的坚强意志、谋划交通科学发展的正确思路、领导交通科学发展的实际能力、促进交通科学发展的政策措施、增强党性修养的自觉行动，推动我省交通率先发展，努力实现在继续解放思想上迈出新步伐，在坚持改革创新上实现新突破，在推动科学发展上取得新成就，在加强党的建设上取得新进展，充分发挥交通运输在我省经济社会发展中的基础性、先导性作用。

在学习实践活动中,要坚持四条原则:

一是坚持解放思想,更新发展理念。在解放思想、理清思路的过程中,要特别注意在五方面下工夫:注意树立世界眼光和战略思维,“跳出交通看交通”、“跳出交通发展交通”;注意顺应现代交通发展规律,把握综合交通、智能交通、集约交通的时代趋势;注意深化交通运输本质属性的认识,正确处理坚持交通公共服务属性和尊重市场规律之间的关系;注意抓住国家支持长三角率先发展的机遇,研究推进交通一体化、网络化;注意贯彻转变经济发展方式的要求,充分认识做大做强现代物流业的必要性、紧迫性。

二是结合交通实际,突出实践特色。围绕推进交通科学发展的主题,紧密结合交通工作实际,以“加快转变交通发展方式,全面推进现代交通‘三大建设’,切实提高‘三个服务’的能力和水平”为总抓手,立足本系统、本单位、本岗位、本人,坚持通过学习推动实践,通过实践深化学习,确保这次学习实践活动取得实际成效。

三是充分发扬民主,贯彻群众路线。要充分发扬民主,积极吸收群众参与,广泛征求群众意见,虚心向群众学习,真诚接受群众监督,把相信群众、依靠群众、服务群众贯穿活动始终,把群众满意作为衡量活动成效的重要依据。

四是正面教育为主,团结各方力量。坚持高标准、严要求,重在自我提高,重在总结经验,重在明确方向。查找和剖析问题既要严格要求,又不搞人人过关,注意保护党员、干部的发展积极性。根据中央精神,这次学习实践活动,欢迎非中共党员领导干部参与,但不对他们提具体的要求。

按照统一部署,分阶段推进学习实践活动。根据中央的部署,整个活动分学习调研、分析检查和整改落实三个阶段。我们要周密安排,精心组织,抓住关键环节,认真做好每一阶段的工作。

扎实开展学习调研是整个学习实践活动的前提基础,主要抓好三个环节:一是搞好学习培训,开展科学发展理论传播活动。各单位要根据厅党组的实施意见和工作方案,结合党组(党委)中心组年度学习计划和创建学习型党组织的有关规定,制订学习培训计划,组织全体党员认真学习《毛泽东邓小平江泽民论科学发展》和《科学发展观重要论述摘编》;学习中央领导同志关于学习实践科学发展观的重要讲话和中央有关文件精神;学习省第十二次党代会及以来历次全会精神和省委贯彻落实科学发展观的一系列重要决定。党组(党委)理论学习中心组集中学习不少于三次,党员主要领导干部要带头作学习报告。二是深入基层一线,开展科学发展举措调研行动。各单位领导班子要根据省委提出的12个方面问题,结合建立健全本单位贯彻落实科学发展观的体制机制,确定重点调研课题,每个班子成员要结合各自分工,深入基层开展调查研究,梳理影响和制约我省交通科学发展的突出问题,注重正反典型案例剖析,形成调研报告,并及时进行调研成果交流。三是推动思想解放,开展科学发展理论扎根行动。结合改革开放30周年纪念活动,围绕如何推动浙江省交通转型发展,组织党员干部广泛开展讨论交流,以思想解放引领观念转变,着力消除党员干部在科学发展上的模糊认识,在事关交通科学发展全局的重大问题上形成共识。

认真搞好分析检查对于确保整个学习实践活动取得实效至关重要,主要抓好三个环节:一是召开专题民主生活会和组织生活会。会前要广泛征求意见,深入查找影响和制约本单位科学发展的突出问题,群众反映强烈、影响单位和谐稳定的突出问题,党性党风党纪方面违背科学发展观要求的突出问题,在此基础上,领导班子成员分别撰写发言材料,召开领导班子专题民主生活会,认真查找问题,深入开展批评和自我批评,深刻分析主客观原因特别是主观原因,研究确定贯彻落实科学发展观的主要思路和加强领导班子自身建设的具体措施等。党支部要召开以学习实践科学发展观为主题的组织生活会,党员领导干部要参加双重组织生活。二是形成领导班子分析检查报告。在民主生活会的基础上,由党组(党委)主要负责同志全程主持,撰写领导班子贯彻落实科学发展观情况分析检查报告。三是组织群众评议。分析检查报告形成后,要认真组织评议,广泛征求党员群众的意见。参评人员既要有本单位的党员和群众,也应有一定的基层单位和服务对象的代表。在评议的基础上,修改完善分析检查报告,然后上报上一级学习实践活动领导小组备案,并在一定范围内公开。在这一阶段,要把"民主恳谈"贯穿各个环节,充分听取各方面意见。

切实抓好整改落实是整个学习实践活动最后立足点,主要抓好三个环节:一是制订整改落实方案。要在前两阶段工作基础上,重点围绕分析检查报告揭示的问题,认真制订整改落实方案。方案要注重可操作性,明确整改责任主体、整改内容、整改时限、整改要求,并在一定范围内公示,接受党员群众的合理化建议。二是集中解决突出问题。要按照整改落实方案,组织力量一项一项抓好落实。要突出重点,集中时间、集中精力,解决突出问题,办好惠民实事,以实际行动推动全省现代交通“三大建设”。解决问题要实事求是,量力而行,尽力而为,不提不切实际的过高要求。三是建立健全体制机制。进一步理清推动科学发展的思路,清理现有的规章制度,修订完善相关的政策措施。

三、通过实践深化学习,破解难题,创新体制机制

学习实践科学发展观,学习是关键,实践是根本,落实是目的。要大力弘扬求真务实之风,坚持以学习推动实践、通过实践深化学习,找准问题,选准载体,下准工夫。

(一)着力于解决突出问题

开展学习实践活动中,要坚持边学边改,对照科学发展观的要求,认真查找和解决浙江省交通发展中的突出问题。

按照第一要义是发展的要求,认真查找和解决交通发展理念、发展思路、发展信心、发展方式、发展质量、发展后劲等方面的问题。坚持把发展作为交通工作的第一要务,聚精会神搞建设,一心一意谋发展,积极探索发展规律,创新发展理念,转变发展方式,提高发展质量和效益。

按照核心是以人为本的要求,认真查找和解决交通发展目的、交通公共服务、交通安全生产、交通行业稳定等方面的问题。坚持把改善民生作为交通发展的最终目标,推进惠民交通建设,不断满足人民群众日益增长的交通运输需求,使人文关怀、文明服务贯穿于交通建设、运输和管理工作的全过程。

按照全面协调可持续的基本要求,认真查找和解决片面发展、不协调发展以及节能减排、环境保护等方面的问题。坚持转型发展思路,推动交通发展实现“三个转变”,即:由主要依靠基础设施投资建设拉动,向建设、养护、管理和运输服务协调拉动转变;由主要依靠增加物质资源消耗,向科技进步、行业创新、从业人员素质提高和资源节约环境友好转变;由主要依靠单一运输方式的发展,向综合运输体系发展转变。

按照根本方法是统筹兼顾的要求,认真查找和解决城乡交通发展、区域交通发展、不同交通方式之间、交通与自然协调发展等方面的问题。坚持站在全局的高度,来谋划思路、制订规划、确定项目、出台政策,妥善处理全省

与局部、省内与省外、当前和长远、城市与农村、交通与资源环境等之间的关系。

按照贯彻落实科学发展观必须加强和改进党的建设的要求，认真查找和解决交通系统党员干部在世界观、人生观、价值观、政绩观、权力观、地位观、利益观等方面的问题。坚持党建工作的龙头地位，加强党员干部的理想信念教育，强化廉政建设，提高机关效能，改进干部作风。

（二）着力于创新体制机制

制度问题更带有根本性、全局性、稳定性和长期性。贯彻落实科学发展观，推动交通事业又好又快发展，必须有科学的体制机制作保障。因此，在学习实践活动中，要始终把健全科学发展的体制机制作为核心任务来抓。在解决突出问题的过程中，要善于从根源上、从制度上去研究，针对管理体制和工作机制中与科学发展不适应的地方，全面开展“破解体制机制难题”专项行动，加大改革攻坚力度，加快构建充满活力、富有效率、更加开放、有利于交通科学发展的体制和机制。

破难建制工作要实行“四制”：一是领衔制，每位领导干部都要领办一个以上破难建制项目，包案负责。二是承诺制，承诺破难建制的目标、方式和时限要求，明确具体措施。三是公示制，采取座谈会、书面征求意见、媒体发布等形式，公开破难建制工作内容，接受党员群众监督。四是问责制，对破难建制工作不力、群众不满意的，要对相关责任人员进行问责追究。

近期，重点要结合大部门制机构改革，认真研究如何顺应现代交通发展规律，构建有利于发挥综合交通优势、有利于转变职能理顺关系、有利于调动各方积极性的交通管理体制，做到权责一致、分工合理、决策科学、执行顺畅、监督有力。同时以此为契机，推进交通事业其他方面的改革创新，如交通投融资体制、前期工作体制、建设管理体制、应急管理体制、农村公路管理养护体制、宁波—舟山港一体化、交通物流发展、海运业发展、收费公路站点撤并等等。

（三）着力于推进“三大建设”

“加快转变交通发展方式，全面推进现代交通‘三大建设’，切实提高‘三个服务’的能力和水平”是我厅开展这次学习实践活动的实践载体。这次学习实践活动是否取得实际成效，最终要体现在这一实践载体上，也就是要以现代交通“三大建设”的现实成果来检验和衡量。因此，我们要把学习实践活动融入到“三大建设”中去,把“三大建设”结合进学习实践活动中来,互为表里,同步推进,努力做到“两不误、两促进”。

要通过学习培训,进一步认识现代交通“三大建设”是交通系统贯彻落实科学发展观和实施“两创”总战略的主要抓手,是发展现代交通运输业、做好“三个服务”在浙江的具体体现,是浙江交通实现“两个率先”的整体战略。

要通过分析检查,进一步明确现代交通“三大建设”的重点所在、难点所在,认识到差距和不足,始终保持清醒的头脑,认清奋斗的方向,坚定前进的步伐。

要通过整改落实,进一步推动现代交通“三大建设”具体任务的分解落实,按年度、按单位、按项目和按岗位明确责任、细化要求,咬定目标,攻坚克难,不见实效不罢休,切实履行浙江交通人向省委省政府、向全省人民作出的庄严承诺。

四、切实加强组织领导,确保学习实践活动取得实效

开展学习实践科学发展观活动是省厅当前的首要政治任务。各单位、各部门党组织要切实加强组织领导,统筹协调,整体推进,确保学习实践活动取得实效。

(一)加强领导,明确工作责任

省厅成立学习实践活动领导小组,厅长担任组长,每个党组成员按照职责和分工,加强指导。领导小组办公室设在厅直属机关党委,负责对学习实践活动的具体指导和日常工作。各单位也要成立相应的领导机构和工作机构,抽调政治素质好、业务能力强的同志参加具体工作。

(二)精心组织,加强分类指导

在坚持学习实践活动总体要求的同时,领导小组及其办公室要针对厅属单位和基层党组织的不同特点,党员领导干部、普通党员、离退休党员等不同层面,紧密结合交通工作实际,加强分类指导,制订出具体的学习要求和学习方案,增强活动的针对性和实效性。领导干部要以身作则,率先垂范,带头学习理论、带头转变观念、带头查找问题、带头研究和落实整改措施,为普通党员作出表率,在全厅兴起学习实践科学发展观的热潮。

(三)积极探索,创新活动载体

坚持把改革创新精神贯穿于学习实践活动始终,进一步解放思想,积极

探索，鼓励和支持各单位在高标准完成党中央和省委规定要求的同时，紧密结合单位工作特点，精心设计活动载体，丰富活动内容，创新活动方式，“规定动作”和“自选动作”相结合，努力使学习实践活动有声有色、富有成效。

（四）边学边改，加强督促检查

坚持把学习和整改贯穿学习实践活动始终，厅领导小组及其办公室要定期对各单位学习实践活动进行督促检查和指导，同时及时向省指导检查组汇报工作进展情况，认真听取社会各界的意见和建议，加强党内外民主监督。

（五）加强宣传，营造良好氛围

要通过报刊、网站、宣传栏等载体开展多种形式的宣传活动，加强舆论引导，特别是要集中宣传推进交通工作科学发展的好的做法和举措，总结经验，树立典型，引导学习实践活动健康发展。

开展这次学习实践活动，要虚实结合，妥善解决“工学矛盾”，在开展好学习实践活动的同时，确保完成年度目标任务，理清明年工作思路，实现党员干部受教育、科学发展上水平、人民群众得实惠的目标，为深入实施省委“创业富民、创新强省”总战略、全面推进现代交通“三大建设”提供坚强的思想保证、政治保证和组织保证！

认真贯彻落实中央一号文件精神
以城乡交通一体化促进全省城乡统筹发展

(2010年4月29日)

省政府在杭州召开了全省城乡交通统筹发展工作会议。这是一次重要会议。我们贯彻落实中央一号文件精神和中央农村工作会议、全省农村工作会议、全国农村公路工作会议精神,以科学发展观为指导,总结我省在城乡交通统筹发展方面取得的成绩,分析当前面临的形势,全面部署下阶段推进城乡交通统筹发展的各项工作。

一、近年来我省城乡交通发展的主要成效

近年来,我们以现代交通三大建设为抓手,以农村公路为重点着力推进城乡交通统筹发展,取得了一定成效。特别是2008年学习实践活动开展以来,我们成功地培育了嘉善统筹城乡交通发展的经验,得到中央领导同志和赵洪祝书记、李盛霖部长、吕祖善省长、王建满副省长等省、部领导充分肯定。各市、县(区)也因地制宜,创造性地开展工作,作出了有益的探索和尝试,这些都为下一步实现城乡交通一体化奠定了良好基础。

(一)全省交通网络主框架进一步完善

至2009年年底,全省国省道公路里程达到10 120公里,其中高速公路里程为3 298公里。仅2009年全省就完成交通基础设施建设投资599亿元,建成高速公路226公里,完成国省道干线公路新改建820公里。这些大项目的建成,进一步完善了全省的高速公路及国省道干线路网,特别是舟山跨海大桥的建成,真正使全省11个地市全部通达高速公路,我省与周边省、市及省内的区域交通一体化得到进一步加强,城际之间的交通联系更加紧密、便捷。

(二)农村公路建设速度进一步加快

2008年龙泉会议之后,在乡村康庄工程基础上启动实施通村公路三年建设计划,2009年5月海宁会议进一步确立了农村公路“建管养运一体化”的发展模式,省政府还专门出台了《关于进一步加强农村公路工作,促进农村交通发展的指导意见》。至2009年年底,全省县乡公路、专用道总里程达到45 810公里,村道总里程达到51 021公里,全省行政村公路通达率达到99%,公路通畅率达到98%。农村公路工作得到省委、省政府的充分肯定,省委赵洪祝书记、王建满副省长专门作出重要批示。同时陆岛交通条件得到进一步改善,2009年开工建设陆岛码头项目19个、建成16个,完成撤渡建桥项目3个、撤渡建路项目2个、渡埠改造项目60个。

(三)城乡客货运服务能力进一步提升

在农村交通基础设施逐步完善的同时,加快发展农村客运,以满足城乡居民的出行需求,因地制宜地开通“乡村小巴”、“康庄小巴”提高农村客运通达率,不断提高客运服务质量。至2009年年底,全省班车通村率达到91%,城乡客运一体化率达到45.5%。同时,启动了城乡物流配送体系建设,建成50个农村货运站(含客货一体站、网络站),并与邮政部门联合开展农村物流的调研和试点工作,取得了初步成效。

(四)农村公路养护管理水平进一步提高

近年来,针对我省农村公路70%在山区的实际,不断加大投入,强化对临水、临崖、高落差等路段的安全整治,仅2008~2009年,全省就安排资金12.5亿元,共设置农村公路护栏5 610公里。2009年,我省专门出台了《关于全省农村公路养护管理体制改革的实施意见》,初步形成了“政府主体、交通主力、部门参与、分级负责、以县为主、群管群养”的良好局面。我省有关农村公路养护管理改革的经验在2009年全国公路局长会议上进行了交流。至2009年底,全省共有农村公路96 831公里,乡镇农村公路养护站1 276个,乡镇养护管理人员5 031人。2009年,省级投入农村公路管理养护的资金达15.5亿元,地方政府也基本按要求配套到位。

(五)体制、机制创新意识进一步强化

近年来,结合“大部制”改革,我们积极探索城乡交通统筹管理的新体制、新机制。我厅新组建后,省政府印发的“三定”方案明确要求“加强统筹区域和城乡交通运输协调发展职责,优先发展公共交通,大力发展农村交通,加快推进区域和城乡交通运输一体化,促进城乡公共交通服务均等化”,

同时将指导城市客运职责划归我厅负责。嘉善县在全县各乡镇建立公路站负责农村公路管理;龙游等县将通村、联网公路管理列入政府对乡镇考核范围;嘉兴、金华、萧山等地由政府出资收购城乡公交;绍兴县建立“政府出钱买服务”的准公益性城乡客运模式;长兴县利用现有农村客运班线发展县城至乡镇村小件快运配送模式。以上各市县的成功做法经过实践的检验,值得全省其他地方好好学习和借鉴。

城乡交通统筹发展是一项系统工程,也是一项长期的工作,虽然我们取得了一定的成绩,但总体上还处于起步探索阶段,存在着不少问题和困难。一是通村公路建设攻坚任务艰巨。2010 年是通村公路三年攻坚计划的收官之年,全年要建设 2 326 公里,虽然相比以前规模不大,但主要集中在欠发达地区,大部分处在海拔 500 ~ 800 米高山,地质地貌复杂,构造物多,工程造价高,当地资金配套能力弱,实施难度非常大。二是农村公路管养工作基础比较薄弱。部分地方政府对农村公路养护工作不够重视,养护配套经费达不到省政府文件规定的最低标准,还有的将养护责任直接分解到乡镇、村,一放了之,缺乏经常性养护,没有专人负责管理。三是城乡客运一体化工作任重道远。城市公交与农村客运“二元”分割,对农村客运的政策扶持不够,班车难以持续运营,山区、偏僻地区群众的“乘车难”问题尚未解决,全省还有约 2/3 的乡镇没有客运站。四是各地城乡交通统筹发展工作不平衡。主观上各地对城乡交通统筹发展的认识不一致,客观上全省 90 个县(市、区)有山区、有平原、有海岛,加上各地经济发展水平不一,受到政策、资金等要素制约,导致全省各地城乡交通统筹发展程度不平衡。

二、推进城乡交通统筹发展工作的基本思路

统筹城乡发展是贯彻落实科学发展、加快经济发展方式转变的一项重要任务。尤其是我省农民人均纯收入 2009 年已突破万元,并且基本同步于我省人均 GDP 超 6 000 美元,说明我省加快城乡统筹发展的基础已经具备,需求也更加迫切。3 月 22 日赵洪祝书记专门在《人民日报》上发表署名文章,提出浙江要加快形成城乡经济社会发展一体化新格局,这为全省城乡统筹发展工作指明了方向。交通运输业作为经济社会发展的先行官,率先实现城乡统筹发展更是责无旁贷。

在认真学习领会中央和省委、省政府、交通运输部有关政策文件精神的

基础上，我们结合浙江交通实际，提出了我省推进城乡交通统筹发展的基本思路。

（一）总体目标

全面贯彻落实科学发展观，深入实施“八八战略”和“两创”总战略，积极推进“全面小康六大行动计划”，紧紧把握交通转型发展的主线，以实现城乡交通一体化为目标，通过3~5年的努力，形成城乡统筹的交通规划体系；基本建立覆盖城乡的交通基础设施网络，逐步形成安全便捷的城乡运输服务体系，为全面建设惠及全省人民的小康社会提供优质高效的交通运输服务。

（二）工作原则

（1）以人为本。城乡交通统筹发展的核心是按照转型发展的要求，构建城乡一体的交通服务网络，目标是实现城乡交通公共服务均等化，表现形式是“人便于行，物畅其流”，所以推进城乡交通统筹发展必须坚持“以人为本”，从服务“三农”出发、从满足群众需求出发，注重提升城乡、特别是广大农村的交通服务水平。

（2）因地制宜。由于全省各市、县（区）经济发展水平不一、地理条件不同，各地应坚持一切从实际出发，在发展方式、发展理念等方面，要做到因地制宜、因势利导，不能一哄而上，不搞一刀切，特别是在城乡客运一体化的模式选择等方面，更要慎重研究，要探索出适合本地区实际的发展模式。

（3）梯度发展。在现阶段的条件下，短期内全省实现城乡交通一体化的条件还不成熟，这是一项长期性的工作。结合我省实际，在推进过程中应该体现“梯度发展”原则，有条件的发达市县、平原地区可以按照更高的标准先行一步，争取在2012年基本完成一体化进程；中等发达地区可以规划在“十二五”末，欠发达地区可以结合实际在2020年达到我省城乡交通统筹发展的目标。

（三）工作重点：“五个有”

一要有路，加快完善交通基础设施，夯实城乡统筹发展的基础。要抓住“三大建设”的机遇，结合国省道网络规划调整，加快我省“二纵二横”综合运输通道、国省道干线公路网的建设，为我省海洋经济战略和环杭州湾、温台沿海和金衢丽三大产业带发展提供交通支撑，促进四大都市经济圈和7个中心城市的发展。各地要进一步加大对城乡交通统筹发展工作的公共财政投入,省厅将加大对欠发达地区的政策激励支持,打好通村公路建设扫尾攻坚战,确保到年底具备建路条件的行政村等级公路通达率、硬化率达到100%。对少数不具备建路条件行政村继续由地方政府结合“下山脱贫,整村搬迁,异地安置”工作,我厅继续给予政策支持。继续稳步推进农村联网公路建设,以中心镇为重点,完善农村公路路网,加快交通基础设施向农村延伸的步伐。同时要把城乡水路交通建设提升到和公路建设同等重要地位,继续实施水上康庄工程,进一步做好陆岛和库区码头建设,加快撤渡建桥,更新升级渡船和渡埠设施,改善海岛与涉渡地区群众的出行条件,为统筹城乡发展提供全面的交通保障。重点做好渡运距离100~200米的农村渡口的撤销工作,计划到2015年,全省实施建桥建路撤渡项目45个,渡埠改造项目200个;全省农村公路总里程突破10.5万公里,农村公路网密度达到103公里/百平方公里。

二要有车,积极推进城乡客运一体化,进一步提升客运服务水平。要统筹考虑城市公交与城乡客运及其他运输方式之间的衔接,构建布局合理、节点联网、运营高效的一体化站场体系,逐步形成资源共享、相互衔接、布局合理、方便快捷、畅通有序的城乡交通运输网络新格局。要推进农村客运班线改造,优化城乡客运网络的衔接。重点加快开通农村冷线和农村山区支线客运班线,提高农村地区客运班车通达率水平,并按照“路、站、运”相配套的要求,做到农村公路沿线的港湾式停靠站、招呼站与农村公路同步规划、同步设计、同步建设、同步验收。要提升车辆档次和服务质量,推进公共交通服务均等化。计划至2015年,全省农村客运通村率达到94.5%,至2020年全省实现客运通村率100%。

三要有站,大力发展农村交通物流,建立完善城乡货运配送体系。依托日渐完善的农村公路、水路网络和农村客运体系,按照客运站、货运站、交管站“三站合一”模式加快货运站场向农村的延伸,逐步完善农村物流场站体系。坚持政府引导、行业推动、市场主导、企业运作、城乡统筹的发展原则,积极培育农村物流网络,发展小件快运、特色配送、货运专线等农村物流组织形式,提高农村物流服务能力。充分利用现有物流企业场地、公交站点、邮政等物流网络资源优势,逐步整合邮政部门成熟的农村邮政物流网络资源,为农民生活消费需求、农资下乡等农村物流服务。到2015年完成50%的国家级公路运输枢纽建设,全省各县、市至少建成一个区域物流中心,小件快运网络延伸到80%的行政村,逐步形成相互衔接、方便快捷的城乡运输体系。

四要有管,切实加强农村公路养护管理,构筑城乡交通安全网络。今年的中央一号文件还专门讲到“落实农村公路养护管理责任”问题,各地要树立“建设是发展,管理也是发展”的理念,贯彻落实中央一号文件和《浙江省农村公路养护与管理办法》、《浙江省农村公路管理养护体制改革方案》的要求,按照“统一领导,分级负责,以县为主”的工作原则,进一步完善农村公路养护管理体制、机制,落实事权主体责任,按照不低于省政府规定的最低标准要求,将公路养护地方配套经费纳入同级财政预算,落实管养机构和人员,切实做到有路必养、有路必管,实现农村公路养护工作的制度化、规范化、正常化。同时,要加大资金投入,优先解决农村公路临水、临崖、高落差路段和因安全设施未到位影响客运班车通达路段的安保工程项目,解决历史欠债问题。同时加大对农村公路和病危桥梁的改造整治力度,计划用6年时间(2010~2015年)完成农村公路15 000公里安全设施的配套完善,完成现有农村公路病危桥梁改造2 000座、隧道20座,提高农村公路安全畅通水平。

五要有重点,加快中心镇村的交通服务配套,积极促进城镇化进程。中心镇、中心村是新型城市化和新农村建设的“结合点”,是城乡互通的枢纽、融合的载体,是提升统筹城乡发展水平的重要抓手。今年的全省农村工作会议提出,要把建设中心镇中心村作为统筹城乡的大平台,力争全省培育发展200个中心镇,启动培育420个中心村。各市、县要按照中心镇、中心村的规划布局,充分发挥交通的先导功能,及时调整公路、客运、货运等交通资源的配置规划,使优质交通资源向中心镇、中心村倾斜。中心镇要有与其相适应的较高等级的公路、客运场站、客运网络和农村物流体系,打破以往以县城为中心的单一辐射状分布局面,使中心镇成为融合城乡的区域中心。要加快以中心村为重点的农村联网公路建设,提高中心村客运班线密度,建立和健全农村物资配送网点体系,促进中心村的人口集聚。

三、切实加强对城乡交通统筹发展的保障

推进城乡交通统筹发展责任重大、任务艰巨,需要在各级党委、政府的领导下,切实加强工作保障。可以简单概括为“五个一”

(1)一个权威的班子。各级交通主管部门积极争取党委、政府加强领导,在推进城乡交通统筹发展中当好决策的参谋、工作的主力军作用。要成立专门的工作班子,结合本地实际,进行专门的研究、推进。同时,要在全省范围内开展声势浩大的宣传活动,在全社会形成良好的工作氛围,形成"政府主导,部门配合,社会共同参与"的工作格局。

(2)一个科学的规划。目前全省各级交通部门正在开展"十二五"交通规划编制工作,要按照"城乡一体化、区域一体化和运输方式一体化"的要求,加快编制综合运输体系规划,合理布局城乡交通资源。同时,及时编制《"十二五"农村公路发展规划》、《城乡客货运发展规划》等规划,进一步明确发展城乡交通统筹发展的目标,制订相应的工作措施,科学安排相关建设项目的实施时序,逐步形成资源共享、相互衔接、布局合理、方便快捷、畅通有序的城乡交通运输网络。

(3)一个统一的机构。当前正在实施的"大部制"改革为解决城乡交通管理"二元"分割问题提供了有利的体制条件。目前省级部门改革已经基本到位,下一步各市、县(区)也将开展机构改革。各地要利用改革的契机,结合实际,尽快建立城乡一体的交通行业管理体制,同时积极推进工作机制创新,建立和完善城乡交通运输服务统一标准、监管体系、政策法规,促进城乡交通公共服务均等化。

(4)一个有力的政策。统筹发展城乡交通是实现城乡基本公共服务均等化的重要支撑,是关系国计民生的社会公益事业,各级政府要发挥主导作用,加大公共财政投入。同时,积极推进城市公交和道路客运在市场准入、从业资格、经营范围等方面建立公平合理的标准体系,实行统一财政补贴、税收政策、信贷支持、保险费率政策,打破束缚城乡间交通发展的政策瓶颈,使农村客运逐步享受城市公交的优惠政策,实现城乡客运的相互融合。

(5)一个强大的合力。城乡交通统筹发展工作是一项事关城乡统筹发展大局的工作,是一项全社会共同参与的系统工程,单靠交通部门一家来抓,势单力薄、难以奏效,因此要在坚持政府主导作用的基础上,发挥市场配置的主体作用和公众的参与作用,建立完善工作协调机制,强化部门之间的协同配合,形成推进城乡交通统筹发展合力。城乡交通规划要与城建、国土、环保等专项规划相衔接,逐步实现水利、交通、能源等基础设施建设规划一体化。要将城乡交通统筹发展与新型城市化、社会主义新农村建设紧密结合，整合使用发改、财政、公安、交通运输、建设、规划、农业、国土资源、环保等部门的资源，共同推进城乡交通统筹发展。省政府近期将出台《浙江省推进城乡交通统筹发展的指导意见》，这对全省加快推进城乡交通一体化发展工作是一个有力的推动。省公路局、省港航局、省运管局要及时对城乡交通统筹发展方面的政策进行梳理，对相关优惠政策要进行有效整合，便于各地市下步的具体实施。

推进城乡交通统筹发展是历史赋予我们的光荣使命，让我们在省委、省政府和交通运输部的正确领导下，紧紧依靠各级党委政府，深入学习实践科学发展观，开拓创新，顽强拼搏，全力推进城乡交通统筹发展进程，为深入实施"两创"总战略、全面建设小康社会作出新的贡献！

推动传统运输业　向现代物流转型

(2010年12月4日)

党的十七届五中全会审议通过的"十二五"规划建议,明确提出要加快发展服务业,其中就包括大力发展包括现代物流业在内的生产性服务业。现代物流业是融合运输业、仓储业、货代业和信息业于一体的复合型服务产业,交通运输是现代物流业的基本依托和基础环节。推动传统运输业向现代物流转型,就是要加强物流基础设施建设的衔接与协调,构建高效的现代物流服务网络,建设交通大物流;就是要进一步推广现代物流管理,整合物流资源,加强运输与物流服务的融合,提升物流服务的专业化和社会化水平。

"十一五"时期,在交通运输部支持下,浙江省积极推进交通大物流建设,取得初步成效,为推动全省经济社会又好又快发展提供了良好服务。2009年12月,交通运输部与浙江省人民政府签订了共促物流发展的会谈纪要,将浙江省作为全国交通物流业发展的实验先行区。实践证明,推动传统运输业向现代物流转型,是提高交通运输业服务经济社会发展能力和水平的迫切要求,是发展现代交通运输业的必由之路。

一、推进交通大物流建设的基本思路和主要措施

浙江推进交通大物流建设的基本思路是:坚持用现代物流理念改造提升传统运输业,依托现代信息技术做大做强物流企业,以物流基地为基础,物流信息平台为支撑,龙头企业为示范,技术标准为保障,全程物流为方向,构建覆盖全省、辐射全国、面向世界的交通运输物流体系。

近年来,在推进交通大物流建设方面,主要抓了这样几项工作。

一是制定规划政策。制订了部省会谈纪要的实施方案。先后编制了《浙江省交通综合物流基地布局规划》、《浙江省沿海港口综合集疏运网络

规划》;出台了《大物流建设实施意见》和关于推进交通物流基地建设、物流龙头企业培育、物流公共信息系统建设的意见,制定省级大物流建设示范项目实施政策、大吨位货运车辆补助资金管理办法,调整公路建设补助政策,提高对物流园区配套公路补助标准。

二是建设物流基地。确定了12个物流园区作为省交通重点扶持物流基地,目前均已开工建设。此外,还对27个物流园区公共基础设施给予资金补助,对园区的补助实行以建设项目为载体,根据资金投入量按比例、定上限补助的模式,并建立了项目进展月报告制度。到2010年底,物流园区建设完成投资5.88亿元,补助资金4 574万元。规划建设的10个“无水港”已建成运营5个,2010年前10个月“无水港”集装箱运输量同比增长17%,“区港联动”效果十分明显。目前,全省共有A级以上物流园区45个、物流企业86家。

三是培育龙头企业。全省确定了33家省级物流重点联系企业,其中12家被列为龙头企业。对这些龙头企业的信息化、技术改造、节能减排项目给予资金扶持,促进企业集约化经营和规模化发展,提升现代化管理水平,调整运力结构,发展先进运输方式,形成较强的核心竞争力,示范带动整个行业发展水平的提升。

四是搭建公共信息平台。按照“政府做交换,企业做交易”的原则,启动了交通物流公共信息平台建设,并被列入交通运输部试点示范项目。累计完成投入4 000多万元,一期已建成1个主服务器、5个交换服务器(分别安装在浙江、四川和安徽)、8个物流公共应用中心、5个通用软件。通用软件在浙江省推广超过3 000家,平台用户数超过6万,数据交换总量超过1 600万条,日交换量10万条。

五是建设城乡物流配送体系。结合农村公路建设和农村客运发展,加快农村货运站(客货一体站)建设,积极培育农村物流网络,发展小件快运、特色配送、货运专线等农村物流组织形式,开展农村邮政配送试点,提高物流服务“三农”的能力。

六是开展省际共建和国际合作。浙江发起并与上海、江苏、安徽等16家省级交通运输管理部门和有关部属研究院签订了共建协议,与黑龙江、福建和内蒙古启动了区域平台的建设工作。同时,与中国物流与采购联合会、国家编码中心、全国港口协会、全国民航协会等全国性行业中介机构和中远集运、中远物流、中外运、招商物流等物流业巨头开展了战略合作。在交通运输部指导下,浙江还筹建了东北亚物流信息服务网络,成功举办中日韩运输与物流发展论坛。

二、推进交通大物流建设的几点体会

一是交通运输部门在现代物流业发展中大有可为,也责无旁贷。物流业依托于交通基础设施,主要环节是道路水路运输,经营者大部分由传统运输企业转型而来。交通运输部门推进物流业发展,有基础、有优势、有抓手,既适应经济社会发展的要求,也符合交通运输行业自身转型发展的趋势。

二是必须抓住地方经济特色和需求,探索多种发展模式。浙江经济发展较快,人均 GDP 已超过 6 000 美元,同时,块状经济发达,产业相对集聚,外贸依存度高,专业市场数量和规模居于全国首位,城镇化率比全国平均水平高出 11 个百分点。我们抓住这些特点,探索现代物流业多种发展模式,以浙江传化集团"公路港"为代表的货运平台型物流,以浙江物产集团为代表的企业供应链型物流,以义乌为代表的商贸集聚型物流,以小件快运网络为代表的仓储配送型物流等,由于符合当地实际,都表现出旺盛的生命力。

三是必须注重产业联动、区域联动、部门联动、政企联动。物流业是复合型服务业、生产性服务业,必须围绕制造业发展这一中心,按照产业带和城市群(都市圈)布局,破除行政区划界限,打破部门间、地区间的分割和封锁,积极开展跨部门、跨行业、跨省份甚至跨国界的合作,发挥企业主体作用,与区域经济同步发展、同步转型、同步升级。

四是必须突出信息化、标准化建设。信息化是实现供应链管理的基本技术条件,政府部门要着力建设物流公共信息平台,大力推动信息网络技术、物联网技术的广泛应用,建立物流信息采集、处理和服务的交换共享机制,鼓励信息互联互通。同时,要加强物流设施、信息、管理方面标准的研发推广和各类标准间的衔接配套,提高物流标准化程度。

三、"十二五"时期浙江交通大物流建设的基本思路

交通运输部强调,交通运输行业学习贯彻党的十七届五中全会精神,就要更加自觉地深入贯彻落实科学发展观,以加快转变发展方式、发展现代交通运输业为主线,努力推进综合运输体系建设、促进现代物流业发展、提升

科技进步和信息化水平、建设资源节约型环境友好型行业、提高安全监管和应急处置能力，为经济社会发展提供强有力的保障。“十二五”时期，浙江交通运输系统将认真贯彻部里提出的“一条主线，五个努力”的工作思路，立足浙江经济社会发展对交通运输业提出的新要求，进一步深化交通大物流建设。

一是推进“三位一体”港航物流服务体系建设。2010 年，浙江已启动了大宗商品交易平台、海陆联动集疏运网络、金融和信息支撑服务系统“三位一体”港航物流服务体系建设，将以此作为大物流建设的主攻方向全力推进，并将其列入国家海洋经济发展示范区规划，目标是打造亚太地区重要的综合性国际枢纽港，建设物流岛、交易岛、储备岛。

二是推进综合运输体系建设。“十二五”时期继续加快交通基础设施建设，加强各种运输方式的规划衔接，实现立体化、网络化衔接；积极发展铁水联运、公铁联运、公水联运，充分发挥各种运输方式的比较优势，构建各种运输方式分工协作、有机结合、布局合理、高效运行的综合运输体系。

三是推进物流信息化建设。提高物流信息化网络覆盖率，整合各类物流信息资源，加强省际合作、国际合作，联合开展物流信息化项目攻关和推广，建设跨企业、跨行业、跨网络、跨区域的大物流信息网络，达到标准统一、资源共享、数据互联的目的。

四是推进物流服务能力提升。以部省共建五大物流基地为重点，加快全省物流基地建设，完善功能，提升能力，优化布局。加大物流龙头企业培育力度，提高物流服务水平，促进现代制造业与物流业有机融合、联动发展。

五是推进城乡物流配送体系建设。立足于统筹城乡发展，实现基本公共服务均等化，加快推动物流网络向农村延伸和覆盖，到 2015 年，浙江各县、市至少建成一个区域物流中心，小件快运网络延伸到 80% 的行政村，形成城乡一体、方便快捷的农村物流配送体系。

展望未来五年，随着物流服务体系建设、综合运输体系建设、物流信息化建设、城乡物流配送体系建设的推进，随着物流服务能力的提升，浙江传统运输业将稳步实现向现代物流的转型，“物畅其流”的生动局面将会呈现在浙江大地上，交通运输业必将助推浙江经济社会在新的起点上实现又好又快发展。对此，我们充满憧憬，充满信心。

深入实施生态交通五项行动
全面推进交通运输转型发展

(2011年4月7日)

打造生态交通,是交通运输系统贯彻省委省政府决定、推进生态文明建设的实际行动,也是推进交通运输行业转型升级的必然要求。近年来,在省委、省政府的正确领导下,全省交通运输系统认真贯彻落实科学发展观,按照"生态省"建设的决策部署,以"大港口、大路网、大物流"三大建设为载体,积极完善交通基础设施网络,优化交通运输产业结构,着力打造"生态交通",取得了积极的成效。主要做了以下几项工作。

一、建立工作机制,落实目标责任

成立生态交通建设工作领导小组,明确各级、各部门的职责,建立较为完善的工作机制。每年年初,领导小组深入调研,理清思路,对工作作出部署,并逐级量化分解下达,定期进行检查督促,每年年底进行总结考核。工作中我们及时与省经信委、环保厅、国土厅等部门联系,接受业务指导。近年来先后联合召开生态公路建设现场会、生态航道建设现场会、节能减排专题会议、生态交通建设现场会,交流工作经验,进行专项部署。

二、优化设施结构,完善交通网络

加快交通基础设施建设,努力构建结构优化、布局合理、便捷高效的综合交通运输网络,为交通运输节能降耗提供坚实的基础。一是全力推进港航强省建设。宁波—舟山港成为世界第一大港,全省水路货运量稳居全国第一。水路运输能耗低、污染少、占地省、成本低的生态优势得到充分发挥。按照单位货物周转量测算,水路、公路的能耗比是1∶13.9,二氧化碳排放量比是1∶4。随着"三位一体"港航服务体系建设的推进,我省港航建设力度进一步加大,水运的生态优势将更加凸显。二是着力完善公路通道网络。建成杭州湾跨海大桥、舟山跨海大桥等一大批省际、市际、县际区域通道项目。全省公路总里程突破11万公里,密度达108公里/百平方公里;高速公路新增1 517公里,达到3 383公里,密度居全国第二,省际接口达到18个;新增一级、二级公路3 700公里。全省具备建路条件的行政村全部通达等级公路,并实现路面硬化。公路成网的的生态效益和经济效益同样突出,如杭州湾跨海大桥建成后,宁波—上海通车里程缩短120公里,每年可节约燃油约2.3亿升,折合标准煤26万吨,减少二氧化碳排放62万吨。三是积极构建综合运输体系。按照区域交通一体化、城乡交通一体化、各种运输方式一体化的要求,加强工作沟通和协调,积极促进公路、水路、铁路、民航和城市交通的有机衔接、无缝对接,避免重复建设和资源浪费。

三、发展现代物流,推动产业转型

全面实施交通大物流战略,以现代物流理念提升传统运输业,提高运输组织效率,实现节能运输,减少污染排放。一是加快交通物流试验先行区布局建设。2009年,省政府与交通运输部签署交通物流发展共建协议,我省成为全国交通物流发展试验先行区。目前,全省已布局5个部省共建基地和11个省级、56个市级重点扶持物流基地,培育12家省级和106家市级物流龙头企业。二是加快物流公共信息平台示范项目建设。作为交通交通运输部示范项目,已有16个省参加共建,并与中国物流与采购联合会、国家编码中心以及中远、中外运、中集等物流龙头企业建立战略合作关系,还牵头组建了东北亚物流信息服务网络。目前,平台用户超过6万家,日数据交换量达10万条左右。三是引导车船运力结构调整,全省重型车、厢式车、专用车分别比“十五”末增长273%、458%和71%,沿海、内河船舶平均吨位分别增长55%、71%,营运客车、货车和沿海、内河船舶单位能耗分别降低5%、4%、8%、10%。

四、组织典型示范,建设生态工程

一是抓好典型示范项目,黄衢南高速公路、湖嘉申线航道等典型示范项目的生态建设经验被交通运输部推广。二是加强工程生态保护,在全国率先出台《交通建设项目环境保护管理办法实施细则》,严格实施交通工程与环保措施“三同时”制度,优化线位方案,集约利用土地,最大限度减少环境影响。三是开展绿色通道,“十一五”累计完成公路沿线绿化15 000公里、公路边坡复绿115万平方米、航道绿化240公里。四是加大工程环保资金投入,“十一五”期间,分别投入250亿、25亿元用于公路、水运工程生态建设,占工程投资总额的约12%和5%,大大高于全国平均水平。

五、强化科技引领,实现重点突破

一是加强生态交通关键技术研发。每年组织生态交通方面的技术研发,“十一五”累计完成废旧沥青再生、生态护坡、航道改造中的桥梁顶升等等技术项目245项,其中192处于国际或国内领先水平,数量和水平均居全国前列。高速公路不停车收费系统(ETC)投入使用,极大地提高了车辆通行效率,有效节约了燃油消耗,减少新增通道的土地消耗。二是实施节能减排专项行动。从2009年起组织开展港口设施节能改造、隧道照明节能改造、驾培设施节能改造等6个节能减排专项行动,预计到2012年,可节约燃油折合标准煤50余万吨,再生利用沥青路面废旧材料15万立方米以上。三是加大技改政策力度。“十一五”累计投入技改资金1.3亿元,积极推广出租汽车双燃料改造、汽车烤漆房油改电、道路隧道节能灯具、公路沿线设施太阳能综合利用等技改项目,引导企业淘汰能源消耗高、污染排放多的技术落后装备。

省委十二届七次全会作出建设生态文明的决定后,我厅迅速制定实施“生态交通五项行动”,得到省领导的充分肯定。下一步,我们将按照此次会议精神,深入推进“生态交通五项行动”,努力实现设施结构最优化、运输生产现代化、工程生态标准化、技术进步系统化、文明建设大众化的目标。

一是深入推进“设施结构优化行动”。着力推进“三位一体”港航物流服务体系建设,实施内河航运复兴计划,完善海陆联动集疏运网络,加快构建便捷、畅通、安全、绿色的综合交通运输体系。到2015年,全省公路总里程达到11.5万公里,高速公路里程达到4 200公里,四级以上高等级航道里程达到1 500公里,万吨级以上深水泊位超过240个,机场旅客吞吐能力达到4 680万人次。通过优化网络,争取比2010年节约标准煤150万吨,降低二氧化碳排放480万吨。

二是深入推进“运输产业升级行动”。推进传统货运企业向现代物流企业转变,积极发展甩挂运输、多式联运;严格实施营运车船准入制度,加速淘汰高耗能老旧车船;着力推进城乡公交一体化,大力发展公共交通。到2015年,营运货车单位能耗比下降5%,内河货运船舶平均油耗下降8%,沿海货运船舶平均油耗下降10%,城市公交分担率达到20%。

三是深入推进"工程生态保护行动"。坚持统筹规划、优化设计、精心施工,合理利用公路线位和深水岸线资源,节约土石方用地,有效防止施工中的环境破坏、水土流失、农田污染。进一步加强生态公路、生态航道、生态港口建设。到2015年,公路单位运输周转量用地面积下降13%左右,港口单位长度生产用泊位完成的货物吞吐量提高20%左右;省级重点交通项目100%完成环评、水保批复和专项验收;完成公路绿化3 000公里、公路边坡复绿150万平方米、航道绿化80公里,吸收二氧化碳109万吨。

四是深入推进"技术进步引领行动"。积极研发推广节能减排以及能源替代新技术、新产品;切实加强交通基础设施的养护、管理,提高运营效率;大力推进智能交通技术的开发和应用,减少出行受阻、车船空驶、重复运输、迂回运输。

五是深入推进"行业文明创建行动"。加强交通行业生态文明建设的相关制度建设,着重建立和完善长效机制,确保生态交通建设各项任务落到实处。加大宣传教育力度,在全行业倡导文明节约的生态观念和行为模式。

发展战略篇

扎实推进大物流建设
加快交通运输业转型升级

（2008 年 11 月 19 日）

省、部一直很重视物流建设工作。2007 年 12 月的全省经济工作会议作出了包括“建设大物流”在内的现代交通“三大建设”的战略决策，2008 年 9 月 26 日省委十二届四次全会又作出了大力发展包括物流业在内的现代服务业的决定。交通运输部 2007 年底也出台了《关于加快现代交通业的若干意见》，专门就积极促进现代物流发展提出了三条意见。部、省领导还亲自调研，对交通发展大物流作出重要指示。2008 年 9 月 26 日，交通运输部李盛霖部长来浙江省视察调研，充分肯定了现代交通“三大建设”这一发展思路，并要求浙江做大做强现代物流业，提升交通运输的发展水平，包括积极搭建政府公共信息平台和交流平台、积极支持建设综合物流园区、研究制定好相关政策。8 月 21 日，王建满副省长也亲自到省运管局就大物流建设进行调研，指出交通抓物流责无旁贷，要求交通部门要坚决抓，扭住不放；要坚定抓，当仁不让；要坚持抓，见到成效。

一、认清形势，提高认识，深刻领会交通大物流建设工作的重要性和紧迫性

现代物流发展水平是衡量一个国家和地区综合竞争力的重要标志。在经济全球化、信息化加快的背景下，物流供应链竞争已成为市场竞争的主要形式，发展现代物流业已成为推进我省工业化、城市化、市场化、信息化和国际化，进而提升综合实力和国际竞争力的重要举措。发展现代物流业有助于降低物流成本，有助于推动我省的比较优势转化为竞争优势，有助于改善发展环境和满足多样化的服务需求，实现集约式发展，提高经济竞争力和人民生活品质。

（一）“建设大物流”是发展现代服务业的重要内容，有助于推进我省经

济转型升级

2008年9月26日召开的省委第十二届四次全会通过的《中共浙江省委关于深入学习实践科学发展观,加快转变经济发展方式,推进经济转型升级的决定》指出:深入贯彻落实科学发展观,加快转变经济发展方式、推进经济转型升级,是事关浙江经济社会发展全局紧迫而重大的战略任务。9月27日召开的全省服务业工作会上,省委书记赵洪祝又指出:面对新阶段新变化,大力推进服务业发展,已成为我们抓住发展机遇、破解发展难题和实现又好又快发展的必由之路,成为加快经济转型升级的突破口。加快发展服务业尤其是现代服务业是我省产业结构升级的重要推动力量,是经济发展方式转变的必由之路,也是扩大就业、改善民生的内在要求。

2008年8月张德江副总理在交通运输部调研时强调指出:“交通运输业是重要的基础产业,是国家经济的命脉,在国家现代化建设事业中具有基础性、全局性、战略性的地位和作用”。交通运输是国民经济的基础性产业,也是服务性行业,是现代服务业的重要组成部分。现代服务业的核心是生产性服务业,根据发达国家的经验,现代服务业发展有两个“70%”:服务业应占GDP的70%;为企业提供社会化、专业化、市场化服务的生产服务业应占服务业总产值的70%。服务业大部分功能是为企业生产提供服务的。而物流业是生产性服务业的重要内容,据测算,2007年我省物流业增加值占生产性服务业的64%,从业人员占生产性服务业的63%。因此物流业水平的高低影响着现代服务业的发展,是我省经济转型的方向和重点领域。此外物流业也为我省工业产业升级创造了条件,促进商贸流通业的发展,是浙江经济转型升级的重要推动力量。

(二)“建设大物流”是推动交通自身科学发展的重要抓手,有助于提升传统运输业

近年来,在省委、省政府和交通运输部的正确领导下,浙江省交通物流业呈现出健康发展的良好局面,主要表现为以下几个特点:一是物流市场需求旺盛。2007年,我省社会物流总额达到4.86万亿元,物流需求系数为2.6,物流业增加值达到1 770亿元,占全省GDP的9.5%,占服务业的23.5%。二是物流费用占GDP的比重持续降低,物流运行质量逐步提高。2007年物流总成本为3 399亿元,占全省GDP的18.2%。三是基础设施和存量资源比较丰富。全省道路货运站场有137个,其中有形货运市场、物流

中心、园区基地等83个,有口岸功能的物流园区8个。四是物流多元化的立体格局基本形成,服务水平和能力逐步提高。目前,据不完全统计,全省约有物流企业3 600余家,其中外商投资道路运输企业共30家。全省重点联系企业中年收入在5 000万元以上的有70余家,超亿元规模的约20家,平均营收规模约6 000万元。全国目前公布的317家A级物流企业中,我省共有38家,占12%,A级物流企业数量在全国位居前列,其中5A级1家(浙江传化物流基地有限公司)、4A级8家、3A级21家、2A级8家。五是物流的功能和结构逐步升级,物流专业化和社会化程度增强。交通物流服务已涵盖了快速整车运输、快件速递、专业运输、仓储、多式联运、通关报关、流通加工、配送、搬运装卸、包装、信息管理等物流链基本内容,代表现代物流增值服务能力的配送、加工等服务业务量稳步增长,第三方物流发展迅速。

尽管浙江省交通物流业发展走在全国行业前列,但制约物流发展的深层次矛盾与问题依然存在,主要体现在:对发展现代物流的认识和重视程度不够;物流的有效供给还不足,结构性矛盾比较突出;物流资源没有有机整合,效率、效益还有待提高;缺乏全省物流基地布局规划;物流企业经营主体规模偏小,组织化程度不高;物流基础设施和综合服务能力不能满足市场需求;信息化程度偏低;运力结构不尽合理;从业人员素质参差不齐;市场竞争秩序和行业发展环境亟待改善等。

此外,受美国次贷危机引发的全球性金融危机影响,当前浙江省交通运输企业出现了业务量萎缩、运价下滑、企业退出加速等严峻情况。在业务量方面,由于社会整体消费能力下降,企业的产销量下降,直接影响到物流企业的业务量。2008年1~9月份,浙江省宁波—舟山港的货物吞吐量和集装箱运输量同比均有一定幅度的回落,集装箱同比回落18%,货物吞吐量回落6%;道路货物运输中有的企业业务量减少超过1/4,尤其是在外贸型经济比较发达的地区,或者是以出口企业为主要目标客户的物流企业,这一点更加明显,基本下降比例在20%~35%左右。在运价方面,我国沿海原材料和煤炭的运价出现了大幅下调,部分航线(如秦皇岛到舟山)的运价从140元/吨下降到40元/吨。在企业退出方面,由于业务的萎缩和成本上升已经造成目前货运站场内的少数货运代理企业处于半停工状态。而且随着国际金融危机影响的进一步深入,上述不利情况可能会进一步加剧。

危机的特质,恰恰是"危险"与"机遇"并存。为抵御当前国际经济环境的不利影响，扭转经济增速过快下滑，帮助企业度过“寒冬”，目前国务院已出台了进一步扩大内需、促进经济增长的十项措施（2 年投资 4 万亿），包括加快交通基础设施建设、鼓励企业技术改造等，省、部也分别出台了相应措施，这对交通行业和物流业都是一次促进科学发展、转型升级的机遇。2008 年 11 月 7 日吕祖善省长接受《浙江日报》记者采访时指出，加快工业转型升级，努力优化产业结构，是浙江经济最终实现可持续发展的“阳关道”。转型升级主要有四个着力点，即着力提升产业层次，着力推动企业创新，着力促进产业融合，着力狠抓节能减排。“建设大物流”正是抓住了这几个着力点。“建设大物流”可以降低传统交通运输企业成本和社会物流成本，做大做强现代物流业，用现代物流的理念提升传统的交通运输行业，进而推进交通发展方式的“三个转变”（即由主要依靠建设向建、养、管、运并举转变，由主要依靠外延式增长向内涵式发展转变，由主要依靠各种运输方式独立发展向综合运输协调发展转变），促进交通运输由传统产业向现代服务业转型。当前经济运行和物流业发展出现的一些困难和挑战，正是一种倒逼机制，推动我们更深入地贯彻落实科学发展观，更紧迫地推进大物流建设，紧紧抓住两个机遇（交通运输仍处于大建设、大发展阶段的机遇，我国经济处于转型期的机遇），把握住当前宏观政策调整的时机，加快促进交通行业转型升级，努力实现发展的新跨越。

（三）“建设大物流”是交通开展节能减排工作的重要举措，有助于建设资源节约型、环境友好型行业

交通运输业（包括公路、水路、铁路、民航）是我国能源消耗大户，能源消耗总量占全社会能源消耗总量的 7% 以上，而且其增长幅度高于全国平均水平。在交通运输业消耗的油品中道路、水路运输占有大部分份额，其中道路运输占 50% 以上，水路约占 20%。但我国交通运输业的能源利用效率比较低，2007 年浙江省营运货车单位能耗为每百吨公里 7 升，相比国外先进水平高 1 倍。在消耗大量能源的同时，交通运输过程也对环境有很大污染（从杭州市 2005 年的统计数据看，机动车一氧化碳排放量占全社会的 79.7%，氮氧化物排放量也高达 65.3%），每年还产生大量的废弃包装物。

“建设大物流”有助于促进运输结构调整，提高运输效率，降低传统交通运输企业成本和社会物流成本，是交通系统按照科学发展观要求做好节能减排工作的重要举措。一方面，“建设大物流”可以通过整合资源、优化运输

组织、提高运输效率来达到节能降耗的目的。通过建立物流节点体系来整合各种物流资源、完善运输网络;通过促进物流市场的规模化和集约化经营来提高运输效率、降低经营成本;通过建设公共信息平台来加强信息共享,以提高车辆装载率、降低车辆空驶率;通过推广先进的运输组织方式,如甩挂运输,来提高运输效率。另一方面,"建设大物流"可以通过促进运力结构调整来实现节能降耗的目的。通过经济的手段,引导运输经营者购买使用节能、环保、标准化的车辆;推广先进成熟的节油型车辆,淘汰高耗老旧车辆。我省现有营运货车约44 万辆,若每辆营运车每天节省1 升油,则全年可节省燃油约13 万吨燃油。此外,物流组织水平提高之后,也便于推广节能减排的新技术,开展"五废"物资回收利用,促进循环经济发展。

二、理清思路,明确任务,全面提升传统交通运输业

"建设大物流"虽然不是一项全新的工作,但它旨在用一种新的理念、新的工作模式与管理方法,通过统筹各种政府和社会资源,出台系统的政策措施,来提升传统交通运输业。"建设大物流"工作涉及面广,内容复杂,而且没有现成的经验可以借鉴,这就需要我们在工作过程中思路清晰、任务明确、措施得当,以少走弯路,提高工作效率,顺利实现既定的各项工作目标。

(一)准确把握交通建设大物流的指导思想、工作思路

目前,在交通行业,发展"大物流"的理念、工作基础、体制和机制、措施等各方面尚处于起步阶段,各地对发展大物流的认识还有一定的困惑,主要体现在两个方面:一是在目前物流业管理体制下,交通部门应该扮演怎样的角色、发挥怎样的作用;二是交通部门发展物流业应该怎样定位,政策措施的落脚点在哪里。因此,有必要进一步统一和提高思想认识。

1."建设大物流"是用现代物流理念提升传统运输业

建设大物流要以邓小平理论和"三个代表"重要思想为指导,以科学发展观为统领,紧紧围绕"两创"总战略,统筹交通建设与运输服务协调发展,转变交通发展方式,用现代物流理念、组织方式、技术改造提升传统运输产业,构建综合运输体系,建设与经济社会发展相适应、与综合运输体系相匹配的现代交通物流体系。因而,交通部门"建设大物流"总体上应把握三点:一是要立足交通运输本职工作。提"大物流"不是说要牵头搞物流,而是把物流的理念融入到交通运输中去。运输是物流产业链中的核心功能,与现代物

流的关联度最强。作为运输的主管部门,要紧紧抓住物流供应链中运输这一基础环节,不管物流行业管理体制如何变化,基本职责不变。二是要充分发挥综合交通优势,包括世界级港口优势、公路运输的网络化通达优势、内河运输的成本优势等,充分认识到交通对于发展物流业的关键作用。三是要认识到交通发展大物流的实质就是要用现代物流理念提升传统运输业,利用信息技术,把运输放在物流供应链中进行整体考虑,构建综合交通运输体系。

2.“建设大物流”的关键是要靠规划引导

交通抓现代物流业需要通过规划引导、政策引导、管理引导、服务引导、资金引导和舆论引导,来促进传统运输业向现代物流业的转型,其中规划是龙头。一是交通部门应制订或配合政府制订物流业发展规划,明确发展思路、战略目标、重大举措等,为实现物流的科学发展提供支持和依据,物流规划要有前瞻性、全局性、科学性。二是物流规划应与经济发展规划相适应,最好能纳入地方政府的社会经济发展规划中,规划应与政府大战略(经济转型升级、六大行动计划)、大布局(三个产业带和30个左右产业集群)、大体制(大部门体制)、大任务(交通三大建设任务)、大目标(转型)相结合。通过规划,政府有选择地介入,做市场需要做但做不了或不愿做的事,以促进物流业的发展。三是交通部门要重点围绕三大产业带、交通枢纽和省内主要市场布局,与长三角一体化交通体系相衔接,在现有公路网、水路网、港口、客货运站场等规划的基础上,编制全省交通物流基地布局规划。各市也要编制区域物流基地规划。物流基地选址要充分考虑物流组织的需要,注重与各地城乡发展规划、用地计划及其他运输方式枢纽、主要货物集散地的衔接,充分发挥公路、水路、铁路、空港、港口等交通基础设施的作用,拓宽辐射区域,提升服务功能。

3.“建设大物流”需要坚持几个理念

一是集约发展与集聚发展并重。物流的特点就是用系统的方法对物流资源进行整合,以提高物流效率、降低物流成本。物流业整合的方式有两种:集约和集聚。集约是单纯指某个物流企业的规模经济,侧重于企业自身的发展方式,其实施主体是物流企业,集约式发展的速度一般比较慢;集聚是指企业或行业间资源的整合,侧重于外部调整方式,其实施主体往往是政府,集聚式发展的目标是变企业为产业,其速度比较快,效果明显。集约发展与集聚发展并重,要求政府既要引导企业走规模化之路,实现集约化发展;又要为物流业集聚发展搭建平台,关键是规划建设物流园区、物流中心、配送中心,形成多层次的物流集聚空间体系。

二是各种运输方式协调发展。当前,浙江省公路运输基础设施经过一段相对较长时间的建设高潮期后,网络已逐步完善,但内河、铁路、民航等运输的潜力还远远没有充分发挥。目前,道路运输有30%的运输量和62%的周转量属于长途运输,要使这部分道路运输的长途运输一部分分流到水运和铁路,则需要加大基础设施建设投入,构建综合运输体系。因此在向现代服务业转变的同时,综合交通体系的建设也刻不容缓。各种交通必须衔接配套,充分发挥各种交通方式的比较优势,加强各种运输方式之间的有效衔接,才能最大限度地发挥综合运输整体效益,这点已经成为社会的共识,今年大部门改革就体现了这种趋势。交通部改成交通运输部,并不是简单的换牌,而是意味着今后运输业管理将成为交通部门工作的重要内容。各种运输方式发展并重,关键是要完善运输基础设施,使各种运输方式均衡发展;完善中转设施,促进各种运输方式间的无缝衔接;提高运输装备的现代化和标准化水平;建立适应综合运输发展的管理体制。

目前,交通部门正面临着迎来新一轮建设高潮的发展机遇。为抵御国际经济环境对我国的不利影响,国务院已确定十项措施以进一步扩大内需、促进经济增长,其中有三项是要交通运输系统来组织落实的,一是农村基础设施建设中的农村公路建设,二是重大基础设施中的公路和机场建设,三是灾后恢复重建中的交通基础设施建设。交通运输部也迅速决定将全面加大公路、机场等基础设施建设投资量,以迅速拉动相关产业、增加就业,这两年交通固定资产投资将保持年均1万亿元的规模,这些投资将重点投入高速公路断头路、联网路的建设,农村公路以及国省干线的扩容改造。交通运输部同时表示,将减少环节、加快审批,绝不因交通运输部工作原因影响项目进度。这对浙江交通来说是一次难得的机遇,要抢抓机遇,按照现代交通“三大建设”战略目标,及时调整计划,进一步加大基础设施建设投入,为建设大物流、促进大发展服务。

三是国际物流、区域物流和城乡物流协调发展。国际物流网以宁波—舟山港和物流园区为依托,服务我省外向型经济发展;区域物流网以物流中心、内河港口和区域配送中心为依托,服务我省三大产业带、各产业集群和专业市场;城乡配送网以配送中心和乡镇客货运一体综合站为依托,服务城乡居民生活。浙江是外贸大省、市场大省,城市化进程快,特点明显,加快发展先进制造业基地、提高农民生活水平等,都要求国际物流网、区域物流网、城市配送网和农村配送网协调发展。

四是资金激励与政策引导并重。资金激励是短期行为,是在交通物流业发展特定时期的一种手段,政策引导是相对的长期行为。资金激励针对的是物流业发展的最薄弱环节,受惠的往往是少数企业,而政策引导面向的是全行业或大部分企业,引导着整个行业的发展。在大物流建设的初期,应充分发挥资金激励与政策引导两种手段应有的作用。

(二)明确"建设大物流"的着力点

交通"建设大物流"要在以下五个方面下工夫。

1. 构建完善的运输网络

建立起适应浙江省社会经济发展和人民生活水平提高的完善的运输网络。公路、水路运输线路要和航空、铁路、管道运输等线路(航线)合理衔接,相互配套,充分发挥公路运输灵活、便捷、门到门服务和水路运输运量大、运价低的优势。以干线公路运输网络为依托,通过股权合作、特许经营和品牌联盟等方式整合各类货运资源,大力发展长三角地区和省内主要城市至国内主要城市的干线运输网络;整合城乡区域配送资源,有效解决区域内尤其是农村货物的高效集散,形成不同层面的区域集散网络;着力建设以宁波—舟山港为龙头,嘉兴港和温台港口群为两翼的全省沿海集装箱内支线运输网络,重点发展大宗散货运输市场,开拓石油及其制品和集装箱运输市场,包括内河集装箱运输、江(河)海直达运输两个领域。

2. 提高运输组织程度

优化运输组织结构,大力发展规模化、集约化、网络化运输,提高运输组织效率;出台各种措施,鼓励运输企业做强做大、强强合作或成立企业联盟,以提高运输组织水平,降低运输成本;鼓励企业推广先进的运输组织技术,提高运输效率,如发展甩挂运输;大力发展危险品运输、冷链运输、特种运输等,促进运输专业化发展。

3. 提升运输设施、设备水平

进一步加强运输通道、内河航道和港口集疏运网络的规划建设,依托高速公路和干线公路网络,以我省九个国家级公路运输枢纽为重点,构建浙北骨干航道与嘉兴港、杭甬运河与宁波—舟山港、瓯江与温州港的海河联运体系;按照构建综合运输体系的要求,加大公水联运等各种运输方式间的中转设施建设,充分发挥各种运输方式的优势;主要港口的疏港公路基本完善,港口与公路、铁路、机场、航道、管道网衔接紧密,成为重要的物流枢纽,并不断拓展港口的经济腹地;注重资源整合,形成完善的包含物流园区、物流中心、配送中心的多层次的物流节点体系,满足各类运输需求;引导运输车船结构向大型化、标准化、专用化、清洁化方向发展,发展厢式运输、甩挂运输和汽车列车,提高运输装备的技术水平。

4. 提高信息化和标准化水平

建立以企业信息平台为基础、公共信息平台为核心、企业平台及公共平台联网为手段、诚信化管理为主线,立足浙江、辐射全国、服务社会为目标的公共信息服务系统,提高行业信息化水平,推进信息标准化和提升行业公共管理能力。研究制定交通物流、货运等标准,推广应用交通运输部、质量技监等部门已出台的有关物流标准,提高交通物流业发展的标准化程度。

5. 营造良好的市场发展环境

规范市场准入程序,为企业设立分支结构提供便利;出台各种规章制度和有效措施,来解决物流业发展中存在的突出问题,如城市配送、我省集装箱外流、车辆外挂等;加强物流市场诚信和规范建设,健全失信惩戒制度,引导市场主体诚信经营,打造诚信行业。开展物流企业诚信评估,通过物流公共服务网络等载体,记录并及时向社会公开企业诚信和安全记录;建立物流企业质量信誉档案,做好质量信誉考核工作;建立主管部门、行业管理机构和行业协会相结合的监督机制,加大监管力度,打破地区封锁、行业垄断,遏制恶意竞争,维护物流市场秩序。规范企业安全生产管理制度,严格从业人员资质培训,鼓励采用 GPS 等现代科技手段,加强对营运车船、货物和驾驶人的安全管理。

(三)做好"三项重点工作",推动大物流建设工作全面展开

为全面开展交通大物流建设工作,各级交通主管部门要根据当地实际情况,制定本区域交通物流业发展的实施方案和扶持政策,确定今后一段时期内物流发展的扶持政策、发展重点、配套措施,指导当地交通行业物流发展工作。各级交通主管部门要重点做好以下三项工作:

一是加快交通物流基地建设。

省厅结合全省物流基地规划，确定省重点扶持物流基地，省重点物流基地由市交通主管部门经市人民政府同意后报省厅确定。各级交通部门要对全省现有物流基地进行调查摸底，按照具有一定基础、辐射能力强、管理规范等条件，筛选一批重点物流基地。今后5年，省厅将重点扶持建成5个物流基地，各市、县(市、区)结合当地实际重点扶持若干个物流基地或配送中心，并建立合理的机制给予资金、政策扶持和技术支持。

按照“突出重点、扶优扶强、统筹推进、分级负责”的原则，对重点物流基地内的公共基础设施建设、信息化建设和技术创新项目给予政策扶持和资金补助。对连接重点物流基地的集疏运公路、水路的新改建项目给予扶持，其集疏运交通网络未列入交通建设规划的，在规划修编时优先调整，对已列入规划的，在年度投资计划中优先安排。列入省、市、县交通主管部门重点扶持物流基地的集疏运公路建设补助，分别按照省道标准、省道和县道中间标准、县道标准进行补助。

二是培育现代物流龙头企业。

按运输类、站场类和综合类等业务领域，对物流龙头企业分类择优加以培育扶持。省重点培育10～15家物流龙头企业。通过龙头企业的市场整合能力、示范效应，带动全省交通物流企业提升技术水平和管理能力，促进交通物流企业规模化发展，集约化经营，提高组织化程度，推动传统运输企业向现代物流企业转型。

对重点交通物流龙头企业，在技术改造项目、节能减排项目等方面予以支持，并在符合有关法律法规的情况下，通过简化手续、推荐行业先进、企业等级评定等行业管理方面予以支持。对道路货运企业车辆总吨位在2 000吨以上，平均吨位在8吨以上的(含全资子公司车辆)的物流企业，对新购买的240马力(1马力=735.499W)及以上牵引车头予以相应补助。

三是加快物流公共信息系统建设。

组织建设浙江省交通物流公共信息系统，主要包括企业信息化推动和行业信息公共服务建设两个方面。计划用3年时间初步构建系统框架，5年内全面建成。系统建设要一次规划、分步实施。第一阶段为物流通用业务软件建设期(2008～2010年)，开发并推广小件、零担、整车、集装箱、站场、货代等物流通用软件；第二阶段为货运平台建设期(2009～2011年)，在通用软件推广信息化的基础上,组织物流企业间信息联网,主要任务是建设1个物流电子枢纽中心、若干个公共应用中心;第三阶段为物流平台建设期(2010~2012年),实现货运信息平台与交通以外的信息系统联网,主要任务是提供物流企业与上下游企业的ERP系统、电子口岸、行业监管等的联网,实现货物状态在物流链各环节联网。

三、加强领导,保障有力,深入推进交通大物流建设工作

"建设大物流"是一项长期而艰巨的任务,是一项全面而复杂的系统工程,需要各级交通部门的共同努力,需要脚踏实地的持续推进。要加强领导,出台各类保障措施,紧密结合实际,研究实实在在的举措,切实把"建设大物流"的各项任务落到实处。

(一)加强组织领导,建立工作机制

省厅定期研究全省交通物流业发展的重要问题,指导全省交通行业大物流建设工作。

(二)明确责任分工,建立考核制度

为全力推进大物流建设,省厅已将交通物流业发展的主要工作任务分解下达,目标考核。加大对大物流建设工作的督查,省厅设立督查办公室,建立督查制度,组织开展督查。

(三)强化资源整合,形成联动合力

各级交通主管部门和行业管理机构,积极向地方政府汇报,争取对交通物流业发展的支持和帮助。同时加强与相关部门,特别是与政府指定的物流主管部门的联系沟通,建立健全行业自律组织机构,充分发挥行业协会作用,在管理上形成合力,在投入和建设上整合资源,共同推进现代物流业的发展。

(四)加强舆论宣传,营造良好氛围

"建设大物流"需要各级政府及相关部门的理解、关心与支持,需要各物流企业积极主动的配合,需要社会的广泛关注与参与,因而不能闭门造车,除了在具体的政策措施上要争取相关方面的支持外,还应充分利用各种媒介加大对"建设大物流"工作的宣传,为浙江省物流业的发展营造良好的氛围。通过宣传,广泛传播物流相关知识,提高社会对物流业发展的关注度;向企业解答"建设大物流"的相关政策措施,听取企业的相关意见和建议,以不断完善各项政策措施;开展物流业发展相关热点、难点问题讨论,邀请相

关专家、学者献言献策。

(五)培育引进人才,提高管理水平

充分发挥现有交通院校教育资源,组织实施物流专业人才的引进和培育工作,为大物流建设提供人才保障。有重点地引进物流职业经理人等管理人才,组织物流从业人员岗位培训。加强校企合作,在交通物流基地和龙头企业建立实训基地,培养企业需要的技能型人才。推行物流岗位职业资格证书制度和单位之间管理人员互相挂职交流制度,提高从业人员的综合素质。

贯彻国家战略　发展海洋经济
建设“三位一体”港航物流服务体系

(2010 年 8 月 27 日)

港口是海洋经济发展的重要内容,是全球化时代国际竞争与合作的战略平台。浙江地处长江三角洲南翼,充分发挥港口和区位优势,顺应国家战略需要,服务经济转型升级,建设大宗商品交易平台、海陆联动集疏运网络、金融和信息支撑服务系统“三位一体”的港航物流服务体系是港口发展的必由之路,在浙江海洋经济发展总体格局具有重要地位。

一、我省建设“三位一体”港航物流服务体系具有坚实基础和独特优势

一是资源优势得天独厚。我省港口地处我国沿海经济带与长江经济带的 T 形交汇点,位于东北亚经济区核心地带。全省拥有海岸线 6 646 公里,居沿海各省市之首。宁波—舟山港紧邻太平洋国际主航线,可建 40 万吨以上的泊位,岸线和航道资源优势在我国首屈一指。

二是腹地经济基础雄厚。我省港口经济腹地覆盖长江流域,主要腹地长三角经济总量占全国的 21.4% ,今后将成为“亚太地区重要的国际门户、全球重要的现代服务业和先进制造业中心、具有较强国际竞争力的世界级城市群”。我省经济呈现“两头在外”、“大进大出”的特点,2009 年外贸进出口总值达 1 887.3 亿美元,其中 90% 以上通过港口实现。

三是港口物流已有基础。浙江省港口布局规划、沿海四大港口总体规划和浙江省港口集疏运规划等先后出台,截至 2010 年年底,共有万吨级以上泊位 159 个,2010 年共完成货物吞吐量 7.8 亿吨,其中宁波—舟山港达到 6.3 亿吨,雄踞世界首位。杭州湾跨海大桥、舟山跨海大桥相继建成,公路、铁路、内河航道组成的集疏运网络日趋完善。我省还是全国首个交通物流

建设先行示范区,A级以上物流园区、物流企业数量均居全国首位。

四是金融和信息服务发展迅速。我省港口城市集聚了银行、信托、证券、保险等多种金融机构,形成了较为完整的金融机构体系。建设了全国性交通物流信息平台,16个省市区参与共建,并代表国家牵头组建东北亚物流信息服务网络,还建成了浙江电子口岸、宁波电子口岸、宁波第四方物流平台,搭建了大通关公共信息和协同作业平台。

五是专业市场独具特色。全省现有镇海液体化工市场、余姚中国塑料城等549家现货即期交易市场,浙江塑料城网上交易市场、宁波都普特液体化工电子交易中心等14家现货中远期交易市场,浙江永安、浙江天马等13家期货交易公司。浙江省船舶交易市场已初具规模,交易份额占全国55%。

二、"三位一体"港航物流服务体系建设的基本思路

(一)战略定位

打造亚太地区重要的综合性国际枢纽港。借鉴国内外先进港口"国际化视野、地主港模式、市场化运行、综合性功能"的经验,在稳定发展集装箱业务的同时,增强石油化工、矿石、煤炭、粮食等大宗散货的战略储备,大力发展港口物流,积极发展临港产业,以此构建大宗散货交易平台,加快现代市场体系建设。重点加快三个基地建设:

——建成我国最大的大宗散货战略储备基地(储备岛)。充分发挥我省港口区位和海岛资源优势,进一步发展原油、矿石、煤炭、粮食等大宗散货战略储备,维护国家经济安全。

——建成我国重要的港口物流基地(物流岛)。大力发展大宗商品的装卸、仓储、配送、加工等物流增值服务,拓展港口腹地空间,完善供应链、延伸产业链、提升价值链。

——建成我国重要的大宗商品交易基地(交易岛)。充分发挥"市场大省"优势,依托宁波、舟山等地现有市场基础,积极探索大宗商品中远期和期货交易,打造具有国际影响力的大宗商品交易中心。

(二)体系框架

大宗商品交易平台:建设1个综合性大宗商品交易中心,宁波和舟山2个交易平台,石油化工、矿石、煤炭、粮食、建材、工业原材料、船舶等7大交易区和一批储运基地。这是建设"三位一体"港航物流服务体系的核心

任务。

海陆联动集疏运网络:适应大宗商品物流需要,新增港口吞吐能力2亿吨、拓展4大运输通道、做强8大物流园区,形成结构优化、有机衔接、运转高效的综合交通运输体系。这是建设“三位一体”港航物流服务体系的硬件基础。

金融和信息支撑服务系统:着眼于提升我省港口的供应链管理能力,在金融方面,培育3个融资机构,创新3类金融产品,建立1个港口金融合作机制;在信息方面,建立1个数据交换平台、1个公共服务平台,推广政务、商务、生产3个板块的信息化应用。这是建设“三位一体”港航物流服务体系的软件支撑。

(三)发展目标

至2015年,基本建成宁波、舟山两大交易平台和七大交易区,基本形成四大运输通道和港口金融、信息两大服务支撑体系。全省港口货物吞吐量9.2亿吨,大宗商品交易实现交易额2 020亿元,港口经济对我省GDP贡献率达7%左右。

至2020年,全面建成“三位一体”港航物流服务体系,成为亚太地区重要的综合性国际枢纽港。全省港口货物吞吐量1.8亿吨,大宗商品交易实现交易额4 560亿元,港口经济对我省GDP贡献率达9%左右。

建设“三位一体”港航物流服务体系的精髓是依托集散发展集聚、依托储备发展交易、依托港口物流发展增值服务,实现全省港口的整合发展、长三角区域港口的错位发展、临港产业的转型发展,把握国际航运格局变化的主动权、把握全球资源配置和产业转移的主动权、把握经济转型升级的主动权,为加快浙江和全国的经济发展方式转变作出更大贡献。

三、“三位一体”港航物流服务体系建设主要任务

(一)大宗商品交易平台

(1)石油化工交易区。依托现有的油品码头,引入大型石油贸易商,先行建设燃料油和液体化工品交易平台,争取成为泛长三角及长江沿线地区石油化工的重要物流基地和交易中心、远东地区油品和液化品的分拨中心。重点建设舟山世纪太平洋燃料油交易中心、宁波大榭能源化工交易中心、嘉兴石油化工品市场、镇海液体化工品市场、中石化长三角汽柴油交易平台

(镇海)、上海国际航运中心船舶加油补给服务中心(舟山)、舟山石油化工品交易中心。

(2)矿石交易区。争取大型矿山、钢铁企业设立商业储备和物流基地,发展铁矿石贸易,建设形成长江流域铁矿石物流交易中心。重点建设舟山鼠浪湖、凉潭铁矿石中转基地,支持马迹山、宁波北仑和绿华山减载平台发展铁矿石交易。

(3)煤炭交易区。依托现有煤炭市场和码头设施,以进口煤为突破口,在宁波—舟山港六横港区建设长三角国际煤炭交易平台,在其他港口同步发展区域性煤炭交易。重点建设六横煤电二期工程和宁波、嘉兴、台州、温州等港口后方的区域性煤炭交易市场。

(4)粮食等农产品交易区。以舟山老塘山、嘉兴独山、温州龙湾等港区为重点,引入国内外大型粮食供应商,发展对台农产品贸易,发展粮食物流和集中交易,建设成为我国重要的粮食储备基地和粮油交易中心。重点建设舟山国际粮油集散中心、玉环台湾农产品交易中心,以及嘉兴、温州、台州区域性粮食交易市场。

(5)钢材木材等建材交易区。钢材:利用镇海现有钢材交易市场基础,建设千万吨级钢材交易市场,对嘉兴、台州、温州港后方原有钢材交易市场实行扩能提升。木材:在镇海、嘉兴、温州、台州、舟山等港口建设百万方级木材交易市场。

(6)工业原材料交易区。塑料:进一步扶持中国(余姚)塑料城发展,力争建设成为我国最重要的塑料原料交易中心、信息发布中心、价格形成中心和结算中心,以及中国最大的塑料机械展销中心。有色金属:引导和支持镍、铜等进口或转口贸易商,建设千亿元级有色金属交易平台。

(7)船舶交易区。以浙江(舟山)船舶交易市场为基础,联合台州、温州等船舶交易市场,完善市场布局,扩大市场份额,提升平台功能,实现与国内其他船舶交易平台的对接,建设成为全国性船舶交易中心,发布“中国二手船舶价格指数”,打造具有国际影响力的服务品牌。在此基础上,开拓渔船交易,探索进口二手船交易。

在积极建设七大交易区的同时,宁波、舟山分别建设大宗商品交易平台,整合本地交易资源,建立集中的电子化交易平台。在条件成熟后,通过整合、提升,我省将向国家申报设立统一的综合性大宗商品交易中心,进行大宗商品的中远期交易和期货交易。

(二)海陆联动集疏运网络

——新增港口吞吐能力2亿吨。到2015年,一是新建万吨级以上泊位35个,年货物吞吐能力达到10亿吨,其中集装箱吞吐能力达到1 800万标箱;二是新建10万吨级以上进港航道99公里;三是新增锚地75平方公里。总投资约234亿元。

——拓展4大通道。重点建设联通南北沿海、西南内陆、长江沿线、世界海洋四大运输通道。联通南北沿海通道主要建设嘉绍跨江通道、头门疏港公路,尽早开工甬台温高速公路复线、京杭运河改造及二通道、嘉兴港海河联运等项目;联通西南内陆通道主要是建设金温铁路扩能工程、九景衢铁路,尽早开工杭新景高速公路建德至开化段、钱塘江中上游航运复兴工程和瓯江航道开发等项目;联通长江沿线通道主要是建设宁波穿山疏港高速公路、宁波绕城高速公路东段,宁波铁路枢纽货运北环线,尽早开工宁波集装箱中心站和大榭、穿山港区支线铁路等项目;联通世界海洋通道主要是面向亚太地区和全球,增加与原油、铁矿石、煤炭、粮食主要产区国家的航线,加大航班密度,提升沿海远洋运力,推动对台海上直航常态化。

——加快建设8大物流园区。一是大力推进交通运输部和我省共建的5大物流示范区(梅山、传化、义乌、绍兴、嘉兴)。二是积极培育温州、台州、舟山等3个物流园区建设,实现园区内外交通顺畅、便捷。三是重点支持杭州、宁波和温州等国家重点综合运输枢纽建设。四是加快宁波梅山保税港区建设,完善保税港区服务功能,争取扩大保税港区范围,发展国际物流和加工贸易。

(三)金融和信息支撑服务系统

——港口金融服务系统。一是培育3个机构,由省、市等财政和国企为主,吸引国内外社会资本,成立港航物流产业投资基金;以舟山农村信用联社为基础,改制重组为浙江省海洋发展银行;组建省港航投资集团公司,负责港口岸线一级市场开发,投资公益性港航基础设施。二是创新3类产品,包括航运保险产品、直接融资产品和间接融资产品。三是建立1个机制,即港口金融战略合作机制。

——港口信息服务系统。一是建设1个数据交换平台,在浙江交通物流公共信息平台和浙江电子口岸、宁波电子口岸基础上,建设一个标准化、广覆盖、高时效的港航数据交换平台；二是建设1个公共信息服务平台，增加和提升浙江交通物流公共信息平台的功能模块，积极推进东北亚物流信息服务网络建设。二是建设3个应用板块，包括政府管理业务为主的政务板块，以大宗商品交易平台为核心的商务平台和港口企业自身的生产板块。

四、若干政策建议

（一）积极争取中央支持

重点要争取中央支持浙江设立国家级综合性大宗散货交易中心，在沿海港口建立煤炭、铁矿石、粮食等国家战略物资储备基地，扩大宁波、舟山原油储备，并允许一定的周转份额用于贸易；明确宁波—舟山港共享上海国际航运中心建设的配套支持政策，创新口岸体制机制；允许港口金融产品创新试点，开展离岸金融业务；加快海铁联运发展。

（二）研究出台扶持措施

（1）用地支持政策。对“三位一体”港航物流服务体系的重点项目，在用地指标、占补平衡、土地价格等方面给予倾斜支持；对用于港口建设的滩涂围垦土地，免征土地使用费；研究开征港口岸线使用费。

（2）财税支持政策。加大对港航建设的公共财政投入，设立港航产业投资基金，搭建港口投融资平台。对先行试点项目给予资金补助、政府贴息、税收减免等扶持。

（3）航运服务业发展扶持政策。出台专项优惠政策，扶持发展船舶交易、船舶管理、航运咨询、海员培训等航运服务业，吸引国际知名航运、物流企业，建设航运服务集聚区。

（4）加快集疏运项目建设。重点是加快出省高速公路通道建设和实施内河航运复兴计划。

（5）理顺宁波—舟山港管理体制机制。尽快落实省政府议定的宁波—舟山港管委会机构编制，强化职能行使。

（6）人才保障政策。加大省内高校港口物流学科建设，培养适应“三位一体”港航物流服务体系建设需要的各类人才，对于航运、金融高端人才引进和培养给予政策支持。

（三）近期工作重点

（1）建立一个机制。建议省政府尽快建立“三位一体”港航物流服务体系建设领导协调机制，及时协调解决各类重大问题，适时召开全省性会议进行动员部署。

（2）编制两个规划。建议由相关部门牵头，编制国家战略储备物资基地布局规划和大宗散货交易市场平台建设规划，明确总体布局和发展方向，并做好项目申报工作。

（3）落实三方责任。按照“省市联动、部门联动、政企联动”的原则，分别落实地方政府、省级部门和投资经营业主的责任，尤其是要尽快确定项目的启动单位，牵头制订具体实施方案。

（4）联合四港招商。在省政府统一组织下，选择合适时机，沿海四大港口联合举办“三位一体”港航物流服务体系建设推介活动，引进国内外货源、航运、物流、金融等大型企业。

理清思路　破解难题
加快推进综合交通运输发展

（2011年1月）

综合交通运输体系是由各种运输方式有机配合衔接构成，能实现交通运输资源优化配置并充分发挥各种运输方式比较优势和组合效率的运输系统。构建综合交通运输体系是世界交通发展的普遍规律。目前，我国交通运输规模还落后于发达国家，综合交通运输体系尚未完全建立。党的十七大强调要加强基础产业基础设施建设，加快发展综合运输体系。结合实践科学发展观，推进经济转型升级，本文对我省发展综合交通运输做出一些探索和分析，并提出建议意见。

一、背景与意义

新中国成立后我国各种运输方式主要以分离式管理模式为主，也曾经试行过短暂的统一管理模式，铁路、公路水路、邮政等管理部门在不同时期进行整合而后又分立。十七大以来，党中央、国务院推行深化行政管理体制改革，推进大部制，组建新的交通运输部。我省也进行了政府机构改革，我厅增加了城市客运、民航机场等新的管理职能，为构建综合交通运输体系奠定了坚实的制度基础。

浙江作为东南沿海发达省份和长三角南翼，在整个国家发展战略中肩负着率先全面建成小康社会和率先基本实现现代化的艰巨任务。浙江必须“走在前列”，推动长三角尽早实现中央的战略定位和区域功能，积极发挥辐射作用，带动中西部发展。

近十几年来，浙江省交通基础设施建设虽然取得了巨大成就，但从总体上看，交通运输仍然满足不了浙江经济社会快速发展的要求。在浙江开始迈入工业化、信息化、城镇化、市场化、国际化的崭新发展阶段，加快推进综合交通运输，具有十分重大的意义。

（一）加快综合交通运输发展，是践行科学发展观实现全面小康的需要

2007年国务院批准了《综合交通网中长期发展规划》，提出“以科学发展观为主导，坚持以衔接、优化和协调发展为主线，以综合运输大通道和综合交通枢纽为重点，充分发挥各种运输方式的优势，扩大规模，完善网络，整合资源，优化结构，加快发展综合运输体系，促进交通可持续发展”。在我国应对全球金融危机，进一步扩大内需、促进经济增长、加大对交通基础设施投入的形势下，加快综合运输发展是深入贯彻落实科学发展观和全面建设小康社会的具体行动，具有十分重要的现实意义。

（二）加快综合交通运输发展，是适应长三角地区率先发展的需要

国务院提出进一步推进长江三角洲地区改革开放和经济社会发展的指导意见，计划把长江三角洲地区建设成亚太地区重要的国际门户、全球重要的先进制造业基地、具有较强国际竞争力的世界级城市群，要求长三角地区率先在重要领域和关键环节取得突破。完善综合交通运输体系是我省交通事业在高起点上争创新优势、实现新跨越的需要。

（三）加快综合交通运输发展，是统筹区域协调发展、统筹城乡协调发展的需要

构建综合交通运输体系既要服务于我省空间布局结构优化、产业转型升级，又要服务于推动欠发达地区与发达地区统筹协调发展。以快捷、便利的综合运输通道带动三大产业带良性、健康发展，以快速铁路和高速公路为主构筑综合交通网主骨架，连接省内机场和主要海港，通过合理配置各种运输方式优化生产力空间布局。以建设统一协调的区域和城乡交通运输网络，打破交通运输区域分割、城乡分割的状况，加快推进城乡交通一体化进程。

（四）加快综合交通运输发展，是现代交通运输业自身提升发展的需要

交通运输部把发展现代交通运输业作为一个战略来抓，其核心是：由主要依靠基础设施投资建设拉动向建设、养护、管理和运输服务协调拉动转变，由主要依靠增加物质资源消耗向科技进步、行业创新、从业人员素质提高和资源节约环境友好转变，由主要依靠单一运输方式的发展向综合运输体系发展转变的“三大转变”，从而更好地服务国民经济和社会发展全局、服务社会主义新农村建设、服务人民群众安全便捷出行。浙江省委、省政府提

出全力打造我省现代服务业，现代物流业是现代服务业的重要支撑，而构建综合交通运输体系是现代物流业的关键。客运快速化、货运物流化就是实现客运"零换乘"、货运"无缝衔接"，最大限度地发挥综合交通的整体效益，构建现代服务业。积极推进我省综合交通运输体系发展正是我省现代交通运输业转型升级的需要。

（五）加快综合交通运输发展，是改善民生、推进交通基本公共服务均等化的需要

交通是大民生。在全面落实省委、省政府"创业富民、创新强省"总战略中，要以农村公路建设和农村客运发展为抓手，实现综合交通运输的基本公共服务功能。同时，交通运输又是"生命线中的生命线"。今年的雪灾和四川地震灾害对交通运输部门的抗灾应急能力提出了更高的要求。加快铁路和水运建设不仅是优化综合运输结构、实现节能减排的需要，也是建立完善救灾应急交通系统的需要。建设相对完善的铁路、公路、航道、码头、机场等设施，保持防灾应急交通运输方式多样性，从而降低运输通道对自然灾害的敏感性。

二、现状与评价

（一）综合交通基础设施和运输服务现状

浙江省已初步形成公路、水路、铁路、航空和管道等多种运输方式共同发展的综合交通运输体系，干线骨架初步形成，网络结构持续完善，运输能力大幅提升，服务水平明显改善。

交通基础设施规模持续扩大，网络覆盖面和通达度迅速提高。到2008年，全省境内沪杭、浙赣、萧甬等10条铁路干支线营运里程达1 306公里，全省公路通车总里程达103 652公里，内河航道通航总里程9 695公里；沿海港口泊位1 042个，综合通过能力53 709万吨，其中万吨级泊位128个，货物吞吐能力达6.45亿吨；杭州萧山、宁波栎社、温州永强等7个民航干支线机场共开通国内航线135条、国际航线（含地区航线）31条。截至2007年年底全省建成原油输送管道373公里，成品油输送管道共225.5公里，天然气输气管线88公里。

交通运输保障能力明显提高，运输能力配置结构日趋合理。2007年全省全社会客运量、旅客周转量、货运量、货运周转量分别达到19.49亿人、

1 071.33亿人·公里、15.88亿吨和4883.46亿吨·公里。运输结构调整取得成效，由过度依赖铁路转变为各种运输方式均衡发展，沪杭、杭宁、杭金衢、甬台温高速公路的建成及浙赣铁路电气化改造，提升了沪宁浙赣大通道、甬台温沿海大通道的运输能力。

运输系统建设进展顺利，运输服务质量较大改善。我省初步建成连接省内大中城市以及长三角地区和周边省市中心城市的城际旅客快速运输系统；与我省外向型经济相适应的集装箱运输系统得到进一步完善和加强；煤炭、石油、铁矿石等水陆联运的大宗物资运输系统能力不断提高。以铁路多次提速和公路客车高级化为特征，旅客运输呈现快速化、多样化、个性化的特点；货物运输在强化及时性的同时，大大提高了延伸服务。

（二）我省综合交通运输评价

从现状中可以看出，我省综合交通运输取得了长足发展，基础设施、装备和运输服务能力有了极大幅度的提高，但交通基础设施建设仍处于网络的形成期和各种运输方式的自我系统完善期，基础设施总量和运输服务能力依然不足，各种运输方式之间的合理协调和衔接不够，总体发展水平仍不能满足经济社会快速发展的要求。我省综合运输整体情况呈现以下特点：

第一，我省综合运输体系网络基础设施初具规模，但总体规模仍偏小，运输主通道能力不足，农村交通相对滞后。

第二，我省综合运输结构不断优化，但结构层次较低。一是运输结构的发展主要体现在“量”的相对满足，对“质”的要求仍难适应；二是多式联运系统建设滞后，运输服务质量还需进一步改善。

第三，技术装备水平有较大提高，但整体技术和服务水平仍较低。铁路运输服务速度和能力不适应市场需求；公路高级客车和专用、厢式、重型货车比重较低；船舶平均吨位偏低，专业化、标准化船型比例不高。

第四，综合交通管理体制尚未建立，各种运输方式之间缺乏相互协调的机制保障。

三、规划与目标

根据《浙江省“十一五”综合交通发展规划》、《浙江交通公路水路布局规划》、《浙江省铁路建设“十一五”规划》、《浙江省民用航空运输机场发展规划》等规划，我省综合交通运输发展方向将是构建相对经济社会发展需求适度超前的综合交通运输网络，建设优化生产力布局的综合运输通道，实现与城市公共交通“零换乘”的综合交通枢纽，打造安全、集约、可持续发展的综合交通运输体系，到2020年，形成“能力充分、布局完善、衔接顺畅、安全环保”的综合交通基础设施体系。具体目标如下：

（一）网络

到2010年或“十二五”初期，“两纵三横双枢纽多节点”的综合运输网络进一步完善，形成由省会城市到各市的3小时快速交通圈。

铁路：实现客货分线、完善路网布局、提升既有能力，建设宁杭铁路、杭甬客专、沪杭客专，营运历程达到1 800公里，其中时速200公里以上高标准铁路1 000公里。

公路：形成以高速公路为骨架，国省道及区域干线公路为支撑，农村公路为基础，与其他运输方式有效衔接，安全、便捷、舒适、高效的现代化公路交通体系，建设甬台温高速公路改扩建工程、杭新景高速公路二期工程等重大项目，实现通村以上公路总里程达到10万公里，其中高速公路3 500公里，一级公路3 200公里。

沿海港口：形成层次分明、结构合理、功能完善、信息畅通、安全高效的现代化港口体系。以宁波—舟山港为中心，温台港口、浙北港口为两翼的港口布局，沿海港口货物吞吐能力达到6.2亿吨，集装箱吞吐能力超过1 300万标箱。

内河航运：“北网南线、双十千八”的骨干航道初步成形，全力进行以京杭运河“四改三”工程为核心的航道整治，四级以上内河航道通达里程超过1 000公里。

航空：实现省内城市间及与长三角区域中心城市的“小时交通圈”联系；最终形成“布局合理、功能完善、规模适度、航线通达、绿色环保”的机场体系；基本形成3 500万人次的机场旅客吞吐能力和40万吨的货邮吞吐能力。

管道：形成以能源（油、气）运输为核心的管道体系。

（二）运输大通道

形成以高等级公路及高等级航道为主体与快速铁路共同构筑的综合交通网主骨架，连接省内机场和主要港口，形成与国家“五纵五横”综合运输通道布局相衔接的“两纵三横”综合运输大通道。

“第一纵”沿海运输大通道：北接上海，经嘉兴、宁波、台州、温州至福建，是浙江环杭州湾产业带、温台沿海产业带发展的主要依托。通道内规划高速公路项目主要有:沪杭高速公路、杭州湾跨海大桥、绍嘉通道、甬台温高速公路改扩建项目。规划铁路项目主要有:甬台温铁路、温福铁路。

"第二纵"沪(宁)浙赣运输大通道:分别由上海、嘉兴、杭州和南京、湖州、杭州经金华、衢州至江西,对环杭州湾产业带、金衢丽产业带发展起重要作用。通道内规划高速公路项目主要有:沪杭高速公路、杭浦高速公路、申嘉湖杭高速公路、杭宁高速公路、杭长高速公路、杭金衢高速公路、杭新景高速公路。规划高等级内河航道项目主要有:杭申线、杭湖锡线、京杭运河、钱塘江中上游航道。规划铁路项目主要有:沪杭铁路、沪杭高速铁路客运专线、沪杭磁浮、宁杭铁路、宣杭铁路、浙赣铁路、杭长客运专线。

"第一横"浙北运输通道:由上海浦东至嘉兴、湖州至安徽和江苏,是浙江省北部接轨长三角、辐射中西部地区的运输通道。通道内规划高速公路项目主要有:乍嘉苏高速公路、申嘉湖高速公路、申苏浙皖高速公路。规划高等级内河航道项目主要有:长湖申线、湖嘉申线、乍嘉苏线。规划铁路项目为:沪乍嘉湖铁路。联结的枢纽节点为嘉兴港、嘉兴内河港、湖州港。

"第二横"杭甬(舟)运输通道:由杭州经绍兴、宁波至舟山,沟通了杭州都市经济圈与宁波都市圈,是浙中北地区通过宁波—舟山港的对外运输大通道。通道内规划高速公路项目主要有:杭甬高速公路、杭绍甬高速公路、舟山大陆连岛工程。内河航道项目主要为杭甬运河。规划铁路项目主要有:萧甬铁路、沪杭甬客运专线杭甬段。

"第三横"浙南运输通道:由金华经丽水至温州及周边地区,沟通了金衢丽产业带与温台产业带。通道内规划高速公路项目主要有:金丽温高速龙丽、丽龙庆高速、台金高速、诸永高速、甬金高速。内河航道项目主要为瓯江。规划铁路项目主要有:金丽温铁路、衢丽铁路、台金铁路。

(三)枢纽

综合运输枢纽位于综合运输大通道的重要交汇点,是客货集散中心和各种交通方式的有机集成点,具有集散、组织、中转、协调、服务功能,在综合交通网络中拥有突出的地位。与国家综合运输枢纽布局相衔接,我省共有杭州、宁波—舟山、温州、金华(义乌)、湖州、嘉兴、台州、绍兴和衢州 9 个国家公路运输枢纽,其中宁波—舟山为组合枢纽。我省将重点发展杭州、宁波 2 个国家级综合交通枢纽,同时进一步强化温州、金华 2 个省级综合交通枢纽和嘉兴、湖州等重要交通节点的功能。

（四）重点节点集疏运

港口集疏运体系：综合性公用枢纽港区要有铁路支线和一级公路直接接入港区。规划吞吐量在200万以上的集装箱枢纽港区应有铁路和高速公路直接接入港区，至少保证2条公路出港通道；主要腹地在300～500公里以上的港区应有铁路接入港区；枢纽港区应因地制宜地利用好内河航道资源，加大内河集疏运比重。

机场集疏运体系：改善地面交通扩大机场辐射范围，提高与主要服务城市的交通保障。枢纽机场集疏运公路达到高速公路标准，并规划城市轨道交通线。其他机场集疏运公路达到一级公路标准。

铁路站集疏运体系：铁路客运站场要求有高速公路或一级公路与之相连，有配套的可快捷换乘其他运输方式的枢纽中心。铁路货运站场需有配套的物流园区。

物流园区集疏运体系：充分发挥我省经济大省、市场大省、外贸大省的优势，通过引导、扶持、支持和培育，形成以物流园区为基础，物流信息平台为支撑，技术标准为手段，龙头企业为示范，全程物流为方向的全省交通物流体系。制订物流业发展具体实施方案、编制交通物流基地布局规划、加快交通物流基地建设。

（五）大宗物资运输体系

煤炭的需求主要在沿海、沿江地区，以舟山煤炭中转码头和电力企业自用码头为主的煤炭卸船中转运输系统，以“海河联运”、内河（钱塘江、椒江、瓯江等水系）、铁路转运至需要地区。

铁矿石运输主要在宁波—舟山港布局建设10万～30万吨级矿石专用码头，承担一程接卸任务，以“海进江”、铁路转运至需要地区。

原油运输主要在宁波—舟山港建设大型原油码头，外贸进口原油在码头一程接卸后，由甬沪宁管线向沿长江炼油厂输送。

集装箱运输规划以宁波—舟山港为干线港、温州港为支线港，嘉兴、台州港在发展喂给运输的同时，积极发展近洋支线运输。宁波—舟山港成为上海国际航运中心南翼集装箱干线港。

四、问题与分析

在构建我省综合交通运输体系的过程中，仍然存在着一些问题和难点，表现在规划建设、管理体制、法律法规、信息共享等各方面,具体分析如下。

(一)基础设施规划和建设方面

(1)综合运输总体能力依然不足,主要运输通道的能力还十分紧张。我省港航资源的优势尚未得到充分发挥,港口、航道基础设施建设相对滞后,高等级航道网络化程度不高,干支航道不配套,内河港口规模偏小,海河联运特色尚未形成,港口集疏运通道和综合交通枢纽的规划建设明显滞后。铁路设施总量和出省通道不足,铁路路网密度较低、线路等级偏低、技术水平较差,尚有舟山市未通铁路。部分区域公路通道能力和公路网络化仍需加强,公路等级有待进一步提高。机场设施不能适应航空货运的快速发展,管道运输仍处于有需求之后才考虑建设,缺乏长远、统一的规划。

(2)不同交通方式间基础设施建设相对不平衡。各种运输方式以自成体系为特征发展,难以进行合理分工协作和有效的衔接配套。综合效益得不到充分发挥,发展结构仍需进一步优化。铁路、公路、水运、航空及管道各自规划,从而使得规划不对接,建设不同步,往往到矛盾凸显、问题产生才协调解决,造成了资源浪费。综合交通运输枢纽缺乏通盘规划,在站场布局上各种运输方式缺乏有效衔接,道路运输站场无法实现与城市交通及其他运输方式的一体化运输,导致运输效率较低。

(3)交通建设用地需求、线位资源和资金筹措的压力加大。交通基础设施建设与基本农田保护的矛盾突出,耕地占补平衡和基本农田补划难度空前提高;建设资金筹措困难,缺乏有效融资平台,内河航道作为公共产品,吸引社会资金有限,政府投入又相对不足,建设资金十分匮乏;铁路、航空的投资和建设营运体制不适应市场经济发展要求。

(二)管理体制方面

(1)目前各种运输方式独立发展,各个管理部门自成体系的格局,不能适应交通服务全面保障经济社会的要求。全省经济工作会议提出:“按照适度超前的要求,构筑综合交通运输体系,着眼于发挥海洋资源优势,构建对外开放新格局,建设大港口;着眼于融入长三角,辐射周边省,提高城乡和区域发展协调性,建设铁路公路大路网;着眼于加快建设现代服务业,增强浙江市场大省活力,建设大物流”,要“做到各路配合、形成网络,管理到位,畅通高效,提高交通对经济社会的保障能力。”体制不顺、多头管理是很难实现以上要求的,这也是构建综合交通运输体系中一个迫切需要解决的问题。

(2)各种运输方式的管理体制不同,已经较难适应社会管理与公共服务的要求。随着社会经济的日益发展,综合运输的规划、布局、城乡一体化的公共交通和公共服务平台建设管理、交通应急保障、交通建设市场管理等方面亟须加强。突出问题是高速公路管理和投融资体制问题。公路是公共产品,对公路的管理应属社会管理范畴。而现行的高速公路建设养护及管理均由投资主体负责,公共产品的社会性、公益性与企业的经济效益之间的矛盾非常突出,特别是在抗雪救灾这样的关键时刻表现得尤为明显;省交通投资集团公司是省政府的交通基础设施建设投融资平台,但国资委对其按竞争性企业考核增值保值指标,制约了这个投融资平台的作用,也在相当程度上制约了省政府交通建设工作的推进。

(3)相关部门的职能交叉,不利于精简统一效能。

发改委负责交通建设计划、建设项目和初步设计的审批,与省交通厅交通建设工作和建设市场管理工作有交叉。

在物流管理上,发改委为牵头部门,物流办在经贸委,而物流的主体几乎都在交通部门,体制不顺。

在城市公交管理上,体制不统一,全省有4个市和64个县(市、区)在交通部门,其余均在建设部门;政策不统一,城市公交可享受免交养路费、客运附加费、税收优惠等政策,而城乡公交、农村公交则不行,农民享受不到与城里人一样的公共交通待遇,城乡基本公共运输服务没有均等化。

建设部门负责交通建设设计、施工队伍的资质管理,与省交通运输厅承担的交通建设市场管理职能交叉。

公安厅在道路建设标准的管理和车辆管理上也与交通部门存在交叉。

(三)法律法规方面

(1)目前铁路、民航、公路、水运的法制建设各自为政,自成体系,已明显不适应综合交通运输的发展。国家层面的法律有《中华人民共和国民航法》、《中华人民共和国铁路法》、《中华人民共和国公路法》、《中华人民共和国海商法》和《中华人民共和国港口法》,不同的法律下面还有相应的国家和地方的行政法规和规章,形成了各种运输方式下的相对独立的法规体系,严重影响和制约了综合交通运输的协调发展。完善综合交通运输法律制度势在必行。

(2)各种运输方式的法律法规之间存在差异,不适应综合交通运输的发展。在法律规范的构成上,铁路、公路、内河运输的法律规范主要是国内法。而民航和海商除了国内法,还有大量的国际公约和惯例,特别是海商法,其中大多数的法律规范直接是由国际公约或者习惯转化而来。

(3)各种运输方式的法律法规之间协调性不足,不适应综合交通运输的发展。从现行法律的规定来看,虽然都已经注意到各种交通运输工具之间的协调性,但这仅仅是提出了法律原则,而对如何对接没有作出具体规范。这不仅是由于这些法律在制定的时候,对综合运输的要求还没有充分认识,而且还因为在管理体制上各自为政、缺乏必要的协调性,从而对发挥综合交通运输的作用不利。

(四)综合交通信息方面

(1)各种交通运输系统的信息化发展水平不一。公路、水路、航空、铁路等运输系统的信息化发展水平差异较大,其中航空运输系统的信息化已与国际接轨,铁路系统由于采用条状统一管理模式,信息化共享程度较高,而公路、水路系统,由于业务较多,且采用条块结合模式,造成信息系统建设主体较多,因此信息化建设基本上处在单个业务系统上。这种发展水平的差异性,决定了短时间内无法对信息交换、业务信息协作以及公众服务等制订统一的标准。

(2)各种交通运输系统的信息组织机构管理模式不一致。公路、水路系统有相对稳定的省级信息化建设机构和管理建设队伍;航空、铁路由于分区管理,信息系统由各区统一建设和运营,因此省级没有较固定的信息系统建设和管理人员。这样造成公路水路与航空、铁路进行需与各区(比如航空,浙江为华东区)进行数据交换,造成信息资源交换和共享较难。因此不同交通运输系统之间不能实现“无缝衔接”,无法形成“一票到底,一单到底”的现代综合交通体系。

(3)交通信息综合处理和利用能力不强。由于公路、水路、航空、铁路等运输系统的应用系统对于采集到的原始信息没有形成完备的管理机制,信息基本处于粗加工阶段,各种信息的标准不一、采集频率多样,事先也没有经过统一的规划,信息资源整合困难。

(五)重点难点方面

(1)我省投融资体制改革虽然起步早,成果明显,但与适应我省市场化程度较高、民营经济发达的实际情况有较大差距,与适应综合交通运输体系建设的投融资体制仍有较大距离。由于综合交通运输基础设施建设任务繁重,需要筹措的资金数额巨大,投融资面临的问题也越来越多。目前铁路、航空、公路、航道等项目都存在着投融资机制与市场经济不适应的情况,尤其在体现交通公益性特征的基础设施项目建设中,资金筹措更为困难。政府投入的定位不清晰,财政性投入不到位,建设项目的政府性投入与非政府性投入之间界限模糊。我省复杂的地形和有限的土地也决定了交通建设成本居高不下,政策支持力度不够。

另外,实施燃油税方案后,由于取消了原有各项交通规费,政府对公路建设、养护的投入将主要通过财政拨款来实现,这就可能产生交通建设、养护经费保障程度低、拨付不及时和转作他用的现象。费改税后拨付环节可能增多或者变得较为复杂,将使资金周转时间变长,不利于公路交通季节性施工和对突发性灾害的及时处理。最重要的是养路费转为燃油税后,性质上成为财政性资金,由于国家财政拨款资金不能用作担保,公路建设在筹资时将失去用养路费等交通规费作为担保向银行申请贷款的可能,在一定程度上将影响公路建设贷款融资渠道的畅通,并对交通运营和管理产生影响。新税费制度下事权和财权分离,原来属于地方所有的养路费、运输管理费、公路客货运输附加费等将合并成为中央征收的燃油税,地方的积极性可能因此有所降低。以上这些由于税费改革可能带来的负面影响,将对综合交通运输建设资金筹措带来一定的压力。

(2)我省现代物流业仍处于成长和发展时期,在规模、效益、现代化水平等方面不能完全达到浙江经济发展重要增长点的目标。当前,浙江物流业存在“多、小、散、乱”现象,总体经营规模偏小,经济效益不高,缺乏具有规模效应、市场竞争力强的综合型龙头物流企业。传统物流仍占主导地位,企业物流以自我服务为主,导致第三方物流发展缓慢,造成经济运行效率较低,从而使社会物流总成本居高不下,物流效益整体水平偏低。另外,我省物流业对外开放水平较低,利用外资规模较小,物流研究和教育方面比较落后,缺乏高素质的物流人才,也相对制约了我省现代物流业的快速健康发展。

五、比较与借鉴

选择何种交通管理模式与一个国家经济发展阶段和交通运输发展阶段密不可分。从大多数发达国家采取的模式发现,综合交通运输程度越高的国家,大多采取部门综合模式或跨部门模式,整合与交通运输相关的领域,形成统一综合的运输部进行综合交通运输体系的规制管理。

美国于1967年4月成立综合性的运输部,组成预算、政策、安全与航空、铁路、公路、城市公交、海运等十几个业务局,是联邦政府归口管理水陆空运输的机构,负责运输方面的全面领导、鼓励运输技术进步、向总统和国会建议批准国家运输政策和计划等职能。英国实行大部制机构模式,由环境保护、交通运输管理及地方事务三个部合并组成运输部,将业务相近或相关性强的部门尽可能进行合并,有利于部门之间的沟通协调和政府资源的有效利用。德国也成立了综合的运输部,主要职责为管理全国整个运输行业,负责运输、交通方面的法律政策制定和监督执行,具体管理工作则通过"委托合同"的方式由各个州政府来执行。

国外的交通运输体系管理组织呈现出这样一种趋势:由分散走向集中,实行"大部制"的横向部门格局。同时,中央和地方职责分工明确,有利于各自充分发挥积极性,提高交通管理的法制化程度,从而降低政府管理成本,并有利于加强政府对市场的监管。

从国内几个发达省份来看,江苏省率先在全国开始省级层面的综合交通管理体制改革,初步建立了公路、铁路、水运、航空统一管理的大交通管理体制。2006年8月,江苏省将省铁路建设办公室成建制并入省交通运输厅,负责全省合资铁路、地方铁路(含专用线)的建设和管理;2007年1月在省交通运输厅增挂江苏省航空产业发展办公室牌子,下设航空产业处,负责全省航空产业的规划和管理。

深圳则更早探索实行了大交通管理体制,1984年就将公路、水路、市内公共交通、航空、铁路、邮电通信管理、协调及交通邮电行业安全管理等职能集中,设立市政府交通办公室;1988年更名为市运输局;2001年,组建深圳市交通局,加挂港务管理局牌子;2002年成立深圳市现代物流业发展领导小组,2002年成立深圳市港口发展委员会,2003年成立深圳市空港管理委员会,三个机构下设办公室均设在市交通局。目前,深圳市所有交通有关事项由一个分管副市长统管,交通局承担全省公路、城市公交、水路、港口、铁路、轨道交通、民航、物流、口岸和邮政等行政管理及协调职能。该市在介绍中还指出,在2008年抗击雨雪冰冻灾害保春运和支援四川抗震救灾中,由于具有"大交通、大联动、大应急"的运行机制优势,市交通局"统一步调、统一指挥、统一信息、统一口径、统一标识”，调度陆、海、空、铁应急运力，确保了抗灾工作的胜利。

整合各种交通运输方式，实行一体化管理，构建综合交通运输体系是交通发展的必然趋势，也是经济社会发展到一定阶段之后的必然要求。我省应当与国家大部门制改革相呼应，学习兄弟省份经验，建立大交通管理体制，同时抓紧制订综合交通运输规划，加强各种交通方式的衔接配套，发挥综合效益和整体优势，以最小的社会成本实现最优的交通运输目标；并与此相适应，推进交通执法体制改革，尝试建立综合执法体制，转变交通部门职能，提高行业管理水平和服务质量。

六、意见与建议

国务院张德江副总理在交通运输部视察时强调，要积极推进综合交通运输体系建设，把加快形成便捷、通畅、高效、安全的综合运输体系，作为交通运输部门的中心任务，抓住规划这个龙头，优化交通运输布局，加强运输方式衔接，统一交通运输标准，加快形成全国综合运输网络；要加大交通运输系统改革力度，进一步解放思想，深化交通运输管理体制改革，积极推进高速公路国有资产监管和管理体制、农村公路管养体制、港口管理体制等专项改革，加快完善民航、邮政体制改革，为交通运输业发展注入新的活力和动力。

落实张德江副总理的讲话精神，必须深刻认识到综合交通运输的公共属性问题，综合交通必须立足于基础产业和公共服务行业的地位，坚持政府主导的方向，以推进交通基本公共服务均等化为目标，并辅助以完善的政策法规体制等保障体系。

综合交通运输体系涵盖了五种运输方式公路、水路、航空、铁路和管道，体现了综合运输体系的“全”；但综合运输体系不仅仅是五种运输方式的简单总和，它立足于各种有机联系，使五种运输方式协作配合、有机结合、联结贯通，体现了各种运输方式的“协作、协调、协同”，即运输过程的协作、运输发展的协调和运输管理的协同。从交通运输建设来看，为了提高交通运输总体效率和效益，各种运输方式要统筹规划，协调发展，合理布局；从交通运输的组织管理来看，在统一的运输市场中运输组织结构联合，动作协同。在经济的不同发展阶段，需要建立与其相适应的运输规模、运输能力、运输管理体制等,特别要适时调整运输体系的结构,以提高运输效率和社会整体的经济效益。

综合交通运输体系包含两个基本系统:一个是交通基础网络系统,它是实现运输的基础;一个是一体化的运输系统,它是运输服务和体系效益效率最终体现的运行系统。宏观政策引导和组织管理自始至终贯彻于两个系统中,是现代综合运输体系形成与运行的必备支持条件,也是现代综合运输体系建立与完善的关键,它所体现的发展理念与具体政策措施对于综合运输体系的发展方向与结构形式以及建设重点具有根本性的影响作用。

因此,在我省综合交通运输发展的理念创新上,可以有一些新思路值得研究。

一是以加快发展为主题,在发展中进行结构优化。交通运输业转型升级是实现生产力水平提高、交易费用降低和促进市场扩张极其重要的手段。毋庸置疑,未来我省综合运输体系建设还需要继续以发展为主题,继续支持各种运输方式完成大发展过程,通过增加总量规模,提高交通运输的机动性和通达性,增强对未来社会经济发展的支持能力,并在发展过程中按照各种运输方式的合理分工与协作,加快符合未来发展需求的主导运输方式的发展,通过增量调整和存量升级,使各种运输方式之间的结构和布局逐步趋于优化。

二是充分发挥各种运输方式的优势,发展综合运输网络系统。发达国家的运输结构是各种运输方式通过市场竞争形成的结果,代表了当代社会文明这一时期的发展趋势。我们应充分分析和借鉴发达国家交通运输发展的经验和最新的发展趋势,在发展过程中实现跨越,少走弯路,在大发展的过程中不断实现和完善各种运输方式的合理分工和协调发展。我们应将时间效率、便捷性、个性化需求作为重要的衡量标准,考虑各种运输方式的互补和相互促进的作用,以实现整个大系统效率的高效为目标。

三是以多种运输方式共存互补的思想,建设综合运输大通道。综合运输大通道是综合运输网络和经济发展的命脉,是跨区域间最重要的联结,其发达程度既代表着交通运输的发展水平,也是区域经济发展规模与发展水平的重要影响因素。通道内城市、人口、产业密集,经济规模总量大,人们收入水平相对较高,区域内部以及跨区域之间的人员和货物交流量大等特点,决定了大通道运输需求总量庞大,且集中和多样性,为各种运输方式的共存与发展提供了基础。大通道是社会经济的主要集中带和发展带,是各种运输方式骨干线路必经地区,同时也是各种运输方式承担运输量最大、在综合运输体系中作用最明显的线路,多种运输方式共同组成通道综合运输系统既是通道地区社会经济发展的要求,也是交通运输发展的必然结果。

四是以可持续发展和需求管理的理念来建设符合国情、省情的综合运输体系。交通运输可持续发展在于从战略的角度做到交通运输发展与社会经济发展、人们生活质量提高、土地资源利用、环境保护等之间确立一种协调发展的辩证比例关系。世界发达国家讲可持续发展是其已经完成了交通运输大发展,拥有了雄厚的基础,而我们的交通运输规模远远落后于发达国家,必须同时解决发展与环境保护问题。在运输方式的选择上,不能简单地以占用土地的多少来衡量,关键要看是否更符合未来的发展趋势,是否对经济发展更有利,是否更有利于整体路网布局的完善和效率效益的提高。

交通基础设施的无限扩展并不能根本解决运输量不断增长的需要,政府必须进行交通需求管理,通过一些理性手段引导人们自觉地调整消费观念和交通行为方式,如大力发展公共交通,在结构上实现交通模式的优化,创造条件和鼓励人们采用较少资源消耗的交通模式,以及不断促进交通行业的技术进步等。

五是以干支协调和区域协调的发展思想,完善综合运输网络布局。建设综合运输体系过程中,在重点解决干线交通运输的同时,应加快与其联结的次干线和支线网络的建设,提高路网密度和农村的通达程度,形成层次结构合理网络系统,适应地区经济、农村经济和城市化发展的需要,加深区域内的分工与协作,促进城市与农村共同发展以及全面建设小康社会目标的实现;注重欠发达地区的公路建设,积极改善农村交通条件,体现社会公平发展的原则。

六是以政策、规划和体制管理的统一性,实现运输一体化。交通运输具有极强的基础性和社会性,构建综合运输体系必须依靠政府的力量进行推动,在政策、规划、技术标准、信息传输、经营规则以及管理体制上进行统一的协调和宏观调控,避免各种运输方式或部门以自我为中心各自规划、各自建设、自成体系。尤其是对综合运输枢纽的建设以及信息化等技术标准的制订,更需要从综合运输体系的发展战略上进行统一的规划与指导。

七是积极推进交通运输信息化、智能化的进程,发展集约型交通。要依靠科技进步,采用现代化的装备和管理技术,改进整个交通运输系统的运行组织方式,才能更大幅度地提高交通基础设施的使用能力和效率以及安全性等。发达国家已开始把注意力从修建更多交通基础设施、扩大交通网络规模转移到采用高新技术来改造现有运输系统及其管理体系,交通运输信息化和智能运输系统(ITS)建设,已成为21世纪现代化交通运输体系的发展方向。ITS将有助于实现由单一的基础设施扩张向集约型交通发展的转变,是解决现代交通发展问题的重要手段。

八是以宏观调控和市场化相结合的思想,实现资源的合理配置。构建综合交通运输体系需要依靠国家宏观调控和市场化两个方面的合力。交通基础设施具有很强的公共物品属性,交通运输赖以存在的土地、岸线、空域、航道等都为政府所控制,政府可以通过有效的宏观调控,促进各种运输方式合理布局与协调发展。同时,市场化手段对于合理配置交通资源和加快综合运输体系形成与完善等方面具有重要作用。没有市场化,现代交通运输业的进程就会受到严重制约。

通过对发展综合交通运输的一些思路的分析研究,现提出以下具体意见和建议。

(1)规划先导,协调发展,完善综合交通运输规划体系。

①建议大力推广综合运输协调发展的理念。交通运输业是一个整体,但由于各种运输方式的技术特征不同,各有优势和特点,完成单位运量对交通可持续发展的贡献不一。应通过不同运输方式的合理分工,充分发挥各种交通运输方式优势,打破行业界线、部门界线、区域界线,推动区域综合交通协调发展,做到优势互补,发挥整体优势,克服"短板效应",达到"1+1≥2"作用。

②建议加强各交通运输方式之间的规划衔接,重新审视现有规划中不利于发挥综合优势的地方,进行适当调整和完善,并积极推动综合交通运输体系规划研究。要对全省综合交通基础设施进行综合统一规划,全面贯彻现代综合运输体系的原则和规范,动员各交通方式部门联合编制新的综合交通运输体系规划,做到"宜路则路、宜水则水、宜空则空",以各种运输方式有效衔接配合。

(2)制定法律,规范法规,保障综合交通运输发展。

①建议制定综合交通运输法。发展综合交通运输,通过对运输资源的

整合，充分发挥各种运输工具的优势，实现资源共享、优势互补、效率优先、方便快捷的运输目标。综合交通运输法，是实现此目标的法律保障。综合交通运输法的调整对象是各种运输方式的协调发展的法律规范。要从单一的、各自为政的运输管理体制转变为整体的、全国性运输网的管理体制。综合运输法解决的是运输网络建设问题，避免各自为政导致运力资源的配置不合理而造成的浪费。综合交通运输法的内容主要是运输建设，解决各种运输方式之间的接口，包括规划、建设、投资、验收及并网运营等。特别是全国重大运输枢纽的建设规划，要符合人流物流集散方便、快捷、高效的原则，形成具有调节物流功能的运输中心。

②建议根据综合交通运输网的整体布局和需求，对相关的运输政策进行法律化的工作。通过法律规范的形式，明确各种交通运输工具在整个交通运输网络中的地位和作用，并作出相应的政策导向规则。要充分发挥不同的运输方式的优势和特点，提高运输效率，降低运输成本，为社会提供低能耗、低运费、高效率的运输服务。

③建议对现有各交通法规进行修改。构建全省综合交通运输体系，有关执法主体、诉讼管辖和法律适用可能会出现一定的问题，必要时可以由省人大常委会作出有关机构改革中法律适用问题的决定予以解决。同时，大部制改革必然涉及现行法律法规的修改问题，应当以此为契机，增强我省地方性交通法规体系的协调统一和实行综合交通运输立法。

(3)整合资源，优化组织，建立综合交通运输机构。

①建议整合行政资源。按照中发[2008]12 号文件关于“促进各种交通运输方式相互衔接，发挥整体优势和组合效率，加快形成城乡一体的综合交通运输体系”的意见，张德江副总理关于“要按照大部门、大管理、大统筹、大协调的基本思路，优化组织结构……体现大部制的特色，着力解决几个行业的融合问题”的指示精神，以及省委省政府的现代交通“三大建设”发展战略要求，整合行政资源，优化组织机构，实现交通运输要素的统一管理。

②建议理顺关系，强化责任。根据《中共中央国务院关于地方政府机构改革的意见》(中发[2008]12 号)有关“切实解决部门职责交叉和关系不顺的问题”和“坚持一件事情原则上由一个部门负责”的精神，明确一个交通主管机构代表省政府行使对全省交通的主管职能。建议参照交通运输部的组建模式，按照构建综合运输体系的要求，组建新的省交通委，除现有公路水

路交通管理职能外,划入物流和城市公交(包括城市、城际、城乡旅客运输的站、场建设,运输组织和市场管理,各种运输方式的换乘体系建设等)、地方铁路管理职能和民航、邮政的归口管理职能,理顺各项交通运输的关系。

(4)制订标准,信息共享,打造综合交通信息平台。

①建议健全综合交通信息体系组织。首先针对公路水路信息化相对薄弱的现状,由省交通运输厅在省级搭建信息化大中心,以实现公路水路资源内部的信息系统的快速整合和数据共享。然后由各交通运输系统的信息化部门,联合成立一个综合交通信息化推进组织,同时定期以会议或论坛的形式,讨论综合交通信息化的发展策略及支持技术,各成员具体负责各方的协调和信息共享。

②建议制订综合交通信息体系标准。成立组织后,各交通运输系统可共同制订完备的配套制度、数据交换标准、技术接口标准、信息服务标准等,为参与组织行为的各方提供依据。标准应具有一定的强制性,各方应严格遵守。

③建议搭建综合交通信息体系平台。搭建统一的交通运输系统信息交换平台,对各种系统中的信息进行数据交换和处理,实现信息的交换与共享;并通过对这些数据进行综合利用,为高层次的综合交通运输决策支持和高水平的综合运输信息服务奠定基础。

(5)解放思想,破解难点,深入研究综合交通热点问题。

①建议进一步推动投融资体制改革,以建设综合交通运输体系为契机,建立起投资主体多元化、融资渠道多样化、投资决策程序化、项目管理专业化、政府调控透明化、监督约束法制化的现代交通建设投融资体制。要探索多种投融资运作方式,拓宽融资渠道,建立专项交通投资资金,发行交通建设债券。建议加强政府的调控和引资能力,鼓励和引导社会资本,善用市场机制吸纳社会投资,对欠发达地区的公益性建设项目给予投资补助、税收优惠等政策支持。同时,建议加大理论研究力度,对投融资领域出现的新现象新方式积极探索研究,创新投融资管理。

②浙江物流市场发展潜力很大,建议要努力营造政府、企业和市场互动格局,在理论上加强研究和物流人才的培养,在实践中扩大物流企业规模,大力发展第三方物流企业,加快物流基础建设,提高物流服务的优质化和电子化水平,推进物流国际化进程。

继往开来 加快转型
开创浙江交通科学发展的新局面

（2011 年 1 月 12 日）

一、“十一五”浙江交通发展取得显著成效

“十一五”期间，全省交通系统认真贯彻落实科学发展观，深入实施“八八战略”和“两创”总战略，扎实推进“全面小康六大行动计划”，加快建设港航强省，取得了现代交通三大建设的显著成效，极大地推动了浙江经济社会持续较快发展。回顾过去，深感这五年是攻坚克难、成就斐然的五年，也是积极转型、和谐发展的五年。

（1）建设投资高位增长：交通投资五年均位列全国首位，累计达到 3 035 亿元，创下历史新高，为“十五”的 1.6 倍。其中，公路完成投资 2 470 亿元，为“十五”的 1.5 倍；港航完成投资 485 亿元，为“十五”的 3.3 倍；机场完成投资 80 亿元。

（2）港航强省强势推进：在全国率先实施港航强省战略，沿海港口新增万吨级以上深水泊位 78 个，使总量达到 159 个（不含洋山港区），内河新改建高等级航道 350 公里，使总里程达到 1 326 公里。2010 年沿海港口货物吞吐量达到 7.8 亿吨，年均增长 13%。其中，宁波—舟山港货物吞吐量达到 6.3亿吨，跃居世界首位，集装箱吞吐量达到 1 315 万标箱。全省机场新增航站楼面积 13.4 万平方米、站坪 30.8 万平方米，2010 年旅客发送量达到1 520 万人次，年均增长 18%。

（3）路网结构快速完善：全省公路总里程突破 11 万公里，密度达 108 公里/百平方公里；高速公路新增 1 517 公里，达到 3 383 公里，密度居全国第二，省际接口达到 18 个；新增一级、二级公路 3 700 多公里。全省具备建路条件的行政村全部通达等级公路，基本实现“双百”目标。全省等级公路客

运站达到556个,港湾式停靠站达到2.1万个,分别比"十五"末增长77.6%和241%。

(4)交通物流率先突破:我省成为全国首个交通物流业发展试验先行区,截至2010年年底,全省150亩以上物流园区21个,A级物流企业167家,数量均位居全国第一;交通物流业信息平台作为交通运输部示范项目,代表中国牵头组建东北亚物流信息服务网络。2010年,全省道路运输完成旅客周转量882亿人·公里、货物周转量1 298亿吨·公里,分别比2005年增长43%和248%;全省水路运输完成货物周转量5 300亿吨·公里,比2005年增长92%。公路、水路合计客运量、货运量占综合运输比重为97%和98%。

五年来,我们坚决贯彻落实省委、省政府和交通运输部的一系列战略决策,按照"转观念、转机制、转方法、转格局"的要求,实现了发展思路上的重大转变:一是在形势判断上,准确把握浙江交通处于建设高潮持续期、各类矛盾凸显期、发展方式转型期的阶段性特点。二是在指导思想上,大力推进浙江交通实现"五个转变",即从分立的交通向现代综合交通转变,从陆域交通为主向水陆交通并重转变,从偏重发达地区向统筹城乡交通转变,从传统运输业向现代物流业转变,从建设为主向"建管养运"并重转变。三是在工作举措上,着眼于全省经济社会发展大局,科学谋划了港航强省战略,组织实施了大港口、大路网、大物流现代交通三大建设,着力打造畅通浙江;2010年进一步开展了大宗交易平台、海陆联动集疏运体系、金融和信息支撑系统"三位一体"港航服务体系建设。

按照以上总体思路,五年中突出推进了以下工作。

1. 坚持率先发展,加快交通基础设施建设,发挥先行官作用

(1)不断优化交通规划布局。统筹区域交通、城乡交通,加强与其他交通方式衔接,着力构建"布局合理、结构优化、能力充分、资源集约、协调发展"的综合交通运输体系。重点优化完善了全省高速公路、国省道干线公路、沿海港口和内河航运的布局,编制了《浙江省公路水路交通发展布局规划(2008~2020)》、《浙江省沿海港口布局规划》、《浙江省省道干线公路网调整意见》、《浙江省沿海港口综合集疏运网络规划》、《浙江省公路运输枢纽布局规划》等一系列规划。同时,加强年度计划编制和立项审批,实施项目储备库制度和A、B类管理,强化规划实施力度。

(2)全力推进重大项目建设。切实加强对重大项目的组织领导,对难点项目加大现场协调指导和服务力度,及时帮助解决突出问题,保障工程顺利推进。五年中,建成了杭州湾跨海大桥、舟山跨海大桥两座世界级大桥,以及申苏浙皖高速、杭徽高速、申嘉湖杭高速、杭浦高速、黄衢南高速和北仑四期、金塘大浦口集装箱码头、六横煤炭中转码头、虾峙门航道、杭州机场航站楼扩建等一大批项目。

(3)积极破解前期工作难题。建立专门机构,简化办事程序,加强技术服务,确保前期工作质量和深度;建立前期工作例会制度,推广宁波、台州、富阳等地经验,加大向上争取和横向协调力度,形成以政府主导、各方联动的前期工作机制。特别是国际金融危机爆发之后,我们见事早、行动快,迅速梳理出"六个一批"项目并部署启动,交通项目数量占到政府主导性项目计划的27%。五年来,开工建设了嘉绍通道、钱江通道、象山港大桥、龙庆高速、衢山鼠浪湖散杂货码头、长湖申线航道扩建工程、钱塘江中上游航运复兴工程等一大批项目。

2. 坚持协调发展,优化交通运输格局,推动发展方式转变

(1)加快港航强省建设,促进公路水路机场协调发展。推动"三位一体"港航服务体系建设。围绕海洋经济示范区建设争取上升为国家战略,牵头开展"三位一体"港航服务体系调研,提出了"一枢纽三基地"的战略定位和"一个交易中心、两个交易平台、多个交易区、一批储运基地"的框架体系,制订了具体实施方案,落实了平台项目启动主体和招商准备工作。推进宁波、舟山港口一体化,编制并实施《宁波—舟山港总体规划》,港口生产持续高速增长;加快港口联盟建设,宁波—舟山港与沿海其他港口全面开展合作,2010 年集装箱内支线运输量超过 100 万标箱,并在省内外 10 个城市建设"无水港"。加大港航投资力度,2008 年以来每年投资超百亿元,力度全国罕见,沿海煤炭、油品、矿石、粮食、集装箱五大货种运输体系基本形成,内河"北网南线、双十千八"的骨干航道体系初步呈现。积极发展港航服务业,全省海运船舶运力达到 1 447 万净载重吨,比"十五"末增长近 1 倍,规模居于全国首位;船舶交易市场蓬勃发展,2010 年交易量突破 100 亿元,占全国市场份额接近 50%。开展对台海空直航,沿海四大港口和杭州、宁波两大机场开通对台航线,台州港与基隆港结为友好港口。

(2)加快交通物流业发展,促进建设与运输协调发展。建立大物流建设

工作机制,召开全省交通建设大物流工作会议,明确坚决抓、坚定抓、坚持抓的指导思想,出台大物流建设实施意见和配套政策。推进交通物流业试验先行区建设,全省布局5个部省共建基地和11个省级、56个市级重点扶持物流基地,培育12家省级和106家市级物流龙头企业,累计完成投资超过60亿元。开创性地建设物流公共信息平台,平台用户数超过6万家,数据日交换量达10万条左右,与16个省份签订共建协议,与中国物流和采购联合会、国家编码中心、全国港口协会、全国民航协会和中远集运、中远物流、中外运、招商物流等开展战略合作。2010年,在交通运输部指导下,牵头组建东北亚物流信息服务网络,成功举办"中日韩运输与物流发展论坛"。此外,推进农村物流配送体系建设,积极发展小件快运、特色配送、货运专线等农村物流形式,提高物流支农水平。

(3)加强生态交通建设,促进交通与环境协调发展。会同环保、国土、经信等部门,先后召开四次生态交通建设现场会,省委十二届七次全会之后又迅速制订了《生态交通五项行动实施方案》。加强交通工程生态保护,在全国率先出台《交通建设项目环境保护管理办法实施细则》,严格实施交通工程与环保措施"三同时"制度,合理确定交通工程的规模、线位、时序和技术标准,提高土地集约利用水平,最大限度减少环境影响。开展绿色通道和生态公路、生态航道建设,累计完成公路沿线绿化15 000公里、公路边坡复绿115万平方米、航道绿化240公里,黄衢南高速公路、湖嘉申线航道的生态建设经验被交通运输部推广。调整车船运力结构,营运车辆逐步向大型化、专业化和高级化发展,船舶平均吨位大幅提高,营运货车和沿海、内河船舶单位能耗分别降低5%、8%、10%。组织实施典型示范项目,先后推出两批共21个节能减排示范项目,开展6个专项行动。五年全省公路水路运输行业共节约标准煤260万吨,占全省全社会节能量的近1/10。

3. 坚持惠民发展,加大城乡交通统筹力度,推进交通公共服务均等化

(1)大力培育和推广嘉善经验。结合开展学习实践活动,以"六个一"工程为载体,积极培育以城乡交通统筹发展为主题的嘉善经验。2010年,省政府召开全省推进城乡交通统筹发展工作会议,出台相关指导意见,加以全面推广。

(2)圆满完成通村公路建设任务。加大省级资金投入,落实地方配套资金,加强工程管理和督促指导,累计建设通村公路3.3万公里(路基路面合

计），胜利完成通村公路三年攻坚计划。同时，建设农村联网公路达到 8 806 公里。

（3）建立农村公路管养新体制。出台《浙江省农村公路管理养护体制改革方案》及实施意见、《浙江省农村公路养护与管理办法》，明确管养责任，落实养护资金，加强乡镇养护管理站建设，健全农村公路路政协管网络，建立了农村公路管养的长效工作机制。

（4）推进城乡客运统筹发展。整合中长途客运班线，打造“浙江快客”品牌，道路客运规模化经营程度明显提高。因地制宜地发展农村客运，全省行政村班车通达率达到 91.6%，城乡客运一体化率达到 48.6%。

（5）积极实施水上康庄工程。建成陆岛码头项目 67 个，完成撤渡建桥建路和渡埠改造项目 414 个，更新渡船 183 艘，千人以上岛屿配齐交通码头，海岛、库区居民的出行条件明显改善。

4. 坚持创新发展，积极推进体制机制改革，提高交通行业管理水平

（1）稳步推进交通大部门制改革，组建省交通运输厅，落实“三定”方案，做好机场、城市客运管理职能的移交和衔接工作，成立省机场管理局。平稳实施成品油税费改革，取消 78 个政府还贷二级公路项目收费，并及时接管接养；多渠道、多形式地做好改革涉及人员的分流安置工作。

（2）扎实推进交通法制建设。争取省人大、省政府支持，制定和修改了《浙江省航道管理条例》、《浙江省道路运输管理条例》、《浙江省收费公路管理办法》等法规、规章 22 部，初步形成具有浙江特色的交通政策法规体系。深入实施行政执法责任制，推行网上审批和网上监督，建立行政处罚自由裁量基准制度，抓好预防和化解交通行政争议工作，全系统行政纠纷数量逐步减少。

（3）加强公路养护和路政管理。开展“科学养护年”活动，普通国省道完成大中修 3 690 公里，破板修复 316 万平方米。加大路政管理力度，依法查处路政违法案件 54.3 万件，建立健全治超工作长效机制，全省公路平均超限率下降到 4.3% 以下，完成全省高速公路命名和编号调整工作。2010 年，以“迎国检”为契机，组织实施 6 项养护工程，开展百日路政专项整治活动，狠抓规范管理，公路管养护水平进一步提升。

（4）规范交通建设和运输市场秩序。在全国率先建立交通建设和运输市场信用管理体系，施工、监理、运输企业信用水平明显提高。加强交通工

程招投标市场监管,开展标化工地、监理和检测市场专项治理等活动,加强质量通病治理,推动建立县级交通质量安全监督机构,全省受监工程质量合格率100%、优良率87%。加强工程造价管理,通过审查共计核减造价近100亿元。建立道路运输"四访合一"的举报投诉机制,开展"天网"系列专项整治行动,查处无证营运车辆5万余辆。推进出租车行业文明建设,开展出租车综合服务区建设,出租车管理有关经验受到交通运输部充分肯定。深入开展水路运政检查活动,强化现场监管和经营行为管理。全面实施港口经营资质管理,推进港区规范化建设试点工作,全省港口企业全部依法纳入行业管理。积极开展低质量船舶和大船小证专项治理活动,着力规范造船业秩序。

(5)提高交通财务管理水平。加强交通资金预算管理,会同财政厅共同出台《浙江省交通专项资金管理暂行办法》。加强交通债务规模控制和使用管理,会同财政厅研究用国库资金消化存量债务。深化投融资体制改革,探索建立新的公路、港航投融资平台,支持交通企业创新融资方式。

5. 坚持和谐发展,加强支持保障体系建设,提高交通可持续发展水平

(1)狠抓安全生产管理。坚持"安全第一、预防为主、综合治理"的方针,健全安全生产责任体系和工作机制,出台行业安全生产技术规范和行业标准10余个,组织开展"安全质量年"、桥梁安全隐患治理、船舶防碰撞、"平安工地"建设等专项活动。加大安全生产投入,完成1.3万公里临水临崖路段的护栏建设,维修加固1 828座桥梁、123座隧道,治理省级认定的事故多发点(段)500多处;推行重点营运车辆GPS联网监控和重点水域视频监控,建设千岛湖、太湖等水上搜救中心,实施道路运输安全"六项工程"。推进机场安全管理系统建设,杭州、宁波、温州机场均高分通过航空安全审计。五年来,安全生产三项指标持续下降,特别是事故起数、死亡人数分别下降50%、60%。

(2)加强应急能力建设。完善交通行业应急预案体系,组织开展306次应急演练。按照"平战结合"要求,加强交通战备工作,抓好专业保障队伍建设。五年中,成功应对30余次突发事件考验,2008年初抗雪救灾,疏运旅客1.2亿人次,抢运重要物资700多万吨,确保除夕前抢通主干线、持票旅客全部返乡、重点物资运力充足。汶川大地震救灾和青川援建,第一时间派出队伍赴川抢险、组织救灾物资运输、落实救灾资金款项,交通项目工程共获四

川省优质工程“天府杯”20个，获奖数量在18个援建省份中最多。奥运安保工作期间，组织1 000余个巡防组，开展应急演练60余次、专项督查5 652次，确保奥运火炬在浙江传递和奥运会、残奥会期间行业平安。2010年世博安保工作，投入人员43.5万余人次，安检旅客41.5万人次、行李物品2280万余件，船舶进出港签证162万艘次，杭州、宁波机场备降航班113架次，进港人数15 528人次，圆满完成“环沪护城河”安保任务。

(3)推进交通科技创新。建立健全交通科技创新体系，依托重点工程开展关键技术问题攻关。五年中，共完成科研项目鉴定、评审278项，其中国际领先水平19项、国际先进水平84项、国内领先水平118项。重视技术配套集成和转化应用，编制地方标准34项，推广应用技术400余项，启动交通科技创新基地建设。提高交通行业信息化水平，加快建设基础数据库、业务处理系统和公众出行服务系统、网上办事大厅，省厅门户网站在交通运输部考评中连续六次名列第一，高速公路二义性路径识别、不停车收费和计重收费系统成功投入运行。

(4)深化党风廉政建设。认真贯彻落实党风廉政建设责任制，把反腐倡廉建设放在更加突出的位置。加强重大事项落实情况督查，确保重大决策部署贯彻落实；以“廉政教育月”等活动为载体，不断深化反腐倡廉教育；制定完善一系列规章制度，开展重点岗位廉政风险防控机制建设，形成具有浙江交通特色的惩防体系基本框架；深入开展商业贿赂、建设领域突出问题、“小金库”等专项治理工作。加强行业纠风工作，开展“千局万站优化发展环境”主题活动，创建省级“群众满意基层站所(服务窗口)”77个。

(5)增强队伍综合素质。认真开展深入学习实践科学发展观活动、创先争优活动、“树新形象、创新业绩”主题实践活动、“双服务”专项行动等，建立健全学习实践科学发展观长效机制。加强学习型党组织建设，轮训近2 000名处级干部和交通局长，建设在线教育平台。深化干部人事制度改革，扩大竞争性选拔范围，提高干部工作的科学性、民主性。加强人才队伍建设，建立交通职业资格管理体系，开展职工岗位练兵和技术比武，改善交通职业院校办学条件。全系统28人入选“省151人才工程”，600多人入选厅“283拔尖人才”，高级专业技术人员达1 600余名，高技能人才达10 228人。

(6)积极创建文明行业。出台《浙江交通文化建设实施意见》，完善行业文明创建工作体系，构建行业新闻宣传机制，大力宣传朱汉华、赵长军、杨彬、胡建东等先进典型,开展"十大感动人物"评选、改革开放30周年大事评选、重点工程立功竞赛和各类文明单位创建活动,累计创建文明公路6 641公里、文明航道373公里、文明客运班(航)线41条、三星级客运站64家,全系统文明单位建成率达95%以上,公路、港航、运管获得省部级文明行业称号,"惠民、奉献、服务"被评为省直机关"十佳精神"之一。广泛开展群众性文化体育活动,省交通运输厅被评为2006~2009年度全省群众体育工作先进单位。

五年来,交通工会、共青团、老干部、信访、保密、后勤服务等工作也都取得长足进步,为浙江交通事业又好又快发展发挥了重要作用。

回顾过去的五年,浙江交通发展硕果累累,赢得了众多荣誉。省交通运输厅2007~2009年连续三年获得省政府综合目标考核优秀等次,2010年被评为省级文明单位。这不仅是对省厅工作的肯定,也是对全省交通系统的表扬。据不完全统计,五年中省厅及直属单位共获得国家、交通运输部和省委、省政府各类表彰77项,全系统共涌现出省部级以上各类先进集体157家、先进个人228位。

能够取得如此骄人的业绩,靠的是省委、省政府和交通运输部的正确领导,得益于省级有关部门和地方各级党委、政府的密切配合,离不开社会各界的大力支持,更凝聚着全省交通系统广大干部职工的心血和汗水。

二、"十二五"浙江交通发展形势和总体思路

"十二五"时期是全面建设小康社会的关键时期,是深化改革开放、加快转变经济发展方式的攻坚时期。交通作为经济社会发展的先行官,必须进一步贯彻落实科学发展观,再接再厉,奋发图强,加快转变交通发展方式转变,适度超前于经济社会总体发展水平。

(一)"十二五"浙江交通发展面临的新形势

1. 面临经济社会持续较快发展的新需求

在2010年出台的《长江三角洲地区区域规划》明确提出,长三角地区的战略定位是"亚太地区重要的国际门户、全球重要的现代服务业和先进制造业中心、具有较强国际竞争力的世界级城市群",到2015年要率先实现全面建设小康社会的目标,进而到2020年力争率先基本实现现代化。省委《关于制定浙江省国民经济和社会发展第十二个五年规划的建议》,明确"十二

五”发展的总体目标是:科学发展走在前列,惠及全省人民的小康社会全面建成。今后五年,我省人均 GDP 从 7 000 美元向 10 000 美元迈进,工业化程度进一步提升,新型城市化和新农村建设不断推进,社会消费结构将发生重大变化,加快进入“小汽车社会”,这必然产生巨大的运输需求。据预测,我省公路客货运输量和水路货运量的年均增幅仍将达到5% ~7% 左右,民航旅客吞吐量和货邮吞吐量年均增幅则可达10% ~20%左右。作为先导性基础产业,经验告诉我们,在现代化进程中,经济社会与交通之间是一种动态平衡过程,交通稍有松懈就会重新成为发展瓶颈。这也是这些年来越是发达地区交通发展任务越是繁重的原因所在。因此,党中央在“十二五”规划建议中,英明地提出了交通发展要坚持适度超前的原则,这就要求交通主动发展、率先发展,更好地发挥引领经济社会发展的先行官作用。

2. 面临加快转变经济发展方式的新任务

党中央和省委都明确“十二五”时期经济社会发展的指导思想是以科学发展为主题,以加快转变经济发展方式为主线。全国交通运输工作会议同样明确“十二五”时期交通发展要以加快转变交通运输发展方式为主线,以结构调整为主攻方向。特别是在即将由国务院批准的浙江海洋经济发展示范区规划中,建设“三位一体”港航服务体系被作为核心内容之一,对大港口、大路网、大物流建设提出了新的更高要求。浙江交通在“十一五”时期已经启动了转型发展,但还存在着不少问题和困难。主要表现在:在交通结构上,不同交通方式之间、城乡交通之间、区域交通之间发展不够协调,省际交通、城内外交通之间衔接不够顺畅;在产业层次上,运输生产规模大,但增值服务能力低下,尚未完成向现代物流业的转型;在服务能力上,沿海港口总体上还停留在运输港阶段,物流、贸易和金融、信息服务功能有待加强,机场建设发展相对滞后,交通设施的科学养护水平和智能化、人性化服务水平仍不高;在要素保障上,成品油税费改革之后,收入来源减少,新的融资平台尚未完全建立,土地、环保要求更趋严格,而工程建设成本不断上升;在自身建设上,实践科学发展观的自觉性还不够强,观念、方法相对落后,不能有效运用法律、政策手段,同时还面临着机场、城市客运管理等综合交通的新课题,亟须进一步加强队伍的能力建设。在“十二五”时期,要解决这些问题和困难,必须加快转变交通发展方式,在经济社会全面转型的历史洪流中走在前列。

3. 面临建设社会主义和谐社会的新考验

党中央对和谐社会建设的重视程度越来越高,省委、省政府在2010年对"生态省"、"平安浙江"、"法治浙江"建设专门开会作出了新的部署。同时,人们对交通发展也将会有更高的品质期待,不但要求通达、便捷,还要求绿色环保、平安舒适,能适应极端性气候变化。而且随着经济利益、阶层结构、思想意识的多元化,社会矛盾仍将复杂多发,在交通行业中也有程度不同的反映。交通作为一个关系国计民生的大行业,资源能源消耗量大,从业者众多,服务千家万户、各行各业,建设生态文明、推进公共服务均等化、维护和谐稳定的任务相当艰巨。值得一提的是,随着网络媒体的出现,传播方式日趋快速化、多样化,有的偶发性、细节性问题如果稍不重视,可能引起很大的社会反响。这更要求我们加强建设和谐行业,在安全、质量、环保、行业管理等方面,像工程建设一样下工夫、树形象。

总体而言,"十二五"时期,交通作为经济社会发展先行官的地位没有变,中央和省委、省政府优先发展交通的方针政策没有变,建设高潮持续期、各种矛盾凸显期和发展方式转型期的阶段性特征没有变。因此,浙江交通仍处于可以大有作为的重要战略机遇期,必须进一步增强学习实践科学发展观的自觉性和坚定性,始终保持善抓机遇、奋发进取的精神状态,始终坚持干在实处、走在前列的工作要求,全力开创浙江交通科学发展新局面。

(二)"十二五"浙江交通发展的基本思路

1. 指导思想

高举中国特色社会主义伟大旗帜,认真贯彻落实科学发展观,深入实施"八八战略"和"两创"总战略,以加快交通转型发展为主线,以建设港航强省为龙头,坚持适度超前、调整结构、统筹协调,大力推进现代交通三大建设,构建畅通、高效、安全、绿色的综合交通运输体系,全面提高"三个服务"的能力和水平,为我省建成惠及全省人民的小康社会提供坚实的交通运输保障。

2. 总体目标

到"十二五"末,争取现代交通三大建设取得新成就,使浙江交通适度超前于经济社会整体发展水平,努力打造畅通浙江。到"十二五"末,实现以下主要指标:

(1)大力构建港航服务体系。全省沿海港口货物吞吐能力达到10亿吨,宁波、舟山两大交易平台和七大货种物流交易网络基本成形。内河四级以上高等级航道里程达到1 500公里,七个主要内河港口成为区域性物流中心。全省机场旅客吞吐能力达到4 680万人次,货邮吞吐能力达到100万吨,辐射全国、联通世界的航空网络初步形成。浙江成为重要的综合性国际海空枢纽。

(2)大力构建综合路网体系。全省高速公路达到4 200公里,普通国省道达到9 000公里,农村公路总里程超过10万公里;国家公路客运枢纽站达到31个;科学养护和路政管理水平全面提高。建成覆盖全省、贯通省外、区域协调、城乡一体、运行高效的综合路网。

(3)大力构建现代物流体系。建成物流园区60个,占货运站场的比重达到55%;小件快运网络延伸到80%的行政村;交通物流公共信息平台争取成为覆盖全国的物流电子枢纽,基本完成全国30个服务器建设任务,联结30个国内主要物流信息系统;营运货车运力达到190万吨,船舶运力达到2 300万载重吨,公路甩挂运输拖挂比达到1∶1.5。物流业成为产业关联度高、集聚功能强的战略性支柱产业。

(4)大力提升公共服务能力。行政村班车通达率达到94.5%,城乡客运一体化率达到60%,城市公交分担率达到20%;高速公路优良路率达到98%以上,各收费站均设置ETC通道,普通国省道优良路率达到76%以上,一、二类桥梁比例高于95%;海岛、库区及农村涉渡地区群众的“出行难”问题基本解决。全省城乡交通公共服务基本实现均等化。

(5)大力提升行业管理能力。交通地方性立法覆盖率力争达到100%;交通建设和运输市场信用体系全面完善;干线公路超限运输率下降到4%以下;安全事故三项指标“零增长”;受监工程质量合格率达到100%,优良率达到85%以上;营运货车和内河、沿海船舶单位能耗分别下5%和8%、10%,港口企业单位能耗下降10%;与税费改革相适应的新型投融资体制基本建立,重点项目跟踪审计率100%。交通行业管理法制化、规范化程度走在全国前列。

(6)大力提升支持保障能力。“283”拔尖人才达到800人以上,专业技术人员占职工总数比例达25%,高技能人才总量增加25%;惩治和预防腐败体系全面完善,岗位廉政风险得到有效防控,“群众满意基层站所(服务窗口)”争取达到90%以上。国家骨干示范职业院校建成3家以上,交通科技创新基地基本建成,地方标准总量达到 80 个以上,科技进步贡献率达到 59%。建立一支勤政、廉政、善政的交通干部职工队伍。

3. 主要任务

“十二五”时期,浙江交通主要任务是实施“八项行动”。

(1)港口平台打造行动。加快完善集装箱和大宗散货运输体系,新建万吨级以上泊位 80 个,新增吞吐能力 3 亿吨。深化宁波—舟山港一体化,加快浙北和温台港口发展。大力发展港口物流和港航服务业,壮大省籍船队,积极建设大宗商品交易平台,打造东北亚重要的综合性国际枢纽港。以杭州机场为龙头,宁波、温州机场为骨干,加快主要机场的升级改造,扩大口岸开放,增辟航线,增加航班密度,积极发展支线航空和通用航空。

(2)内河航运复兴行动。按照“北提升、南畅通、东通海、西振兴”的要求,加快建设骨干航道,新改建高等级航道 300 公里(力争 400 公里)。优化内河港口布局,加快码头功能调整,加强专业化公用码头建设,拓展港口物流功能;大力推广标准化船型,积极发展内河集装箱运输,鼓励发展水上旅游运输。

(3)路网完善提升行动。以省际接口路、国高扩容路和重要疏港路为重点完善高速路网,新开工高速公路 1 000 公里(含拓宽改造 248 公里),确保建成 800 公里(力争 1 000 公里),新增省际接口 5 个。以瓶颈路和区域快速通道为重点加快干线公路建设,确保完成国省道新改建 1 500 公里(力争 2 000公里)。合理安排路面大中修,高速公路、普通国省道、农村公路分别实施 2 250 公里、5 300 公里、12 000 公里。建设 8 个综合性交通枢纽,主动与机场、港口、物流园区、铁路站场对接,建设高效便捷的集疏运网络。

(4)交通物流培育行动。加快交通物流公共信息平台建设和推广应用,进一步完善多方、多省、多层、多国的合作机制,拓展东北亚物流信息服务网络的功能和范围。加快物流园区和农村公共货运站场建设,大力培育物流龙头企业,鼓励经营流程改造、技术改造,打造物流业与制造业、商贸业及电信、金融、法律等产业合作平台。引进大型基地航空公司,新辟至中东、澳洲、美洲的国际航线,开通至欧美、非洲等地的全货机航线。进一步优化运力结构,积极发展多式联运、甩挂运输。

(5)城乡交通统筹行动。服务新型城市化和新农村建设,深化和推广嘉善经验,推动“建、管、养、运”一体化,以县城为核心,以中心镇、中心村为节点完善农村路网,新改建县乡公路 2 000 公里,建设农村联网公路 7 000 公里,有条件地改善通景公路、红色旅游公路。进一步提高农村客运通达率,鼓励客运班线改造,推进城乡客运一体化,建设 32 个县(市)级客运枢纽站、268 个乡镇集散型公路客运站和 1.2 万个港湾式停靠站。加快实施水上康庄工程,建成陆岛码头 89 个、撤渡建桥建路项目 45 个,完成渡埠改造项目 200 个,更新渡船 100 艘。支持城市公共交通优先发展,提倡健康的出行方式。

(6)生态交通建设行动。进一步开展生态公路、生态航道和生态港口建设,提高交通工程的土地、岸线资源集约利用水平,全面推行施工环境保护监理,控制建设和运营过程中废水、废气排放和粉尘、噪声污染。实行运输行业节能减排准入制度,禁止车船超标排放,推广使用新能源,鼓励废旧物资回收和循环利用。完善行业节能减排统计制度和监控体系,对能耗及主要污染物减排目标完成情况进行定期考核,严格执行问责制。

(7)安全质量强化行动。进一步落实管理部门的监管责任、企业的主体责任和从业者的自律责任。加强车船港站的安全智能管理系统建设,加快内河水上搜救体系和港口应急反应体系建设。继续加强公路危险路段整治,完善全省 1.5 万公里公路安全设施,加固改造 3 000 座病危桥梁。健全交通工程质量安全监督管理体系,争取 70% 以上县(市、区)设立专门监督机构。加强路政航政管理和交通设施日常养护,保持治超工作力度,高速公路和国省道标志标线设置率 100% 以上,农村公路指路体系基本完善,骨干航道通航保证率达 98% 以上。全面完善交通行业信用体系,进一步规范市场秩序,深化精品工程、标化工地、文明公路、文明航道等建设。

(8)人才科技保障行动。推进学习型组织建设,以中国特色社会主义理论武装全系统干部职工。加强勤政廉政善政建设,严格对权力运行的监督制约,强化廉洁意识和风险防范意识。加强专业技术人才队伍建设,支持交通职业教育发展。大力弘扬以"惠民、奉献、服务"为核心价值理念的交通精神,不断改进工作作风,切实提高服务质量和水平。抓好重大关键技术、共性技术的研发,加强科研成果转化、集成应用,加快交通信息化建设,建设以电子政务、市场监管、公众服务、应急保障为重点的信息化业务系统。

以上八项行动中,内河航运复兴行动、生态交通建设行动已经制订实施方案,其他六项行动也将分别制订实施方案,分解落实目标任务、责任主体和工作措施,定期检查考核。

三、2011 年浙江交通发展的重点工作和要求

2011 年是“十二五”开局之年,做好 2011 年的交通发展工作意义重大。重点抓好以下工作:

1. 以建设“三位一体”港航服务体系为抓手,加快港航事业发展

(1)建立健全“三位一体”港航服务体系建设工作机制。加强组织领导和工作机构建设,建立信息通报、目标考核等制度,促进上下联动、部门协调和政企合作。完善“三位一体”港航服务体系建设行动计划、港航投融资平台搭建方案和有关政策措施,并争取尽早组织实施。适时召开“三位一体”港航服务体系建设现场会,总结推广先进经验。

(2)推进港口平台建设。支持宁波、舟山建设大宗商品交易平台,鼓励港口企业建设物流交易园区,选择其中具有一定基础的项目进行试点。加快建设衢山鼠浪湖码头、武港矿石码头、六横煤电二期、独山煤炭中转码头等项目,确保建成 8 个万吨级以上深水泊位,配套建设条帚门、蛇移门航道和东霍山锚地。同时,积极筹办招商推介大会,引入国内外知名的港口开发、大宗商品物流和交易运营商。

(3)加快内河航运发展。积极推进京杭运河四改三、富春江大坝船闸改造工程、湖嘉申线嘉兴段二期、杭平申线、杭甬运河宁波段三期的前期工作,争取尽早开工;全面建设钱塘江中上游航运复兴工程衢州段、瓯江航道整治工程、长湖申线航道扩建工程、湖嘉申线嘉兴段一期等项目。加快内河港口发展,推进绍兴中心港作业区、长兴捷通物流公司码头扩建工程等项目建设。

(4)积极发展港航服务业。编制航运服务业发展规划、船舶交易市场布局规划、港口物流发展规划,加快建设港航服务集聚区、港口物流园区和港口物流信息系统;着力提升船舶交易市场,推动省内资源整合,建设全省统一的船舶交易信息平台,发布船舶交易价格指数,探索开展渔船、进口二手船交易,培育和规范船舶经纪人业务。进一步推进港口联盟建设,加快“无水港”布点建设,积极发展江(河)海联运、公铁联运。探索发展邮轮产业,支持发展水上旅游。继续做好对台海上直航,逐步实现常态化。

(5)继续实施水上康庄工程。建设陆岛码头 8 个,完成撤渡建桥建路项

目15个、渡埠改造项目20个,更新渡船20艘。

2. 以迎接全国干线公路检查为抓手,加强公路建设和养护

(1)毫不松懈地抓好“迎国检”工作。开展小修保养竞赛月活动、路政专项整治和省内预检,查漏补缺,保质保量完成迎检任务,力争取得较好名次。健全公路路况检测评价体系,推行系统化科学养护方式,促进养护生产由矫正型向预防型、粗放型向集约型转变。

(2)加快推进高速公路建设。确保建成台金高速东延段,力争建成绍诸高速公路、宁波绕城高速东段;继续抓好嘉绍通道、钱江通道、象山港大桥、绍诸高速、云景高速、龙庆高速、东永高速、杭长高速杭州至安城段、北仑穿山疏港高速等续建项目;积极推进甬台温高速公路复线、六横至穿山疏港公路、龙浦高速、临金高速、杭金衢高速拓宽、杭宁高速拓宽、杭州绕城高速西复线等项目的前期工作。

(3)全面加强干线公路建设。确保建成318国道长兴李家巷至界牌段、329国道朱家尖大桥扩建工程等列入省政府考核的10个项目计140公里;加快推进104国道路桥桐屿至温岭泽国段、15省道长乐至余杭段等28个续建项目计600公里;计划新开工104国道平阳过境段、77省道延伸龙湾至洞头疏港公路等20个项目计430公里;安排大中修370公里。

3. 以建设交通物流业试验先行区为抓手,加快运输业转型升级

(1)提升拓展物流信息平台。以数据交换平台、公共应用中心、免费通用软件为重点,进一步加快信息平台建设,加强与港口、铁路、民航等部门信息平台的对接;积极拓宽省际合作范围,加快部署建设数据交换服务器;扩大东北亚物流信息网络应用范围和覆盖范围,开展信息互联互通试点工作;与国家相关机构合作,联合推动物流信息化标准建设。

(2)扎实推进物流基地建设。实施物流站场建设推进和规范工程,重点推进5个部省共建物流园区建设,争取完成投资15亿元;继续加快其他省、市重点物流园区和配套集疏运设施建设,大力发展园区集装箱物流项目,积极推行“园区港区一卡通”;总结推广义乌国际物流园区、传化“公路港”等建设经验。

(3)加大龙头企业培育力度。建立龙头企业大项目交流合作机制,引导物流企业通过重组、合作、并购等方式做大做强,不断优化运力结构,提高集约化、规模化发展水平,增强企业核心竞争力和抗风险能力。继续推进12

个省龙头企业和22个市龙头企业的物流发展项目,争取完成投资20亿。积极开展甩挂运输试点,落实部相关政策与要求,探索多种甩挂运输模式。

(4)加快建设农村物流体系。引导农村各类物流资源整合,扶持专业化农村物流企业发展,加强城乡之间物流网络对接,加快建设农村公共货运配载站场。抓好20个在建农村货运站建设,新开工建设50个农村货运站。

4. 以推动空港经济发展为抓手,加强机场规划建设

(1)切实加强机场行业管理。建立全省机场计划、项目、统计、信息等管理体系,开展行业性调研,编制专项发展规划,起草行业发展政策和法规。

(2)加快推进机场改造升级。实施杭州、宁波、温州、台州、义乌等机场的9个改造升级项目,完成温州机场机务用房、台州机场改扩建项目,开工建设义乌机场国际航站楼项目,做好新建丽水机场、迁建衢州机场、改建嘉兴机场、扩建舟山机场的前期工作,进一步扩大机场吞吐能力。

(3)大力支持民航产业发展。加强与国家民航监管部门、空域管理部门和军方的沟通协调,争取提高空域资源利用率,帮助机场新辟国内外航线,改善道路集疏运和客运换乘条件,扩大机场辐射范围。积极发展空港物流,加快宁波空港物流园区二期建设,推进杭州空港物流园区建设前期工作。

5. 以深化和推广嘉善经验为抓手,统筹城乡交通发展

(1)深化和推广嘉善经验。在总结提升嘉善经验的基础上,推动各地贯彻落实《关于推进城乡交通统筹发展的指导意见》,积极实施城乡交通统筹行动,推进体制创新、管理创新,强化政策保障、安全保障和技术保障,提升城乡交通统筹发展水平。

(2)继续完善农村公路网络。实施县道新改建项目138个计1 718公里,建设农村联网公路1 000公里。进一步完善农村公路标志、标线,逐步健全农村公路指路体系。

(3)加快发展城乡客运。逐步破解二元管理体制和政策差异,加快推进对农村客运的公交化、公司化、区域化改造,推动农村客运班线统一经营、统一管理、统一发班、统一服务。借鉴国内外经验,研究制订缓解城市交通拥堵问题的整体方案,促使城市政府优先发展公共交通,加强城内外公路之间的规划对接。

(4)促进维修、驾培市场健康发展。加快建设长三角一体化维修救援网络和惠农快修网络,引导、扶持维修企业跨省市、连锁经营,打造品牌化的维

修服务体系。鼓励既有驾培机构的改造升级,引导城市驾培资源向农村延伸,开展驾驶员培训素质教育工程,提高驾培服务的质量。

6. 以建设生态交通为抓手,推动科技创新和应用

(1)扎实做好节能减排工作。深入实施生态交通建设行动,落实节能减排目标责任制,加大节能减排引导资金投入,建立健全以政府为主导、企业为主体、全行业共同参与的工作格局。严格贯彻能耗限值、污染物排放标准,限制不达标车辆、船舶进入市场,加快淘汰高耗能的设施和装备,鼓励公共交通优先使用新能源、双动力车辆。继续组织实施节能减排示范项目,积极推广成功技术和经验。完善交通固定资产投资项目节能评估与审查制度,大力开展废旧路面、施工废料、弃渣弃土、疏浚土等的循环利用,建立废油、废水、固体废弃物回收和集中无害处理体系。健全行业能源利用和污染物排放监测体系,加大监督考核力度。

(2)着力加强科技研发应用。完善科技管理工作机制,进一步提高科技项目管理水平。瞄准世界科技发展前沿,重点开展桥梁结构、物流工程、养护技术、信息化等课题研究;培育科技成果推广中介服务机构,加大技术成果推广应用力度,全面完成科研项目70个,推广应用新成果80项,编制地方标准10项;加快交通科技创新基地建设,深化与部科研院所的战略合作,尽快启动重点实验室(场)建设,筹建省交通物流研究院。

(3)加快交通信息化建设。以基础设施建设运营、公众服务、现代物流、应急管理等领域为重点,加强基础数据库和业务系统的开发应用,强化数据共享利用和系统互联互通。做好部三个示范试点工程(综合运输、现代物流、城市客运)的前期研究和准备工作。加强交通行业物联网应用的研究,充分利用3G、无线射频、卫星定位、云计算等先进信息技术,加快建设车载视频安全监管、交通工程远程监控、船舶综合监督管理等信息系统。推进高速公路不停车收费二期系统建设,并实现与长三角周边省(市)联网运行。

7. 以建设“平安交通”为抓手,提升行业管理水平

(1)完善安全生产工作机制。根据交通运输部统一部署,开展为期三年的交通运输安全生产和应急“双基”建设活动,进一步落实安全生产责任,夯实安全生产基础。推进县级交通工程安全质量监督机构建设,努力落实编制、经费。着力推广应用安全生产管理信息系统,实现省、市、县至重点企业的系统联网和正式运行,加快水上应急指挥中心建设。继续实施公路安保

工程,完善临水临崖公路安保设施2 000公里,加固改造病危桥梁360座,完成100个省级认定事故多发点段治理。

(2)提高应急处置救援能力。健全完善各类应急预案,组织开展应急演练,落实预案责任和防范措施。加强交通应急管理和救援指挥机构建设,重点抓好应急指挥系统、物资和装备管理、抢险队伍、运输保障等关键环节的工作落实,提高防范处置突发事件的能力和现场救援的效果。加强车站、港口、机场的安保工作。做好行业不稳定因素排查化解工作,加强监测预警,将矛盾化解在基层和萌芽阶段。

(3)加强交通依法行政工作。努力推动《浙江省道路运输管理条例(修订)》、《浙江交通工程质量监督管理办法》、《浙江省公路超限运输管理办法》的立法步伐,进一步提高立法质量。注重交通行政执法的基础和基层建设,全面推进规范行政处罚自由裁量权工作,完善行政执法和效能评议考核、行政执法案卷评查办法等制度,探索建立个案调查督办、重大典型案件通报等措施。

(4)推进财务管理体制改革。按照《浙江省交通资金管理暂行办法》,清理整合专项资金,进一步完善省级补助政策,加快资金拨付效率。继续适当下沉财力,将替代养路费地方超收分成部分、基本支出、农村公路大中修切块给地方,督促地方配套资金落实。加强财务预算与建设计划的对接,探索建立预算安排与资金绩效和预算执行挂钩、预算执行进度实时台账和通报制度,进一步提高预算执行效率和资金使用效益。进一步加强交通债务管理,做好国库资金消化存量交通债务工作,严格控制新增债务,抓紧建立新的公路、港航融资平台,实行多渠道融资,努力降低资金成本。

(5)加强行业市场秩序监管。进一步完善交通建设和运输信用管理体系,改进信用评价方法,加强日常动态监管和考核奖惩,继续推动对建设单位的信用考核。积极探索新的建设管理模式,开展设计施工总承包、路面设计施工养护总承包等试点。加强设计督查、概算审查、造价控制等工作,进一步规范分包、转包行为,防止拖欠工程款、民工工资现象发生。积极开展道路运输市场整治活动,重点打击非法营运行为;规范旅游客运市场秩序,抓紧制定行业规范和服务质量标准;完善出租车经营权配置机制,合理确定和调整出租车运力规模,继续推进出租车行业文明创建工作;强化水路运输市场的动态监管,开展水路运输预警工作,完善航运企业准入和退出机制。

8. 以弘扬交通文化为抓手，加强行业队伍建设

（1）加强政治思想建设。围绕迎接建党 90 周年，深化开展创先争优活动，深入推进学习型、服务型机关建设，组织开展“讲大局、鼓干劲、守纪律、正作风”主题教育活动，进一步增强干部职工的理想信念和政治素质。

（2）加强反腐倡廉建设。深化岗位廉政风险的防控机制建设，进一步完善惩防体系；加强《廉政准则》和《关于领导干部报告个人有关事项的规定》的宣传教育，促进党员干部进一步增强廉洁意识；继续抓好工程建设领域突出问题的专项治理，从严查办各类案件；深入推进行业纠风工作，提升机关效能，多为基层和群众解难题、办实事。

（3）加强干部队伍建设。提高领导班子凝聚力、战斗力，推进干部工作民主化，创新干部选拔任用方法，营造选贤任能、风清气正的用人环境。组织实施好新一轮干部培训，抓好“151”、“283”等高层次拔尖人才培养，加强专业技术人才和高技能人才队伍建设，做好职业资格考试、鉴定和职称评审管理工作，完善人力资源管理系统。

（4）加强交通职业教育。面向社会，以特色创新与质量提高为核心，创新办学体制机制，加强品牌建设和教学改革，进一步改善教学条件，优化专业结构，提升师资水平。支持扩大校际合作、校企合作、国际合作，加强航海、国际航运、交通公共安全管理等急需专业建设。

（5）加强行业文明创建。召开全省交通行业精神文明建设工作会议，深入推进文明公路、文明航道等创建工作，建立交通文化建设长效机制，打造行业文化品牌，发掘和宣传行业先进典型。要把创建高速公路文明服务区作为今年行业文明的重点，联合其他部门，出台标准，制订方案，切实督促各高速公路业主提高服务区的服务质量和水平。

“十二五”和 2011 年交通发展任务光荣而艰巨，各级交通部门必须切实加强领导，凝心聚力，狠抓落实，确保各项任务的顺利完成。一是要服务大局，当好参谋，积极争取党委、政府的关心支持。交通工作关系经济社会发展全局，应当融入党委、政府的中心工作，调动各方面的力量。各级交通部门要以编制“十二五”交通发展规划为契机，拓宽视野，服务大局，主动做好与经济社会发展总体规划、主体功能区规划、区域规划及各类专项规划之间的衔接，特别要把主要通道、枢纽布局与城乡布局、产业集聚区布局对接。发展思路初步理清后，要尽早主动向党委、政府汇报，修改完善后争取上升

为党委、政府的战略,重点任务和责任要逐年分解落实。同时稳步推进市县交通大部门制改革,加强综合交通管理体制、政策、法规建设。二是要振奋精神,增强信心,大力弘扬求真务实之风。面对时代赋予的艰巨任务,更需要我们树立必胜的信心,以顽强的意志和优良的作风,全身心地投入到工作中去。要大力弘扬求真务实之风,深入开展调查研究,更新观念,创新思路,采取切实有效的措施解决发展中遇到的新问题、新矛盾。对于转型发展中的共性问题,鼓励探索创新,先行先试,善于从体制上、机制上解决,上级业务部门要加强指导和帮助。领导干部要发挥表率作用,既要挂帅又要出征,多到一线、多到基层,带头研究问题、解决问题。同时,要建立健全狠抓落实的工作机制,严格执行责任制度、督查制度、考核制度,做到每项工作有部署、有检查、有督促、有奖惩。三是要凝聚力量,营造氛围,充分调动各方面积极性。交通是全党、全社会的事业,要把交通工作从部门行为上升到政府行为,从行业行为转变为社会行为,在党委、政府领导下,调动各方面积极性,形成推进交通发展的强大合力。要加强与兄弟部门的沟通协调,商量办事,争取理解和支持,共同破解交通发展中遇到的难点问题。要积极争取金融机构的支持,拓宽投融资渠道,为交通发展提供充实的资金保障。要充分发挥新闻宣传的舆论引导作用,健全宣传工作网络,加强宣传主题策划,提升宣传层次和质量,积极争取媒体的支持,妥善应对突发性新闻事件,大力宣传交通发展成就、先进典型,营造鼓劲向上的舆论氛围。

“十二五”宏伟蓝图已经绘就,2011 年的目标任务也已明确,关键在于抓好落实。在省委、省政府和交通运输部的正确领导下,团结务实,开拓创新,加快转变发展方式,争取实现适度超前,全力开创浙江交通科学发展的新局面,以优异成绩迎接中国共产党成立 90 周年!

实践探索篇

大力发展交通职业教育
为浙江交通发展提供坚实的人才保障

(2007年1月5日)

这些年来,在各有关部门的支持和交通各级领导的重视下,经过全省各交通院校广大教职员工和各单位教育工作者的辛勤耕耘、无私奉献,我省的交通教育事业有了长足的进步。据统计,到2005年底全省共有各类院校24所,在校生规模达到3万余名。"十五"期间,输送的全日制毕业生达到了2.5万名,组织岗位培训30万余人次,为交通发展做出了突出贡献。各市交通局(委)和厅管厅属单位的领导、全省二十多所学校的领导聚集一起共同商讨交通教育工作,这在我省的交通史上还是第一次。这充分说明我们对交通职业教育的高度重视,也充分展示了交通职业教育事业的兴旺发达,同时也预示着未来我们必将走向新的辉煌。

浙江省交通教育研究会成立,这是我省交通职业教育发展的一件大事,也是我省交通事业发展的一件喜事。研究会的成立,将为各交通职业院校提供有效的合作平台,也为院校与交通企事业单位提供一个很好的交流渠道。借此机会,我对交通职业教育谈些想法。

一、转变观念,努力实现交通院校的跨越式发展

交通各级各类院校是交通人才培养的摇篮,要按照科学发展观和构建和谐社会的要求,以交通行业人力资源开发和从业人员能力建设为核心,转变观念、理清思路、不辱使命,努力履行好交通事业赋予我们的神圣职责,努力实现学校的跨越式发展。

第一,牢固树立品牌意识。院校的品牌非常重要。我到厅工作的两个多月时间里先后到了厅属几个院校,一直强调学生是学校向社会提供的特殊"产品",学校的"产品"能不能得到社会的认可,很大程度上就看有没有

好的品牌。有好的品牌,学生的就业机会、就业岗位就多。院校的品牌来自于鲜明的办学特色和过硬的办学质量、良好的社会形象。要按“人无我有”、“人有我优”、“人优我高”或者是“人优我特”的要求,突出特色教育,打造特色专业,在省内乃至全国树立品牌;要有强烈的质量立校观念,以向行业、向社会输出高质量的技能型人才为出发点和最终目标;要宣传学校悠久的办学历史、良好的办学条件、高水平的师资力量、高素质的毕业学生,打造社会形象,提高竞争能力。

第二,牢固树立市场意识。职业教育具有产业化属性,这一点是无需怀疑的。我们的办学必须坚持以就业为导向、以满足行业需求为前提,科学设置课程体系、调整教学内容;要积极探索工学结合、校企合作的模式,开展订单式培训,实现技能和岗位的有效的对接;要改革以课堂为中心的传统培养模式,探索以能力为本的教育模式,加强实习和实践,把知识、技能、能力、素质等各方面教育有机地结合起来,提高毕业生的就业能力。

毕业生的就业能力分两种,一种是被动就业能力,一种是主动就业能力。我们的学生不仅需要第一种能力,即到了工作单位以后能拿得起来、把分配的工作做好,更需要有第二种能力,能主动就业。主动的就业能力包括两个方面,一是主动寻找岗位;二是自己创造岗位,凭自己的能力生存和发展。现在这类学生总体上还比较少,学校在学生培养中必须重视这方面内容。

与此同时,在就业市场供大于求的情况下,要有人专门研究市场。我曾在几个学校强调,学校要研究所开办的专业在就业市场中的地位、供求情况、发展前景。交通类学校特色专业比较多,如航海、汽车驾驶和维修等等,随汽车行业的发展、海洋经济的发展,空间都相当大,具有良好的市场前景。要强化这些特色专业,这是学校树立市场意识的重要体现。

此外,要探索面向市场办学的新路子,为行业提供教育培训及相关服务,兴办校办产业,增强筹资能力。

第三,牢固树立“跳出学校发展学校”的意识。跳出学校发展学校,跳出学校培养人才,这是我们办学当中很重要的一个基本理念。要积极争取各级交通主管部门和教育、劳动、民政等部门的支持,创造良好的外部环境;要加强与行业、企业的合作,使学校成为企事业单位人力资源的开发基地、供应基地和培训基地,使大企业成为吸纳毕业生的主要场所;要全面提升对外合作的层次和规模,主动利用国内外、省内外以及行业内外的教学资源,形成开放的交通教育体系。

跳出学校发展学校,必须注重产学研结合。产学研结合一直是教育的重大课题,特别是职业教育的重大课题。各学校如何与企业、与其他院校、与省内外其他优势专业合作,甚至与国外合作,需要各位校长去思考、去创新。我到交通技师学院调研时曾说,学院有良好的办学基础,特别是汽车驾驶和维修,而国外一些国家如德国的汽车工业发达,应加强合作、加强联系。我们很多人有机会出国,要带份工作去、带份想法去,省厅将大力支持你们的对外合作。成立交通教育研究会,就是为你们创造平台。

前面谈了三个方面的大的思路。在明确以上思路的前提下,要抓好三个环节,练好内功,推进学校实现跨越式发展。

一是推进学生素质的跨越。职业教育的人才培养目标应定位在培养德、智、体、美、劳全面发展,能胜任不同岗位,具有一定的知识结构和技术结构,具有良好的职业素质和职业发展能力的高素质劳动者和技能型、应用型人才。为此,要坚持职业能力培养与职业道德培养相结合、学技能与学做人相结合,在重视技能教育中,重视学生思想素质和职业道德教育,重视学生社会生存能力和职业发展能力的培养,将学生的素质由职业技能扩展到综合素质、由简单地满足岗位需求发展到适应社会的需求。

素质教育是一个很综合的内容。随当前生源情况变化,素质教育要兼顾两个特点。一个是共性特点,即大部分学生是独生子女;还有一个是职业教育所特有的,即作为未来应用型、技能型人才,必须特别强化吃苦精神、合作精神、团队精神和动手能力培养。教育研究会要加强这一工作,可以作为一个专题开展研究,这是一个关乎民族兴亡的大问题。有的学生连衣服都不愿洗,这类学生毕业以后很难说能成就大事。作为以培养劳动技能为主的职业学校,这种情况不能出现,学校要作一些规定、立一些规矩。

二是推进师资力量的跨越。高质量的人才,来源于高质量的教育,高质量的教育取决于高素质的教师队伍。教师的素质会对学生产生巨大作用,甚至会影响学生一辈子。因此师资力量的跨越首先是教师素质的跨越。平时我们常说“为人师表”、“一日为师,终身为父”,这说明教师地位的崇高,也说明教师素质的重要。我们不仅要重视学生的素质教育,也重视教师素质的培养。

师资力量的跨越还要通过吸引外来教师、特别是“双师型”教师、通过调整教师队伍的结构来实现。今年的全国交通工作会议强调“三个服务”,涉及交通发展理念、思路、举措、政策法规等的一系列调整,职业教育必须据此做出调整,教师队伍结构、专业知识结构也需相应调整。当然,在注重引进和调整的同时还要充分调动现有教师队伍的积极性,把现有的潜能发挥好。

三是推进校园环境的跨越。校园环境是学校在教育过程中创造和形成的精神财富、文化氛围以及物质形态的总和。校园环境以它特有的形象向学生潜在地灌输着某种思想、规范和价值标准,所以它不仅是学生学习文化的场所,更是育人的重要阵地。

校园环境包括两个方面,一个是硬环境,一个是文化环境。在硬环境方面,我们要按"美化、适用、量力而行"的原则进行建设。这里要特别强调"量力而行",因为教育经费目前还难以完全保证,交通系统虽然每年安排一定的教育资金,在培养行业所需人才的同时也承担了一定的社会责任,但还远远不能满足学校的需求,缺口还很大,所以要量力而行、适可而止。此外,在硬环境建设中要注重校园原有建筑的保护,可以维修的老教学楼、老房子,在与大的规划不相矛盾的前提下,不能简单地一拆了事,因为一方面,老建筑能维系、加深校友的感情,校友对母校的怀念有时是在怀念那幢曾经学习、生活过的教学楼、宿舍楼;另一方面老建筑能展示学校的深厚底蕴,所以能不拆的尽量不要拆。国外一些名校并没有高楼大厦,但一走进上百年的老教学楼、老图书馆时,自然就让人感受到厚重的学术、文化气息。

在文化环境方面,要围绕学生素质、教师素质、办学特色、学校品牌几个方面予以特别的重视和强化,要努力保证学校有健康向上的人文环境、良好的学习氛围,培养学生正确的人生观、世界观、价值观和高尚的审美情趣。

二、奋发有为,发挥好交通教育研究会的作用

浙江省交通教育研究会是我省交通院校、行业管理部门、企事业单位和关心交通教育的人士自愿组成的社会团体。研究会是一个新生事物,如何开展工作,需要不断地学习、探索和实践。

(一)明确职责,正确定位

一是发挥好政府部门的咨询和参谋作用。研究会的工作是政府部门管理职能的延伸。政府部门对院校的管理和服务,需要研究会提供协助和支持。因此研究会要开展好行业调查和预测,信息发布,学校科研的组织和协调,有关规范标准和制度的研究制定包括行业的自律与行业文明建设活动

组织等,扮演好咨询和参谋的角色。同时借助研究会这个平台,发挥好省属院校对各市属学校的引领、示范功能,加强校际合作,协调各学校的教育资源,形成优势互补的交通教育格局,促进资源有效配置。还要发挥好纽带作用,创造条件使学校走出去。

二是对各院校实施指导。作为各院校共同组成的社会团体,研究会要定期不定期地组织经验交流,指导做好精品专业与精品课程建设、教研与教学成果推广、教学设备研发、品牌与特色的强化、德育与素质教育研讨、校园人文环境建设等工作,为院校发展提供服务。

三是促进交通企事业单位与交通院校的双向协作。除了院校,企事业单位是研究会的重要部分。要创造条件加强合作,为订单式培训、教师实践和学生实习基地建设、学生就业提供帮助。

(二)开拓创新,奋发有为

一是提高服务能力。提高服务能力是体现研究会地位和作用的关键。要树立独立自主、积极进取的理念,增强为院校、为行业服务的主动性和针对性,提高服务效率和质量。

二是提高协调能力。研究会既是交通职业教育行业的代言人,又是政府管理的参谋助手,要多方听取意见、善于提出科学决策、代表广泛利益、解决各种分歧,发挥好政府、院校、行业之间的桥梁和纽带作用,成为交通教育发展的和谐力量。

三是提高创新能力。创新对研究会这一新生事物来说尤其重要。目前行业协会很多,我以前曾参与土地管理协会的工作,也曾对全省行业协会的组织、规范进行过调研,发现不少协会还有政府管理的痕迹。我们的研究会一定要有新意,既要当好政府的参谋助手,同时作为一个服务性、自立性的机构,又要善于发现行业需求,寻找工作切入点,丰富工作内涵,开拓业务领域,多开展一些具有自身特色,符合院校、符合行业需求的活动。此外,要通过创新工作方法、工作思路,开展诚信合法的服务,拓宽经费来源,增加有效积累,为研究会发展壮大创造坚实的物质基础。

三、深化认识,加强对交通职业教育的领导

发展教育,是我们共同的愿望、共同的期待,也是共同的责任。交通各级主管部门必须深化认识,加强对教育的领导,切实将交通事业的发展转移

到依靠劳动者素质提高的轨道上来。

第一，坚持“科教兴交”战略。党的十六大工作报告指出：“教育是发展科学技术和培养人才的基础，在现代化建设中具有先导性、全局性作用，必须摆在优先发展的战略地位。”省政府专门召开了全省职业教育工作会议，对职业教育做出了重要部署。我们要从讲政治的高度，贯彻好中央和省委、省政府的精神，这是一个方面。另一方面，当前和未来一个时期，是浙江交通推进现代化建设的重要历史时期。实现现代化建设目标，不仅需要大批技术专家和创新人才，同时也需要大批高素质的劳动者和技能型人才；不仅依赖资金的投入，更依赖从业人员高水准的专业技能和良好的职业素养。大力加强交通职业教育，持续提升从业队伍素质，是我省交通实现现代化建设目标的基本保证。

各级交通主管部门一定要树立一种意识，即交通教育是交通工作的有机组成部分。举两个简单例子，国外的高速公路质量相对较好，我们的高速公路却经常在维修，原因尽管有很多，但其中之一就是施工过程中高素质技术工人的缺乏；德国拥有众多的世界名牌汽车，这是与其职业教育的发达分不开的。交通行业面临的“三个服务”，需要交通教育培养大批人才去完成。所以交通教育是交通工作的有机组成部分、发展交通教育是各级交通行政部门的重要职责。

第二，为交通职业教育提供强有力的领导和支持。在明确认识的基础上，要站在战略的高度，把交通职业教育纳入交通现代化建设的整体规划，确定“政策引导、分工负责、分级管理、分类指导”的总体思路，明确职责、责任到位，办好现有的省属和市属职业院校、职业培训机构，切实保障其办学条件；要制定并落实教育改革与发展的新举措，组织和指导各院校扩大办学规模、强化办学特色、树立办学品牌、提高办学质量；要认识到教育的投入投多少都不会过分，加大资金投入力度，统筹谋划，整合、发展教育的有形资源和无形资源，创造出新的教育生产力；要规范学校的办学行为，并维护好学校、教师和学生的合法权益。

当前我省交通事业快速发展、现代化进程快速推进。各级交通主管部门和各院校必须履行好应尽的职责，最大限度地加快人才培养步伐，满足交通事业的人才需求。交通教育研究会要以服务求支持，以贡献求发展，真正成为有作为、有地位、有威望的社团组织，为推进我省交通职业教育的又好又快发展、为浙江交通现代化的早日实现做出应有的贡献！

建立资源节约环境
友好型行业发展的长效机制

(2007 年 10 月 25 日)

长期以来,在省委、省政府和交通部、国家环保总局的高度重视下,在省级的发改、环保、国土、水利、农业、城建等兄弟部门始终给予大力支持下,我省的交通事业得到了长足的发展。按照科学发展观的要求,认真交流"九五"以来我省交通行业的环保和资源节约工作经验,分析形势,提高认识,研究部署交通环保和资源节约工作,并探索建立环境友好型、资源节约型行业建设的长效机制,积极推进浙江交通事业又好又快发展。

一、"九五"以来全省交通环保和资源节约工作

"九五"以来,我省的交通环保和资源节约取得了明显成绩。环境保护和资源节约工作是功在当代、利在千秋、造福人类的崇高事业,也是社会各界和各行各业的共同责任。省交通厅这些年来十分重视交通发展过程中的环境保护和资源节约工作,认真贯彻落实中央和省委省政府的有关方针政策,在全省交通行业中大力倡导可持续发展理念,通过科学的决策和有效的管理,在公路、水路交通快速发展的同时,不断加强环境保护和资源节约工作,努力打造环境友好型、资源节约型行业,为建设"生态省"和构建社会主义和谐社会作出了积极的贡献。

近年来,我省的交通事业蓬勃发展,截至 2006 年底,全省公路总里程达 95 310 公里,公路密度为 93.6 公里/百平方公里,居全国第 11 位,其中高速公路2 383公里,居全国第 5 位,国省道干线公路 6 867 公里,农村公路 86 060 公里(含县道 23 755 公里),等级公路通乡率 100%、通村率 90.23%,通村公路路面硬化率 80.76%。沿海港口也得到了迅速发展,泊位总数达 1 075 个,其中万吨级以上泊位 98 个,2006 年沿海港口共完成货物吞吐量

5.1亿吨,居全国第2位,集装箱吞吐量755万标箱,居全国第4位;内河通航总里程9 652公里,居全国第5位。2006年,公路完成客运量16.5亿人次、货运量8.9亿吨,均居全国第3位,水路完成客运量0.3亿人、货运量4.8亿吨,分别居全国第2位、第1位,公路、水路占综合交通客运量的96.3%、货运量的97.7%。交通基础设施条件的改善和运输保障能力的增强,为我省经济社会发展和人民生活水平提高提供了强有力的支持和保障。但是,在这个过程中,我们深刻地感受到资源利用矛盾、生态环境影响和环境污染问题也日益凸显。为此,我们努力加强交通行业环保和资源节约工作,正确处理交通发展与环境保护、资源节约之间的关系,积极探索环境友好、资源节约的行业发展之路。今年年初工作目标中提出的"五个加强",其中一个加强就是环境友好、资源节约方面的。回顾来看,主要采取了以下措施:

(一)加强领导,完善制度

一是建立机构。1996年10月,我厅成立交通行业环境保护工作领导小组,结合交通行业环境保护管理需要,调整充实了领导小组。2007年7月将环境保护工作领导小组更名为交通行业生态省建设领导小组,由我任组长,各市交通局(委)也都相应成立了领导小组。

二是落实责任。2003年我省开展生态省建设以来,我厅非常重视,将生态省建设工作任务书分解落实到各部门和各级交通主管部门,并进行年度考核,把交通行业的环境保护工作推上了新高度。中央实行宏观调控以来,我们针对交通建设用地紧张的状况,逐个项目、逐个环节地加强审查,减少不必要的土地征用,用好宝贵的项目土地指标,前段时间厅里还专门成立了重大项目前期工作办公室,抽调了17名工作人员,由厅里的副巡视员担任办公室主任,进一步加强此项工作。

三是规范管理。为了加强我省交通行业环境保护管理工作,我厅出台了《浙江省交通行业环境保护管理办法》,下发了公路建设项目水土保持工作有关规定,明确了环保、水保方案的申报程序和管理职责,加强和规范环保工作。同时,严格执行交通建设项目环境保护"三同时"制度。我省从"七五"期的老塘山码头水运项目和"八五"期的杭甬高速公路项目开展环境影响评价开始,凡交通建设中较大项目都按国家和省有关规定执行环境保护"三同时"制度,并将环保设施费用纳入到工程设计概算中。至今,我厅和浙江省环境保护科学研究院等有关部门共组织省管交通建设项目环境影响评价达数百项。对未经批准的环评项目,不批初步设计;对环境保护设施验收不合格的或未全部实施到位的,不进行主体工程验收。为落实“三同时”制度,我厅积极开展工程施工环境保护监理,受交通部质监总站的委托,我厅组织编写了全国公路工程监理培训教材《公路施工环境保护监理》,2006 年 3 月由人民交通出版社出版发行。该教材作为交通部公路工程监理培训教材的组成部分,用于全国公路工程监理工程师的业务培训。并且,我们在全国率先启动了公路工程施工环境保护监理培训工作。

(二)优化设计,强化措施

一是在工程设计、施工中贯彻环保理念。设计中,做好土石方平衡,减少土地占用,保护耕地;合理设置通道,尽可能减少高填深挖;使用隧道代替深挖路堑,以减小挖方对生态环境的破坏,对深路堑边坡的防护,针对不同的岩体破碎程序研究制定不同的并与周围环境相协调的防护措施,能绿化的尽量绿化,不能绿化的也要做到美观整齐;对于填方边坡,基本都植草防护;对于弃方,力求做到堆置稳固,不流失,植草种树作为沿路公园,可与造田、造地、河道堤防建设相结合;对不能避免车辆噪声的敏感点,设置隔声屏障、加高居民围墙和种植绿化带等措施,降低噪声对群众的影响;在隧道口与居民点之间植树绿化,减少废气对居民的影响;设计选线时尽量避开城镇村庄等人群集中点和环境敏感点,尽量少占用良田和破坏植被等。施工中,控制扬尘和钻渣污染,对易产生扬尘的砂石料,进行遮盖或适当洒水,淘汰落后工艺,降低粉尘排放,生产、生活区道路定期洒水降尘;混凝土水上拌和站的废水,集中装运至岸上基地,经沉砂处理后排放;钻孔废弃泥浆不直接向水体排放,采取用泥浆船运输至指定位置,等等。

二是加大环保资金投入。近年来我省已建成的高速公路实际环保投资占工程投资的2% ~6% 左右,对照交通部交通环保投资保障能力要求环保费用占投资的0.5% ~1% ,污染严重项目占 3% ~4% ,特别是 2006 年建成通车的项目,考虑环保因素,实际因环保原因增加投资占总投资的 10% 以上。

三是积极开展公路、航道绿化。1998 年我厅提出了“311 交通绿化计划”(在 3 年内,绿化 1 000 公里国省道和 100 公里航道),编制《浙江省公路绿化设计标准》,同时制订《浙江省公路绿化管理办法》和《浙江省公路绿化管理办法实施细则》。据统计,自 1998 年至 2000 年,三年“311 交通绿化计划”实施期间全省共完成公路绿化投资3亿多元,绿化公路里程达4 538公里,使全省国省道干线公路绿化率达到100%,县乡公路绿化率达到85%以上。2001年又投资近2.4亿元,建成公路绿色通道640公里,高速公路150公里,国省道490公里,其中有180公里公路绿化比国务院提出的标准还要高。2003年至2006年,全省累计完成公路绿色通道15 170公里(其中高速公路960公里,国道1 073公里,省道2 790公里,县乡道10 347公里),工程总投资超过11个亿(省补资金2.3亿),公路绿色通道工程五年目标任务提前一年圆满完成。

四是建设典型示范工程。今天上午参观的黄山至衢州高速公路(浙江段)列为我省第一个勘察设计典型示范和创精品的试点工程,2006年被列为交通部作为实践“安全、环保、舒适、和谐”勘察设计新理念的典型示范工程,提出了对生态环境“最小程度的破坏,最大限度的保护,最强力度的恢复”的建设原则,贯彻了“安全、舒适、环保、示范”的建设方针。

湖嘉申航道(湖州段)是航道建设中的典型示范工程,积极探索建设生态型护岸,对于部分原始生态较好的河段,只在坡脚进行抛石处理,在抛石以外3米范围内种植成片芦苇,既可以阻挡部分船形波,又为水鸟、鱼虾的栖息、产卵提供了绝佳的环境,充分体现护岸的亲水性和亲物性。

(三)尽力节约交通建设用地

一是科学规划,合理选线。在选择线位时坚持尽量少占耕地,充分利用山地、荒坡地、荒滩地等非耕地。我省“两龙”高速公路按原先规划先实施一级公路,在远期2020年前实施高速公路,为节约土地,2003年底厅党组决定把在建的“龙丽龙”一级公路改造成为高速公路,并得到了省政府的肯定,经测算,这一建设规划调整后节约2万亩以上土地。杭徽高速公路余杭区段开辟新线建设高速公路的方案改为在02省道路基上架设12.5公里的高架桥方案,这一方案虽然工程投资增加约1.2亿元,但减少征用土地约1 500亩。同样,在黄衢南高速公路安徽桃林至开化横枝段也因优化平面线形,减少用地150多亩。

二是精心设计,科学施工。灵活运用技术标准,包括路面宽度,减少护坡道宽度,改变边沟型式,减少边沟(截水沟)外用地等,其中通过减少护坡道宽度,改变边沟型式,减少边沟(截水沟)外用地这样每公里即可节约土地约9亩。在桥梁、隧道方案与路基工程造价相当或增加有限的情况下,我们一般采用桥梁、隧道方案,以减少土地占用。对于隧道方案,也越来越多地采用小间距隧道或连拱隧道,以节省一定的土地。从严控制附属设施规模,收费站采用一站多点式,1 个收费点比 1 个收费站可节省土地 4.5 亩以上,在近阶段通车的台缙东段、两龙高速等均采用了这种形式。在施工中,按规定取土、弃土,不乱占和破坏耕地,临时占用的完工后及时恢复,有的项目还将取、弃土和沿线土地整理结合,有计划地安排一些能进行造田的小荒山,用于公路建设借土方,在借方后再利用公路已占用耕地的耕作层弃土造田。

(四)大力开展节能减排工作

积极促进运输结构调整,促进传统货运业向现代物流业转变,提高运输效率,研究推广道路运输行业节能新技术,全面推进驾培模拟器的推广应用和汽车空调制冷剂 CFC—12 的回收再利用,扶持引导全承载式客车的推广应用。仅推广驾培模拟器一项,预计一年可节省汽油 2 500 万升,既减少汽车尾气排放,又可节约学驾人员和驾培企业的开支。出台经济引导政策,推进内河标准船型的推广和挂桨机船的"落舱"改造工作,基本消除挂桨机船对水体的污染及对周围环境的噪声污染。通过内河营运船舶防污设备的配备、落舱机船舶的油水分离器和污水处理装置的安装及船舶垃圾存储容器的配备,有效防止船舶对水体的污染。在钱塘江、太湖等内河流域建立了船舶污染防治规章制度。

同时,以科技创新为依托,积极利用沥青再生等"四新"技术。湖州市在 318 国道路面整治南浔穿镇路段单幅 1.2 公里成功实施了老路面沥青混凝土现场冷再生工艺。嘉兴市在 320 国道、01 省道计 16 公里采用水泥基层再生利用、泡沫沥青冷再生技术,并把以往的就地泡沫沥青冷再生改为泡沫沥青厂拌冷再生,使原本废弃的混合料得到了循环再利用,节约了沥青、建材资源,避免了废料处理对环境的污染。东阳市西郭线杨树唐下段农村公路大仰路段全长 3.5km,采用冷再生技术,利用了废旧沥青,成本节约 30%。

二、今后一个时期交通行业环保与资源节约工作的总体思路和主要工作

今后一个时期是我省全面建设小康社会和提前基本实现现代化的关键时期,这一时期的交通环境保护和资源节约工作面临着新的机遇和挑战。

十七大后,我们深感任重道远。一方面,顺应经济社会发展的需要,交通基础设施建设仍将保持较大规模,社会运输总量也会不断增长。浙江省的经济虽然走在全国前列,但与发达地区、国家相比,我省经济的总量还较小,经济发展的水平还处于中等。根据"十一五"公路水运交通规划,我们的重点首先是加强港航强省建设。以浙江的沿海资源、海洋资源作为下一步结构调整、产业提升、增强浙江综合竞争力的一个重大举措,要以水带陆,完善全省的集散运体系。二是加快公路的网络化水平。要将全省城乡公路的整体水平发挥出来,把省内高速公路做好还是第一步,关键要将省内的市场优势发挥出来,要利用两种资源、两个市场,就是要把周边省、市高速公路接轨起来,到 2010 年我们还有 4 个省外接口,省内 6 条断头路联网,还有 11 段省内区域不协调、发展不平衡的路要进行新建、改建和扩建,加起来高速公路还有 1 300 公里,建设任务很重。当然,还有国省道和农村公路,农村公路的建设任务仍然很艰巨。三是加强交通服务业的发展,特别是要加强运输产业结构的调整,真正将交通部李部长讲的"三个服务"体现在"十一五"工作中。另一方面,环境、资源压力将日趋沉重,国家对交通建设和运输的环保和资源节约要求将越来越高。十七大提出又好又快发展,作为交通部门来讲,下一步抓什么,如何抓,如何推进全省交通事业又好又快发展,这是我们今后深入学习十七大文件的一个重大课题,今天我们能够和省国土、环保部门联合召开会议,还是刚刚开了个头。交通要实现又好又快发展,首先是要实现和谐发展,生态发展,要转变交通发展方式,统筹交通与环境、资源工作,建设环境友好型和资源节约型行业,以最低的环境代价、最少的资源消耗实现最有效益的交通发展。

今后一个时期,交通行业环保和资源节约工作的总体思路:以科学发展观为指导,牢固树立生态文明观念,将环境保护和资源节约要求自觉融入交通各项工作,以科学规划为龙头,以加强管理为手段,以科技创新为动力,提高交通运输设施的综合效益,减少对环境的影响程度,合理高效利用资源,全力打造生态型交通。交通建设与资源节约、环境保护是不矛盾的,交通设施的建设在很大程度上是为了改善环境,资源节约也是为了保护环境,环保更是为了保护和美化我们的环境,改善环境、优化环境、美化环境我认为是一致的。

根据这一思路,今后一个时期,交通系统在环保和资源节约方面将着力做好以下主要工作：

(一)加强宣传教育

环境保护和保护耕地是我国两项基本国策，是实现可持续发展的根本保证。我们要通过各种形式和渠道来广泛宣传交通环境保护和资源节约的方针政策、法律法规，表彰环境保护和资源节约先进单位和先进事迹，进一步增强全体干部职工的环境保护和资源节约意识，从而提高做好相应工作的自觉性、主动性。同时，借助交通网站、报刊等载体，开展相关学术、技术问题的研讨，交流工作心得体会，营造建设环境友好型、资源节约型行业的良好舆论氛围。要将环境保护和资源节约作为今后工程项目评优的一个重要内容。

(二)加大经费投入

尽管近年来我们在交通建设项目中的环保投入总体上较多，也取得了初步的成效，但环境保护与人的生活水平、生活质量的提高是密切相关的，今后，人民群众对我们的要求会越来越高。目前，有些项目的环保设施投入仍旧不足，有些项目还有历史欠账，需要进一步增加投入，尽快完善环保设施，来有效控制水土流失、植被破坏等环境问题。今年我们全面启动国省道边坡复绿工程，计划每年安排约 20 万平方米的国省道边坡复绿，预计通过“十一五”的实施，全省 70% 的国道和部分重要省道的裸露边坡实施复绿工程，全力打造公路绿色生态长廊。

(三)提高标准，把好规划设计关

衢黄高速公路是践行交通环保新理念的开创性工程，是交通建设与自然相和谐的典范，可以起到很好的示范作用。我们要进一步认真总结衢黄高速公路的建设经验，结合实际向全省有针对性地推广。

交通建设项目要因地制宜，灵活采用公路技术等级标准；我们要结合浙江的实际，执行浙江的标准要求，通过灵活运用设计指标，最大限度地节约用地，少占耕地，避免大填大挖，最大限度地保护自然和生活环境，保护和利用自然及人文景观。在做好主体工程设计的同时，做好环境工程专项设计，以确保环保设施的正常、有效运行，减少地质灾害的发生。高速公路服务区的设计也要体现生态性，将环境的优化、美化体现在设计中。

随着公路网络的完善，今后大量新建公路项目尤其是农村公路主要位于山区，生态环境相对脆弱，易发地质灾害。对此，我们要采取相应措施，加强前期地质勘察和地质灾害监测工作，在线位选择和工程施工中尽量避开地质隐患地带，尽量不破坏原有生态，防止小流域的塌方。

（四）强化环境监理

根据交通部统一部署，继续推行工程环境监理工作，把生态保护、水土保持、地质灾害防治、绿化、污染物防治等工作统一纳入工程监理体系内，特别是加强项目实施过程中的环保监理，把偏重结果向过程和结果并重转变，实现交通的可持续发展。在厅印发的样本《浙江省公路工程施工监理招标文件》、《浙江省水运工程施工监理招标文件》中，进一步将环保、水保监理工作纳入监理合同内容。

（五）加强运输结构调整

加快港航强省建设，大力发展水路运输。充分发挥水运占地少、能耗低、污染小的优势，使陆上大宗、远距离运输货物向水上转移，做到宜陆则陆、宜水则水。重点开发利用杭嘉湖、杭甬运河、钱塘江航道。

合理控制车辆运力增长。发展现代物流业，建立和完善交通信息系统，掌握客货流向流量变化规律，对于实载率过低的客运线路不得新增运力；积极引导尾气排放达到欧Ⅲ标准的高档客车的投放，减轻尾气排放对环境造成的污染；加强货运组织和运力调配，提高货运车辆实载率，特别要有效利用回程运力，降低空驶率。发展高速公路与其他高等级公路相结合的网络化快速客运；鼓励汽车运输企业提供仓储、包装、运输等全过程一体化的第三方服务，加快现代物流业企业的培植。通过设立危险货物运输省际检查站和施行部门联合执法检查，加强对危险货物运输的环境污染防范；继续加大技改投入力度，加快全承载式客车和驾培模拟器在道路运输行业的推广应用。

提升水路运输组织管理水平。引导航运企业优化结构，向规模化、集约化经营方向发展，积极推进个体船舶公司化改造。继续推进船型标准化工作，进一步淘汰水泥船、挂桨机船，发展专业化、大型化和环保节能型船舶，深入开展低质量造船整治活动。按照交通部部署，积极开展防船舶漏油专项整治，减少船舶航行对水体的废油、废水、废物污染。

（六）加大行业监管

根据交通部《交通建设项目环境保护管理办法》等有关规定，进一步加强对交通建设项目环境保护的执法力度，并结合我省交通建设项目的实际情况,完善相配套的规章制度,把环境保护管理工作建立在有法可依、执法有据的基础上,坚决贯彻“污染者付费、利用者补偿、开发者保护、破坏者恢复”的原则。对新(改)建交通建设项目,没有执行环境影响评价和环境影响报告书不符合交通行业实际的,不批初步设计文件,不准开工建设,进一步加强行业监管,督促各建设项目严格执行环保“三同时”制度。对于以前遗留下来的部分已通车试运营但尚未完成环保专项验收的公路项目,督促项目业主和建设单位做好环保验收准备工作;对已经投入运营、噪声扰民问题突出的公路路段,将进行排查并督促整改。对于项目审查和执法监察中发现的滥占土地、搭车征地、破坏耕地的行为,要严肃查处,督促整改。加强对重大项目、重点企业的环保和资源节约工作的监督、指导。最近,我们与国土部门在联合调查交通土地的整理工作,初步统计数量可观,若能转出来,不仅仅是经济效益问题,关键是解决我省用地指标不足的问题。所以,大家只要创新思维,开动脑筋,办法总比困难多。

(七)大力推广技术创新

研究推广新一代运输装备、新型车船替代燃料和港口装卸新技术,包括高效低能耗标准化运输车辆、内河新型船舶和动力装置、内河新型港口装卸工艺和装备以及车船节能技术与代用燃料的开发应用。加快推进交通信息化进程,逐步实现智能化的交通运输、数字化管理,改善运营管理,优化资源配置,提高交通网络的通行能力。开展航道、高等级公路养护技术研究,研究推广运输装备维修技术和操作人员培训新技术、新设备,推广废旧沥青再生利用、废旧轮胎翻新利用、驾驶员培训模拟器等先进技术。加强交通行业环保和资源节约工作的前瞻性、战略性研究,密切结合交通行业实际情况,提出破解环境、资源制约的新思路、新办法。

十七大吹响了夺取全面建设小康社会新胜利的号角。让我们以此为契机,在省委、省政府和交通部的正确领导下,在环保、国土等兄弟部门的支持下,认真贯彻落实科学发展观,把交通行业环保和资源节约工作推向新的高潮,有力地推进浙江交通事业又好又快发展!

深入实施"两创"总战略
努力实现"三大建设"新目标

（2008 年 1 月 10 日）

全省经济工作会议对交通工作提出了建设大港口、建设大路网和建设大物流的新目标。全国交通工作会议作出了发展现代交通业的重大决策，要求进一步提高"三个服务"的能力和水平。按照全省经济工作会议和全国交通工作会议的要求，研究确定全面推进"现代交通三大建设"的基本思路。

一、过去五年交通发展成就和 2007 年主要工作

过去五年，是浙江改革开放和全面建设小康社会取得重大进展，综合实力大幅提升，人民得到更多实惠的五年。五年来，全省交通系统在邓小平理论和"三个代表"重要思想指引下，牢固树立和认真落实科学发展观，按照省委、省政府作出的重大决策和部署，团结务实，开拓创新，以"六大工程"为重点的交通各项工作取得了显著成绩，超额圆满完成本届政府交通工作各项目标任务，交通面貌发生了巨大变化，为浙江经济社会发展提供了强有力的支撑和保障。

五年累计完成公路、港航基础设施投资 2 517 亿元，位居全国首位，是前一个五年的 3 倍多，掀起了交通基础建设的新高潮。

（一）高速公路建设任务超额完成，高速公路网络骨架成形

累计建成高速公路 1 678 公里，远远超过本届政府新增 1 000 公里的指标，使我省高速公路总里程达 2 763 公里。全省高速公路网络骨架成形，并全部联网运行。

（二）港航事业发展迅猛，宁波—舟山港吞吐量居世界前列

港航建设投资迅猛增长，累计完成 270 亿元，超过前 53 年的总和。港口生产增长势头喜人，2007 年全省沿海港口完成货物吞吐量 5.7 亿吨，集装箱

吞吐量987万标准箱。内河高等级航道新增318公里,总里程超过1 200公里,居全国第二。宁波、舟山港口一体化快速推进,一大批重大项目启动建设,2007年货物吞吐量突破4.68亿吨,集装箱吞吐量940万标箱,分别为2002年的2.4倍和5倍,规模居于世界前列。

(三)乡村康庄工程成效显著,农村交通条件全面改善

累计完成乡村康庄工程6.58万公里(路基+路面),超额完成本届政府建设5.5万公里的指标,规模为历史空前。行政村通等级公路率由57.7%提高到96.2%,通村公路路面硬化率由48%提高到94.4%,63个县(市、区)实现"双百"目标。新建农村客运站251个、港湾式停靠站1.1万个。全省行政村客运班车通达率达88.5%,城乡客运一体化率达36%。

(四)桥梁建设达到世界水平,隧道建设全国领先

共新增大型、特大型桥梁1 100余座,35.5万延米。长度世界第一的跨海大桥—杭州湾跨海大桥,单跨世界第一的分体式钢箱梁悬索桥—西堠门大桥先后合龙,金塘大桥也进展顺利;括苍山隧道、苍岭隧道均为华东之最的工程,科学施工,有力推进。

(五)干线公路保持畅通,全省公路路况明显改善

实施干线畅通工程2.86万公里。全省乡道以上公路全部实现等级化和路面硬化,重要县道以上公路安全设施全面完善。目前,全省公路总里程已达99 650公里,公路密度97.9公里/百平方公里;公路高级、次高级路面铺装率达到89%,位居全国各省区首位。

(六)运力规模迅速扩大,运输结构日趋优化

五年营运货车新增78.9万载重吨,达137万载重吨,增长135.8%;运输船舶新增650万载重吨,达1 200万载重吨,增长逾一倍。大吨位车辆占总吨位的比重提高到49%,大型班线客车比重达到26%;运输船舶平均吨位提高近2倍,水泥船已基本退出水运市场,挂桨机船已退出杭嘉湖内河和其他主要航道。

(七)运输生产增长迅猛,在综合运输中地位日益凸显

2007年完成公路客运量17.9亿人,货运量9.8亿吨,分别比2002年增长42%、77%;完成水路货运量5.05亿吨,比2002年增长91%。全社会95%以上的运输量是通过公路、水路运输完成的。2007年,全省道路运输行业实现社会增加值达到551亿元,比2002年增长81%,就业人数达到93万

人，比2002年末增长49.5%。

（八）交通规划体系更加完善，依法管理水平得到提高

修编《浙江省公路水路交通“十一五”规划》、《浙江省沿海港口布局规划》、《浙江省新农村公路交通专项规划》等一系列规划。争取省人大、省政府新颁布、修订8项法规规章，交通行政执法水平明显提高，行政许可事项全面清理并开始网上审批。在全国率先建立行业信用评价体系。车辆超限超载率从56%下降到5%左右。招投标办法不断完善，市场秩序日趋规范。

（九）质量安全形势逐步好转，生态文明建设深入推进

积极创建精品工程，切实加强交通基础设施安全隐患排查和治理，深入开展“平安交通”建设。五年中受监工程质量合格率均达100%，优良率达81.8%。交通行业安全生产形势总体平稳，事故起数、死亡人数五年分别下降68%、38%。绿化公路1.5万公里，交通重大项目全部实行环境保护“三同时”制度，开展生态公路、生态航道建设，黄衢南高速公路被列为交通部典型示范工程，土地节约、环境保护经验得到国家有关部委肯定。

（十）交通文化建设取得成效，队伍素质不断提高

加快实施人才科技工程，五年共引进大专以上学历人才1.1万人，交通行政执法人员大专以上文化水平比重从56%提高到92%，职业资格持证率达到89%；在跨海大桥建设、公路隧道建设等方面取得一批重大成果，初步形成软基处置等三个成套技术，舟山连岛工程“跨海特大跨径钢箱梁悬索桥关键技术研究及示范工程”列为国家科技支撑项目。以“惠民、奉献、服务”为主题，开展交通文化建设，省公路、港航和运管系统先后被部、省命名为文明行业，涌现出国家级先进集体42个，省、部级先进集体144个。朱汉华同志入选浙江“十大时代先锋”，评选产生“浙江交通十大感动人物”，职工文艺汇演、职工运动会等群众性文体活动蓬勃开展。认真落实党风廉政建设责任制，着力构建完善惩治和预防腐败体系，制定和完善各类规章制度90多项；狠抓交通建设领域的廉政工作，深入开展治理商业贿赂专项工作；不断深化纠风工作，实现全省所有公路基本无“三乱”目标。

刚刚过去的2007年是本届政府任期的最后一年，也是交通发展不平凡的一年。全省交通系统以科学发展观为统领，认真贯彻落实党十七大和省第十二次党代会精神，在要素制约形势日趋严峻的情况下，攻坚克难，圆满

完成年度工作计划,确保本届政府交通工作各项目标顺利实现,同时积极推动交通发展方式转变,不断增强发展的协调性,提高"三个服务"的能力和水平,开创了浙江交通工作的新局面。一年来,我们主要做了以下工作:

(一)全面启动港航强省建设,港口生产再创新高

港航强省战略上升为省委决策,写入省第十二次党代会报告和省委十二届二次全会决定,港航事业发展进入全新阶段。宁波—舟山港一体化深入推进,金塘大埔口集装箱码头、六横煤炭中转码头等重大工程进展顺利,虾峙门航道整治工程完工,岙山油品码头、西蟹峙油品码头、北仑五期集装箱码头等项目前期工作取得突破。全省沿海新建成码头泊位52个,其中万吨级以上泊位17个,新增吞吐能力6 479万吨。全长238公里的杭甬运河基本贯通,使京杭大运河东延出海,增强了宁波—舟山港的集疏运能力。湖嘉申线三级航道湖州段、嘉于硖线航道改造工程南郊河段建成通航。

(二)扎实推进高速公路建设,跨海大桥进展顺利

全年建成丽龙高速公路莲都段、杭州湾跨海大桥北岸接线、南岸接线,申嘉湖高速公路嘉兴段、湖州段,宁波绕城公路西段,杭长高速公路泗安至安城段,杭甬高速公路拓宽工程沽渚至宁波段,杭浦高速公路杭州段、嘉兴段共计460公里。杭州湾跨海大桥、舟山连岛工程西堠门大桥实现主桥贯通,金塘大桥进度达到65%。云景高速公路、绍诸高速公路、嘉绍跨江通道、杭长高速公路杭州至安城段、龙庆高速公路的前期工作进展顺利,沿海高速公路等项目前期工作不断深化。高速公路运营、养护管理水平有新的提高,完成《高速公路联网收费多重嵌套多义性路径环识别》课题研究,制定系统建设实施方案,积极开展长三角联网不停车收费示范工程建设,沪杭甬高速公路开始试点。

(三)加快建设农村公路,养护管理体制改革取得突破

全年共建成乡村康庄工程10 060公里(路基+路面),新增通等级公路行政村1 959个;加强农村联网公路建设,全年建成2 296公里。积极开展农村公路养护管理体制改革试点工作,测算农村公路养护资金需求,修改《浙江省公路路政管理条例》并由省人大审议通过,起草完成《浙江省农村公路养护与管理办法》、《浙江省农村公路管理养护体制改革方案》。2007年干线公路建设计划超额完成,纳入省政府考核的6个项目顺利建成,干线公路路面整治工程取得实效。

（四）切实抓好安全质量，行业管理进一步加强

一是高度重视安全管理工作。及早部署开展交通基础设施安全隐患排查整治工作，加快处置病危桥梁、隧道和高边坡，排查整治工作动作快、措施实，得到省领导的充分肯定。继续实施安全保障工程，开展临水、临崖、高落差路段改造，加快撤渡建桥进程，开展超限超载、危险品运输、渡口渡船安全、打击非法营运、规范驻点经营等多项整治活动。治超工作成效突出，有关做法被中央电视台介绍。全年交通行业安全形势总体上较为稳定。

二是加大交通建设市场监管。开展施工、监理企业信用评价工作，进一步完善工程招投标制度，制定地方性技术标准，加强工程质量监督和造价管理，开展合同履约和转分包行为专项督查，启动检测市场专项整治活动。联合省劳动保障厅、中国人民银行杭州市中心支行出台《浙江省交通建设领域民工工资支付管理暂行办法》，建立民工工资保证金制度和工资支付公示制度，将工资支付情况纳入信用评价内容之中。

三是促进道路运输健康发展。大力发展农村客运，新增通班车行政村850个。整合长途客运班线51条。开展城乡配送网络试点，发展"小件快运"服务体系，推动维修行业品牌建设，提高驾培服务质量。道路运输企业规模不断壮大，已有5家企业进入全国客运50强，3家企业进入全国货运50强。开展交通物流业调研，出台《交通服务业发展工作要点》，成功举办长三角"现代交通与物流科技博览会"。

四是加强港政航政管理。建立航运企业诚信制度，加强对委托经营管理船舶的专项治理，水运市场秩序进一步好转。进一步规范港口岸线审批制度和港口经营市场准入条件，基本建立危险货物港口作业申报制度，继续开展港口设施履行国际公约工作。加强内河航道通航管理，开展防船舶碰撞防泄漏专项整治工作。加强船检工作，实施"一卡通"工程，进一步规范船舶管理工作。

五是加强交通行业财务管理。起草制订资金监管、预算编制管理、债务管理和内部审计等制度。完成厅财务集中管理信息平台扩容升级工作。开展资产清查工作。认真抓好审计意见整改反馈，加强内审工作，做好项目竣工审计、领导干部经济责任审计、高速公路跟踪审计和项目支出绩效评价工作。

（五）强化生态文明建设，交通科技水平不断提高

编制高速公路、沿海港口布局规划环评报告，优化工程设计方案，加强

施工现场管理,尽量少占耕地,尽力保护生态,全年建成公路绿色通道600公里,边坡绿化10万平方米;推广旧水泥路面改造、沥青再生技术,结合工程建设开展造地复垦,加强公路病害治理和日常养护,延长公路使用寿命。建成首条生态航道湖嘉申线和生态公路奉化城区至溪口公路,联合省国土厅、环保局召开交通环保和节约资源现场会,总结推广交通生态建设经验。联合国土部门开展公路用地情况调查。加大政策引导和行业指导,开展节能减排、循环经济等方面的课题研究和节能示范企业的试点,推广使用驾培模拟器。

加强交通科技创新。调整科技计划立项思路,建立项目沟通机制,编制地方标准,实施推广计划,培育科技中介,强化成果推广。同时,加快推进交通信息化建设,积极构建公共信息服务体系,加强子网站和重点业务系统建设,厅信息化工作受到部、省表彰。交通职业教育得到加强,制订发展规划纲要,组建成立交通教育研究会,开展教材编写、素质教育研讨等活动,学校的师资条件、教学质量和校园环境有了新的改善和提高。

(六)加强党风廉政建设,队伍素质有新的增强

认真贯彻执行中央纪委"八条规定",深入开展反腐倡廉教育,召开廉政建设先进经验交流会,推进廉政文化进机关、进校园、进工地;进一步完善制度机制,在基础设施建设领域,围绕工程转分包、工程监理、质量监督等关键环节,建立预防和治理商业贿赂的长效管理制度;强化监督检查,重点开展对不正当交易行为自查自纠的检查评估,各项制度进一步得到落实,具有浙江交通特色的惩防体系框架基本形成。切实纠正行业不正之风,落实全省查处公路"三乱"案件快速反应机制和公路无"三乱"达标摘挂牌制度,开通公路"三乱"举报投诉电话。深化政务公开工作,实现省级交通建设计划的全部公开,积极做好《政府信息公开条例》施行前的准备工作,代部、省起草政府信息公开指南、目录范本。建立重大决策专家咨询论证制度,健全科学民主决策制度,出台干部工作的系列文件,组织市县交通局长等大规模干部培训,开展公开选拔和民主推荐领导干部工作,加强干部教育培训,大力培养年轻干部,调整干部队伍结构。积极培养高素质人才,新增"283拔尖人才"第一、二层次人才28名;加快交通行业职业资格制度建设,组织汽车钣喷等专业的技能比武,不断提高从业人员素质,有关经验在交通部会议上进行交流。

(七)深入开展作风建设,先进行业文化得到弘扬

按照省委统一部署,认真开展作风建设年活动,明确“八个不准”规定,着力建设“五型机关”,认真进行评议整改,开展“走进矛盾,解决难题”、民主评议基层站所暨创建群众满意基层站所等活动,制定完善机关工作制度。进一步推进文明行业创建,广泛开展“学树创”活动,总结推广文明公路创建经验,开展“出租车服务质量大提升”、“文明礼仪伴我行”等活动,做好各类文明窗口的申报命名工作。全面开展交通文化建设,召开全省交通文化建设和新闻宣传工作会议,制定出台《浙江交通文化建设实施意见》,组织开展系列交通文体活动,交通系统焕发出新的精神面貌。同时,进一步加强交通新闻宣传工作,厅成立新闻宣传中心,策划组织了一系列主题新闻采访报道活动。

与此同时,交通其他方面的工作也取得可喜成绩。交通规费征收再创佳绩,认真执行国办发〔2006〕103 号文件,统一核定养路费征收计量吨位,提高稽征工作规范化、科技化程度,全年养路费增长 22%,客货运附加费增长 9.5%,港航事业费增长 5.6%。交通战备工作进一步加强,新造民船贯彻国防要求试点工作取得新进展,国防交通工程建设顺利推进,交通专业保障队伍整组工作全面展开。交通行业工会充分履行职能,职工经济技术创新活动有声有色,维护职工合法权益,促进和谐交通建设,多项工作被省总工会评为一等奖。交通信访工作得到加强,信访工作网络和制度进一步完善,矛盾纠纷排查化解工作成效明显,信访应急处理能力提高,信访形势基本稳定。综治和维稳工作有效开展,不平安、不稳定因素得到及时化解,给交通中心工作创造了良好环境。

总结这几年来的工作,我们有以下几点体会:

一是,必须牢固树立科学发展观,实现交通又好又快发展。

二是,必须紧紧依靠党委政府,服务于经济社会发展大局。

三是,必须始终坚持统筹兼顾,推进全面协调可持续发展。

四是,必须不断推进改革创新,始终保持行业发展的活力。

五是,必须全面提高队伍综合素质,培育先进的行业文化。

回顾过去,浙江交通发展成就令人欣慰,令人鼓舞。2007 年 12 月 29 日,先后举行杭甬运河改造工程基本建成庆典仪式、浙江交通“六大工程”成就新闻发布会、“浙江交通十大感动人物”颁奖晚会,为 2007 年和本届政府

五年交通工作画上了圆满的句号。赵洪祝书记、周国富主席、王永明副省长、徐祖远副部长等省委、省人大、省政府、省政协和交通部的13位领导亲自参加有关活动,高度评价全省交通工作。这都给我们以极大的鼓舞和鞭策,使我们更加深感使命光荣,责任重大。

这些成绩的取得,离不开省委、省政府和交通部的正确领导,靠的是地方各级党委政府、省级有关部门和人民群众的大力支持,凝聚着广大交通干部职工的心血和汗水。

二、今后五年交通发展面临的形势和任务

今后五年是全面提升我省工业化、城市化、市场化、国际化的关键时期,是浙江全面建设小康社会的攻坚阶段。省第十二次党代会明确了今后五年浙江要全面建设惠及全省人民的小康社会,继续走在前列。省十二届二次全会作出了扎实推进创业富民、创新强省的决定。我们要认真学习、深刻领会,结合交通实际,认真贯彻落实。

(一)正确认识浙江交通面临的新形势

做好今后五年交通工作必须正确认识经济社会发展形势,正确认识交通面临的机遇和挑战,把握浙江交通发展的阶段性特征,做到审时度势,清醒有为,乘势而上。

1. 浙江交通必须适应全省经济社会发展的新需求,好中求快,快中求优

第一,今后五年是浙江经济发展的新一轮上升期,运输需求仍将十分旺盛。根据预测,我省2012年人均GDP将达到55 000元。按经济年均增长9%以上测算,公路客运量、货运量年增幅将在5%和8%以上,水路货运量年增幅将达9%左右,现有主要干线通道交通量将趋于饱和。加上汽车保有量以每年23%的速度大幅增长,人民生活水平不断改善,运输需求将持续增长,给交通发展带来更大的动力和压力。

第二,今后五年是浙江经济结构的重大调整期,对交通发展提出了更高要求。从产业结构看,我省正处于推进新型工业化的重要时期,一方面将继续承接世界制造业的梯度转移,另一方面将积极发展现代产业体系,提升高新技术产业,二、三产业比重还会明显上升。从消费结构看,家庭消费从"总体小康"向"全面小康"转变,不但要求"走得了",更要求"走得好"。从城乡结构来看,我省新型城市化和新农村建设加快推进,城乡一体化水平将不断

提高。这些调整将对交通作业提出更高的要求。

第三，今后五年是浙江区域合作的快速提升期，交通必须走在前列。中央对长三角提出了率先发展，同时带动和帮助中西部地区发展的更高要求。浙江作为长三角南翼，必须加快打造接轨上海、连接江苏的长三角一体化交通平台，同时贯通闽、赣、皖，促进与周边省市更加紧密的交流协作。就省内而言，也需要我们围绕杭、甬、温都市圈及浙中城市群和环杭州湾、温台沿海、金衢丽高速公路沿线产业带，着力推进区域交通网络建设，实现区域协调发展。

2. 浙江交通必须正视发展面临的新挑战，攻坚克难，奋发有为

第一，从发展现状看，交通的现代化程度还不够高，整体效益未能得到发挥。交通基础设施的网络化程度仍需提高；港航建设虽已成效初显，但港航资源优势仍未得到充分发挥，与建设港航强省的要求还有相当差距；公路、水路与其他交通方式之间衔接配套不够；行业管理工作相对薄弱，运输服务质量有待提高，行业的市场秩序需要进一步规范。

第二，从发展要素看，交通发展中的土地、资金紧缺等困难进一步凸显。土地指标缺口较大，占补平衡、农用地划补等困难重重，影响项目报批。各级交通部门已有较大规模资金负债，“四自”政策可行性降低，再融资能力有限。国家实行从紧的货币政策之后，资金压力将进一步增大。此外，资源、环境对交通发展提出的要求也越来越高，亟须走出一条资源节约型、环境友好型的交通发展之路。

第三，从发展动力看，改革创新步伐有待加快。交通投融资、建设管理、养护管理、港口管理等体制问题亟待突破。行业创新意识、创新能力仍显不足，与建设全面创新型行业的要求还有差距。

第四，从发展保障看，队伍综合素质还需进一步提高。经过多年努力，交通系统锻炼造就了一支优秀的干部职工队伍，整体素质明显提高，是党和人民信得过的队伍，对此省委、省政府领导都作了充分肯定。但与快速发展的交通事业相比，队伍整体素质还不能完全适应，科学发展能力、依法行政能力和公共服务能力有待提高，创业创新意识、廉洁从政意识有待强化，高层次人才和高技能劳动者欠缺。

从以上的分析可以看出，今后五年既是浙江交通建设高潮的持续期，又是浙江交通发展的矛盾凸显期，也是浙江交通的转型发展期。我们必须继

续保持昂扬向上、奋发有为的斗志,弘扬忠诚事业、甘于奉献、艰苦奋斗、争创一流的精神,走创业创新之路,全力谱写浙江交通发展的新篇章。

(二)今后五年交通发展的基本思路

1. 指导思想

高举中国特色社会主义伟大旗帜,全面贯彻落实科学发展观,深入实施创业富民、创新强省总战略,抓住调整交通结构、转变发展方式、推进自主创新、完善行业管理等四个环节,加快推进产业转型,全面建设现代交通,提高"三个服务"的能力和水平,为全面建设惠及全省人民的小康社会提供强大的交通运输保障。重点是要把握"五个坚持,五个发展"。

一是坚持以发展为第一要务,推进率先发展。交通是国民经济的基础产业、先导行业,是富民强省的基石。浙江省交通要按照适度超前的要求,争取实现"两个率先",即率先在全国同行业中实现现代化,率先在省内各行业间实现现代化,当好经济社会发展的"先行官"。

二是坚持改革开放,推进创新发展。要认真落实"两创"总战略,树立港航强省、综合交通、"三个服务"、城乡统筹、现代物流等新理念,解放思想,深化改革;深入实施人才科技工程,建设全面创新型行业。

三是坚持以人为本,推进惠民发展。以人为本是科学发展观的核心,是交通工作的出发点和归宿。要强化交通的公益属性,更加注重社会效益,使交通发展惠及全省人民;进一步转变交通部门的行政职能,建设服务型政府部门,唱响"惠民、奉献、服务"的主旋律,弘扬新时代交通文化。

四是坚持统筹兼顾,推进协调发展。水陆并举,加快建设港航强省,完善公路网络,促进综合交通体系建设;城乡兼顾、区域平衡,促进城乡、区域交通协调发展;建管并重,树立"建设是发展、管理也是发展"的理念,提高管理的科学化程度。

五是坚持转变方式,推进集约发展。促进交通发展方式的根本性转变,努力做到交通发展由主要依靠基础设施投资建设拉动向建设、养护、管理和运输服务协调拉动转变;由主要依靠增加物质资源消耗向科技进步、行业创新、从业人员素质提高和资源节约、环境友好转变;由主要依靠单一运输方式的发展向综合运输体系发展转变。

2. 战略目标

着眼于发挥海洋资源优势,构建对外开放新格局,增强浙江的国际竞争能力,建设大港口;着眼于融入长三角、辐射周边省,提高区域和城乡发展协调性,增强浙江区域经济实力,建设大路网;着眼于加快发展现代服务业,促进资源优化配置,增强浙江市场经济活力,建设大物流。

“三大建设”是一个有机整体,三者相辅相成。大港口建设是浙江的优势所在,是经济发展新的增长点,也是经济全球化、产业结构升级的重要依托;大路网建设适应了区域经济一体化的需求,为区域经济社会发展和大港口、大物流建设提供支撑和保障,既具有基础性,又具有前瞻性;大物流建设是工业化、信息化、城市化、市场化、国际化的推动力量,也是大港口、大物流建设经济效益和社会效益的集中体现。“三大建设”是浙江交通落实“两创”总战略、发展现代交通业的重要举措。

“三大建设”五年争取达到的指标分别是:

(1)大港口:全省沿海港口货物吞吐量突破8亿吨,集装箱吞吐量超过1 500万标准箱,其中宁波—舟山港货物吞吐量达到6.5亿吨,力争达到世界首位,集装箱吞吐量达到1 400万标准箱。

(2)大路网:全省公路总里程达到11万公里以上,公路密度达到110公里/百平方公里;高速公路总里程达到3 500公里以上,具备条件的行政村全部通上等级公路并实现路面硬化。

(3)大物流:建成4~6个综合性交通物流基地,培育10~15家专业化交通物流龙头企业,建成全省物流公共信息平台,市县也建设和培育出相应数量的基地和龙头企业,完成重点物流企业与信息平台的联网应用。

3.重点任务

(1)加快建设港航强省。构建结构合理、功能完善的沿海港口体系,干支直达、通江达海的内河航道体系,水陆配套、江海联运的集疏运体系,安全便捷、经济可靠的航运体系,信息畅通、优质高效的服务保障体系,生态高效、相对集聚的产业支持体系。

(2)加快完善公路网络。畅通出省通道,融入全国路网,形成长三角一体、周边省连接的省级路网;积极与其他交通方式相衔接,重点完善疏港公路体系,形成高速公路、干线公路、农村公路协调发展、衔接配套的立体路网。

(3)加快提升运输产业。编制全省交通物流基地布局规划,出台促进交通物流发展指导意见;与城市、产业带布局相结合,加快宁波—舟山港国际物流基地和其他区域性物流基地建设;扶持骨干运输企业发展,培育现代物流龙头企业;建设"浙江省物流公共信息服务系统",推广物流标准软件。完善以长三角为重点的城际客运网络,加强客运站场建设,提高农村客运通达深度,稳步推进城乡交通一体化。

(4)加强行业改革创新。加快交通基础设施投融资体制改革,多途径筹集建设资金。完善交通基础设施建设体制,使基础设施又好又快建设。推进公路养护管理体制改革,提高养护生产水平。加大源头治理力度,构建治超工作的长效机制。增强交通行业自主创新能力,提高交通建设、科技和管理的现代化水平。

(5)加强安全环境管理。进一步落实安全生产责任,强化基础工作,实施动态监管,建立健全长效管理机制,确保工程建设安全、运输生产安全、设施运营安全。全面推进交通建设市场诚信体系建设,进一步完善招投标制度,提高工程建设质量。加强资源节约和环境保护工作,发展循环经济,促进生态文明建设。

(6)加强人才队伍建设。把反腐倡廉建设放在更加突出的位置,进一步完善惩治和预防腐败体系,违法违纪案件得到有效遏制。切实加强交通系统各级班子建设和干部队伍建设,改进干部作风,增强队伍活力。加大人才培养力度,形成数量充足、素质优良、结构合理的行业人才队伍。加强交通文化建设,增强惠民意识,弘扬奉献精神,提高服务本领,构建和谐行业。

三、2008 年交通工作的安排

2008 年是全面贯彻落实党的十七大和省第十二次党代会精神的第一年,是新一届政府的开局之年,也是"现代交通三大建设"的起步之年,做好今年的交通工作意义重大。全年工作的总体要求是:全面贯彻落实科学发展观,深入实施"两创"总战略,按照全省经济工作会议和全国交通工作会议要求,坚持稳中求进、好字优先、创新驱动和以人为本,紧紧围绕建设现代交通,实施港航强省战略,着力推进资源整合和网络完善,着力推进改革创新和惠民利民,着力推进结构调整和节能降耗,着力推进反腐倡廉和文化建设,努力提高交通"三个服务"的能力和水平。

2008 年全省交通发展的主要目标是:

一是全省公路、港航交通基础设施建设计划完成投资 449 亿元,分别为:港航强省建设267.8亿元,包括疏港公路167.8亿元,其他公路网络建设178.6亿元,公路站场建设2.7亿元。

二是确保新增沿海泊位36个,其中万吨级泊位10个以上,全年货物吞吐量争取超过6亿吨,集装箱吞吐量超过1 200万标准箱;确保新增内河四级航道110公里。

三是确保建成通车高速公路191公里,力争建成139公里;新改建国省道和重要县道590公里;新建通村公路3 500公里(路基1 500公里、路面2 000公里),农村联网公路3 000公里;新建农村客运站场89个,港湾式停车站3 000个;行政村班车通达率达到91%,城乡客运一体化率达到42%。

四是受检工程质量合格率保持100%,优良率达到82%,交通行业安全事故实现"零增长"。

五是货运重型、厢式、专用车辆分别增长38%、41%、19%;沿海船舶平均吨位达到2 600载重吨,内河船舶平均吨位达到250载重吨。

2008年重点抓好以下八项工作:

(一)抓好港口整合开发,加快航道升级改造

要按照省委部署和全国水运工作会议精神,全面推进港航强省建设,掀起新的高潮。一要争取尽快出台加快建设港航强省的政策意见,全面动员部署港航强省建设工作。按照《港口法》规定,进一步理顺港口管理体制,明确港口管理机构。二要积极推进宁波—舟山港一体化进程。抓紧催批《宁波—舟山港总体规划》,编制《全省沿海港口集疏运规划》,完善港口管理协调机制,推进重大项目建设,加快"区港联动"和集疏运体系建设。确保舟山煤炭中转码头工程建成并试运营;加快推进大浦口集装箱码头、岙山油品码头等建设;力争开工建设六横凉潭矿石码头。三要加快全省沿海港口资源的整合,着手组建港口、航运联盟,着力建设以宁波—舟山港为龙头的全省沿海集装箱内支线运输网络。确保温州港七里港区二期工程、台州港大麦屿港区多用途泊位、嘉兴港粮食中转码头等10个万吨级码头建成投产,加快推进条帚门航道、乐清湾进港航道、大衢鼠浪湖中转码头项目的前期工作。四要加快完善内河高等级航道网。完成杭甬运河扫尾任务,加快东宗线二期的建设,开工建设湖嘉申线嘉兴段一期、长湖申线四改三工程,力争完成京杭运河四改三项目(含杭州段二通道)的前期工作;力争突破富春江电站大坝瓶颈,实质性推进钱塘江中上游航道开发。五要大力实施水上康

庄工程。继续做好陆岛码头建设,加快撤渡建桥,改善渡运条件,方便海岛和偏远地区、库区群众出行。六要加快发展现代航运业。开展航运业发展调研,起草制定有关扶持政策,壮大航运的骨干企业。

(二)抓好高速公路建设,加强项目前期工作

一要确保建成杭州湾跨海大桥、台金高速公路西段、黄衢南高速公路衢州以南段,其中杭州湾跨海大桥要在北京奥运会举办前建成通车。力争建成诸永高速公路诸暨段、金华段(双峰互通以北)和温州绕城高速公路北线。二要继续抓好舟山大陆连岛工程西堠门大桥、金塘大桥、宁波接线,诸永高速公路台州段、温州段,申嘉湖杭高速公路练市至杭州段,黄衢南高速公路衢州以北段,宁波绕城高速公路东段,台金高速公路东延段,大碶疏港高速公路等10个在建项目。三要力争开工建设嘉兴至绍兴跨江通道、云景高速公路、绍兴至诸暨高速公路、宁波象山港大桥及接线、杭长高速公路杭州至安城段、龙庆高速公路6项工程合计311公里。四要切实加强前期工作。要按照依法合规、突出重点、确保质量的要求做好前期工作,树立全局观念,创新机制方法,敢于走进矛盾,加大向上争取和横向协调的力度,确保开工项目手续齐备,做好项目储备。交通重点工程事关全省发展大局,各地政府要高度重视支持项目前期工作,各相关单位要各负其责、共同努力。国有交通投资企业要更好地发挥作用,积极承担投资建设任务。五要进一步完善多义性路径环识别方案,提高拆分水平,适时加以全面推行;力争初步构建全省高速公路联网ETC运营平台,提高快速通行能力。同时,做好国家高速公路网路线命名和编号调整工作。

(三)抓好农村公路建设,加快干线公路改造

一要进一步推进农村公路建设,新增通等级公路行政村271个,新增通村公路路面硬化行政村371个。同时,继续完善农村公路安全设施,开展农村联网公路建设。二要按照即将出台的《浙江省农村公路管理养护体制改革方案》、《浙江省农村公路养护与管理办法》规定,坚持"落实责任,保障投入,健全机制,平稳推进"的原则,明确各级政府对农村公路管理养护的责任,建立以政府投入为主的稳定的养护资金渠道,推进农村公路管理养护体制改革。同时,积极探索农村公路养护的作业方式和运行机制,提高农村公路养护水平,切实加强农村公路路政管理。三要加快实施公路安保工程。重点开展临水、临崖、高落差危险路段整治和公路病危桥隧改造、事故多发

点段整治。进一步完善国省道和农村公路标志标线，力争国省道干线公路交通标志标线基本达到国家标准，县道交通标志标线完好率达到50%以上，乡道交通标志标线完好率达到30%以上。

（四）抓好现代物流发展，促进运输产业升级

要按照《国务院关于加快发展现代服务业的若干意见》和全国道路运输工作会议等精神，切实加强运输工作，在建设大物流方面迈出实质性步伐。一要争取省政府出台扶持政策，结合公路、水路主枢纽布局，编制全省交通综合性物流基地建设规划，改善物流基础设施条件，拓宽辐射区域，提升服务功能；适应农村流通业发展和消费结构升级，布局建设客货一体的多功能农村货运场站体系。二要推进物流企业示范工程，培育龙头企业。在现有交通物流重点联系企业的基础上，从省、市、县三个层面择优分类选取典型企业加以培育扶持，加强运输企业诚信体系建设。三要推进物流信息化、标准化建设，加快开发和推广应用"浙江省物流公共信息服务系统"和标准版物流软件，提高物流服务的现代化水平。四要加快建设快速公路货运网络、内河货运网络、港口集疏运网络，发挥综合运输优势，提高区域、城乡物流效率，发展国际物流。五要进一步扶持农村客运发展。加大政府资金投入，继续执行农村客运班车公路规费优惠政策。六要引导运输结构调整。调整车船运力结构，发展大型化、厢式化、专用化、社会化运力，满足安全、环保、节能及防止超载等要求；调整市场主体结构，促进经营主体集约化、规模化经营；调整运输经营结构，优化经营组织方式，提高运输生产力。

（五）抓好安全生产管理，高度重视工程质量

安全和质量是交通行业的生命。要将安全和质量要求贯穿于交通工作的全过程，建立和完善长效管理机制，加强安全保障能力和安全监管能力建设。从今年起，连续三年开展"交通安全质量管理年"活动。一要进一步加强以桥梁、隧道、高边坡为重点的交通基础设施安全隐患排查治理工作，完善桥梁养护工程师制度，制订专门的养护管理办法和事故应急预案，尽快建立和完善覆盖全省各等级公路桥梁的管理系统，推行工程安全设计和施工安全审查制度，推进安全文明施工标准化工地建设，加快交通工程数据库建设。加快病危设施加固改造步伐，抓紧整治临水、临崖、高落差危险路段，强化日常检查和养护，防止出现新的安全隐患。对于新建项目实行主体工程与安全设施的整体预算、同步建设，避免产生新的安全欠账。二要加强运输

行业安全监管,切实加强运输企业规范管理,道路运输重点把好"三关一监督",狠抓"安全链管理"。水上运输重点监管"四客一危"船舶,推进港口安全评价和设施保安履约工作,完善船舶检验质量管理体系,加强内河地方海事应急救助能力建设。三要建立健全安全生产长效管理机制。督促落实企业的安全生产主体责任,强化安全管理基础工作,实施动态监管;加强安全宣传教育,提高安全生产意识和技能;建立安全考核与企业资质、业绩挂钩机制,鼓励企业加大安全投入,更新技术装备。四要认真贯彻落实全国治超工作电视电话会议精神,按照"立足源头、依法严管、标本兼治、长效治理"的工作思路,进一步完善组织领导体系、法规政策体系、综合治理体系、监控网络体系,全面建立治超工作长效机制,开展好"两项重点整治"(重点整顿治超工作秩序,重点整治总重超过桥梁承载能力的非法超限超载车辆)。五要加强交通工程建设质量监管。全面推行工程勘察设计招投标,做深做细前期工作,强化质量保障体系,加强对业主行为的管理和工程招投标管理,进一步完善交通建设市场诚信体系,建立治理转分包的长效机制;加快制定地方性标准和技术规范,提高精细化管理程度,防治质量通病,把好材料关、检测关、交验关,试行设计施工总承包制。六要制订出台《浙江省交通行业环境保护实施意见》,推广环境保护和节约资源现场会的经验,强化工程建设中环境保护"三同时"制度,继续推行工程环境监理工作,开展交通投资项目的节能评估和申报审查工作。研究制定运输企业节能减排指标体系及行业管理措施,试行重点运输企业能源消耗定点统计报告制度,做好废旧物资的回收再利用,研发和推广14项交通节能新产品、新技术。

(六)抓好交通法制工作,保障行业健康发展

进一步落实《全面推进依法行政实施纲要》,强化交通行业发展的法制保障。一要抓好交通立法工作,争取《浙江省水路运输管理条例(修订)》、《浙江省航道管理条例》列入省人大立法计划;争取出台《浙江省农村公路养护与管理办法》、《浙江省收费公路管理办法》、《浙江省港口岸线管理办法》、《浙江省出租汽车客运管理办法》等政府规章。提高立法调研、起草水平,努力通过立法解决体制机制问题。二要提高交通行政执法水平。深入推行行政执法责任制,全面落实执法依据、职责权限、执法责任;在抓执法必严的同时,抓执法的合理性,纠正重处罚轻教育、重罚款轻纠正、处罚裁量权过大等情况;做好执法监督检查工作,加强对现场执法的明察暗访,改进行

政复议工作,维护公民、法人的合法权益。三要创新管理方式,探索运用行政规划、行政指导、行政合同等手段进行行业管理,发挥行业协会、中介组织的作用。认真做好矛盾纠纷排查调处工作,及时化解不安定因素,进一步做好民工工资支付、出租车行业维稳等工作,维护行业和谐稳定。四要依法加强交通规费稽征。充分利用社会资源开拓征收网点,创新规费缴交方式,提高稽征工作人性化服务水平。继续治理车辆外挂行为,减少规费逃漏现象。争取修改《浙江省公路客货运附加费征收管理办法》,统一征收标准,提高规费征收水平,明确规费使用范围。五要建立健全普通收费公路的退出机制和站点撤并机制,规范高速公路收费期限核定程序,进一步维护收费公路正常的收费秩序。六要进一步加强财务监管,确保交通建设资金安全有效使用。把合法使用资金、有效控制支出、确保资金安全、保证项目顺利实施和讲究投资的社会经济效益作为财务工作的重点,适应交通发展和财政改革需要,创新和完善财务制度,强化会计基础工作和内控机制。加大对资金的监管力度,不断规范财务收支行为。开展预算项目绩效评价,提高资金使用效益。

(七)抓好交通科技工作,加强专业人才培养

科学技术是第一生产力,人才资源是第一资源。一要遵循课题研究、成果推广、创新体系建设"三位一体"的原则,逐步形成研究与推广互动、省与市县互动、内部与外部互动、主管部门与服务对象互动的科技工作良好格局,在研究水平、成果转化、管理效能、创新体系建设、对外合作交流五个方面取得新的进展。二要以公共服务为核心,以便民惠民为目标,以信息服务体系为基础,推进交通行业信息化建设,加快建设面向公众、标准统一、功能完善、安全可靠的交通信息服务网络平台,以整合、服务为重点加强交通部门门户网站建设,引导交通企业利用信息技术创新服务理念,优化经营模式,进一步提高整体服务水平和生产管理能力。三要加强专业人才队伍建设。以拔尖人才培养计划为抓手,培养行业创新领军团队;加快推行职业资格制度,完善继续教育制度,引进和培养紧缺人才,完善行业人才队伍结构。四要积极发展交通职业教育。支持行业所属院校按照"品牌立校、面向市场、跳出学校发展学校"的原则打造强势专业,营造校园文化,提升学生素质,打响学校品牌,为"现代交通三大建设"源源不断地输送技能型人才。

(八)抓好党风廉政建设,深入创建文明行业

交通事业的发展需要一支坚强有力的干部队伍,要根据形势变化,以改

革创新精神加强交通干部队伍建设。一要认真学习贯彻党的十七大和省第十二次党代会精神,深入开展以“高举旗帜、科学发展、创业创新”为主题的宣教活动,以中国特色社会主义理论武装头脑,使各级交通领导干部具有全局眼光、树立战略思维、提升理论素养,不断提高领导科学发展和拒腐防变的能力。二要把反腐倡廉建设放在更加突出的位置,坚持“标本兼治、综合治理,惩防并举、注重预防”的方针,在坚决惩治腐败的同时,更加注重治本,更加注重预防,更加注重制度建设。要将落实党风廉政责任制作为目标责任制考核的重要内容,切实加强对反腐倡廉工作的领导。坚持深化改革和创新体制,加强廉政文化建设,进一步完善惩治和预防腐败体系,形成拒腐防变教育长效机制、反腐倡廉制度体系、权力运行监控机制。要继续以基础设施建设领域为重点,完善治理商业贿赂的长效机制;运用廉政保障的成功经验,拓展源头防治腐败的工作领域。要以群众反映强烈的突出问题为重点,进一步深化纠风工作,完善预防和治理公路、航道“三乱”的长效机制。认真执行《政府信息公开条例》,深化政务公开和公共事业单位办事公开工作,打造“阳光交通”。三要切实加强领导班子建设,完善民主决策、依法决策、科学决策机制。深化干部人事制度改革,形成科学的干部选拔任用机制,继续开展大规模干部培训和干部挂职、轮岗交流。稳妥推进事业单位改革,认真解决体制改革遗留问题,做好离退休干部工作。四要巩固和发展作风建设年活动成果,建立健全作风建设长效机制,落实惠民措施,深化便民服务,加强效能建设,进一步在全系统形成勤奋好学、学以致用的新学风,务实创新、廉洁高效的新政风,团结和谐、服务奉献的新行风。五要加强交通文化建设。凝练行业核心价值理念,培育文化建设典型,举办感动人物和先进典型事迹报告会、交通系统首届职工运动会,进一步引导全行业“增强惠民意识,弘扬奉献精神,提高服务本领”,增强交通行业的软实力。突出“学先进、树新风、创一流”的主题,深化行业文明创建。加强交通行业新闻宣传工作,完善行业新闻宣传制度,整合内部资源,加大宣传力度,塑造行业形象。

此外,要继续加强国防交通、信访、档案、信息、综治、后勤、编史等工作,促进浙江交通事业全面发展。2008 年的交通工作任务十分繁重,希望地方各级党委政府,省级各有关部门一如既往地关心和支持交通工作,齐心协力,共同推进浙江交通又好又快发展。

坚定信心　清醒有为
全力推进全省交通重点工作

（2008年7月11日）

2008年全省交通重点工作推进很重要。浙江交通的主要任务是：进一步学习贯彻近期以来省领导对交通工作的一系列指示精神，按照“创业富民创新强省”总战略和“全面小康六大行动计划”的要求，认真落实省委十二届三次全会以及今年经济工作有关政策精神，认清形势，统一思想，坚定信心，振奋精神，在总结上半年工作的基础上，研究部署下半年工作，全力推进现代交通“三大建设”，确保全年目标任务完成，为本届政府交通工作开好局、起好步。

与以往相比，这次会议有三个新的特点：一是2008年全省交通重点工作推进会议规格提升为省政府的会议，不仅各市分管领导和省级有关部门的负责同志都来参加会议，王建满副省长还在百忙之中全天参加会议。二是会议主题十分鲜明，重点非常突出，就是紧紧围绕交通重点工作的推进，回顾工作，分析形势，查找问题，研究举措。三是会议与半年度工作督察紧密结合，与各市签订目标责任书，注重实效，狠抓落实。各市政府分管交通工作的领导都作了很好的发言，省公路局、省港航局、省运管局和厅质监局的负责同志也汇报了工作。总的来看，上半年我省交通工作取得了明显的成效，现代交通“三大建设”有序推进。关于下半年工作，大家也都研究了很好的思路和举措，提出了宝贵的建议。为了抓好下半年工作，省厅还与各市交通局(委)和沿海港航(务)局签订了目标责任书。

一、上半年交通工作成绩与当前面临的困难和问题

今年以来，全省交通系统坚持以科学发展观和“两创”总战略统领交通工作，认真贯彻党的十七大、省十二次党代会和省委历次全会以及全省经济

工作会议精神,围绕中心,突出重点,全面推进交通各项工作,取得了新的成绩。

一是"三大建设"全面部署推进。全省交通工作会议后,厅党组立即组织开展了大港口、大路网、大物流建设的实施意见和有关配套政策措施的拟订工作。经过深入调研,目前实施意见已经成稿,马上就会印发实施;有关配套政策措施也都已经拟订完成,正在与有关部门加紧沟通协调,争取尽早出台。同时,我们又按照新一届政府关于"全面小康六大行动计划"的部署,制订出台了交通系统的贯彻实施方案,把现代交通"三大建设"与"全面小康六大行动计划"紧密结合起来。在此基础上,厅党组着手完善了"三大建设"的组织实施体系和督察考核机制,分别成立了大港口、大路网、大物流建设领导小组、工作机构和督察办公室。为强化责任落实,厅党组还专门研究了对各地市的目标考核办法,强化了对厅管厅属单位年度考核责任制。各地交通部门也都按照省厅的部署,结合本地实际作出了部署安排。

二是基础设施投资实现高位增长。据统计,今年1~6月,全省公路、港航建设共完成投资188.6亿元,完成年度计划的41.6%,完成投资比去年同期增长1个百分点;完成计划比例与去年同期增长2.3个百分点。这对实现我省"保稳促调"的经济工作目标发挥了积极作用。其中,公路建设完成投资140.7亿元,占年度计划的39.8%,完成投资同比减少11亿元,下降7.3%,完成计划比率同比增长1.8个百分点;港航建设完成投资47.9亿元,完成年度计划的47.7%,完成投资同比增长13亿元,增长37%,完成计划比率同比增长1.7个百分点,港航建设呈现出了加快发展的良好势头。

三是在建重大项目进展顺利。在建高速公路项目继续保持良好态势。今年计划确保建成的3个高速公路项目,杭州湾跨海大桥已于5月1日建成通车,衢州至南平高速公路浙江段和台缙高速公路仙居至前仓段年内能确保建成通车。计划以后年度建成的在建高速公路项目稳步推进,舟山连岛工程金塘大桥主通航孔桥提前贯通。列入省政府考核的7个重点国省道项目和10个万吨级以上沿海泊位,总体进展顺利,杭甬运河航道改造扫尾工程已进入最后攻坚阶段。在建设中,高度重视质量管理,强化高速公路、水运工程、沥青路面质量三项控制。初步建立了交通建设市场信用评价体系。

四是运输保障能力稳步提高。今年以来,公路、水路运输生产持续发展,1~6月,全省完成道路客运量8.7亿人次、旅客周转量362.3亿人公里,同比分别下降2.1%、4.1%,主要是年初雪灾影响,春运流量大幅减少;完成道路货运量5.1亿吨、货物周转量260.4亿吨公里,同比分别增长5.2%、5.9%。全省完成水路客运量1 660万人次、旅客周转量3.59亿人公里,同比分别增长2.3%、2.6%;完成水路货运量2.6亿吨、货物周转量2 026亿吨公里,同比分别增长7%、7.1%。沿海港口累计完成货物吞吐量3.1亿吨,集装箱吞吐量547.7万标准箱,同比分别增长12%、17.2%。农村客运加快发展,新开通班车行政村186个,改造农村承包班线34条,城乡客运一体化率提高到40.8%。

五是行业安全稳定得到有力维护。以部署开展为期三年的"安全质量年"活动为载体,突出抓好奥运安保和行业反恐工作,全面加强了事关和谐稳定的各项行业管理工作。省厅专门成立了奥运安保工作领导小组,先后召开七次会议,研究交通行业奥运安保工作,4月份又在新昌召开全系统会议作了全面部署,并组织开展了不安定因素专项排查和整治工作。随后,又专门组建专项督察组,由厅各领导分别带队,分九个组赴各地进行专项督察,确保了奥运圣火在浙江境内的平安传递。1~6月,全省交通行业安全生产形势稳定。全省营运客车发生死亡事故起数、死亡人数、直接经济损失分别同比下降10.3%、下降7.1%、上升35.2%。内河辖区发生水上交通事故起数、死亡人数、直接经济损失同比分别下降25%、33.3%、42.3%,没有发生一次死亡3人以上的交通工程事故和水上交通事故。对出现重大突发事件,我们也临事不乱,妥善处置。3·27金塘大桥船舶碰撞事故发生后,我厅会同国家海事局、舟山市政府,及时科学妥善处置,防止事态扩大,获得了交通运输部的专门发文表彰。

同时,打赢了抗雪保通、抗震救灾的攻坚战。在抗雪保通战斗中,做到人员、责任、应急物资、防救措施、站场服务"五个到位",确保除夕前抢通主干线、确保持票旅客节前全部返乡、确保重点物资运输运力充足"三个确保"的目标全部如期实现。王建满副省长一到省政府上任,就到厅里现场指挥抗雪保通工作。据统计,全省交通系统抗击冰雪灾害共计投入资金2.56亿元,疏运旅客1.2亿人次,抢运电煤、粮食、食盐等重要物资700多万吨,公路绿色通道免费通行车辆17.2万辆,免收通行费2 366.6万元。受到省、部表彰的先进集体和先进个人分别达26家、54人,其中永嘉公路段养护工汪国杰、林圣巧,杭金衢高速公路养护工左建党三位同志为此光荣殉职。在抗震救灾工作中,全系统以最快速度组织保通抢通,以最高效率运输救灾物资,第一时间抢通国省道225公里,检测桥梁129座,投入救灾资金和捐款捐物达3 000万元,被全国和省、部表彰的先进集体和先进个人分别达5家、12人。省委赵洪祝书记先后两次批示肯定交通系统抗震救灾工作,并亲切慰问奋战在一线的交通干部职工。王建满副省长专门赶往机场为赴川架桥突击队送行。

上半年工作所取得的成绩,不仅赢得了社会各界的广泛好评,也得到了省委、省政府和部党组的充分肯定。在肯定成绩的同时,我们更要保持清醒的头脑,充分认识交通工作当前面临的严峻形势,有许多问题和困难有待解决。

一是交通重点项目推进困难越来越大。计划新开工项目不能按期开工是当前最突出的矛盾。据统计,全省今年计划新开工交通项目共260个,到目前为止已开工或初步设计已审批的项目仅占1/4左右。在高速公路项目中,今年计划开工的6个项目,今年有望实现年内开工目标的仅有云景高速,其他5个项目至今土地占补平衡和基本农田补划问题未能解决。杭长高速公路杭州至安城段、龙庆高速、宁波象山港大桥及接线3个项目至今工可未批复。此外,龙庆高速公路,因建设模式由政府还贷公路转变为经营性公路后,需要重新走核准制的程序。计划在本届政府今后几年开工的重点交通项目,目前前期工作进展情况也不容乐观。国省道及重要县道项目同样如此,截至6月中旬,多数都未开工。

部分续建高速公路项目情况也不容乐观,问题特别突出的主要有以下几个项目:一是诸永高速公路项目建设管理权移交给项目公司后,项目公司管理力量不足,指挥协调不力,政策处理、设计变更等工作缓慢,部分标段工程建设严重滞后。今年力争建成通车的金华段、绍兴段,目前虽已进入中、上面层路面施工阶段,但目前尚有3处路基工程断点,而且后续工程整体滞后。二是温州绕城高速公路北线虽然总体形象进度达87.2%,多数路段的路面及附属工程已进场施工,但由于个别点段的厂房拆迁安置补偿未妥善解决,影响工程整体均衡推进。三是申嘉湖杭高速公路余杭段由于土地报批问题,以及项目公司与余杭区在工程建设费用方面尚未达成共识,导致L8—L10标段至今未能开工,影响2009年底前建成通车目标的实现。这条路是上海迎接世博会的一项工程,此前已与上海方面达成协议,而嘉兴方面早已经完成。此外,台缙高速公路东延段由于土地报批和政策处理等问题尚未全面开工建设,宁波绕城高速公路东线、舟山大陆连岛工程宁波连接线,因拆迁问题进度较慢。

港航重点项目建设中也存在一些具体问题。比如,杭甬运河改造扫尾工程中,绍兴市嘉会大桥的土地征用问题未得到有效解决,影响引桥的实施和桥下航段的施工;萧绍界河段的江桥大桥虽然恢复了主桥施工,但萧山侧引桥和接线的建设土地尚未移交。萧甬铁路桥由于建设模式变化,用地指标无法落实,需要重新立项;曹娥江疏浚工程由于曹娥江大闸封堵时间推迟,作业工期受到严重影响。同时,杭申线四改三航道改造工程、杭平申线航道改造(含黄姑塘航道)工程因用地指标和占补平衡指标无法落实,工可难以批复。此外,金塘大浦口集装箱码头、舟山六横凉潭矿石码头、条帚门公共航道整治工程等重点项目建设也都存在不同程度的问题,需要加大推进力度。

二是惠民交通建设任务艰巨。欠发达地区、农村地区、海岛地区要求通路、通车、通航,加快交通发展的要求越来越迫切,各方面的呼声也越来越高,交通部门面临的压力也越来越大。上午几位分管市长的发言也都反映出了这方面的形势要求,尤其是去年换届以后,各级地方党委政府对交通工作,特别是交通重大项目建设给予了高度的关注,党委政府主要领导亲自研究谋划,亲自部署推进。同时,从全省公路交通流量看,也明显地反映出交通发展所面临的压力。比如,全省高速公路的出口流量去年比前年增长了21.5%,今年上半年又比去年同期增长了15.74%,甬台温、杭金衢等高速公路,近几年车流量增长很快,导致堵车现象时常发生。农村交通发展方面,形势任务更为紧迫。在全省农村公路建设座谈会上,省政府作出了“三年基本完成通村公路建设任务、形成联网公路建设势头”的决策部署。根据这一部署要求,在今后三年全省至少将再建11 250公里通村公路,任务十分艰巨。目前全省未通等级公路以及路面未硬化的行政村,大都位于地形复杂、地势险要、地质灾害频发的偏远山区,地处海拔高,建设里程长,而且结构物多,边坡开挖方量大,工程造价普遍较高。据测算,线路长度平均在4~5公里,有的甚至达到10多公里,每公里造价约需60万~80万元。同时,所在地方财政配套能力不强,集体经济薄弱,筹资更加困难。

从农村客运发展看,虽然通过努力,可以实现今年全省建制村班车通达率91%的目标,但从长期看,还存在一系列矛盾:一是地偏、人稀、路难,进一步提高班车通村率十分困难。目前,全省尚有近4 000个行政村还没有开通班车,而这些行政村基本为山区和海岛地区,而且老百姓价格承受能力低、客源也更为稀少,开通班车和维持日常经营的难度十分大。二是成本高、营收低,成本上涨压力难以通过价格机制消化,农村客运面临普遍亏损。从全省调查来看,我省已开通农村客运班线的亏损面约在65% ~75%。三是期望高、政策少,作为服务农民群众的基本公共服务,农村客运相比城市公交,享受的优惠政策明显缺少。如农村客运仅享受部分油价补贴和规费减免政策,而城市公交则享受100%油价补贴、交通规费全免、车辆购置税全免、营业税全免、车辆更新补助、亏损补助等优惠政策。

三是安全维稳形势十分严峻。国家对安全、质量工作的要求越来越高,张德江副总理今年对安全生产工作提出了“三个压下来”(一定要把事故总量压下来,一定要把重特大事故压下来,一定要把伤残人数压下来)的要求。而我省交通行业安全和质量管理仍然存在诸多薄弱环节,交通基础设施的安全隐患尚未全部排除,如四、五类桥梁还大量存在,我省有4万多座桥梁,属全国之最,其中有1 700多座四、五类桥梁;桥梁防碰撞设施、公路安全保障设施等还需完善;工程监理不到位,存在重资料、轻现场监管的现象。同时,全行业的应急能力建设还比较滞后,应急指挥体制还不够高效,救助队伍、设备和应急物资储备不足。特别是北京奥运日益临近,各种不稳定因素不断出现,反恐和维稳压力很大,不容稍有闪失。从前段时间检查情况来看,有不少工作要求在基层没有得到很好的落实,一些车站、码头行包安全检查仪形同虚设,甚至极个别安检仪岗位工作人员还有脱岗现象。

出现以上问题和困难,尤其是重大工程建设推进不理想的原因是多方面的,我们分析主要有以下因素:

一是对宏观调控的适应性不强。去年中央经济工作会议之后,为防止经济增长由偏快转为过热、防止物价结构性上涨转变为明显的通货膨胀,中央采取了一系列调控措施,使项目和土地审批难度进一步增加,银行信贷政策进一步紧缩,土地、资金等要素制约进一步显现。从土地要素制约看,据统计,申请2008年土地指标的交通项目中,耕地占补平衡和基本农田补划困难较大的项目共需耕地2 086公顷,约占交通项目建设耕地总需求量的2/3左右。从资金要素制约看,国家对交通基础设施项目贷款政策由原来的支持转为控制，贷款难度加大。各级交通部门负债规模较大，再融资能力减弱。地方筹资能力不如以前，配套资金到位困难。同时，我省交通项目特别是高速公路项目，重点已由发达地区转向欠发达地区，且由于环保要求提高、土地征迁成本和能源、建材价格上涨，导致建设成本不断上升，项目经济效益普遍下降，企业缺乏投资积极性，项目法人组建十分困难。

面对以上宏观调控形势，有的交通部门反应不快，对政策理解不透彻，工作上不能主动适应。有些同志还保留着过去“边干边批”的工作习惯，前期工作质量不高，深度不够。有的存在畏难情绪，工作上等待观望，敷衍推诿，不敢走进矛盾，怕担责任。另外，有些地方领导刚刚换届，工作没有很快熟悉，跑项目虽然热情很高，但方式方法不对，找不准要害，摸不到门径。

二是对重点项目推进的合力不足。交通项目前置审批涉及多个部门，而投资体制改革尚未到位，各个审批程序之间相互制约，而且要求越来越高，不能仅靠交通一家单打独斗，需要方方面面的支持和配合。但目前对于交通重点项目的前期工作，尚未建立上下联动、横向协调的工作机制，相关部门的行业对口优势得不到充分发挥。个别地方大局意识不强，过分注重本地局部利益，没能正确认识交通工程的线性和网络性特征，对于本地项目积极性很高，对于全省性项目则不够重视，甚至放任不管。

三是对安全质量管理的重视不够。安全和质量是交通工作的永恒主题。但少数管理部门和企业“安全第一、质量为本”的意识还不够强，尤其是企业的主体责任不落实，经常是“说起来重要，做起来次要，急起来不要”，重生产、轻安全的现象仍比较突出，特别是部分农村客运企业、个体运输业户以及少数工程承包企业表现更为突出。思想认识的不到位，导致了投入和保障不到位、责任和措施落实不到位、监管和奖惩更不到位，无法适应日益增长的运输量、持续高位的工程量之下，安全和质量管理面临的严峻形势。

此外，今年以来频繁发生的突发事件也分散了我们的精力，一定程度上干扰了交通重点工作的顺利推进。

二、创新工作方法，攻坚克难，掀起“三大建设”的高潮

5月中旬以来，省委赵洪祝书记、省政协周国富主席、省政府王建满副省长等省领导先后八次对交通工作作出重要批示。特别是省委赵洪祝书记，在5月21日至5月26日短短不到一周的时间内，连续四次作出重要批示，

给予鼓励和鞭策。王建满副省长分管交通以来，经常听取交通工作汇报，经常亲临现场督察指导交通工作，在不到半年的时间，王副省长已先后到30多个县(市、区)调研指导交通工作。这既是对交通系统推进“三大建设”、支援抗震救灾和开展主题实践活动等各项交通工作的充分肯定，也体现出省委、省政府对交通发展的高度重视，对全省交通系统的关怀、信任和殷切期望，使我们在深受鼓舞的同时也备感压力。全省交通系统广大干部职工，要深刻领会省领导批示的精神实质，自觉把思想统一到省领导的重要批示精神上来，以更振奋的精神、更有力的举措、更务实的作风，掀起“三大建设”的高潮。

下一步，我们要继续围绕重点工作，将贯彻落实省领导指示精神化作自觉行动，贯穿于现代交通“三大建设”的全过程，落实到每一个岗位，每一项工作，每一个环节中去。概括起来就是要努力做到“三个结合”，“三个创新”，“三个增强”。

一是要结合更好发挥交通在经济社会发展全局中的作用，创新交通理念，增强推进“三大建设”的责任感和使命感。这是推进重点工作、破解发展难题的思想基础。交通历来是经济社会发展的先行官，与经济社会各个领域密切相关，发挥着重要的基础性和先导性作用。学习贯彻省领导指示精神，第一位的任务就是要通过学习，不断创新交通发展理念，牢固树立“交通圈就是经济圈，交通圈就是发展圈”的意识，以重点工程为载体和抓手，进一步完善交通基础设施网络，优化物流运输网络，推进大港口、大路网和大物流的建设。同时，要牢固树立交通就是大民生的意识，从以人为本、执政为民的高度来推进惠民交通建设，推动交通基本公共服务均等化。衣食住行是人的基本需求，发展交通就是更好地满足人民群众“行”的需求，就是改善民生。“要想富先修路”、“小路小富，大路大富，无路不富”，这些通俗的语言很好地反映老百姓要求发展交通、致富奔小康的期盼，也点出了交通在改善民生中的基础性地位。学习贯彻省领导指示精神，就是要在充分认识交通发展重要意义的基础上，自觉地把交通重点工作融入到党委、政府的全局工作中去，不断增强推进“三大建设”的荣誉感、责任感、使命感，按照省委赵洪祝书记“坚持抓实、取得成效”的要求，坚定不移地加以推进，不折不扣地完成好省委、省政府交给的目标任务。

二是要结合落实全省经济工作会议和今年省委有关经济工作的有关指

示精神,创新工作方法,增强攻坚克难的信心和决心。这是推进重点工作、破解发展难题的基本要求。去年12月的全省经济工作会议上,赵洪祝书记围绕加快经济转型升级,深刻阐述了今后五年我省经济发展面临的5个方面20个问题,其中包括交通瓶颈问题,并提出今后五年要按照适度超前的要求,建设大港口、大路网、大物流,从而使现代交通"三大建设"上升为省委的重大决策部署。现代交通"三大建设"是交通贯彻"两创"总战略和"全面小康六大行动计划"的总抓手,是今后一个时期交通工作的中心任务。今年上半年以来,经过全系统的共同努力,现代交通"三大建设"取得了良好的成效,迈出了可喜的第一步,但与此同时也遇到了一系列的困难和问题。破解这些难题,急功近利、急躁冒进不行,因循守旧、墨守成规不行,畏难退缩、不思进取更不行,关键是需要我们进一步解放思想,克服各种不良情绪的影响,通过思维观念的更新、思维方式的变革和精神状态的转换,来形成破解难题的新思路,拿出解决问题的新办法。在今年的一季度经济形势分析会和近期有关会议上,省委针对经济发展中出现的新变化、新情况,强调要全面贯彻宏观调控政策,准确把握经济运行趋势,切实解决突出矛盾和问题,在调整优化投资结构的基础上,推动投资增长回升到合理适度的水平。交通作为投资大户,在其中承担着特别重大的责任。为此,关键是增强攻坚克难的信心和决心,创新工作方法,着力推进交通重点工作,为确保投资平稳增长作出自己的贡献。

三是要结合加强交通系统领导班子思想政治建设,创新交通精神,增强为民服务的觉悟、能力和水平。这是推进重点工作、破解发展难题的根本动力。"火车跑得快,全靠车头带",一个单位好不好,关键看领导班子的思想作风、工作作风。"树新形象、创新业绩"主题实践活动,是新时期推动科学发展、创业创新,切实加强领导班子思想政治建设的有效载体。学习贯彻省领导批示精神,就是要进一步增强开展"树新形象、创新业绩"主题实践活动的自觉性和主动性,在前一阶段活动的基础上,紧密结合交通工作,深入加以推进,并以此为契机全面加强交通各级领导班子的思想政治建设,进一步转变干部的学风、思想作风、领导作风、工作作风和生活作风,使交通各级领导班子始终牢固树立正确的政绩观,始终注重讲党性、重品行、作表率,始终做到政治坚定、敢于负责、亲民为民、求真务实。同时,要大力弘扬以"惠民、奉献、服务"为核心价值理念的浙江交通文化,增进与人民群众的感情,以求真务实的作风推进交通重点工作,多干打基础、利长远的事。其中,特别要重视和加强安全和质量管理工作,把它们作为关乎人民群众根本利益,关乎政府和交通部门形象,关乎交通行业可持续发展的首要之务来抓。

三、咬定目标,振奋精神,奋力夺取全年工作的胜利

今年交通工作任务十分艰巨,接下来的半年每一天都十分宝贵。我们必须以只争朝夕、时不我待的紧迫感,突出重点,排紧计划,抓实抓细,全面推进交通各项工作。

(一)统一思想认识,咬定目标不放松

按照全省交通工作会议要求,今年作为本届政府的开局起步年,要达到以下目标:一是全省公路、港航交通基础设施建设计划完成投资449亿元。二是确保新增沿海泊位36个,其中万吨级泊位10个以上,全年货物吞吐量争取超过6亿吨,集装箱吞吐量超过1 200万标准箱;确保新增内河四级航道110公里。三是确保建成通车高速公路191公里,力争建成139公里;新改建国省道和重要县道590公里;新建通村公路3 500公里,农村联网公路3 000公里;新建农村客运站场89个,港湾式停车站3 000个;行政村班车通达率达到91%,城乡客运一体化率达到42%。这些目标都是我们对外宣示了的,有的已经写入省政府工作报告,作为省政府为民办实事的内容向全省人民作了承诺。所以,这样的目标已经没有动摇和退步的可能。从上半年情况看,省政府确定的今年确保完工的交通重点项目基本能够完成,但是省厅计划新开工高速公路项目和力争建成高速公路项目进度不理想,需要更大的努力。今天会上,省交通厅与各市交通局(委)、沿海港航(务)局签订了责任书,责任书就是军令状,希望各地方、各单位都要按照责任书明确的内容,咬定目标抓好开工率,抓好进度表,确保全省目标任务的圆满完成。

(二)突出前期工作,加大攻坚力度

目前,现代交通"三大建设"的最大困难在于重大项目建设的前期工作,包括项目审批、土地征用和法人组建。对此,我们一定要突出这个工作重点,加大攻坚力度。一是要加强领导和协调。积极向党委、政府汇报宣传,争取成立由政府领导领衔、综合部门牵头、各前置审批部门参加的重点项目建设领导小组,定期召开形势分析会,统一协调高速公路以及重点项目推进中存在的问题。要积极与发改、国土、环保、农业、林业等部门的沟通,建立

完善的协调机制,按照省领导的指示精神,把部门行为变为政府行为,形成大干交通的合力。二是要做深做细基础工作。学好前期工作有关文件,吃透政策精神,弄清情况,摸清程序,排出工作计划,认真细致地准备基础资料和技术文件,提高线位选择、方案设计的科学水平,尽量节约土地、保护生态,为加快审批创造条件。在征迁过程中,要把政策落实到位,切实保护好农民利益,争取做到不上访、不告状、不举报。三是要落实工作责任。每个项目要专人负责,全程跟踪,摸清制约前期工作的关键部位,集中力量做好工作,少跑冤枉路,少做无用功。今年要力争开工的6个高速公路项目以及重大港航建设项目,都要分别情况有针对性地采取措施。

在突破前期困难的同时,要精心组织好在建项目的建设,定期深入现场进行督察,创造良好的施工建设环境,加强合同管理,按计划顺利推进项目建设。进度落后的项目尤其要狠下工夫,主动学习先进项目的经验,争取改变落后现状。

(三)牢牢把握机遇,建设港航强省

对于港航强省建设,省委、省政府始终高度重视,今年以来,吕祖善省长、陈敏尔常务副省长、王建满副省长等省领导多次到宁波、舟山调研考察港航强省建设,多次召集我厅、省级有关部门研究部署港航强省建设的各项工作。上个星期,吕祖善省长、陈敏尔常务副省长、王建满副省长又再次召开会议,专题研究宁波—舟山港总体规划。我们一定要牢牢把握机遇,乘势而上,进一步掀起港航强省建设的高潮。一是继续完善港航规划体系。下周部、省就要联合审查《宁波—舟山港总体规划》,接下来要趁热打铁,抓紧催批。同时,编制完成《全省沿海港口集疏运规划》和专项的宁波—舟山港集疏运规划。二是抓好重大项目建设。特别是要确保舟山煤炭中转码头、温州港七里港区二期等10个深水泊位按期建成。加快推进金塘、六横、衢山等重点港区的开发建设步伐,大浦口集装箱码头主体基本完成;岙山30万吨油品码头主体基本建成。确保杭甬运河除萧甬铁路桥外全部建成,在9月底前实现全线通航。湖嘉申线嘉兴段一期、东宗线二期、长湖申线四改三工程全面开工。三是加强项目储备。完成京杭运河四改三(含二通道)项建书批复和工可编制;完成富春江大坝船闸改造工程工可批复和衢州段工可批复、初步设计,衢州段部分航道或节点争取开工;完成六横凉潭矿石码头项目核准批复并力争年内开工建设;完成大衢鼠浪湖中转码头项目相关研究论证工作,加快温州港、台州港、嘉兴港等有关港区的项目前期工作步伐。四是抓好水上康庄工程建设。列入本年度计划的28个陆岛码头项目,力争在三季度全面开工,确保年内新增码头泊位13个。滩坑水库码头复建工程主体工程基本完成,满足库区蓄水和库区正常交通的要求。督促今年撤渡建桥(路)等81个项目加快进行。

(四)着眼改善民生,加快农村交通发展

发展农村交通要作为落实省委十二届三次全会精神、全面改善民生的重要举措来抓,按照小康建设惠及全省人民、基本公共服务均等化的要求,进一步增加资金补助,进一步调动各方积极性。一是要根据近期全省农村公路工作座谈会精神,按照"三年基本完成通村公路建设任务、形成联网公路建设势头"的要求,完善通村公路三年建设计划,抓紧编制全省农村联网公路建设规划。二是要以18个未完成通村公路建设任务的县(市、区)为重点,按照"抓两率、重联网、促均衡"的要求,集中力量推进通村公路建设。对于常住村民不多、建路效益不明显、沿线生态脆弱的村,要通过政策引导鼓励"下山脱贫,整村搬迁",原则上不再建设农村公路。准备出台指导性意见,除了以上两种方法以外,还要根据地理条件,调整设计标准,以通路为原则。三是要进一步加大对农村客运发展的政策支持力度,对经营困难的农村客运班车继续实行养路费等交通规费减半征收或全免的优惠政策,积极引导农村客运班车实行公交化改造,积极试点推广城乡公交一卡通工作。四是根据《浙江省农村公路管理养护体制改革方案》和即将出台的《浙江省农村公路养护管理办法》,认真做好农村公路养护管理工作,关键是要按照"统一领导、分级管理、以县为主、乡村尽责"的原则,落实养护管理责任和资金。省财政每年将安排1亿元用于农村公路养护,这是历史性的突破,各地要做好配套工作,落实政策,落实责任。

(五)坚持以人为本,加强安全质量工作

上个月,我们启动了"安全质量年"活动,这是一个很好的载体和平台。对此,省厅已经印发了活动方案,王洪涛副厅长也已在电视电话会议上作了全面的部署,具体的工作这里我就不重复了,接下来关键是要按照省厅既定部署抓好落实,争取通过三年的努力,达到"降事故、提质量"两大目标。

2008年奥运会即将在北京举办,交通作为一个大行业,反恐和社会稳定形势十分严峻。今年是奥运特殊年,我们都要把安全稳定作为一项非常重要的工作来抓,越接近奥运会,安全维稳的压力就越大,责任也越大。接下来,要围绕确保奥运平安抓好以下工作:一是要加强“反恐”防控工作。督促客运站严格落实“三不进站、五不出站”的安全管理制度,提高从业人员的“反恐”意识和敏感性,一旦发现恐怖事件或重大事故的蛛丝马迹,要立即报告,及时处置,防止事态扩大。二是要开展矛盾纠纷排查化解工作。我们交通是个老系统,是个大系统,前几年在改革改制中积累的一系列矛盾和问题,都有可能在今年奥运会这个特殊的时期爆发出来。通过信访、投诉、举报等渠道反映出来的矛盾纠纷,我们一定要落实责任,分析原因,组织力量做好化解工作。把各种问题和矛盾控制化解在苗头萌芽状态,把工作做实、做细、做在前面,这是我们最好的方法。宁波“货的”经营者要求继续实行准入许可、象山中巴车经营者要求自行组建出租车公司、温州原公路总段船厂职工崔某要求撤销除名决定等问题,当事人反复上访,相关地方交通部门一定要做好稳控工作。三是要落实惠民利民措施。中央和省里出台的惠民利民政策,要不折不扣地落实。当前,重点是要尽快落实出租车、农村客运财政补贴,同时帮助货运、长途客运企业减轻油价上调带来的影响,保持行业稳定。

台风即将来临,全系统要高度重视防台抗灾工作,在日常养护之外,加强临时性巡查维护工作,及时排除险情。一旦发生汛情或台风警报,要立即启动防灾应急预案,做好工程防护、人员疏散、停运停航等准备,汛情或台风结束后要第一时间恢复交通,发挥交通作为“生命线”的作用。同时,要根据省委、省政府和交通运输部的统一部署,继续抓好支援地震灾区的各项工作,帮助灾区群众尽快恢复生产、重建家园。

(六)完善政策措施,推进大物流建设

交通大物流建设既是一项老工作,又是一个新任务,肩负着推动传统运输业向现代物流业转型的使命。经过半年来的努力,我们已经基本摸清了情况、理清了思路、拟订了措施。下一步,我们要抓紧做好以下几项工作:一是尽快出台《浙江省交通物流业发展指导意见》和交通物流基地、龙头企业、信息系统建设的实施方案、资金补助管理办法等配套政策。二是围绕三大产业带和省内主要市场布局,在原有公路、水路网络以及客货运站场等规划的基础上,编制完成全省交通物流基地布局规划。同时,加快开展义乌国际物流园区二期、温州潘桥—双屿物流园区二期、宁波空港物流园区二期建设，梅山岛保税港物流园区的前期工作。三是成立物流信息化电子枢纽工作小组(电子枢纽中心)，初步建成物流信息平台一期，完成两个物流标准软件的开发建设，实现在30家企业推广应用。四是按照特种物流、干线物流、平台物流、配送物流、港口物流和综合物流等业务领域，分类择优选取有一定基础的企业加以培育扶持。同时，引导企业以资产为纽带，通过组建联合体、兼并重组等方式做强做大，提高物流业的规模化、集约化程度。

(七)加强队伍建设，振奋行业精神

要深化开展“创新业绩、树新形象”主题实践活动，落实交通惠民“双百三千”送服务活动各项工作，领导领衔开展破解难题专项活动，并以此为契机，进一步加强领导班子和干部队伍思想政治建设，克服工作中存在的不良情绪和漂浮作风，充分调动干部职工推进交通重点工作的积极性、主动性，提高应对宏观形势变化的能力和水平。要继续深化反腐倡廉建设，按照“更加注重治本，更加注重预防，更加注重制度建设”的要求，进一步完善惩治和预防腐败体系，形成拒腐防变教育长效机制、反腐倡廉制度体系、权力运行监控机制，把惩防体系的建设贯彻于交通部门权力运行的全过程，特别是要加强对政府性资金、行政执法的监督，促进依法行政、效能建设，维护人民群众的切实利益。要组织好“改革开放30周年”主题宣传活动，充分展示浙江交通30年来取得的巨大成就，挖掘和树立交通行业中的先进典型，深入推进交通文化、行业文明建设，进一步弘扬“惠民、奉献、服务”为核心价值理念的浙江交通精神，鼓舞全体交通人忠诚事业、甘于奉献、艰苦奋斗、争创一流，为推进交通重点工作营造浓厚的文化氛围。

(八)强化督察考核，全面落实责任

在增强内部动力的同时，也要加大外部压力。要建立健全交通重点工作的督察考核机制，促进任务、责任的全面落实。交通厅已经分别成立了大港口、大路网、大物流督察办公室，同时制订了督察考核办法，突出重点工作，逐项分解任务，逐级明确责任。希望市、县交通部门也要建立督察考核机制，健全责任体系。“一把手”对交通重点工作要切实负起领导责任。亲自过问，经常研究，全程跟踪，切实克服“抓而不紧、抓而不实、抓而不力”的现象。要通过督察，及时发现问题，及时协调解决问题，不达目的绝不罢休。同时，适当加大考核密度和奖惩力度，充分调动参建各方的积极性。

2008年是新一届政府的开局之年，也是全面推进现代交通“三大建设”的起步之年，做好今年的工作意义重大。我们要在省委、省政府正确领导下，进一步贯彻落实科学发展观，深入实施“两创”总战略，在上半年工作取得良好成绩的基础上，再接再厉，奋发进取，确保圆满完成各项目标任务，为全省经济社会又好又快发展作出更大贡献！

抓住重大战略机遇期
加快交通基础设施建设

(2008年11月18日)

加快交通基础设施建设是全面贯彻落实党中央、国务院关于扩大内需促进经济增长的决策部署,按照省委十二届四次全会以及近日省委常委会、省委工作会议、省政府常务会议和交通运输部关于加快交通基础设施电视电话会议的一系列精神要求,分析判断当前我省交通运输业发展面临的新形势,动员全系统干部职工把思想和行动统一到中央、省委省政府和交通运输部的决策部署上来,进一步振奋精神,抢抓机遇,勇挑重担,采取强有力措施,切实加快我省交通基础设施建设,全力推进现代交通"三大建设",为实现我省经济"保稳促调"目标,推动全省经济平稳较快增长作出积极贡献。

一、统一思想,提高认识,抢抓机遇,加快交通基础设施建设使命

自觉坚定地贯彻好中央扩大内需、促进经济增长的重大决策部署,首先需要我们从学习实践科学发展观的高度,深刻认识交通对于拉动内需促进经济增长的全局性和战略性意义,充分解决好思想认识问题。

第一,要深刻认识扩大交通投资规模,加快交通基础设施建设,是贯彻中央决策部署拉动内需促进经济增长的一项重大政治任务。

近期以来,美国次贷危机引发的世界金融危机不断恶化,波及范围越来越大,影响越来越深,并加速向实体经济蔓延。随着金融危机愈演愈烈,我国经济受到严重冲击,当前和今后一个时期,经济增速下行已经成为我国经济运行中的主要矛盾,并有进一步加重的趋势。我省经济在这场金融风暴中,同样面临着严峻考验。前三季度,全省出口总额实际增幅、全社会固定资产投资实际增幅、全省生产总值增幅分别仅为10%、4.5%和10.6%,主要经济运行指标均出现大幅回落。与此同时,全省工业生产和企业效益显著

回落,企业家信心指数也降到近年来的最低点。前三季度,全省规模以上工业增加值各月增速均在10%以下,其中8、9月份分别只增长6.1%和6.4%,这是近10年来从未有过的。1~9月,全省规模以上工业企业实现利润增幅同比回落达23.7个百分点。10月份,我省经济形势更是不容乐观,全省经济增长仅2.2%,财政收入增速也急剧下降,增幅仅1.7%。

为应对国际金融危机以及国内复杂严峻的局面,党中央、国务院审时度势,果断作出了扩大内需、加快基础设施和民生工程建设,促进经济增长的重大决策。全国政协主席贾庆林、国家副主席习近平到浙江调研时也一再强调,要把"防止经济下滑、避免出现大的起落"放在更加突出的位置。省委、省政府更是连续召开会议研究经济工作,强调要坚决贯彻党中央、国务院的决策部署,紧紧围绕"标本兼治、保稳促调"的总体思路,果断采取针对性措施,进一步扩大内需,有效防止经济增速过快下滑。尤其是中央关于"出手要快、出拳要重、措施要准、工作要实"的工作要求,其态度之坚决、措辞之严厉前所未有,充分体现了中央的决心。可见,拉动内需促进经济增长,已刻不容缓,是我们必须坚决贯彻执行的一项重大政治任务。全省交通系统一定要以强烈的政治责任感和时不我待的紧迫感,自觉坚定地按照中央和省委、省政府决策部署要求,切实加快交通基础设施建设,扩大交通投资规模,为拉动内需促进经济增长作出积极贡献。

第二,要深刻认识交通在贯彻中央关于拉动内需、促进经济增长重大决策部署中的生力军作用。

交通在全社会固定资产投资中占有重要比重,在拉动内需、促进经济增长中居于重要地位。近年来,我们在科学分析国内外、省内外经济社会发展和交通发展形势的基础上,始终坚持浙江交通仍处于大建设、大发展时期这一基本判断,始终保持高强度的交通基础设施投入。尤其是今年以来,我们克服重重困难,有力推进交通基础设施建设,取得了显著的成果。全省交通基础设施投资保持高位增长,这对实现我省经济"保稳促调"目标发挥了积极作用,得到了省委、省政府的充分肯定。据统计,前三季度,全省交通基础设施建设共完成投资319.7亿元,完成年度计划的70.5%。完成投资比去年同期增加1.9亿元,增长0.6%;完成计划比率与去年同期增加3.6个百分点。

这次扩大投资、拉动内需、促进经济增长,中央和省委、省政府对交通更是寄予厚望。国务院提出扩大内需的十项措施中就有三项需要交通部门来组织落实。省委、省政府也明确提出要抓紧启动一批对经济增长见效快的重点工程,把交通投资作为拉动内需的重要领域。交通运输部也于日前召开电视电话会议进行部署安排,提出了今年和今后一个时期加快交通基础设施建设的"三大主要任务"和"五项工作要求"。据测算,高速公路每亿元投入,可创造直接就业岗位 1 800 个,间接就业岗位 2 100 个,高速公路每公里建设平均需要钢材 1 000 吨,水泥 9 000 吨,沥青 1 900 吨。所有这些都表明,交通是贯彻中央决策部署,拉动内需促进经济增长的生力军、排头兵、先行官。所谓"养兵千日、用兵一时",我们必须在关键时刻,勇挑重担,当仁不让,奋发有为。"有作为才能有地位",关键时刻能站得出来、冲得上去,更能展示我们这支队伍的战斗力,更能树立交通的地位和形象。

第三,要深刻认识当前国家拉动内需、促进经济增长的决策部署,是推进现代交通"三大建设"的重大战略机遇。

在宏观经济政策出现重大转变的情况下,交通发展面临着难得的历史机遇。中央已确定采取积极的财政政策和适度宽松的货币政策,国家年底前将先行增加中央投资 1 000 亿元,其中安排交通 100 亿元,明后两年增发长期国债 1 万亿元。央行已连续下调准备金率和贷款利率,取消商业银行的信贷额度,而且还将新增贷款不低于 4 万亿元。吕祖善省长日前在省政府常务会议上强调,对于重大基础设施建设项目的土地予以优先保障,项目涉及的各项审批由各部门对口负责、责任包干,并对土地占补平衡问题实行"先占后补"的政策。可以预见,土地、资金等要素制约将大大缓解,交通发展的外部环境会明显改善。而且当前各类主要建筑材料的价格也大幅下降,国际原油价格从每桶 147 美元下跌到 57 美元,这有利于降低交通建设成本。可以说,交通又迎来了一个加快发展的春天。回顾历史,1998 年的亚洲金融危机,我国公路建设是扩大投资的重头戏,我们抓住机遇,加快建设,实现了历史性的跨越。这次我们更要自觉地抓住机遇,顺势而为,乘势而上,争取实现新的历史性跨越。这也有利于我们在综合交通体系建设中占据应有的地位。

同时,我们要清醒地看到,贯彻落实好中央决策部署,按照交通运输部和省委、省政府要求,迅速扩大投资、拉动内需,我们肩上的责任很重,任务十分艰巨,面临着各种困难和挑战,需要付出加倍的努力。但总体来说,是机遇大于挑战。我们一定要有强烈的忧患意识和敏锐的机遇意识，切实增强责任感、使命感和紧迫感，把思想和行动高度统一到中央、交通运输部和省委省政府的决策部署上来，切实加快交通基础设施建设，全力推进现代交通“三大建设”。

二、振奋精神，突出重点，迅速行动，落实加快交通基础设施建设的各项任务

为认真贯彻落实好中央决策部署，做好扩大内需、加快交通基础设施建设的各项工作，2008 年 11 月 11 日省政府常务会议后，省厅立即召开专题会议研究扩大交通基础设施投资的工作安排。2008 年 11 月 13 日，我又带队赶赴交通运输部，向李盛霖部长、翁孟勇副部长以及有关司局汇报工作，争取项目和资金上的支持。对此，吕祖善省长予充分肯定，作出重要批示：省交通厅对中央和省委、省政府拉动内需、保稳促调的部署反应快、行动迅速，工作做到是好的，望进一步深化。一是要争取将项目纳入国家重点项目盘子，并尽可能争取资金上支持；二是加快前期工作，协调项目投资主体，保证项目早开工、早建成。陈敏尔常务副省长也作出重要批示，要求省政府办公厅加强对各部门近期争取投资项目情况的跟踪和通报工作。

根据浙江交通实际，贯彻落实好中央决策部署，近一个时期加快交通基础设施建设，在项目安排上要突出以下几个重点：一是紧密结合贯彻国发〔30〕号文件，着力推进长三角区域交通一体化，解决好高速出省接口路、“断头路”的联网贯通和区域城际大通道的扩容问题。二是紧密结合贯彻十七届三中全会精神，着力推进农村公路建设，完善农村公路安保设施，加快危桥改造、渡口改造。三是紧密结合贯彻省委推动经济转型升级的战略部署，着力推进港航强省建设和交通大物流建设，加快建设一批重大港航基础设施和物流站场项目。

围绕以上重点，按照“能上则上、统筹协调、结构优化、转型发展”的原则，我们的主要任务是组织实施好“六个一批”项目。即确保完工一批、加快在建一批、尽快开工一批、乘势催报一批、提前实施一批、抓紧储备一批。

（一）确保完工一批项目

紧紧抓住今年最后一个多月的时间，加大项目投入、加强施工管理、加

快建设进度,确保黄衢南高速公路衢南段、诸永高速公路北段、台金高速公路西段3条高速公路合计268公里,以及列入今年完工计划的11个国省道项目。舟山六横煤炭中转码头一期等10个万吨级泊位在年底建成,杭甬运河全线基本通航,建成一批综合物流园区和客运站等物流项目。

(二)加快在建一批项目

对在建的舟山连岛工程(含宁波连接线)、温州绕城北段、诸永高速公路南段、申嘉湖杭高速公路余杭段、台缙高速公路东延段、104国道乐清湖雾至清江段、104国道苍南二期、104国道嵊州段、长湖申线航道浙江段扩建工程等进度滞后的项目,要攻坚克难,督促地方政府加大政策处理力度,加大配套资金投入,做好协调、指导工作,加快工程建设进度。其中的5个高速公路项目要力争2009年底建成通车。

(三)尽快开工一批项目

争取在今年底前开工杭州湾第二通道嘉绍大桥、绍诸高速公路、杭长高速公路二期杭州至安吉段、云景高速公路、宁波象山港大桥及接线工程、湖嘉申线嘉兴段一期航道、双屿潘桥物流园区双屿区片二期工程和已具备条件的7个国省道等项目,力争年底前开工建设农村通村公路500公里(路基、路面合计)、农村联网公路350公里,提前实施一批安保工程和危桥改造,嘉兴现代综合物流园区的新族电器配送项目、宁波梅山保税港区物流园区国际物流中心一期等项目。

(四)乘势催报一批项目

已上报国家有关部委的项目,要盯牢催批,争取列入国家扩大内需项目计划,尽快开工。前期工作比较成熟的项目,要加大工作力度,抓紧在今年底或明年初报送有关部门审批。

高速公路重点做好已上报国家发改委待批的龙庆高速公路项目申请报告、宁波穿山疏港高速公路工程和已上报省发改待批的钱江通道及接线工程项目申请报告、东永高速公路项目申请报告等的催批工作。抓紧上报杭新景高速公路建德寿昌至开化白沙关、甬台温高速公路扩容工程(沿海高速公路)、杭金衢高速公路拓宽工程和杭宁高速公路拓宽工程的项目申请报告。进一步做好杭新景高速公路建德寿昌至开化白沙关的土地预审、甬台温高速公路扩容工程(沿海高速公路)的土地预审、环评、用海论证、水保等手续的上报工作。

同时做好已报待批和即将上报审批的320国道富阳受降至场口段等5个国道项目、03省道萧山东复线等8个省道项目及11个重要县道项目，以及京杭运河浙江段、衢江航运开发、富春江船闸改造、梅山保税港区集装箱码头工程、北仑五期、杭平申线（含黄姑塘航道）、湖嘉申线二期、武新线、金塘大浦口集装箱码头等13个水运项目的土地、环境、水利、农业、林业、海洋、部队等多方面的手续。以上项目力争2009年底前开工。

（五）提前实施一批项目

对已列入计划但时序靠后的项目，只要建设条件具备，争取提前至2010～2012年实施。

高速公路重点是提前实施临金高速公路、龙浦高速公路、乍嘉苏高速公路拓宽、杭州湾跨海大桥北延、杭长高速公路北延、钱江通道北延、杭绍甬高速公路、六横高速、杭州萧山机场高速，共9条，新增高速公路455公里、拓宽27公里，总投资548亿元，其中在2009～2012年间投资142亿元。

水运项目的重点是加快条帚门航道整治工程、杭申线、乍嘉苏线、瓯江中上游航道整治、兰江航道整治等航道的实施。

国省干线公路要将计划在2010年及以后年度实施的18省道龙岗至鱼跳段等17个国省道及重要县道项目提前实施。农村公路今后四年增加投资15亿元，建设里程增加2 000公里。提前实施临水临崖危险路段公路安保工程1.8万公里、投资39亿元，改造危桥3 000余座、投资24亿元。对水上康庄工程、物流园区项目也要加快实施。

（六）抓紧储备一批项目

已列入规划但前期工作尚未启动或深度不够的项目，要加快做好前期工作，积极创造建设条件，原则上于2012年后实施。

根据以上安排，拟订2009年我省交通基础设施投资将比原计划规模扩大30%以上，预计在600亿元左右，2009～2012年总计追加投资618亿元，使本届政府我省交通建设规模达到2 818亿元。

当前，重中之重是确保今年四季度首轮拉动内需的建设任务落实到位，我们一定要紧紧抓住今年最后43天的时间，以确保完工和尽快开工项目为重点，打一场增加投资、扩大内需的攻坚战。经测算，拿下这项硬任务，可直接增加投资18亿元。

三、加强领导,落实责任,全力以赴,确保交通扩大投资的目标任务

落实以上任务,关键是要采取强有力的措施,求真务实、真抓实干,团结进取、全力以赴,一步一个脚印地抓好各项工作,确保交通扩大投资的目标任务落到实处。

第一,加强领导,落实责任。各级交通部门要将扩大交通投资作为重要政治任务,作为学习实践科学发展观的实际举措,放到当前工作的首位。各单位要立即开会研究落实厅这次视频会议,加快排出项目,制订工作方案,抓紧协调解决难点问题。"一把手"要切实负起领导责任,亲自研究,亲自部署,靠前指挥,全程跟踪,做到统揽全局、成竹于胸,切实克服"抓而不紧、抓而不实、抓而不力"的现象。要层层落实责任,分解到每个岗位、每个人,明确工作内容,明确完成期限。

第二,突出前期,建立机制。要切实加强交通重点项目的前期工作。希望各地成立由政府领导领衔、综合部门牵头、各前置审批参加的重点项目建设领导小组,定期召开形势分析会,统一协调解决前期工作中存在的问题。督促各相关部门发挥自身的行业对口优势,分别向上做好国家部委的相关工作。同时,要在财政预算中安排专项经费用于重大项目的前期工作。这方面,宁波市、台州市已迈出实质性步伐,取得实质性成果,政府主要领导亲自挂帅成立领导小组,亲自开会研究部署,亲自分解落实任务,形成了各部门合力推进交通重大项目建设的良好局面。

第三,多方筹资,落实配套。这次扩大投资规模,如何筹措落实建设资金,是一个极大的挑战和考验。目前,省厅正在研究相关政策措施。部领导已明确表示将尽量对浙江予以支持,今年先期安排中央资金 1.1 亿元支持我省高速公路建设,安排 8 500 万元用于我省农村公路建设。我们将进一步争取交通运输部将更多的车购税、国债资金投入我省交通基础设施建设,并努力争取省财政预算资金投入交通。各地也要抓住机遇,创造和利用各种有利条件,不断拓宽融资渠道,加大资金筹措力度,落实好配套资金。希望各地政府能加大对交通基础设施建设的财政投入,发挥好国有交通投资公司的投融资平台作用,充分把握货币政策适度宽松的有利条件,积极争取金融部门的支持。

第四,强化考核,落实责任。要健全督查考核机制,促进任务、责任的全

面落实。部已成立由综合规划司、公路司、财务司、质监总站等单位派员组成的督查组，将对今年首轮启动拉动内需涉及的省（市）和项目进行专项督查。部纪检监察部门也将按照中央统一部署，就项目资金监管问题到各省市进行监督检查省厅大港口、大路网、大物流督查办公室，也将马上赴各市、县督查首轮启动内需的建设任务。希望市、县交通部门也要加强督查考核，建立督查考核机制，健全责任体系。要通过督查及时发现问题，及时协调解决问题，不达目的誓不罢休。同时，要切实加大考核密度和奖惩力度，充分调动参建各方的积极性。

最后，着重强调一下质量安全工作。我们越是加快建设，越要强调质量和安全。2008 年 11 月 15 日，杭州地铁施工发生重大事故，截至目前已造成 7 人死亡 14 人失踪，这也给我们敲响了警钟，值得引以为戒。我省交通基础设施建设摊子很大，又面临冬季施工条件，安全生产的任务尤为艰巨。一定始终要坚持“质量第一，安全至上”的方针，按照“安全质量年”活动的部署要求，切实加强质量安全监管工作，完善安全质量责任制度，严格落实责任，科学设计、科学施工、科学管理，严防重特大质量、安全事故发生。近日，要立即在全省范围内，组织开展一次质量安全大检查，全面排查消除隐患，确保质量安全形势稳定。同时，要切实加强对项目资金的监管，继续加强党风廉政建设，确保队伍廉政安全，为加快交通基础设施建设提供坚强的纪律保障。

学习嘉善经验　统筹城乡交通
努力探索区域交通科学发展之路

(2009年4月27日)

认真学习贯彻中央领导同志和浙江省委、省政府、交通运输部领导重要批示精神,总结推广嘉善交通在贯彻落实科学发展观过程探索的有益经验,深化推进全省交通系统的学习实践活动,并以此为动力加快三大建设,统筹城乡交通,构建综合交通,努力探索区域交通科学发展之路,更好地发挥交通在经济社会发展中的“先行官”作用。这是嘉善现场会的主要任务。

2008年9月,中央在全党部署开展了深入学习实践科学发展观活动。嘉善作为浙江省第二批、第三批学习实践活动的试点县,与第一批单位同步开展了学习实践活动。嘉善同时还是中央政治局常委、国家副主席习近平同志和浙江省委书记赵洪祝同志的联系点,中央和省委都高度重视,习近平同志和赵洪祝同志多次到嘉善实地调研指导,中央联络指导小组和省委活动办同志驻点全程指导。嘉善县委更是把学习实践活动作为首要的政治任务、难得的历史机遇和最大的工作责任,精心组织,扎实推进。在这个过程中,交通作为嘉善开展学习实践活动的重点领域,得到了各方面的重点关注和推动。2008年11月20日,浙江省交通运输厅党组领导到嘉善与嘉兴、嘉善的同志沟通,研究省、市、县如何联动,共同破解交通建设难题,推动嘉善交通科学发展。习副主席对此予以了充分肯定,专门作出了批示,指出加快交通建设对嘉善主动接轨上海、统筹城乡发展、建设社会主义新农村有重要的促进作用,这不但为嘉善而且对浙江全省交通的科学发展指明了方向。随后,赵洪祝书记,省委常委、省委组织部部长斯鑫良等省领导也先后作出批示,浙江省副省长王建满亲自率领浙江省交通运输厅同志,到嘉兴实地调研指导,提出了加快以“六个一”工程(编制一个规划、建设好一个新客运中心、新建一批港湾式停靠站、改造一批农危桥、改造一条航道、贯通一条省道）为重点的贯彻措施。在此基础上，省交通运输厅党组多次研究，细化措施，落实项目，加强指导，还专门向交通运输部汇报，争取部里的关心支持。交通运输部李盛霖部长多次亲自听取汇报，还专门委托翁孟勇副部长和规划司负责人来嘉善实地考察指导，派出专家帮助嘉善编制交通规划。

经过半年时间的努力，嘉善的学习实践活动试点工作结束，取得实实在在的成效，其中交通方面的成效尤为显著，积极探索了区域交通科学发展之路。习副主席为此专门再次作出批示，给予了高度评价和鼓励。省交通运输厅党组抓嘉善交通这个点，其考虑与中央、省委一致，绝不是仅仅抓这么一个点，而是要以此为试验田，通过“解剖麻雀”，探索实践，将其培育成为“学习实践活动和科学发展的示范点”，形成、总结出一些好思路、好做法、好经验，以指导全省交通进一步深入贯彻落实科学发展观，破解各地推进三大建设中遇到的具有共性的难题，从而更好地发挥交通在经济社会发展中的“先行官”作用。也就是说，省交通运输厅党组要通过培育嘉善交通这个示范点，抓点促面，带动全省交通系统深入实践科学发展观，加快推进三大建设，促进城乡交通统筹发展，构建综合交通运输体系。如果只是就试点抓试点，就失去了试点的意义和价值，也就片面理解中央领导同志联系指导基层的苦心。如何最大限度地发挥嘉善交通的示范、辐射作用，是省交通运输厅党组在抓嘉善交通科学发展试点一直在思考的问题。这方面，嘉兴“近水楼台先得月”，已经召开了市一级的现场，要求其他县（市、区）学习推广嘉善经验。下一步全省各地交通在学习实践活动中都能做到像嘉善一样，转变发展理念，理清发展思路，凝聚发展合力，破解发展难题，那么浙江交通就能创出一个科学发展的全新局面，三大建设、畅通浙江、“两个率先”这些目标，就能确保实现，甚至提前实现，不辜负中央领导同志的殷切期望。这正是浙江省交通厅党组在嘉善召开现场经验交流会的目的所在，认真地学习嘉善交通经验，好好地思考如何结合本地、本单位实际，以开展学习实践活动为契机，坚持科学发展，推进三大建设，统筹城乡交通，构建综合交通，当好经济社会发展的“先行官”。

学习嘉善经验概括起来就是“为什么学”、“学什么”、“怎么学”三个问题。

一、为什么学：充分认识学习嘉善交通科学发展经验的重要意义

当前，市、县（市、区）交通部门正在按照中央和省委的统一部署，作为第

二批单位全面开展学习实践活动,进一步深入贯彻科学发展观。在这样的背景形势下,学习嘉善交通科学发展的经验,有着特殊重要的意义。

第一,学习嘉善经验有助于贯彻落实中央领导同志重要批示精神,更好地发挥交通"先行官"作用。习副主席的两次批示,不但对嘉善交通而且对于浙江全省交通工作都有着重要的指导意义。嘉善地处浙江省东北部,与上海、江苏交界,经济社会发展有较好基础,但是距离全面小康和实现现代化的要求,仍有着相当差距。交通同样如此,虽然公路、航道网的基本框架已经成形,但还不能完全满足经济社会实现新一轮腾飞的需要(嘉善目前对自身的定位是"经济转型升级示范基地、长三角中心区经济重地、主动接轨上海前沿高地、城乡一体发展先行之地"),主要表现在:公路、航道网络化程度不高,交通公共服务均等化程度不高,城乡差距还比较大,各种运输方式之间衔接不够紧密等。所以,嘉善在浙江、长三角地区乃至东部沿海地区都是一个具有典型意义的县域,代表了经济社会发展已有较好基础,正努力实现新跨越的地区。如何打破既有成绩可能带来的固步自封局面,率先实现科学发展,完成转型升级的任务,是这类地区当前面临的关键问题,也关系着国家全局发展。习副主席抓这个联系点,是有着重大战略意义的。在推动发达地区再增动力、率先实现科学发展这一系统工程中,习副主席的重要批示指明了交通应发挥的作用和努力的方向。他非常明确地指出交通对主动接轨上海、统筹城乡发展、加快新农村建设有重要的促进作用,而且他在接见嘉善县委领导时也指出,自己为什么不给嘉善引进一些大项目,是因为嘉善基础条件好,区位优势明显,只要交通搞好了,大项目就会源源不断地自动进来。这其实就是强调了交通在经济社会发展中的"先行官"地位,也等于是赋予了交通部门科学发展的新使命。嘉善在学习实践活动中,围绕贯彻落实习副主席的批示精神,采取不少有效措施,取得了成效。所以,学习嘉善经验,有助于我们更加深刻地领会习副主席的批示精神,借鉴其成功经验,推进本地区交通的科学发展,更好地承担起历史使命,发挥好"先行官"作用。

第二,学习嘉善经验有助于破解交通发展难题、加快推进三大建设。2008 年,浙江交通启动实施了现代交通三大建设,一年来取得了可喜的成绩,尤其是 11 月份中央调整宏观调控方向之后,浙江交通迅速行动,积极部署,全力实施"六个一批"项目,加大投资力度,加快基础设施建设,抓住了好机遇,体现了大作为,得到各方面的高度评价,赵洪祝书记、李盛霖部长、吕祖善省长、王建满副省长等领导在不同场合多次表扬交通工作。从今年一季度的实施情况看,浙江省交通厅的这些有力措施取得了明显成效,1~3月份全省公路、港航建设共完成投资95.4亿元,比上年同期增加29.4亿元,增幅达44.5%,大大高于全社会固定资产投资增幅(全省全社会固定资产投资一季度增长10.7%),切实发挥了扩内需、保增长的主力军作用。舟山连岛工程西堠门大桥、金塘大桥、申嘉湖杭高速公路练杭段、黄衢南高速公路衢黄段等重大项目顺利推进,沿海高速公路、龙庆高速公路、杭新景高速公路寿昌至白沙关段等项目的前期工作也取得了进展,三大建设的总体形势良好(11个地市中,宁波、舟山、嘉兴、杭州、绍兴居于前列,尤其是宁波市一季度完成投资36亿元)。其他交通经济指标也有喜人变化,公路货运小幅增长,水路货运从3月份开始回升,环比增长32%、19%,沿海港口生产下滑势头也得到了遏制,高速公路出口车流量比上年同期增长13%,增幅与上年持平,其中3月份环比增长18.2%。

但是,浙江省交通运输厅党组清醒地认识到,当前还存在着许多难题,制约了浙江交通的科学发展,阻碍着三大建设的顺利推进。譬如前期审批上的困难、要素供应上的紧张、行业管理上的错位、安全稳定方面的隐患,等等。对于这些问题,不少我们是反复地研究分析,但受制于体制、机制原因,单靠交通部门自身,难以得到有效解决。而嘉善在学习实践活动中,由于县委、县政府的重视,形成了一个"举全县之力发展交通"的良好氛围,在体制、机制和政策等方面取得了突破。譬如,县委书记亲自担任交通工作推进组组长,发改委、财政局、国土局等作为组成单位全力配合交通工作,推进小组每个月进行交流汇报,每个季度县委常委会听取汇报,做到目标明确、责任到人、措施到位。县长亲自担任"六个一工程"建设领导小组的组长。同时,设立县交通建设督查组,督促落实全县交通项目建设工作,明确年度用地计划优先安排于交通项目,并且积极争取金融机构支持,筹建交通基础设施建设融资平台。对于征迁等政策处理工作,各乡镇政府主动提前介入,确保项目及早开工和无障碍施工。这些措施针对性、可操作性都很强,对于各地当前破解交通发展难题、加快推进三大建设有着很好的借鉴作用。

第三,学习嘉善经验有助于交通系统深入推进学习实践活动。当前,全省市、县(市、区)交通部门作为第二批单位正在开展学习实践活动,是当前全系统的首要政治任务,是推进三大建设的宝贵机遇和强大动力。嘉善交通部门在学习实践活动中坚持“两手抓、两不误、两促进”,不但强化了思想武装,而且在破解发展难题、创新体制机制方面作出了有益探索,确实收到了“党员干部受教育,科学发展上水平,人民群众得实惠”,取得了不少成效,值得各地在开展学习实践活动中借鉴学习。

二、学什么:正确把握嘉善交通科学发展经验的核心内容

嘉善交通自开展学习实践活动以来,在当地县委、县政府领导下,认真落实中央和省委、省政府领导同志的指示精神,结合本县实际,在推进交通科学发展中探索、创造了不少有益经验,内容是多方面的。全省交通系统着重要学习以下几个方面:

一是要学习嘉善交通善于围绕大局谋划工作思路。通过对科学发展观的深入学习,尤其是接到中央领导同志和省委、省政府领导的重要批示后,嘉善县上下都深刻地认识到,嘉善作为长三角核心地区,优势在交通、潜力在交通,嘉善要在长三角众多同类县市的竞争中站稳脚跟、脱颖而出,必须善用交通资源,借助交通形成自身独特优势,在主动接轨上海、统筹城乡发展中占据先机。为此,必须进一步强化交通先行意识,着眼于区域发展大局,围绕党委政府中心工作,理清交通发展思路,充分发挥交通的“先行官”作用,努力实现率先发展、转型发展,争做科学发展的排头兵。这是嘉善交通得到了全县上下大力支持,形成“举全县之力发展交通”的喜人局面的根本原因所在。近年来,浙江交通能够取得显著进展也得益于此。譬如,我们从省委、省政府一直在考虑的如何拓宽浙江发展空间这一角度出发,充分利用港航资源优势,提出建设港航强省的建议,得到了省委、省政府的采纳,写入省十二次党代会报告,今年将专门召开海洋经济暨港航强省专题会议,强有力地推动我省港航事业的发展。浙江交通谋划的现代交通三大建设,每一大建设都有着眼点,与省委、省政府的战略意图完全吻合,也体现了“三个服务”的精神,因此三大建设写入了全省经济工作会议报告,也得到李盛霖部长的高度评价。所以,省交通运输厅2008年开展学习实践活动的首要体会就是一定要“跳出交通谋划交通”,把部门变为政府行为,把行业行为变为社会行为。嘉善在县一级层面上很好地落实这一要求,值得大家学习。

而要做到围绕大局,首要是对本地交通有一个正确的定位。嘉善通过

深入调研分析，破除“松口气”的守成思想，以更高的层次、更宽的视野来审视自身工作，认识到嘉善交通发展离科学发展、离真正现代化还“差口气”，从而重新定位嘉善交通为“融入长三角综合交通网的前沿区、统筹城乡交通的先行地、交通科学发展的示范点”，并以此为目标，科学编制交通发展规划。

规划是龙头，是先导，最能反映一个地方交通工作的观念是否解放，思路是否清晰，重点是否突出，节奏是否协调。嘉善在实施交通“六个一”工程中，将编制新的交通发展规划作为首要任务，请部、省专家现场指导，融入了新的规划理念，在形式、内容也有很多创新。规划编制中要体现“四个性”：一是指导性要强，要从战略高度勾画发展蓝图，具有前瞻性，把科学发展观要求真正落到实处；二是综合性要强，要整合各种交通资源，统筹协调，合理布局，优势互补，发挥整体效益；三是区域性要强，要跳出行政区划的限制，从区域一体化发展角度来规划布局，不但要完善内部网络，也要畅通对外联结；四是操作性要强，要远近结合，明确近期实施项目，指导当前工作，为长远发展夯实基础。

二是要学习嘉善着眼综合交通加快推进三大建设。发展综合交通，是现代交通运输发展的必然趋势，也是经济社会发展的必然要求，更是贯彻落实科学发展观的重要举措。嘉善正确把握了这一规律性要求，按照适度超前的要求引领交通发展，从规划、建设和营运等层面，从打造长三角区域和城乡一体化大交通平台的角度，协调推进公路、水路、铁路等交通方式发展，构建县域综合交通运输体系。具体做法上是坚持将省委、省政府“推进三大建设，打造畅通浙江”的战略决策与本地实际结合起来，组织实施交通“六个一”工程十大项目，争取通过一年多的集中努力，基本形成一个完善的综合交通运输基础设施体系，为“人便于行，货畅其流”提供坚实的硬件基础。

在当前应对国际金融危机的形势下，加快三大建设有着更为迫切的要求。交通是基础设施投资的主要领域，又与民生密切相关，加快三大建设有利于扩内需、保增长、惠民生，是我们学习实践科学发展观的有效载体。嘉善通过开展学习实践活动，以“六个一”工程为抓手，加快交通基础设施建设，成效明显，譬如2个月就建成了80个港湾式停靠站，农危桥改造5年任务调整为3年完成，现在已经有14座完成、25座开工，新客运中心建设提速，丁诸线航道改造、平黎公路西塘至陶庄段拓宽、丁凝公路拓宽等项目也加快了前期工作。各地学习嘉善,将学习实践活动与三大建设紧密结合起来,以学习实践活动来推进三大建设,以三大建设进展来检验学习实践活动成效。

三是要学习嘉善交通建立合力破难的体制机制。针对交通发展面临的土地、资金、环境等要素制约和前期工作难、征地拆迁难等难题,嘉善交通部门紧紧依靠党委政府,争取主要领导关心重视,建立强有力的交通建设组织领导体系,明确各级政府和相关部门的职责,分解任务,责任到人,严格考核,齐心协力破解交通发展难题。同时积极争取社会各界的支持,努力营造良好的发展环境。这在当前形势下,有着特别重要的意义。交通不是交通部门一家的事,是关系经济社会全局的事,作为部门不可能“包打天下”,而是要为党委、政府当好参谋,建立一个合理高效的体制机制,调动各个方面的积极性,各尽其能,各负其责,期初有目标、期中有督查、期末有考核,形成推进交通科学发展的强大合力。

四是要学习嘉善交通积极推进发展方式转型升级。转型升级是今后一个时期浙江经济科学发展的主调。交通同样如此,必须改变传统的追求速度、数量的粗放式发展方式,把满足用户需求放在首位,更加注重质量、效益,更多地依靠从业者素质提高和科技进步,实现人本化、集约式的发展。嘉善在这方面为各地交通提供了很好的经验,譬如大力发展交通物流业,建立完善农村物流配送网络,为培育县域经济新增长点服务;积极实施公交优先战略,提高城乡公交服务水平,为人民群众提供安全便捷出行服务;按照“建管养运一体”的要求,规范交通建设、养护和运输市场,提高交通依法行政水平;切实加强人才队伍建设,提升全系统干部职工的综合素质,培育和弘扬“惠民、奉献、服务”为主题的交通文化等等。这些都是比较先进的做法,代表了交通工作今后发展的方向。

学习嘉善交通科学发展的经验,其最核心的精神在于统筹城乡交通。以上四条经验从本质上来讲,都是围绕着如何统筹城乡交通展开的。嘉善交通工作最大的着力点在统筹城乡交通,最显著的成效也在于统筹城乡交通,学习嘉善经验,最重要的也是统筹城乡交通。通过统筹城乡交通,可以打通统筹城乡经济社会发展的“经脉”,加快城乡一体化的进程,推进基本公共服务均等化,促进“三农”问题的解决,有利于全面改善民生、加快建设社会主义新农村和构建和谐社会,为全面建设惠及全省人民的小康社会提供坚实保障。

三、怎么学:按照“四个着力”要求学好用好嘉善科学发展经验

全省交通系统要认真学习贯彻习副主席和省、部领导重要批示精神,以开展学习实践活动为契机,从本地本单位实际出发,按照“四个着力”的要求,学好用好嘉善经验。

一是着力于转变思想观念,进一步理清交通发展思路。在开展学习实践活动中,要将学习嘉善交通科学发展经验作为学习调研的重要任务,认真学习其发展理念、工作方法,重在学习嘉善交通如何贯彻落实科学发展观和中央领导同志批示精神,如何结合本地实际推进城乡交通统筹发展,如何积极探索区域交通科学发展路径。要通过深入调研,摸准实情、找准问题,主动融入党委政府工作大局,着眼于更好地发挥交通的“先行官”作用,正确定位本地交通发展方向和目标,创造性地借鉴嘉善交通发展的好经验、好做法,防止生搬硬套、盲目攀比。

二是着力于统筹城乡交通,进一步推进交通三大建设。要把统筹城乡交通作为交通系统贯彻落实科学发展观的重要任务,抓住当前国家扩大内需、推进机构改革的机遇,按照城乡一体、综合运输的要求,加快推进现代交通三大建设。要努力完善法规、体制、机制保障,从根本上破解城乡交通分立、分割的难题;要高起点规划,完善城乡交通网络布局,构建综合交通运输体系;要大力度推进,抓紧抓实每一个项目,争取尽早见到成效;要精细化管理,精心设计、精心组织、精心施工,确保工程质量。要把学习实践活动与推进三大建设紧密结合起来,坚持“两手抓、两不误、两促进”,以三大建设的进展来衡量学习实践活动的实际成效,列入计划的项目要争取早开工、早建成,确保年度目标任务的完成。

三是着力于创新体制机制,进一步破解交通发展难题。要针对阻碍、影响交通科学发展的难题,研究从体制机制上加以破解。针对前期工作审批和政策处理难题,要建立党委政府领导、各部门参与,各负其责、相互配合的联动机制,充分发挥地方、基层的作用,形成工作合力。要抓住新一轮机构改革的机遇,积极推进交通大部门制的建立和完善,理顺交通行业管理体制。要顺应成品油税费改革,创新投融资体制,拓宽交通建设资金来源。要健全政策法规体系,提高行业管理的法制化水平。

四是着力于加强队伍建设,提升干部职工的综合素质。要通过开展学习实践活动,大力加强交通系统党建工作,带动干部职工队伍建设。要切实加强思想政治工作,以科学发展观全面武装党员干部;要进一步改进工作作风,提高机关效能,弘扬新时期浙江交通精神;要领导率先垂范、以身作则,深化反腐倡廉建设,打造“阳光交通”。

习副主席的重要批示为浙江交通科学发展指明了方向,嘉善的试点经验值得全省交通系统学习借鉴。全省交通系统要以当前正在开展的学习实践活动为契机,认真学习贯彻领导批示精神,学好用好嘉善经验,努力开创浙江交通科学发展的新局面,为全省贯彻落实科学发展观、深入实施“两创”总战略做出新贡献,不辜负中央和省委、交通运输部领导的殷切期望!

统筹城乡交通　推进科学发展
努力开创农村公路工作的新局面

（2009 年 5 月 15 日）

省政府专门召开全省农村公路工作会议，主要目的是认真贯彻党的十七届三中全会精神和省委工作会议精神，总结交流全省农村公路建设和养护管理试点工作，根据深入学习实践科学发展观的新要求和交通改革发展的新形势，部署安排下一步农村公路工作，为“推进三大建设、打造畅通浙江”作出新的贡献。

一、近年来农村公路工作取得了显著成效

近年来，我们在省委、省政府和交通运输部的领导下，深入贯彻落实科学发展观，坚决贯彻落实中央 1 号文件精神和保障改善民生的部署，坚定不移地实施“两创”总战略和“全面小康六大行动计划”，在地方各级党委政府的组织协调和省市有关部门的支持配合下，顽强拼搏，攻坚克难，打响了农村公路建设新的攻坚战，圆满完成了农村公路养护管理试点工作任务，加快推进农村客运网络化和城乡公交一体化，全省的农村公路工作迈上了新台阶。

（一）农村公路建设按照三年目标扎实推进

2008 年全省农村公路工作座谈会召开后，各级、各部门认真贯彻落实会议精神，按照“三年内基本完成通行政村公路建设，形成农村联网公路建设势头”的新目标，全省上下合力攻坚，迅速推进。全年共完成投资 40.3 亿元，新改建通村公路 3 755 公里，新增 271 个通等级公路行政村，新增硬化行政村 498 个；稳步推进联网公路建设，共建成联网公路 3 006 公里。截至 2008 年年底，全省农村公路总里程达到 93 728 公里（占公路总里程的 90.4%），其中县道 26 641 公里、乡道和专用道 18 909 公里、村道 48 178 公

里。农村公路的通达深度、广度和网络化程度不断提高。为确保任务的全面完成,我厅采取了一系列有效措施。

一是突出重点,加大扶持。2008 年出台了《关于进一步推进通村公路建设的工作意见》,对尚未完成通村公路建设任务的 18 个县(市、区),在现行补助标准的基础上,再给予每公里(路基含路面)5 万元的以奖代补资金。至此,通村公路省级补助标准欠发达地区每公里达到 29 万元,8 个脱贫县每公里达到 33 万元,景宁畲族自治县每公里达到 41 万元。在省相关政策的引导下,各地纷纷出台新的配套政策。丽水市政府决定从 2008 年开始,三年内每年拿出 500 万元用于农村通村公路建设,同时要求各县(市、区)政府每年拿出不少于 1 000 万元的配套资金,这是丽水历史上前所未有的。省厅对此也给予了极大的支持,将去年底中央追加给我省的农村公路建设补助资金绝大部分安排给了丽水。青田县加大对欠发达乡镇村、革命老区村、滩坑电站库区公路复建沿线乡镇等通村公路的建设扶持力度,农村通村公路建设由村民自筹资金后的不足部分,全部由青田县政府包干解决。2008 年,青田县财政安排农村公路建设配套资金达到 6 000 万。缙云县决定对 2008 ~ 2009 年"少、边、穷"山区农村通村公路建设的自筹资金要求进行调整,根据村民人均自筹负担的增加而分档递减自筹资金比例,从而加大对这些山区农村通村公路的扶持力度,2008 年县财政配套资金达到 3 000 多万元。

二是加强督导,确保质量。针对冰雪灾害、村两委班子换届、建设材料涨价等因素造成的施工进度缓慢等问题,省厅专门成立四个农村公路建设督导组,重点对温州、台州、衢州、丽水所辖 18 个县(市、区)的通村公路建设进行重点督查和指导。同时,积极开展"农村公路建设质量年"活动,完善农村公路建设制度规范和工作机制,确保建设的进度和质量。

三是抓好规划,完善路网。我厅联合省委政策研究室、省农办、省发改委等部门,开展全省农村联网公路规划编制及建设情况专题调研,在坚持"因地制宜,量力而行,突出重点,稳步推进"的原则基础上,科学合理制订 2008 ~ 2012 年农村联网公路建设规划。目前,杭州等五个市的规划审查工作已经完成,其余市的审查工作正在抓紧进行。

(二)农村公路养护管理体制改革取得重大突破

2005 年国务院办公厅出台《农村公路管理养护体制改革方案》后,为加快推进农村公路养护体制改革步伐,省政府于 2007 年成立了由省发改委、财政厅、人事厅、编委办和交通厅共同组成的省农村公路养护体制改革试点协调小组，选定嘉兴市、海宁市、淳安县、泰顺县、江山市、浦江县、温岭市和诸暨市作为省级试点单位，探索建立长效的农村公路养护管理机制。三年来，在省试点协调小组的有效组织下，各成员单位各司其职、密切配合，试点县(市)大胆探索，积极创新，圆满完成了农村公路养护管理试点任务，取得了重大突破。

一是明确责任主体，凝聚各方合力。各地认真落实国务院和省政府文件精神，按照"统一领导，分级管理，以县为主，乡村尽责"的原则，分级落实责任。大部分县级政府能够切实承担起农村公路养护管理的主体责任，相关部门在职责范围内积极为农村公路养护管理工作排忧解难、建言献策，基本形成了"政府主体，交通主力，部门参与，分级负责，以县为主，群管群养"的工作机制。

二是完善法规政策，加强制度保障。2007 年 12 月，省人大常委会通过了《浙江省公路路政管理条例》的修正案，正式将村道纳入交通路政管理范围，在全国率先以地方性法规对村道管理工作进行了规范。2008 年 1 月，省政府办公厅出台了《浙江省农村公路管理养护体制改革方案》，7 月省政府出台了《浙江省农村公路养护与管理办法》。最近，经省政府同意，省试点协调小组的 5 个成员单位联合下发了《浙江省农村公路养护管理体制改革方案的实施意见》，进一步明确了深化改革的具体办法。这些法规政策的修订和出台，标志着我省农村公路养护管理工作正式进入了"有法可依，依法管养"的新阶段，为今后发展奠定了法制基础。在省的相关法规政策指导下，各市、县(市、区)也结合地方实际，扎实推进农村公路养护管理法规制度建设。目前，全省已有嘉兴、湖州、台州、温州、舟山、绍兴共 6 个市和 52 个县(市、区)正式出台了有关农村公路养护管理的政府文件，其余尚未出台的地方也正在积极研究制定之中。

三是加大资金投入，提高补助标准。在各级政府和有关部门的共同努力下，按照"县乡自筹，省市补助"的原则，我省初步建立了由各级财政投入、养路费(现为中央燃油税返还收入)和其他资金共同组成的多渠道的农村公路养护资金筹措机制。省财政厅克服地方财政收入增幅下降、对口支援等额外支出增长所造成的困难，从 2008 年起在省财政一般预算中安排专项资金对农村公路日常养护给予适当补助，补助标准为年公里 1 000 元，2008 年共安排0.8亿元,给了我们极大支持。据不完全统计,2008年我省用于农村公路养护管理的总投入约为15亿元,比上年增长36%,创历史新高,单位补助标准居全国前茅。

四是坚持群专结合,建立运行机制。根据我省公路管理体制的现状和农村公路管理养护的特点,初步建立了专业养护和群众养护相结合的农村公路养护运行机制。特别是在乡村道日常养护方面,各县(市、区)根据县域经济的不同发展程度,分别探索建立了乡管统养、乡管村养、乡管分养、乡管民养、乡管市场养等灵活多样的农村公路日常养护机制。如经济发达地区的海宁市,采用由乡镇成立相对固定的农村公路养护作业队伍实行统一养护;欠发达地区如江山市、浦江县,按照“行业指导、乡村负责、村民自养、政府补助”的原则,采用以个人分段养护为主,由乡镇政府将乡村道分段承包给村民个人养护,都取得了较好的实际效果。

五是配置管养机构,落实人员力量。各县(市、区)努力克服人员少、编制紧的现实困难,按照精简高效的原则,合理设置或明确农村公路养护管理机构,积极落实专职管理技术人员,保证了农村公路养护管理工作的正常开展。各县(市、区)基本建立了县道由县级公路管理机构负责养护,乡村道由乡镇政府负责养护的农村公路养护管理模式。各省级试点县(市)的大部分乡镇明确由1名乡镇领导担任乡镇农村公路养护管理站站长,农村公路养护管理站与村镇建设服务中心合署办公,并落实2~3个专职管理技术人员,按管养里程招聘养护作业人员。

(三)农村客运和物流发展迈出新的步伐

近年来,我们按照建设社会主义新农村和推进城乡经济社会一体化的要求,加快公共交通向农村延伸,积极构建农村物流体系,农村公路运输得到了长足发展,得到交通运输部的高度评价。截至2008年年底,全省共有农村客运站场502个,港湾式停靠站1.25万个,农村客运班线0.39万条,车辆1.9万辆,日均发班13万次,农村客运行政村通达率到达90%,全省经验收等级公路的行政村全部通了班车,城乡客运一体化率达到42.5%。同时,全省目前共有100多家农村专业配送企业,发展了4万余辆厢式货运车辆,形成了覆盖全省98%乡镇和30%行政村的服务网点,小件快运网络延伸到了50%以上的乡镇。在农村运输发展过程中,我们进行了不少探索尝试,创新采取了以下措施。

一是减免公路规费,降低经营负担。自2004年11月份起,我厅对农村客运车辆的养路费、公路客运附加费实行减半征收或免征政策,四年累计减免交通规费10.8亿元。今年燃油税费改革后这种经济调控手段已经不复存在,但这一措施对于我省农村客运的发展尤其是班车通村率的大幅提高,有着巨大的历史性推动作用。

二是加大资金补助,加快站场建设。2004年以来,我厅已累计对农村客运站新建改造补助资金2.72亿元。2008年起,进一步加大了补助力度,农村客运站补助标准从原来的每个20万元提高到50万元。各地政府对农村客运站场建设也在建设资金、土地调拨等方面给予了大力支持。

三是推行保险"团购",节省营运成本。2004年以来,我省以保险"团购"模式把全省近2 000家客运及旅游企业组织起来,以3.3万辆客运车辆、74万个座位为标的,进行了承运人责任险公开招标,农村客运车辆每个客位的平均投保成本从350元/年左右降到130元左右,单人最高理赔金额从十余万元提高到40万元,近四年来累计为农村客运企业节约保费2亿元以上。

四是采取灵活方式,提高通达水平。针对各地不同经济社会发展水平、群众出行习惯和自然地理条件,在经营模式、运输组织、车型投放等方面,因地制宜,灵活采取多元化方式,开行农村客运班线。如温州地区通过投放5~11座经济、安全、适用的"乡村小巴",丽水地区推出微型(7座)"康庄小巴"品牌,采用一车多线、不定班、不定时、电话呼叫等灵活的运营和限定经营区域运行方式,提高山区农村的客车通达率。此外,为支持欠发达地区,借助中长途线路审批、出租车投放上优先考虑等手段,鼓励优势企业开展农村客运三级网络对口支援活动。近年来,杭州长运集团等大型运输企业已经共支援资金近200万元。

五是发展公共交通,促进城乡一体。积极实施公共交通优先战略,加快推进城乡公交一体化进程,不少地区对此进行了有益探索。如嘉兴已在全市范围内实现城乡公交一体化,湖州也已基本实现;绍兴积极推行城乡公交"一卡通",政府对IC系统改造、车辆更新等给予财政补助;杭州、宁波等地整合国有城乡客运企业,逐步回购民营农村客运线路等等。

六是积极引导,不断提高农村物流服务水平。针对我省农村物流基本上与商流混在一起的特点,积极引导当地配送龙头企业,整合农资、商品、农产品配送链，对其各自独立的农村物流配送功能进行整合，促进农村第三方物流的发展。同时，利用新建的农村客运站或原有货运站场，扶持骨干运输企业建立物流配送中心，将客运、货运有机结合起来，提高农村物流配送运作效率。此外，鼓励小件快运网络向农村延伸，积极研究与邮政企业合作发展农村物流配送。

我们能够取得以上这些令人瞩目的成绩，离不开省委、省政府正确领导，离不开地方各级党委、政府和省农办、发改委、财政厅、人事厅、编办等兄弟部门关心支持，离不开全省交通系统广大干部职工数年如一日的努力拼搏！在此，我代表省交通运输厅党组向大家表示衷心的感谢和崇高的敬意！

在总结成绩的同时，我们必须清醒地看到我省农村公路工作还存在不少困难和问题。一是通村公路建设难度越来越大。截至2008年年底，全省尚有具备建路条件的行政村443个，需建设路基路面5 000公里，还有263个行政村需硬化路面1 500公里。虽然建设总量已大为减少，但建设难度极大，主要集中在丽水市的9个县（市、区），地质地貌复杂，土石方开挖量大，边坡、挡墙等构造物多，工程造价高，实施难度非常大。二是农村联网公路建设需要与可能的矛盾较突出。根据各地上报的农村联网公路规划来看，全省2008～2012年农村联网公路规划建设总里程达到22 555公里，项目总投资约258亿元。按现行省补助标准测算，需要省补资金约30亿元，地方需投资约228亿元。地方配套资金跟不上，要求省里加大补助力度的呼声很高，需要与可能的矛盾十分突出。三是农村公路安全设施“四同步”落实到位不理想。根据省厅〔2007〕117号文件精神，新建通村及联网公路的安全设施必须和主体工程“四同步”。但由于国家技术标准不明确、地方资金不到位等原因，“四同步”实施上难以落实到位。尤其是临水临崖高落差路段的改造，全省实施里程总体规模较大，仅靠交通部门一家资金压力过大。四是农村公路养护管理的基础工作还比较薄弱。主要体现在部分地方政府对农村公路养护管理责任主体的认识不充分，目前还有26个县（市、区）用于日常养护的地方财政投入达不到省政府规定的最低标准，法规政策执行不到位，机构人员严重不足，等等。五是农村公路运输服务水平还有待提高。农村地区地广人稀，客源分散，造成农村客运成本高，服务水平难以提高；站场建设资金、土地缺口大，全省还有约2/3的乡镇没有简易客运站，港湾式停靠站还缺少3万个；农村客运享受的政策扶持远远低于城市交公，与城乡一体化目标距离较大。对于这些问题和困难，都需要我们在今后工作中不断探索研究，切实采取有力措施加以解决。

二、加大力度，合力攻坚，努力开创农村公路工作的新局面

对于农村公路工作，中央、国务院高度重视，近年来多次进行重大部署。近期，张德江副总理又强调：农村公路建设是我们党的一大德政工程，要把农村公路建成幸福路、致富路、小康路，做到路通、车通、人通、财通。日前，交通运输部还专门在陕西召开现场会，对今后几年的农村公路工作进行专题部署，对农村公路建设、养护、管理和运输发展都提出了更高要求。对照这些新要求，根据我省实际，厅党组经过深入研究，确定2009～2012年全省农村公路工作的总体思路。

指导思想：以党的十七大精神为指导，全面贯彻落实科学发展观，深入实施"两创"总战略和"全面小康六大行动计划"，坚持把统筹城乡交通、推进基本公共服务均等化的方向，立足于改善民生、建设社会主义新农村，创新体制机制，加大工作力度，扎实推进农村公路"建、管、养、运"一体化发展，不断提升农村公路交通服务保障水平。

主要任务：

(1)构建农村公路网。一是加快通村公路建设，确保到2010年底全面攻坚任务，使具备建路条件的行政村全部通上等级公路并路面硬化。对不具备建路条件的行政村，继续配合开展"下山脱贫、整村搬迁"工作。二是稳步推进农村联网公路建设，在前两年试点的基础上，进一步完善规划、有序推进，提高农村公路网络化水平。三是对有助于县域经济发展和转型升级，对尚属于等外级的县乡公路，有计划、有重点地进行改造，促进全路网等级标准的协调提升。

(2)构建安全保障网。一是加强农村公路重点是乡、村公路的安全设施完善工作，按照标准和要求设置安全防护设施。2009～2012年，力争完成农村公路安全设施里程1.64万公里。二是加快农村公路病危桥梁、隧道的改造，提高农村公路安全畅通能力。2009～2012年，力争完成农村公路桥梁改造3 000座，隧道20座。

(3)构建养护管理网。一是认真落实《浙江省农村公路管理养护体制改革方案》和《浙江省农村公路养护与管理办法》，全面落实养护责任主体、资

金来源和机构人员,到2012年,实现农村公路养护管理工作的正常化、制度化和规范化。二是建立健全农村公路路政管理体系,提高农村公路路政管理的有效性和规范性。

(4)构建运输服务网。一是加快农村客运和站场建设,完善农村客运网络。2009~2012年,新增乡镇客运站160个,港湾式停靠站6 000个,农村客运班车通村率提高到94%,城乡客运一体化率提高到55%。二是加快农村货运场站建设,完善农村物流配送体系。至2012年,新(改、扩)建农村货运站200个,形成以干线物流为支撑,以县(市)物流配送中心、各乡镇村货运站场为依托的农村物流配送体系。

根据以上总体目标,确定我省农村公路工作2009年的目标是:建设通村公路4 695公里,等级公路通村率达到99%、路面硬化率达到98.1%,建设农村联网公路2 542公里;实施农村公路大中修2 300公里、安保工程4 500公里、改造病危桥梁450座、创建文明公路520公里,全省所有承担农村公路养护管理任务的县(市、区)政府出台农村公路养护管理办法,农村公路养护管理体制改革目标任务基本完成;建设五级客货运站71个,港湾式停靠站3 400个,班车通村率提高到91%,公交一体化率提高到45.5%,争取每个县(市)至少有50%的乡镇建立农村超市配送网,每市至少有2个县(市)建立小件快运体系。

为此,在2009年及今后要重点抓好以下几方面工作。

(一)加快推进农村公路建设

今年是完成农村公路建设三年目标的关键一年,而且去年底、今年初中央两次追加补助资金用于农村公路建设,达到4.35亿元,交通运输部车购税也安排了1.3亿元,相应地,我省将把2 100公里原计划在2010年实施的通村公路项目提前到今年,同时再增加1 542公里联网公路建设,任务十分艰巨。各地要认真部署,精心组织,继续坚持过去好的经验和做法,遵循“量力而行、尽力而为,不急于求成,不增加农民负担”的原则,进一步加大地方财政的投入力度,充分发挥各级支农惠农政策在农村公路建设中的保障作用,确保全面完成目标任务。

一是继续加快通村公路建设。18个县(市、区)已经受领了2009年通村公路建设任务书,这是向全省人民的庄严承诺。各县(市、区)要紧紧抓住中央扩大内需、加快交通基础设施建设的机遇,在稳定现有政策的基础上,进一步突出重点，集中力量，克难攻坚，全力打好这场攻坚仗，确保全面完成建设任务。

二是稳步推进联网公路建设。各地要从农村经济社会发展、交通运输发展和农民群众出行的实际需求出发，在规划指导下，统筹兼顾，因地制宜，有序推进农村联网公路建设。在以市为区域、以县为单位完善农村联网公路建设规划的基础上，建立项目储备库。符合科学发展和民生保障要求的项目优先予以安排。同时积极创造条件，逐步向符合条件、2003 年以来行政村撤扩并为自然村以及人口在 200 人以上的自然村、农村重要旅游景区、重要农林产业基地延伸。

三是加快农村公路安全设施建设。各地要结合农村公路临水、临崖、高落差危险路段的安全专项整治，加快推进已建项目安全设施的配套完善，做好已竣工项目安全设施的完善工作，努力确保新建项目安全设施建设和主体工程的“四同步”，做到“老账减少、新账不欠”，使农村公路成为放心路、平安路。

四是进一步加强建设质量管理。各地要按照“农村公路质量年活动”的要求，进一步落实“政府监督，专业抽检，群众参与，施工自检”的质量保证体系，提高农村公路工程质量。要严格落实质量责任制，建立质量责任档案，严格工程质量事故责任追究。要认真总结近年来农村公路建设的经验教训，创新管理方式，充分调动社会参与监督的积极性。

五是继续配合做好“下山脱贫，整村搬迁”工作。目前，全省尚有 170 个不具备建路条件的行政村。对这部分行政村，建议各地政府积极推进下山脱贫，交通部门将继续按照规定，予以支持和配合。

（二）切实加强农村公路养护管理

今后四年农村公路养护管理工作，重点是在总结借鉴试点地区经验基础上，全面深入推进，完成农村公路养护管理体制改革任务，提高养护管理水平。概括起来要做到以下三句话的要求。

一是自我加压高起点。首先，规划要高起点。过去三年我们是“摸着石头过河”，通过试点探索总结了不少有益经验。今后各地可以结合当地实际，借鉴这些经验，对农村公路养护管理工作进行高起点规划，加强工作的主动性、预见性和统筹度。要以县（市、区）为单位，尽快启动今后四年发展规划的编制工作，从养护质量标准、大中修里程比例、资金投入规模、乡镇管养机构覆盖率、养护机械化程度、安全保障能力、应急保障机制、农村公路绿化、配套政策措施等方面,对未来一段时期内本地区农村公路养护管理工作进行科学合理规划。其次,标准要高起点。在上一次2005年交通部全国公路养护管理大检查中,浙江取得了高速公路第三、国省道第七的好成绩,可以说走在全国先进行列。2010年,交通运输部将组织新一轮的全国公路养护管理大检查,与以往不同,这次农村公路也将列入检查范围。我们要自我加压,把农村公路养护管理各项工作抓紧、抓实、抓出实效,在研究确定资金补助标准、农村公路大中修标准、安保工程实施标准、农村公路文明创建标准时,要体现浙江水平,打造浙江品牌。

二是合力攻坚破难点。从试点工作实践来看,农村公路养护管理工作的主要难点是配套资金和机构人员问题,今年要重点攻坚,争取突破。首先,要在加大地方财政投入上力争有所突破。养护资金的投入保障问题,是此次农村公路养护管理体制改革的核心内容,是各级政府提供公共服务的应尽之责,省里的、改革方案和实施意见中都对此作出了明确规定,其中省级从中央燃油税返还收入和财政一般预算中安排一部分,主要用于农村公路养护工程,县级财政安排资金主要用于农村公路日常养护,按照改革方案的规定是县道每公里4 000元、乡道2 000元、村道500元,是现阶段我省满足农村公路日常养护基本需求的最低标准。财政厅和我厅在确定这个标准前,做过充分的摸底、测算,也征求了各地的意见,各县财政基本都是能够承受的。希望各县级政府切实承担起农村公路养护管理的主体责任,无论如何要保障资金投入,经济发达地区还应适当提高补助标准。各市政府也应对辖区内各县(市、区)的农村公路日常养护给予适当补助,如温州市财政对辖区内各县(市、区)根据经济发展程度分别给予年公里1 200~7 500元的农村公路日常养护财政补助。二是在落实基层机构人员上力争有所突破。随着农村公路里程增加和经济社会发展,农村公路应急抢险、路产路权维护、养护资金管理等工作量会越来越大,专业性也会越来越高,明确管理机构并落实专职人员十分必要,也已迫在眉睫。省里对乡镇养护管理机构的设立形式没有统一的硬性要求,各乡镇可以单独设置农村公路养护管理机构,也可以与城建办、村镇建设中心等现有机构合署办公,不搞“一刀切”。但每个乡镇必须明确农村公路养护管理工作的分管领导,也必须落实若干名专业管理技术人员,确保这项工作的正常开展。

三是开拓进取创亮点。一是要积极探索建立专业养护和群众养护相结合的农村公路日常养护机制。特别是村道日常养护,要按照“行业指导,乡村负责,村民自养、以奖代补”的原则,推广采用以个人分段承包、委托养护等灵活的村道公路日常养护机制。鼓励有条件的乡镇建立一支相对固定的专业养护队伍实施统一养护,如经济发达地区的海宁市以乡镇农村公路管理站为依托、以半专业养护队伍为主体,实施了“八统一”(包括统一管理模式、统一站房设备、统一人员配备、统一养护内容、统一资金管理、统一台账资料等),走在了全省乃至全国的前列。同时,要充分注重发挥村级组织和农民群众在乡村道养护中爱路、护路、养路的主人翁作用,发动群众,依靠群众,探索建立适应当地实际和农村公路养护需求的、灵活多样的农村公路日常养护机制。二是要积极探索建立专业管理和乡村协管相结合的农村公路路政管理机制。要依托乡镇政府、村级组织和乡镇农村公路养护管理站,建立健全专业管理和乡村协管相结合的农村公路路政管理机制,将农村公路路政管理机制和农村公路日常养护机制有机整合起来,资源共享,发挥规模效应。乡镇政府和村级组织应当协助交通部门、公路机构做好农村公路的路政管理工作,通过订立村规民约、加强宣传教育等多种方式引导村民爱路护路。三是要积极开展农村公路文明创建试点工程。这文明公路创建工作向农村的延伸,也是促进农村公路养护管理的有效载体。去年我厅在桐庐分老线、江山江碗线和苍南龙金大道开展了试点,效果很好。各试点路段路面平整、路基边坡稳定、排水畅通、附属设施完善、绿化美观、通行条件和综合服务水平明显提高。今年全省计划每个县(市、区)都实施1~2个试点项目,县级交通部门要加强组织领导,像重视国省道创建那样,切实抓好农村公路文明创建。四是加大农村公路安保工程实施力度。我省农村公路里程长、底子薄、建设标准低、安全设施和病危桥梁的历史欠账太多。根据2007年省公安厅、省安监局和我厅关于公路临水临崖危险路段联合调查结果,我省现有落差在8米以上的农村公路临水临崖危险路段共有18 248公里,共需总投资约39亿元。根据2007年全省公路桥梁隐患专项排查结果,我省现有农村公路四、五类桥梁3 191座,共需总投资约24亿元。为从根本上改变我省农村公路安全保障水平不高的局面,按照省领导的要求,我厅制订了农村公路安保工程五年(2008~2012)计划,今后几年的工作任务十分艰巨。虽然省里承担了大部分的资金投入,但农村公路安保工程的责任主体还是在地方政府,配套资金希望市、县政府积极筹措、及时到位。各级交通部门、公路机构要加大项目计划管理力度和技术指导力度,确保农村公路安保工程实施计划按期完成。

另外,由于我们浙江山区多、地质环境复杂、台风暴雨等灾害性天气频发、农村公路抗灾防灾能力相对不足,直接导致我省每年因自然灾害引发的农村公路水毁损失十分严重。因此,各地要在县级政府的统一领导下,依托交通公路部门和乡镇农村公路养护管理机构,以自然灾害引发公路损毁时的抢通抢修为工作重心,以反应速度较快、公共服务水平较好、专业技术力量较强为工作目标,逐步建立健全适应当地实际的农村公路应急保障机制。今年的夏季汛期和台风季节将近,请各地认真做好预案,充实抢险力量和物资,确保有备无患、反应及时、应对有效。

(三)加快推进城乡交通运输一体化

一是因地制宜、灵活开展客运班车通村工作。按照“多予少取、放活”的原则,采取与各地地域特点、经济发展水平相适应的经营模式和组织方式,全面提高农村地区客运班车通达率水平。通过以长补短、干支互补、以热补冷的办法缓解农村客运的经营困难。逐步建立国家、省、市、县财政补贴投入机制,解决农村客运的营收少成本高,普遍经营困难亏损严重的问题。

二是探索优化城乡客运经营模式和运行机制。认真总结各地发展城乡客运的成功经验,加大农村客运班线公司化、公交化、区域化改造力度,建立以一定区域为中心的片区农村客运公司,改变农村客运班线经营主体多、规模小、服务水平低的现状,实现农村客运班线的统一经营、统一管理、统一发班、统一服务。兼顾社会效益和经济效益,积极探索符合当地实际的城乡客运经营模式和运行机制,建立安全、便捷、服务质量标准化的农村客运网络。要以城市客运管理职能划转给交通部门的契机,破除城乡分割的体制壁垒,以国有公司为主导,加快推进公交服务向农村延伸。

三是加快客运站场建设,完善农村客运网络。在公路建设和改建的设计时,把港湾式停靠站建设纳入总体设计中,同步设计、同步施工、同步建成、同步验收,以确保公路开通后,能够及时投入班车运行对于主城区城乡公交始发衔接站点的设置,由当地政府纳入城市道路的统一规划。

四是优化农村客运市场环境,促进行业健康发展。联合公安、城管、工商等部门联合整治道路客运市场,加大对农村非法客运户的打击力度,作为一项长效机制，严厉打击“黑车”运营和农用车载客、超载超速等各类违法经营活动，规范农村道路运输市场秩序。

五是积极构建农村物流网。依托农村物流配送企业、农村客运班车、商贸流通企业及“千村万店”构建农村物流网络，用3～5年时间，形成以干线物流为支撑，以县物流中心，农产品专业市场、乡镇企业集聚区为节点、各乡镇村配送点为依托的农村物流配送网络。积极依靠当地政府，规划建设县、乡、村的农村物流站场，主要经济强镇要有规模、功能与之相适应物流站场。整合现有超市、快递、放心店配送服务网，每个村庄有醒目方便的配送点。培育一批农村物流龙头企业，推进快运小件网络向乡镇延伸。

农村公路是建设社会主义新农村的基石，是统筹城乡经济社会发展的纽带，今后的工作任务十分艰巨，使命十分光荣。让我们深入学习实践科学发展观，在省委、省政府的正确领导下，凝聚合力，开拓创新，奋勇拼搏，努力开创农村公路工作的新局面，为“推进三大建设、打造畅通浙江”，为建设惠及全省人民的小康社会作出新的更大贡献！

发挥经济社会先行官作用
全面加快现代交通三大建设

(2009 年 1 月 12 日)

交通是经济社会发展的先行官,具有基础性、全局性和战略性的作用。赵洪祝书记、吕祖善省长等浙江省委、省政府领导高度重视和关心交通工作,多次就交通工作作出指示。在深入学习实践科学发展观、确保经济平稳较快增长的新形势下,浙江交通亟须全面加快现代交通三大建设。

一、2008 年交通工作的主要成绩

2008 年是全面贯彻落实十七大精神的第一年,是实施浙江现代交通三大建设的开局之年,是浙江交通极为不平凡的一年。在这一年中,浙江交通先后经受了抗雪救灾、抗震救灾、奥运安保等严峻考验,同时又经历了经济形势的急剧变化和宏观调控政策的重大转折,挑战前所未有,机遇也前所未有。面对如此复杂的情况和艰巨的任务,浙江交通在浙江省委、省政府和交通运输部的正确领导下,坚定不移地贯彻落实科学发展观,坚定不移地实施"两创"总战略和"全面小康六大行动计划",坚定不移地推进现代交通三大建设,顽强拼搏,攻坚克难,圆满完成了全年各项目标任务。特别是取得了以三大建设为主要内容的交通基础设施建设的重大成就;取得了以建设与管理并重为抓手的行业转型的全面发展,取得了以学习实践活动为主题的应对"四大考验"的骄人业绩。在交通工作的诸多方面受到了交通运输部和省委、省政府的充分肯定。

据初步统计,2008 年全省完成公路水运基础设施建设投资 515.8 亿元,超出计划 13.7%,居于全国前列。交通基础设施建设实现五项突破:一是全省公路总里程突破 10 万公里,公路网密度突破 100 公里/百平方公里;二是高速公路总里程突破 3 000 公里;三是交通工程技术取得重大突破,杭州湾

跨海大桥建成通车，舟山连岛工程西堠门大桥、金塘大桥全线贯通，被誉为我国由桥梁大国向桥梁强国迈进的重要标志；四是宁波—舟山港完成货物吞吐量突破5亿吨，集装箱吞吐量突破1 000万标准箱，迈入世界级大港前列，沿海主要港口货物吞吐量达到6.38亿吨，集装箱吞吐量达到1 147万标准箱；五是公路货运量突破10亿吨，水路货运量突破5亿吨。

（一）大港口建设全力推进，港航强省掀起高潮

浙江省十二次党代会作出建设港航强省的战略决策以来，通过大力宣传和发动，各地对港航的认识不断深化，掀起了建设高潮。2008年港航投资创下历史新高，达到104.9亿元，比上年大幅增长23.5%。

一是宁波—舟山港发展势头强劲。总体规划通过部省联合审查，集疏运规划编制完成，规划工作迈出重大一步；舟山六横煤炭中转码头、北仑四期集装箱码头、老塘山五期粮食码头等建成，凉潭矿石码头、岙山30万吨级原油码头加快建设，五大货种运输体系建设成绩喜人；货物和集装箱吞吐量大幅增长，品牌效应更加凸显；虾峙门口外30万吨航道投入使用，杭甬运河基本建成，集疏运体系日趋完善。同时，全省港口联盟建设取得阶段性成果，在省港口协会中设立集装箱发展与运输专业委员会，港口间合作加强，拓展了宁波—舟山港的腹地和集装箱内支线运输网络。

二是港航重大项目扎实推进。建成嘉兴粮食中转码头、温州七里港区二期工程件杂泊位、状元岙港区集装箱码头、台州大麦屿港区多用途泊位等13个万吨级以上泊位。湖嘉申线湖州段航道通过交通运输部示范工程验收并受到好评；东宗线嘉兴段二期、长湖申线四改三工程等顺利建设。

三是水上康庄工程启动实施。出台水上康庄工程总体实施方案，完成渡埠改造项目21个和陆岛码头建设项目10个，更新渡船41艘。滩坑电站库区码头复建工程中的51座码头完工。

四是航运业发展得到有力扶持。开展航运业发展调研，支持航运企业改造提升，水运运力总量达到1 286万载重吨，运力结构继续优化，沿海特种船舶和万吨级船舶运力比重将近1/2。针对经济下滑对航运业造成的冲击，通过组织召开银企洽谈会、搭建揽货平台等方式，帮助航运企业共渡难关。

（二）大路网建设合力推进，通行保障能力提升

以接轨长三角和周边省、建设综合交通网为重点，打造“五型公路”为载体，加快高速公路、干线公路、农村公路三大路网建设。

一是高速路网外联内接日趋完善。杭州湾跨海大桥及接线、杭浦高速公路、黄衢南高速公路衢南段、台金高速公路西段、诸永高速公路北段等项目建成通车,新增里程 422 公里,增加出省通道两个,高速路网进一步完善。其余在建 15 项 625 公里高速公路总体进展也较为顺利。

二是农村公路建管养运体制取得突破。按照“三年内基本完成通村公路建设,形成农村联网公路建设势头”的新目标,加快农村公路建设,全年建成通村公路 3 755 公里,联网公路 3 006 公里,等级公路通村率达到 98%,通村公路硬化率达到 97%。省政府出台了《浙江省农村公路管理养护体制改革方案》、《浙江省农村公路养护与管理办法》,5 个市、36 个县(市、区)也相应出台了农村公路养护管理办法,大部分县(市、区)落实了养护资金筹措渠道和养护管理机构,初步建立了新型农村公路养护管理体制。农村公路养护投入不断加大,2008 年省级养路费安排农村公路养护工程资金 8 亿元,并争取省财政一般预算中安排 8 125 万元。积极探索农村路政管理新机制,科学配备路政人员、执法设施,建立路政协管网络。大力扶持农村客运发展,提升交通公共服务均等化程度,新开通班车的行政村 480 余个,通村率提高到 90%;公交化改造农村客运班线 90 余条,城乡公交一体化率达到 42.5%;绍兴、嘉兴、台州、舟山等市的城乡客运管理体制已经统一,并积极尝试回购重组民营公交线路;提高农村客运站补助标准,建成乡镇客运站 31 个,完工主体结构 37 个,增设港湾式停靠站 4 283 个。

三是干线公路路况持续改善。全年新改建国省道 31 项计 604 公里,列入省政府考核的 7 个重点项目均顺利完成,大中修完成沥青路面修复 605 公里、破板修复 70 万平方米,全省公路高级、次高级路面铺装率达到 91.7%。

(三)大物流建设积极推进,运输服务再上台阶

去年,浙江交通在全国省级交通部门中率先提出发展交通物流,并召开全省建设大物流工作会议进行了全面部署,王建满副省长亲自出席并作重要讲话,要求对于物流业发展,交通部门要“坚决抓、坚定抓、坚持抓”,为我们坚定了信心、指明了方向。一年中,各地都相继成立大物流建设领导小组和办公室,积极推进交通大物流建设,迈出了坚实的步伐,整体工作格局基本形成。

一是强化规划政策引导。编制《浙江省交通综合物流基地布局规划》,出台大物流建设实施意见,制订补助资金管理办法等配套政策,积极构建大

物流建设的规划政策体系。同时,广泛进行宣传推动,凝聚交通建设大物流的共识。

二是大力推进物流基地建设。选定12家省级重点扶持物流基地,建立物流基地联席会议制度并成立秘书处,负责政策协调和项目指导,各市也相应开展了重点扶持物流基地评定工作。同时,试点农村货运站场建设,推出市、县两级典型经验。

三是积极培育物流龙头企业。选定33家省级物流重点联系企业,开展龙头企业培育、重点联系企业扶持项目评选。

四是加快物流公共信息系统建设。成立了系统建设领导小组、指挥部和管理中心,编制公共信息系统技术规划,完成1个中心、3个普通运输软件建设并全面推广。

此外,积极发展汽车维修和驾培业,建立长三角汽车快修一体化网络,探索建立汽车维修配件质量追溯系统,引导驾培市场资源整合,规范驾培从业行为。

(四)交通依法监管切实强化,行业管理成效显著

坚持“建管并重”的工作方针,针对行业管理的难点热点问题,依法加强行政监管,行业管理工作得到切实加强和改进。

一是启动开展“安全质量年”活动。积极开展安全生产“百日督察”、“安全生产月”、“隐患排查治理年”、工程质量大检查等专项活动,对安全质量隐患进行全面排查,实施隐患“销号”管理和“挂牌”督办制度,确保整治到位。加大公路安保工程投入,完成危险桥梁、隧道加固抢修和道口交叉、桥梁防撞项目600多个,临水临崖危险路段设置护栏800多公里,农村公路完善安全设施3 000公里。完成渡口渡船专项整治工作,验收达标率达到98%以上,加强水上搜救基地建设。推进道路运输安全六项工程,推动长三角联动稽查,并扩大范围到八省市。重新明确交通工程监管部门职能,构建完善交通工程安全监管体系。安全保障和应急救援能力进一步提高,果断妥善处置“3·27”在建金塘大桥船舶碰撞事故,受到交通运输部表彰。2008年交通行业死亡事故起数、死亡人数、直接经济损失均保持“零增长”,未发生一起重特大事故。

切实强化工程质量控制,在新开工项目中全面推行工程质量责任制,加强结构物安全质量管理。在水运工程项目中开展“抓精细管理、治质量通

病”活动,推广规范化施工管理经验和质量通病防治措施;全面推行沥青路面施工质量动态管理系统,强化源头控制和施工管理;出台农村公路质量监督管理十条意见,编写《农村公路施工手册》,提高农村公路建设规范化程度。

二是加强路政航政运政管理。以建立健全治超长效机制为重点,起草完成公路超限运输管理办法,调整完善治超检查站点网络,全省干线公路平均超限率降到4.8%以下;积极做好国家高速公路网命名和编号调整工作,推进计重收费、不停车收费和二义性路径识别系统建设,启用“96266”路政管理统一电话;加强杭州湾跨海大桥等重大工程的路政管理,为项目安全平稳运行提供有力保障。《浙江省水路运输管理条例》完成修订并重新颁布实施;开展水路运政大检查、委托水运经营管理整治“回头看”活动,进一步规范水运经营行为;开展内河码头清理整治、港区规范化建设试点工作,促进形成公平有序的港口市场秩序;积极开展对台直航准备工作,沿海四大港口全部列入对台开放名单。支持铁路“三线一枢纽”工程建设,做好路政航政审批工作。加大力度打击无证营运、擅自改装和车辆不规范驻点经营等道路运输违法行为,开展客运站场秩序整治活动;组织召开出租汽车管理工作会议,作出“维稳”、“维权”和“并轨”的部署,规范出租汽车承包经营行为,发放油料补贴2.31亿元,化解出租汽车行业不稳定因素。

三是规范行业市场秩序。进一步完善交通建设和运输市场信用管理体系,出台施工企业、监理企业信用评价办法,省内外350家施工企业、70家监理企业和3 000余家道路运输企业完成了信用等级评定。进一步加强招投标管理和合同管理,完善施工招投标办法,规范施工分包行为;在全省限额以上交通建设项目中全部推行勘察设计招标;严格概算编制、调整和造价变更管理,完善合同调价机制。开展检测市场专项整治活动,确保检测数据真实性。组织开展公路水路运输量专项调查和第三次港口普查,建立交通经济运行分析工作机制,为行业管理和科学决策提供依据。

四是加强财务审计工作。强化交通部门预算管理和财务监督,清理专项补助项目,认真开展经济责任审计、竣工审计和专项审计,进一步规范和完善高速公路跟踪审计制度,做好成品油税费改革的应对工作。

五是提升科技管理水平。围绕三大建设制定科研优先主题,集中力量依托重大项目开展关键技术攻关,注重集成创新和开发成套技术。在2008

年度中国公路学会科学技术奖评选中，我省共有 8 个项目获奖，获奖数量和奖级均名列各省市前茅。同时加强浙江交通地方标准编制和技术推广应用工作，加快科技成果向现实生产力转化。

六是加强生态文明建设。完善环境保护与工程建设“四同时”制度，制定交通建设项目环境保护管理办法实施细则，加强项目实施过程中的环境监理，督促建设单位做好生态恢复工作。启动 10 项交通节能减排的课题研究和成果推广，出台道路运输节能减排工作实施方案，开展“七废”回收利用试点工作和节能降耗示范项目建设，营运车辆单位能耗下降 1%，新增驾培模拟器 707 台。引导运力结构调整，全省货运车辆厢式化提高 7.5%、重型化提高 8.1%、专业化程度提高 5.3%。

（五）队伍建设不断强化，行业文明展示新形象

以学习实践科学发展观为主题，切实加强队伍的思想政治建设、组织建设、廉政建设和作风建设，交通部门和行业形象不断提升。

一是深入开展学习实践科学发展观活动和“树新形象、创新业绩”主题实践活动。在主题实践活动中，深入基层蹲点调研，推出“幸福班车通百村”、“百场讲座到基层”、“千名专家送技术”、“千人后备援灾区”、“千台车辆保应急”等交通惠民送服务活动。浙江省交通厅作为第一批开展学习实践活动的部门，以“加快转变交通发展方式，全面推进现代交通‘三大建设’，切实提高‘三个服务’的能力和水平”为实践载体，突出思想性、实践性、建设性和示范性，认真组织理论学习，深化对科学发展观本质内涵的认识，以座谈恳谈、走访慰问、谈心交心、问卷调查等多种形式广泛征求意见，正视问题，边学边改，破难建制，圆满完成了前一阶段的活动任务。

二是加强干部队伍建设。提高干部工作的公开性、民主性，加大干部培养交流力度，选派年轻干部到重大工程、到抗灾一线锻炼。继续开展大规模干部轮训，全年共培训干部近 1 000 人次；积极探索干部培训新模式，推动网上在线培训教育。

三是深化党风廉政建设。认真落实党风廉政建设责任制，出台《浙江省交通系统建立健全惩治和预防腐败体系 2008 ~ 2012 年工作意见》及其责任分解方案，初步建立起具有浙江交通特色的惩防体系框架。进一步加强交通基础设施建设领域廉政工作，推行养护设备网上招投标，强化小额交通工程廉政保障。出台《关于对厅重要会议决定事项落实情况的督察办法（试

行)》,建立督察机制,对三大建设进展、重大决策落实和重大事项处理情况进行跟踪督察。同时,建成网上审批系统、电子监察系统,规范交通行政处罚自由裁量行为,抓好《政府信息公开条例》实施。巩固治理公路“三乱”、水上“三乱”成果,进一步深化群众满意基层站所创建工作。

四是推进交通文化建设。围绕纪念改革开放30周年,开展“10+20”件大事评选、30年成就报道、征文与摄影比赛、交通精神大讨论等系列宣传活动。加强重大决策、重大活动和突发事件的新闻报道,在《浙江日报》、《中国交通报》头版和浙江卫视新闻联播上发布的报道超过200篇,编著出版《浙江交通与改革开放30年》。举办学习实践科学发展观先进人物事迹报告会,在全行业开展向典型占立明、赵长军、杨彬同志学习活动。深入开展职工经济技术创新活动,开展职工之家、职工书屋建设和困难职工帮扶等活动,举办全省交通系统首届职工运动会,评选创作“浙江交通之歌”,组建省交通职工合唱团并举办“交通之夜——2009年浙江省首届新年合唱音乐会”,进一步活跃职工文体活动,培育健康向上的行业文化。

今年,浙江在正常的交通工作之外,还打赢了“两抗两保”即抗雪灾、抗震灾和保奥运、保增长这四场硬仗。

在抗雪灾中,按照责任到位、人员到位、应急物资到位、防救措施到位、站场服务到位“五个到位”的要求,全系统干部职工全面动员、全力以赴,投入抗雪救灾战斗,果断采取高速公路不封道、开通大客车“绿色通道”、鼓励民工就地过年、协调部队支援除雪、组织后备运力五项措施,投入人员超过15.3万人次、机械设备2万多台次和资金2.56亿元,疏运旅客1.2亿人次,抢运重要物资700多万吨,除夕前抢通主干线、持票旅客全部返乡、重点物资运输运力充足“三个确保”的目标全部实现。

在抗震灾中,第一时间组建公路抢修队伍、灾后重建工程技术专家组,主动向交通运输部请缨入川支援,第一时间组建救灾物资运输车队,开通“绿色通道”,紧急抢运帐篷、活动板房等救灾物资,第一时间落实抗震救灾款项,发动全行业捐款捐物。专门制定抗震救灾应急工作规程,编发入川救灾运输手册,率先在灾区设立前方指挥部,使抗震救灾各项工作有力、有序、有效地开展。先后累计派出8支共计3 100余人次的技术专家和施工队伍,完成国省道抢通保通任务225公里,桥梁检测129座,投入救灾资金2 448.9万元。目前,我厅仍派出两名处长和一批技术人员在灾区参加恢复重建工作。

在保奥运中，确定“六个方面”重点（即重点场所、重点车船、重点工程、重点人和事、重点区域、重点物品）开展不安定因素排查和整治，有针对性地加强安保和反恐工作，全系统共开展督察 5 652 次，基层单位组织 1 000 余个巡防组，投入人员 8.4 人次，资金 4 956 万元，开展应急演练 60 余次，二级以上客运站全部配齐危险品检查仪，确保了奥运火炬传递和奥运会、残奥会期间浙江交通行业的平安稳定。同时组织奥运服务车队进京，为志愿者提供通勤保障。

在以上三项工作中，全省交通系统涌现了先进集体 38 家和先进个人 75 位，其中汪国杰、林圣巧、左建党三位同志在抗雪救灾中光荣殉职。

在保增长中，敏锐把握宏观调控政策变化趋势，见事早、行动快，去年 11 月份中央作出扩大内需、确保经济平稳较快增长的决策部署之后，浙江交通迅速梳理出“六个一批”项目，召开加快交通基础设施建设视频会议进行全面布置，加大对上争取和横向沟通力度，完善前期工作体系，提高前期工作效率和质量，乘势推进重大项目的前期工作。年底前，集中开工了嘉绍大桥及接线、象山港大桥及接线、云景高速公路、绍诸高速公路、杭长高速公路二期、湖嘉申线航道嘉兴段、长湖申线航道等一大批项目。甬台温高速公路改扩建项目、龙庆高速公路、杭新景高速公路建德至开化段、京杭运河四改三工程、富春江大坝船闸改造等项目的前期工作也取得突破。据统计，去年年底前交通建设增加投资 20 多亿元，中央追加的投资全部落实到位；今明两年将实施政府性交通项目 20 个共计 808 亿元。

2008 年浙江交通取得的成绩来之不易，这是浙江省委、省政府和交通运输部正确领导的结果，是地方各级党委政府和各有关部门重视关心的结果，是社会各界和广大人民群众大力支持的结果，是全体交通干部职工努力拼搏的结果。

二、当前交通发展面临的形势和 2009 年工作总体要求

2008 年的实践证明，浙江交通发展仍处于交通建设高潮的持续期、综合交通的整合期、现代物流的提升期和发展方式的转型期，当前又面临着新的机遇和挑战，要求我们进一步把握大局，深化认识，坚定信心，加大力度，推进浙江交通又好又快发展。

(一)当前交通发展面临的形势

2008年以来,国内外经济形势急剧变化,宏观调控政策作出重大调整,又先后出台了若干重大改革,这些都对交通有着深远的影响。

一是要清醒地认识到宏观形势的严峻性,必须切实承担起交通作为扩大内需生力军的重担。目前,国际金融危机愈演愈烈,影响从虚拟经济向实体经济蔓延,从国外向国内扩散,我国经济下滑趋势也越来越明显,经济形势非常严峻,并波及社会各领域,带来了一系列影响社会稳定的问题。浙江作为外向型经济省份,受到的冲击更加明显。

对此,党中央、国务院果断调整宏观调控方向,实行积极的财政政策和适度宽松的货币政策,同时出台扩大内需的十项措施,其中关系交通的有三项。中央经济工作会议和全省经济工作会议都明确今年的首要任务是确保经济平稳较快增长。保增长,才能保民生、保稳定。在当前发达国家经济陷入衰退、外部需求大量萎缩的情况下,扩大内需是保增长的唯一出路,投资是扩大内需的首要选择,在投资中交通又占据着重要地位。正如浙江省委书记赵洪祝所指出的,加快交通基础设施建设是拉动内需最直接和最有效的方式,有利于保经济增长,有利于改善民生,有利于增强发展后劲。因此,浙江交通把加快交通基础设施建设作为一项重大政治任务来完成,切实发挥交通在扩大内需中的生力军作用。

随着宏观调控政策的调整,有利于交通建设快速推进的外部环境开始形成。首先,加大投资已成为各方共识,全省经济工作会议部署明年工作的第一项任务,就是要以大工程大项目为抓手,促进有效投资较快增长。其次,各级党委、政府高度重视交通建设,加大了领导力度,协调解决重点难点问题。许多地方建立完善项目推进督察机制,强化责任分解和责任考核,加强土地保障,确保项目落实和无障碍施工。第三,交通建设有关的原材料和劳务价格有所下降,降低了工程建设成本。这对我们加快发展是一个非常有利的时机,必须乘势而上,加快现代交通三大建设。

但是,我们应认识到机遇不是轻轻松松就能抓住的。目前,制约建设的前期工作难度虽有所缓解,但难题还是比较突出。项目审批渠道不够顺畅,手续繁、环节多、周期长,政策处理成本高。另外,资金筹措压力也很大。一方面公共财政投入不足,建设和运营过程税费负担沉重,另一方面普通公路的"四自"政策已难以实行,国有交通投资公司的融资平台作用又不能有效发挥。

二是要清醒地认识到交通转型发展的紧迫性，必须更加注重结构、质量、安全和效益。保增长更不能忘促转型，只有加快结构调整、转变发展方式才能保障经济增长的可持续性。交通加快转型发展，主要有以下几方面任务：第一，要认真贯彻十七届三中全会精神、《国务院进一步推进长三角改革开放和经济社会发展指导意见》和习近平副主席批示精神，加强区域城乡交通统筹发展。虽然近年来我省农村公路建设取得了很大成就，但仍有不少农村交通条件十分落后，尤其是不能通车的矛盾非常突出。长三角率先发展，首先需要交通率先发展，相比于国务院对长三角的"亚太地区重要的国际门户、全球重要的先进制造业基地、具有较强国际竞争力的世界级城市群"这三大功能定位，目前的交通发展水平还远远不能适应。第二，要认真贯彻省委十二届四次全会关于加快经济转型升级的决定，加快港航强省和交通大物流建设，充分发挥交通在发展效益农业、先进制造业和现代服务业中的积极作用。国务院要求长三角地区要努力形成以服务业为主的产业结构，优先发展面向生产的服务业，依托区域综合交通网络，大力推进现代物流业发展。省政府去年也先后出台《关于进一步加快发展服务业的实施意见》和《进一步加快发展现代物流业的若干意见》。这对浙江加快港航强省和交通大物流建设提出了新的更高要求。第三，切实加强质量、安全管理。交通工程建设点多面广，运输生产日益繁忙，必须始终坚持"百年大计，质量第一"、"以人为本，安全至上"的方针，将安全和质量管理放到首位，警钟长鸣，常抓不懈。

三是要清醒地认识到交通体制改革的艰巨性，必须服从大局、稳步推进。今年已经开始实施的成品油税费改革和即将实施的交通大部门制改革，对交通工作的各个方面都有着前所未有的影响。成品油税费改革绝不只是将五项交通规费改为国家税收、安置稽征人员，而是有着更为广泛的内容。第一，交通资金的来源将有交通部门内部转移到外部。从微观上讲，资金的预算管理、财务制度、审计监督等也要相应调整，需要我们重新适应。第二，中央要求逐步有序取消政府还贷二级公路收费。浙江前几年已经停止了"四自工程"审批，不再新建普通收费公路，也积极推进建立收费公路退出机制。但是对照中央目前的要求，浙江需要加快收费公路清理取消工作，由此产生的资金补助、债务清理、人员安置等工作十分复杂繁重，处理不当还会引发司法诉讼和社会不稳定问题。第三,建立在原来规费收入基础上的政府交通建设融资机制已经发生变化,必须加快改革交通投融资体制,建立新的融资平台、融资机制。这项改革的顺利与否直接关系今年交通建设资金的筹措安排,十分迫切,必须尽快到位。第四,公路、水路运输业会受成品油价格和税费改革的重大影响,尤其是城市公交、农村客运、岛际客运、出租汽车等对此影响更为敏感,需要尽快完善运输价格联动机制,及时拨付资金补贴,同时加强市场秩序规范整顿,防止不正当竞争诱发不稳定因素。

大部门制改革同样不只是几种交通方式管理机构的撤并,而是要通过这项改革推进交通部门政府职能的转变,建立统一高效的综合交通管理体制,并以体制改革带动综合交通体系建设,整合交通资源,加强衔接配套,提高综合效益,降低社会成本。在大部门制改革过程中,要按照完善社会主义市场经济体制、加强宏观调控、推进基本公共服务均等化等新要求,在职能、机构、编制等方面加以统筹考虑,优化管理资源配置。

总之,面对以上机遇和挑战,浙江交通要以深入开展学习实践科学发展观活动为契机,按照“两手抓、两不误、两促进”的要求,着力于解放思想坚定信心,着力于创新体制增强活力。首先,要不背过去成绩包袱,不受习惯做法束缚,不为任何风险所惧,不受狭隘观念限制,进一步解放思想、开拓思路,用世界眼光和战略思维来审视交通、谋划交通。要树立先行官的意识,充分认识交通的基础性、先导性地位,把握交通所处发展阶段的正确判断,坚持率先发展不动摇;要树立大民生的意识,充分认识交通作为公益事业的本质属性,把握交通基本公共服务均等化的大势所趋,坚持惠民发展不动摇;要树立大产业的意识,充分认识交通在经济转型升级中肩负的使命,把握发展现代交通运输业的历史任务,坚持转型发展不动摇;要树立大交通的意识,充分认识交通资源整合的重要意义,把握综合交通发展的必然规律,坚持统筹发展不动摇。要用科学发展观来对照交通的工作,排查问题和困难,找出差距和不足,研究采取切实有效的解决办法,实实在在地帮助群众、帮助基层、帮助从业者。同时,立足于标本兼治,努力通过体制机制创新从源头上加以解决,构建起充满活力、富有效率、更加开放、有利于交通科学发展的体制机制。

(二)2009年交通工作总体要求

2009年是喜迎建国60周年的大庆之年,是现代交通三大建设的加快推进之年，也是实施“十一五”规划的关键之年，做好2009年的交通工作至关重要。2009年交通工作总体要求是：认真贯彻中央经济工作会议和全省经济工作会议精神，以科学发展观为统领，深入实施“两创”总战略，振奋精神、抢抓机遇，统筹兼顾、狠抓落实，全面加快现代交通三大建设，推进浙江交通又好又快发展。

具体工作中要把握“一个原则”，做到“四个确保”：

“一个原则”是指要坚持“既要积极，又要务实；既讲效率，又讲规范”的工作原则。“积极”就是要增强机遇意识、责任意识和紧迫意识，克服畏难情绪和等靠要的思想，自觉地担负起交通发展历史使命。要抓住当前的机遇，全力加快现代交通三大建设，有条件上的项目要力争早上快上；条件还不具备的要加快前期工作，争取尽早“落地”。“务实”就是要在抓落实上狠下工夫，干实事，求实效。在项目安排上要立足当前、着眼长远，更加注重夯实基础，更加注重调整结构，更加注重改善民生，更加注重转型升级，在尽快发挥投资拉动效应的同时，有利于增强发展后劲。在项目实施上，必须抓到实处，重点突破，攻坚克难，不见成效不罢休。“效率”就是要理顺体制机制，改进工作作风，提高办事效率，以时不我待、只争朝夕的精神推进发展。要选准措施、选准项目，要把好钢用在刀刃上，不能一哄而上，蛮干乱干，搞“形象工程”、“献礼工程”，仍旧走粗放型发展的老路。“规范”就是要尊重科学、依法办事，让每一项工作经得起历史和人民的检验。加快建设需要我们突破常规，但不能违背客观规律、违反政策底线。要提高我们的工作水平，原则性和灵活性相结合，在提高效率的同时，讲求质量，注重安全，维护稳定，加强廉政。

“四个确保”是指：一是要确保项目投资。今年交通工作的首要任务就是加快三大建设，全年公路、水路投资计划完成570亿元，其中公路465亿元，水路105亿元。要加强对交通建设的领导，重点是加快推进前期工作，要争取建立政府领导、有关部门参加的前期工作联动机制，分解任务，落实责任，联合审批，对口催批，督促检查，使更多项目尽早“落地”。同时，要加强工程建设管理，精心组织，科学安排，加快建设进度，提高安全和质量管理水平。二是要确保民生改善。要把交通发展的出发点和立足点放到改善民生上来，牢牢把握交通的公益属性，加大对欠发达地区、农村交通发展的投入和支持力度，努力推进交通公共服务的均等化，使交通发展改革成果惠及全省人民。三是要确保产业转型。要把港航强省和大物流建设放到更加突出的位置,积极争取政策支持,加大工作推进力度,加快核心港区、重点物流基地和集疏运体系建设,做大做强运输物流业,提高信息化程度。四是要确保行业稳定。要充分认识今年经济社会发展和交通体制改革的复杂形势,预防为主,综合治理,及时排查处置不安定因素,切实加强安全和维稳工作。

三、2009 年交通工作安排

2009 年全省交通系统要重点抓好以下五个方面的工作:

(一)加强基础设施投资,加快现代交通三大建设

1. 加快大港口建设,进一步发挥港航资源优势

以梅山、金塘、衢山等港区为重点,加快构建以宁波—舟山港为龙头的沿海港口体系。出台宁波——舟山港总体规划及集疏运规划,抓紧编制全省沿海港口集疏运规划。加快岙山 30 万吨级原油码头、北仑五期集装箱码头、金塘大浦口集装箱码头等项目的推进,全年确保建成万吨级以上泊位超过 10 个;加快推进舟山凉潭矿石中转码头、梅山港区集装箱码头、大榭30 万吨级原油码头、乐清湾港区一期工程、独山港区多用途码头等项目前期工作,力争开工建设。

以京杭运河、钱塘江中上游等干线航道为重点,加快构建内河航道体系。加快建设湖嘉申线嘉兴段一期、长湖申线四改三工程、东宗线嘉兴段二期;加快推进京杭运河四改三、湖嘉申线嘉兴段二期、杭平申线、富春江大坝船闸改造、衢江航运复兴工程的前期工作,力争尽早开工。

以水上康庄工程为抓手,加快改善渡运条件。确保建成陆岛码头项目 10 个,新开工 8 个;安排撤渡建桥项目 14 个,完成渡埠改造项目 50 个。

2. 加快大路网建设,进一步提升公路网络化水平

高速公路以"省际断头路"、"重要疏港路"、"城际扩容路"为重点,加快区域大通道建设,构建长三角一体化交通大平台,支撑三大产业带发展。一是确保建成舟山大陆连岛工程西堠门大桥、金塘大桥及宁波接线,温州绕城高速公路北线,诸永高速公路台州段(双峰互通以南)、温州段等 6 项 175 公里;力争建成申嘉湖杭高速公路练杭段 51 公里。二是加快推进黄衢南高速公路衢黄段、宁波绕城高速公路东段、台金高速公路东延段、云景高速公路、

绍诸高速公路、杭长高速公路杭州至安城段、嘉兴至绍兴跨江通道、宁波象山港大桥及接线工程等续建项目。三是开工东永高速公路、龙庆高速公路、北仑穿山疏港公路、杭长高速公路杭州延伸线(吉鸿路)、杭州萧山机场公路改建工程、钱江通道及接线工程和杭新景高速公路延伸(之江大桥)工程等7项。如前期工作顺利,再力争开工杭新景高速公路建德至开化段,甬台温高速公路改扩建工程象山戴港至乐清南塘段、乐清南塘至瑞安阁巷段,杭金衢高速公路拓宽杭州至金华段,杭宁高速公路拓宽等5项。四是加快杭州湾跨海大桥北延、六横至穿山高速公路、龙丽温高速公路丽水景宁至温州段等项目的前期工作。

干线公路以"瓶颈"路段和区域快速通道为重点,加快改建和大中修步伐,提升区域道路综合通行能力,促进新型城市化和县域经济发展。抓紧编制普通干线公路网规划,优化干线路网布局;确保建成35省道临海留贤至大田段、16省道临安淤潜至千秋关段等列入省政府考核的8个项目计200公里,力争建成104国道乐清湖雾至清江段等60项计600公里;加快推进318国道长兴李家巷至界牌段、环太湖公路浙江段等108项计1 500公里在建项目;新开工320国道绕城公路至富阳新桥段改建工程、18省道临安段等71项计900公里;进一步加快国省干线公路项目前期工作,增加项目储备。

农村公路以欠发达地区为重点,按照三年建设目标,加快通村公路和联网公路建设,促进城乡一体化和改善民生。全年开工建设通村公路4 000公里,完成2 500公里,使等级公路通村率达到99%,路面硬化率达到98.1%;建设联网公路2 000公里。同时,抓紧滩坑库区淹没路段的复建,景青公路100公里力争贯通。

3. 加快大物流建设,进一步推进运输业转型

推进物流基地体系建设。出台全省综合物流基地布局规划和全省公路运输枢纽布局规划;加快推进7个园区建设,启动3个园区建设,完成2个园区前期工作;推进城乡配送网络建设,新改建30个农村货运站。

加强物流龙头企业培育。扶持推进省级物流龙头企业发展项目20个,市级项目25个,完成省市县三级物流龙头企业评定;进一步帮助运输物流企业应对经济困难,做好减负工作,促进银企合作,引导市场重组,优化运输结构,提高运输物流业的集约化、规模化经营水平。

加快物流信息化、标准化建设。重点推广通用网站、小件快运、普通货运3个通用软件,新开发站场、集装箱2个通用软件和1个公共管理中心,完成200家物流企业通用软件推广和物流公共信息系统技术规划。

完善物流政策和机制保障。出台大物流建设资金补助管理办法等配套政策;成立交通物流协会和各专业委员会。各市及重点县(市、区)要尽快召开大物流建设工作会议,整体推进大物流建设。

(二)加强体制机制改革,提升交通行业管理水平

今年交通面临的改革任务十分艰巨,重点是推进大部门制改革和成品油税费改革。我们要以这两项改革为契机,趋利避害,统筹考虑,改革交通管理体制,建立行业管理的长效机制。

按照省里统一部署,稳步推进交通大部门制改革,结合推进公益类事业单位改革,进一步理清和转变职能,整合交通管理资源,调整机构、编制,着力构建符合科学发展要求、有利综合交通发展的大交通管理体制。要加强综合交通体系战略研究,并以此调整完善公路、水路规划。要按照城乡一体化和基本公共服务均等化的要求,进一步破除城乡交通分割的体制壁垒,抓好城乡公共运输站场建设,积极推进农村客运公交化发展,班车通村率达到91%,公交一体化率达到45.5%。要加强出租汽车行业监管和引导,完善政策法规,兼顾社会公众和出租汽车经营者利益。

按照《国务院实施成品油价格和税费改革的通知》要求,稳妥地做好成品油税费改革的有关工作,取消交通五项规费征收,妥善做好稽征人员的安置工作。会同发改、财政、物价等部门,逐步有序取消政府还贷二级公路收费,完善出租汽车和道路客运价格联动机制和城市公交、农村客运行业补贴机制,确保运输行业稳定。要适应成品油税费改革和交通回归公益属性的要求,研究建立政府主导的交通建设投融资体制,争取加大政府性资金投入,创新投融资方式,充分发挥国有交通投资公司作用,满足交通大规模建设的资金需要,保障交通事业健康发展。要改革完善交通部门预算管理、计划管理体制,努力实现预算管理与计划管理、资产管理的有机结合,进一步加强审计监督,提高预算执行效率和资金使用绩效。

积极探索交通建设体制改革,完善项目法人制和代建制,加强交通建设的专业化管理;继续完善交通建设市场信用管理体系,开展项目业主信用评价试点工作;积极开展地方标准和设计要点、审查要点等规范建设。

进一步完善公路路政和养护管理体制，争取出台公路超限运输管理办法，加快超限检测站点建设，完善治超监控网络，做好舟山连岛工程通车的路政服务工作；全面完成高速公路计重收费、不停车收费、二义性路径识别三大系统建设，提高高速公路运行管理服务水平；深化农村公路养护体制改革，全面落实养护主体责任和资金来源，改进养护工程计划管理，强化农村公路路政管理。

进一步理顺港航管理体制，深化宁波—舟山港一体化管理，继续推进港口航运联盟建设；改革船检运行模式，逐步实现集中行使船舶检验权；加强对重点船舶、重点区域运输装卸行为的监管，进一步规范通航秩序。

深化交通自主创新体系建设。深入实施规划引导、立项查新、大纲咨询，以及注重集成创新、集中研究方向、依托重大工程开展科研等思路，努力提升科研成果质量；进一步完善信息沟通机制，制订实施推广应用计划、标准编制计划、成果推广指南，适时出台新技术培训等制度，加快科研成果向现实生产力的转化。

在推进改革的同时，要注意与法制建设相结合，通过加强交通立法和行政执法创新，保障改革顺利进行，巩固改革成果。

（三）加强安全质量监管，建立健全长效管理机制

安全和质量是交通工作的永恒主题。要深化开展“安全质量年”活动，在排查消除隐患的同时，建立健全安全质量管理的长效机制。

工程建设上，要强化“五大控制”：一是要强化重特大项目的全过程质量控制。成立专门监督小组，及时帮助解决质量难点问题，督促落实质量责任制，加强细小环节的监管。二是要强化水运工程的精细化控制。积极推广先进质量管理经验，深入治理六大质量通病，促使水运工程质量整体性提高。三是要强化沥青路面的质量控制，把好原材料源头质量控制关、试验路段检验检测关、工艺质量控制关和路基交验关，建立路面施工质量评价机制。四是强化交通基础设施的安全监控。健全工程安全监管体系，完善工程安全管理制度，保证和规范工程安全生产经费投入，积极开展安全施工标准化工地建设和安全隐患排查治理工作。五是强化工程造价的合理化控制，提高概算审查精度，规范投标控制价上限编制和审查行为，推广应用造价动态管理系统。

运输生产上，要落实“五个到位”：一是要做到制度预案到位，修订完善

各类安全管理规章制度和应急预案,增强可操作性,加大监督执行力度。二是要机构人员到位,督促各单位建立健全安全管理机构,配齐人员,加强安全生产教育培训,提高安全生产意识和应急处置能力。三是要落实责任到位,切实强化管理部门的监管责任、经营企业的主体责任、经营管理者的领导责任和技术人员、一线工人的操作责任。对于事故责任人员要严肃追究法纪责任。四是要硬件投入到位,建立行业安全生产管理信息系统,实现安全信息网络连接和安全管理资源共享。加大力度实施公路安保工程和危桥改造项目,重点整治临水临崖高落差路段,五年目标争取三年完成。五是要监督检查到位,经常性地开展安全生产检查,及早排查发现安全隐患并立即整改消除。

(四)加强党风廉政建设,树立廉洁交通新形象

越是交通建设高潮,越是不能放松党风廉政建设。一是进一步抓好对科学发展观和上级重大决策贯彻落实情况的监督检查,加大三大建设督察力度,严肃政治纪律,确保政令畅通。二是要进一步抓好《浙江省交通系统建立健全惩治和预防腐败体系 2008 ~ 2012 工作意见》及其责任分解方案的落实,加强责任追究,提高制度的执行力。三是要进一步抓好交通基础设施建设领域的廉政工作。面对新一轮建设高潮,一定要总结以往的经验教训,坚持以往行之有效的做法,以改革创新的精神,切实加强对交通工程建设全过程的监督管理,建章立制,堵塞漏洞,努力遏制腐败现象的发生。四是要进一步抓好作风建设,规范行政行为和执法行为,深化政务公开,提高机关运作效能,实现好、维护好、发展好人民群众的根本利益。五是要进一步抓好反腐倡廉教育,切实加强党员干部廉洁自律工作,筑牢拒腐防变的思想道德防线。

(五)加强人才队伍建设,进一步提升交通软实力

人才队伍建设始终是交通事业发展的坚实保障。一是以开展学习实践活动为抓手,进一步加强领导班子和干部队伍建设。保质保量完成学习实践活动第三阶段工作,切实抓好突出问题的整改落实,总结和巩固活动成效。省厅将在总结嘉善经验的基础上,以破解发展难题为主要内容,加强对市县交通部门学习实践活动的指导。完善干部培训工作管理办法,进一步提高干部培训的针对性、实效性,组织开展新一轮的干部培训,继续加强干部调整配备和挂职交流工作。二是进一步加强专业人才队伍建设。构建行

业高技能人才队伍培训体系,完善全省交通行业继续教育工作;进一步加大拔尖人才的培养管理力度,以“网上专家苑”为展示平台,组织新一轮“283”拔尖人才的选拔、推荐和动态考核;加强技能型人才培养的力度,全面推进全省交通职业资格制度建设。三是继续加强交通职业教育,引导推动教育资源整合,进一步支持各院校打造强势专业,营造校园文化,提升学生素质,打响学校品牌。四是深入开展行业文明创建,完成浙江交通精神的提炼,培育文明创建典型,适时召开全省交通文化建设和文明创建工作现场会,深化开展文明公路、文明航道创建工作。五是切实加强新闻宣传工作。进一步完善宣传工作网络和机制,提高新闻选题策划水平,丰富宣传方式和途径,增强宣传传播效果,使交通宣传更加贴近中心、贴近行业、贴近民生。做好交通史志编撰工作,组织开展迎接建国60周年系列宣传活动。

创业三十年　创新三十年

——浙江交通改革开放30年的成就、经验与展望

(2010年12月30日)

在浙江波澜壮阔的改革开放进程中,浙江交通坚持解放思想、创业创新,加快建设、加快发展,实现了历史性的跨越,为经济社会发展发挥了"先行官"作用。

一、浙江交通改革发展三十年的巨大成就

(一)拼搏创业,实现浙江交通跨越式发展

改革开放以来,在省委、省政府正确领导下,浙江交通人埋头苦干,拼搏创业,无私奉献,交通基础设施建设突飞猛进,运输生产持续增长,综合服务保障能力快速提升。交通建设投资从1978年3 002万元上升到2007年的511.1亿元,位居全国首位,增长达1 700多倍,占全社会固定资产投资总额的比重从0.5%增大到8%左右。30年共完成投资超过3 900亿元,是1949~1978年完成投资量的930多倍。

——公路通行能力倍增,瓶颈缓解。全省公路里程从1.86万公里扩大到10.4万公里,增长5.6倍,密度超过100公里/百平方公里,高级、次高级路面铺装率达到91.7%。

——高速公路从无到有,基本成网。从1991年的7公里,到2002年全省实现"四小时公路交通圈",今年年底预计可达3 074公里,全省高速路网框架成型。

——港口建设大步迈进,崛起世界。1978年宁波北仑开始建设国内首个10万吨级泊位,今年年底万吨级以上泊位将达128个,宁波—舟山港实现一体化发展,货物吞吐量今年将达5.2亿吨,成为世界级大港。

——农村交通面貌巨变,惠及三农。从机耕路到简易公路再到乡村康

庄工程,等级公路通村率达到98%,农村客运班车通村率达90%。

——桥隧建设突飞猛进,技术领先。桥梁数量增长30倍,达到4万多座,杭州湾跨海大桥是世界第一的跨海长桥,西堠门大桥居同类型桥梁单跨长度世界第一。隧道增加近1 000座,诸永高速公路括苍山隧道长度为华东第一。

——航道全面改造提升,江海联通。浙北航道网完成了大规模改造,高等级航道里程超过1 100公里,杭甬运河改造工程基本通航,使千年京杭大运河连通大海。

——运输生产持续增长,担当重任。道路客运增长14倍,占到全社会总运量的94.6%;道路货运增长47倍,直达发送全国各地。水路货运增长10.8倍,船舶总运力增长105倍,居全国省市区首位,沿海港口货物吞吐量增长108倍,全省90%以上的外贸货物和大宗物资通过水运完成。

(二)改革创新,探索浙江交通科学发展之路

创业需要创新,创新推动创业,解放思想、改革创新始终是浙江交通这30年发展的强大动力所在、夺目亮点所在。

——创新交通发展思路,推动了浙江交通又好又快发展。20世纪80年代,根据“普及与提高相结合,以提高为主”和“先缓解,后适应”等方针,交通基础设施建设开始提速。90年代初,依托“四自工程”政策,进一步加快发展速度。20世纪末期,确立“建设大交通,促进大发展”的指导思想,实施“三八双千”工程,2003年又实施交通“六大工程”。2006年以来,全面贯彻落实科学发展观,围绕“两创”总战略,推进现代交通“三大建设”,发展现代交通运输业。

——创新行政管理体制,推动了交通部门职能转变和管理服务水平提高。1981年开始推进政企职能分开,在20世纪90年代全省交通系统全面实现政企分开,并同步完成了交通企业改制,行政审批制度改革不断深化,政务公开、集中办事、网上审批、民主评议等制度广泛推行。尤其是近年来,交通部门职能进一步转变,行业管理和服务水平显著提高。

——创新投资建设体制,推动了交通基础设施的大投入、大建设。一是积极推进交通投融资体制改革。1984年开始试行收取通行费,1992年出台“四自工程”政策,积极拓宽投融资渠道,在全省掀起公路建设高潮。二是推进交通建设体制改革。打破以交通部门为主体的单一建设格局,逐步形成

"统筹规划、条块结合、分层负责、联合建设"建设体制。近年来又大力推行"一路一公司"的项目法人制和政府领导下的指挥部代建制。近年来大力推行建设市场诚信体系建设,从源头上规范建设市场秩序。三是不断深化公路管理养护体制改革。"十五"期间推行以"两合并、两分开、一加快"为主要内容的公路管理体制和运行机制改革,近年来又按照"统一领导、分级管理、以县为主、乡村配合"的要求,深化农村公路养护管理体制改革。

——创新运输管理体制,推动了运输生产力的解放和发展。1983 年开始逐步放开运输市场,运力运量快速增长。90 年代以后,着力提高运输组织化程度。进入新世纪以来,积极发展农村客运和海上运输,农村客运网络化工作走在全国前列,海运运力总运力 30 年间增长了 76 倍。目前又开展了交通大物流建设,推动传统运输业向现代物流业转型。

浙江交通 30 年的辉煌成就,是省委、省政府正确领导的结果,也是交通系统全体干部职工共同奋斗的成果。30 年的浙江交通发展史是一部可歌可颂的浙江交通人创业创新史。

二、浙江交通改革发展的基本经验

通过 30 年的创业创新,浙江交通取得巨大成就的同时,也积累了许多宝贵的经验。

一是必须坚持以发展为第一要务,紧紧抓住发展机遇,实现浙江交通的率先发展。20 世纪 80 年代,抓住城乡经济快速发展的机遇,举全行业之力推进交通基础设施建设。90 年代初,抓住发展社会主义市场经济的机遇,引入市场机制,进一步加快了交通发展速度。20 世纪末期,抓住国家实施积极财政金融政策的有利时机,掀起以高速公路为重点的交通基础设施建设高潮。近年来,积极应对宏观形势变化,坚持交通仍处于大建设、大发展时期这一基本判断不动摇,连续五年交通投资保持全国第一,为我省经济保稳促调、转型升级作出了积极贡献。

二是必须坚持以人为本,强化交通的公益属性,服务经济社会发展大局。立足于满足人民群众不断增长的交通运输需求,跳出交通谋划交通,跳出交通发展交通,增强交通服务经济社会发展和改善民生的主动性,紧紧依靠各级党委、政府,紧紧依靠广大人民群众,调动各方积极性,营造全社会合力办交通的良好局面。在充分发挥市场作用的同时,始终坚持交通本质上的公益属性，妥善解决交通快速发展与政策财力不足的矛盾，努力使交通改革发展成果惠及全省人民。

三是必须坚持统筹协调，强化规划的龙头作用，引领交通全面协调可持续发展。准确判断经济社会发展形势，以大视野、长眼光来审视交通工作，高度重视交通规划，编制了一系列综合、区域和专项规划，以交通规划指导交通的全面协调可持续发展。交通规划体系的完善，增强了交通发展的前瞻性、科学性、有序性和指导性。在规划指导下，积极推进公路水路和城乡交通协调发展，推进建设与管理的协调发展，实现了交通发展与经济、社会、资源、生态的统筹兼顾。

四是必须坚持科技进步，增强交通科技创新能力，提高交通质量、安全和环保水准。质量、安全是交通的永恒主题，科技是推进交通发展的第一生产力，环保是交通可持续发展的必然要求。浙江交通不断完善科技创新体系，加快交通科技进步，不断提升交通基础设施建设质量和安全水平，走资源节约型、环境友好型交通发展之路。

五是必须坚持加强行业自身建设，提高服务水平，不断增强交通发展软实力。在推进交通基础设施建设、发展运输生产的同时，加强行业管理和队伍建设，提出并实施了依法治交、科技兴交、人才强交等战略，采取构建惩防体系、实施人才工程、开展交通文化建设等创新性举措，在全行业增强惠民意识，弘扬奉献精神，增强服务本领，提升了提升行业文明水平和队伍综合素质。

三、浙江交通未来发展展望

经过改革开放30年的发展，浙江交通已经站在了新的历史起点上。展望未来，浙江交通将全面贯彻落实科学发展观，深入实施“两创”总战略，围绕全面建设小康社会这一宏伟目标，推进现代交通“三大建设”。

一是着眼于发挥海洋资源优势，构建对外开放新格局，增强浙江的国际竞争能力，建设大港口。沿海强化龙头“宁波—舟山港”，做大两翼“温台和浙北港”，形成结构合理、功能完善的沿海港口体系；内河以京杭运河为主轴，全面提升浙北航道网和浙东航道网，全面推进钱塘江和瓯江航运开发，形成干支直达、通江达海的内河航道体系。

二是着眼于融入长三角、辐射周边省，提高区域和城乡发展协调性，增强浙江区域经济实力，建设大路网。高速公路以“省际断头路”、“城际扩容路”、“重要疏港路”为重点，加快区域大通道建设，构建长三角一体化交通大平台。干线公路以“瓶颈”路段和区域快速通道为重点，加快改建和大中修步伐，提升区域道路综合通行能力。农村公路以欠发达地区为重点，加快通村公路和联网公路建设。

三是着眼于加快发展现代服务业，促进资源优化配置，增强浙江市场经济活力，建设大物流。通过引导、扶持、支持和培育，形成以物流园区为基础，物流信息平台为支撑，技术标准为手段，龙头企业为示范，全程物流为方向的全省交通物流体系，全面改造提升传统运输产业。

提高认识　着眼长效
切实强化安全生产规范建设

（2011 年 3 月 7 日）

同志们：

今天我们召开全省交通运输系统安全生产工作会议。这是继廉政工作会议之后，春节后厅党组召开又一个重要会议。廉政和安全生产是厅党组始终高度重视的两项工作，在全省交通事业发展的总体格局中具有举足轻重的地位。我们在交通工程建设、运输生产方面取得了许多重大成果，但如果在廉政和安全方面出大事情，那么领导和群众对我们评价就会大大下降，部门的形象也会大大打折，在这方面"100 - 1"不是等于"99"，而可能等于"0"。所以，厅党组开年之后首先就召开廉政工作会议和安全生产会议。

刚才，黎明同志对"十一五"的安全应急工作作了简要总结，对取得的成绩作了充分肯定；对 2010 年安全生产工作责任制目标完成情况进行了分析，对 2011 年的考核指标作了传达，我都同意。对 2011 年的安全和应急工作我讲两点意见。

一、认清形势，提高认识，始终高度重视安全生产工作

2 月 19 日，中央举办省部级主要领导干部社会管理及其创新专题研讨班，胡锦涛总书记作了重要讲话。他指出，社会管理，说到底是对人的管理和服务，涉及广大人民群众切身利益，必须始终坚持以人为本、执政为民，切实贯彻党的全心全意为人民服务的根本宗旨，不断实现好、维护好、发展好最广大人民根本利益。其中当前重点要抓好的八项工作中，其中一项就是"进一步加强和完善公共安全体系，建立健全安全生产监管体制，完善社会治安防控体系，完善应急管理体制"。省委、省政府也高度重视安全工作，3 月 2 日召开的全省安全生产工作会议提出，在"十二五"时期我省安全生产

工作总体目标是“三个确保”:确保各类事故起数、死亡人数、直接经济损失三项指标继续“零增长”并力争有所下降;确保亿元生产总值生产安全事故死亡率、工矿商贸企业十万从业人员生产安全事故死亡率、道路交通万车死亡率稳步下降;确保完成国务院安委会下达的安全生产控制指标,促安全生产状况持续好转。交通运输部在对“十二五”工作部署中,同样将“深化安全监管和应急处置能力建设”作为一项重点任务,要求“到2015年,基本建成全方位覆盖、全天候监控、快速反应的现代化水上交通安全监管系统和救援体系,努力做到‘十二五’期单位运量的事故件数、伤亡人数、事故损失稳步下降,人命救助成功率达93%以上。基本建立公路应急抢通保通体系”。为认真贯彻上述要求,厅党组在今年全省交通运输工作会议上,明确提出在“十二五”期间要实施“安全质量强化行动”,并将其作为整个行业管理工作的核心任务。各级交通运输部门一定要切实地把思想统一到中央要求上来,践行“以人为本、执政为民”的理念,牢固树立“安全稳定是第一责任”的理念,增强政治意识、大局意识、责任意识,本着对人民负责、对事业负责的态度,增强抓好安全生产的责任感和紧迫感。

回顾近几年交通运输系统的安全生产工作情况,总体上来说形势是稳定的,而且有可喜的变化。全系统已连续3年实现安全生产三项指标的零增长,省厅也连续3年获得省政府安全生产工作目标责任制考核优秀等次。但我们也要清醒认识到,交通运输领域各类事故仍然处于多发、高发期,事故的总量仍然较大,发生重特大事故的几率依然存在;不少单位特别是一些企业的安全管理仍然是粗放式的,尤其是安全生产的主体责任还没有得到很好的落实,而且省政府对交通运输行业的安全考核指标还在进一步下调。所以,安全生产工作永远“只有起点,没有终点”,“没有最好,只有更好”,我们决不能沾沾自喜,有所松懈,而是要清醒地认识当前面临的形势,把全生产这根弦绷得更紧,“不敢不重视,不得不重视”。

一是经济社会的发展对交通运输安全生产工作提出了新的要求。“十二五”期间,我省的经济社会发展将以科学发展为主题,以加快转变发展方式为主线,以调整结构为主攻方向,加快改革开放和现代化建设,全面建设小康社会,这对交通运输行业的发展提出了新的更高要求:需要为我省经济社会发展、保障和改善民生提供便捷、安全、高效的交通运输;需要加快交通运输发展方式的转变,构筑资源节约型、环境友好型的综合运输体系。同时，人们对交通发展也将会有更高的品质期待，不但要求通达、便捷，还要求绿色环保、安全舒适，能适应极端性气候变化。所以，我们在安全、质量等方面，要像工程建设一样下工夫、树形象，像抓廉政建设一样，人人有责，常抓不懈，抓住机遇，迎难而上，确保全省交通运输安全生产形势持续稳定好转。

二是现代交通运输的发展对交通运输安全生产工作提出了新的挑战。今年全省交通运输工作会议上，我们分析了“十二五”交通运输发展的形势，提出了新的思路、任务和举措，核心在于转型发展，要坚持适度超前、调整结构、统筹协调，进一步深入推进现代交通三大建设，构建畅通、高效、安全、绿色的综合交通运输体系，打造畅通浙江。为此要实施港口平台打造、内河航运复兴、路网完善提高、交通物流培育等八项行动，就工程建设而言，投资总量要超过“十一五”，预计达到3 400多亿元。因此，一方面，“十二五”交通建设任务仍十分艰巨，还有不少大项目、大工程，而且多在山区、沿海，工程技术难度大，建设环境也越来越复杂；另一方面，运输结构将加快调整，运输组织方式也将发生变化，信息化等高科技手段应用日益广泛。这就要求交通运输安全生产工作必须适应新形势，转变管理理念，改变陈旧的监管模式，改革传统的监管方法，进一步拓宽安全监管的覆盖面，实现由单一监管到综合监管，建立全天候、全方位、全过程的交通运输安全监管新模式。

三是体制改革对交通运输安全生产工作带来了新的课题。随着大部制改革的深入推进，城市客运逐步纳入我们安全监管的范围。城市客运量迅猛增加，运营安全防范困难，安全保障压力越来越大；机场的安全监管、轨道交通的运营管理更是我们面临的全新领域，而目前无论是运营管理的方式手段还是安全监管人员的数量和质量来说，都还有很大的差距，这就需要我们花大力气去学习、去研究、去实践、去摸索，缩短对新领域运营安全监管的熟悉时间，认真履行新的职能，不断提高安全保障能力。

四是非传统安全问题对交通运输安全应急工作造成了新的压力。近年来，气候变化异常，雨雪冰冻、台风等极端自然灾害频繁，给交通运输安全生产带来了极大影响。当前，我国正处于社会转型期，影响经济安全和社会稳定的因素很多，恐怖袭击、人为破坏、公共安全等突发事件时有发生。相对而言，目前从业人员的防范意识还不强，交通运输安全生产的基础还比较薄弱，防范和抵御的能力还比较脆弱，交通运输安全生产工作面临着潜在风险和现实威胁。这就要求我们加强对非传统安全形势的研判，结合交通运输实际,加强防范措施,提高应对各类突发事件的能力,最大限度地减少非传统安全问题带来的不利影响。另外,随着网络媒体的出现,传播方式日趋快速化、多样化,有的偶发性、细节性问题如果稍不重视,可能引起很大的社会反响,对行业发展造成不良影响。

二、着眼长效,注重规范,全面提升安全生产工作水平

安全生产工作是一项长期性、经常性的工作,需要做好日常的检查、宣传、教育、治理等工作,但不能停留在"头痛医头,脚痛医脚"的层面,要有一个新的高度,要有一个系统的考虑,要研究和分析规律性的东西,充分吸收好的管理方法和经验,建章立制,规范施行。春节后的第一次厅长办公会议研究决定,在总结前三年"安全质量年"和奥运安保、世博安保等工作的基础上,结合部安全生产和应急"双基"建设要求,开展连续三年的全行业"安全生产规范年"建设活动。着重要抓好"三规范一落实":

(一)抓制度规范

一要加强法规、规章建设。要加快交通运输安全生产立法进程,以法规、规章全方位、全领域地规范安全生产工作,使交通部门的监管行为有法可依,切实提高安全生产执法行为的权威性。

二要加强技术性规范建设。进一步梳理、修改和完善各类技术规程、管理制度、安全要求、岗位职责等制度,重点加快制定与完善公路水路运输、公路运行、桥梁隧道管理、港口经营、工程建设等方面的安全监管、风险评估、安全维护和检测技术规程以及安全应急信息系统建设、共享等方面的技术标准、规范,提高行业安全管理的基准水平。

三要加快建立安全信用评价和考核制度。要配合部、省有关规定,充分整合利用现有工程建设、道路水路运输有关信用评价制度,完善安全评价和考核的具体指标,加强安全生产能力评估,严格安全准入标准,完善从业单位黑名单制度,建立淘汰机制,并逐步从工程建设、道路运输、驾培维修扩大到船舶检验、工程设计乃至评估咨询、教育培训等领域,从源头上把住市场准入关。

(二)抓工作规范

一要建立高效的工作机制。要按照"谁主管、谁负责"、"条块结合、属地管理"的原则,建立起一套权责明确、运行高效、配合紧密的工作机制。要抓

住各地机构改革的良好机遇，积极求得当地党委政府的支持，在增设机构、增加编制、改善设施等方面取得成效，进一步推进县级工程质量监督机构的设置。特别是要加强异常天气灾害处置、重大工程安全管理、沿海水路运输、港口危险品生产作业、旅游客运、城乡公交、桥隧运营、民航机场、公路治超等重点、难点管理工作，进一步理顺职能交叉、多头管理的沿海运输、危险品管理等管理职责；交通运输内部也要建立分工负责又协调配合的安全管理和运行机制。

二要建立科学的工作规程。行业安全监管部门要明确服务承诺，建立相关制度，明确工作检查、评估、考核的内容、方法和程序，明确不同安全类别企业的监管责任人、监管频次、监管内容等。要建立安全“企业自查、县里检查、市里（对口）督查、省里抽查”的定期安全检查制度，明确规定检查的内容和相应频次。企业要定期召开安全例会，定期进行安全形势分析，建立安全质量定期报告制度，定期进行考核奖惩等。

三要加大基础建设投入。要继续加大安全生产基础建设的投入，进一步抓好公路安保工程、水上康庄工程等建设，完善公路、航道标志标线，改善山区、海岛等地区的交通出行条件，提高工程建设、运输生产工具的安全装备水平。要充分运用现代科技手段，进一步推广使用厅已开发的安全管理信息系统，进一步提高车载视频、GPS、GIS、RFID、船舶综合监管系统等科技手段等在车船安全管理中的应用，加强车船港站的安全智能管理系统、内河水上搜救和港口应急反应系统建设。按部要求推进落实具有行驶记录功能的 GPS 设备在一、二、三类营运客车、危险品运输车和旅游客车的安装和使用。逐步改善各类公路养护作业的机械、危险品运输生产事故的专业救援设备，内河搜救的设施设备、管理部门的执法装备、调查取证等管理工具。

（三）抓行为规范

一要加强行为自律。行业安全监管人员要率先垂范，依法办事，严格遵守监管工作纪律，文明执法，程序到位，认真履行监管职责。从业人员要提高自律意识，服从指挥、服从管理，尊重科学，文明生产，严格遵守操作规程。

二要加强培训教育。要尽快制定厅安全管理培训教育办法，有计划、有步骤地对各类人员进行轮训，提高专业知识和技能。加强公路和航道养护、大型专业机械操作、抢通抢险、危险源检测分析等人员的培养，实施客运和危险品运输驾驶员素质教育工程，提高从业人员处理突发事件的能力。强化地方海事、路政、工程安全、运输稽查等监管、执法人才队伍建设。优化交通运输建设工程安全管理人员的结构,重点培养项目经理、安全管理员、特种作业人员、监理工程师等,特别要高度重视农民工的岗前培训。

三要加强监督检查。交通主管部门要开展必要的监督检查,经常性地排查安全隐患,督促相关单位按时整改,并跟踪督查,确保每一项安全隐患都得到及时治理。对于监督检查结果和跟踪整改进展情况要在一定范围内通报,必要时要约谈主要负责人。

(四)抓责任落实

一要强化企业安全生产主体责任的落实。进一步梳理完善监管部门、从业企业的安全职责,分门别类提出加强安全管理和责任落实的要求和具体措施。要按照《国务院关于进一步加强企业安全生产工作的通知》(国发[2010]23 号)要求确定的八项工作和交通运输部、省政府有关要求,尽快制订下发行业管理细则有关要求,加大对从业企业的监管,落实安全主体责任。

二要狠抓安全事故查处和责任追究。坚持安全生产事故"四不放过"原则和"依法依规、实事求是、注重实效"的要求,配合或组织做好事故的调查处理工作,严肃责任追究。要完善和落实对事故责任单位或当事人约谈、警告、罚款、列入信用黑名单、禁入市场、通报批评、责令停工、吊销安全资质等制度;对社会影响大、典型性强、重复发生的事故,省厅组织行业调查,并视情向社会公布。要通过事故调查处理,进一步健全和完善行业管理制度,提高管理权威,提高监管能力。

同志们,安全生产工作任务艰巨,责任重大。我们一定要始终绷紧安全生产这根弦,聚系统之力,集行业之智,创新和加强安全生产管理工作,确保行业安全生产形势持续稳定好转,为浙江交通转型发展创造更加平安和谐的环境。

和谐发展篇

构建和谐交通　谋求科学发展

(2006 年 12 月 13 日)

这次厅党组理论学习中心组(扩大)会议的主题是学习贯彻党的十六届六中全会和省委十一届十一次全会精神,谋划构建和谐交通,总结今年的工作,研究明年的思路。下面讲三个方面的意见,一是谈谈对党的十六届六中全会和省委十一届十一次全会精神的理解和体会,二是分析一下全省交通系统面临的宏观形势和问题,三是讲一讲明年工作的着力点和努力方向。

一、认真学习和贯彻落实党的十六届六中全会和省委十一届十一次全会精神

党的十六届六中全会,是在我国改革发展关键时期召开的一次十分重要的会议,会议通过的《中共中央关于构建社会主义和谐社会若干重大问题的决定》(以下简称《决定》)是构建和谐社会的纲领性文件,继承、丰富和发展了科学社会主义理论,开辟了中国特色社会主义事业的新境界。最近召开的省委十一届十一次全会,根据党的十六届六中全会《决定》,紧密结合浙江实际,研究了构建社会主义和谐社会问题,通过了《中共浙江省委关于认真贯彻党的十六届六中全会精神构建社会主义和谐社会的意见》(以下简称《意见》),提出了"发展固和谐、民主促和谐、文化育和谐、公正求和谐、管理谋和谐、稳定保和谐"的总体思路,力争到 2010 年全省基本实现全面小康社会的目标,到 2020 年努力使浙江成为社会和谐程度较高的先进省份,逐步形成全省人民各尽其能、各得其所而又和谐相处的局面。

学习领会党的十六届六中全会和省委十一届十一次全会精神,将全会精神贯彻落实到全省交通工作中,努力构建和谐交通,推动我省交通事业又好又快发展,是摆在全省交通系统广大干部职工面前的一项重大政治任务。因为省委《意见》的指导思想、基本原则和主要内容与中央《决定》是一致的,我在这里主要围绕中央《决定》的基本内容谈谈贯彻落实中央和省委全

会精神的基本思路，省委《意见》结合浙江实际提出的具体要求，我们将在构建和谐交通的各项具体工作中贯彻落实。

（一）要学习掌握《决定》的基本内容

学习掌握《决定》的基本内容，是深刻把握全会精神的重要前提，我们要围绕"为什么建设社会主义和谐社会、建设什么样的社会主义和谐社会、怎样建设社会主义和谐社会"这三大问题，来把握《决定》的基本内容。

首先，《决定》深刻分析了构建社会主义和谐社会的重要性和紧迫性，回答了"为什么建设社会主义和谐社会"的问题。目前我国已进入改革发展的关键时期，经济体制深刻变革，社会结构深刻变动，利益格局深刻调整，思想观念深刻变化。这种空前的社会变革，给我国的发展进步带来巨大活力，也必然带来这样那样的矛盾和问题。市场经济的最大魅力是它的竞争机制，按照效率分配。但是根据发达国家的经验，仅靠一只"无形的手"，还不能确保经济社会的协调发展，还需要"有形的手"来配合，来确保社会的稳定、协调与和谐。我们党要带领人民抓住机遇、应对挑战，把中国特色社会主义伟大事业推向前进，必须坚持以经济建设为中心，把构建社会主义和谐社会摆在更加突出的地位。构建社会主义和谐社会，是我们党以马克思列宁主义、毛泽东思想、邓小平理论和"三个代表"重要思想为指导，全面贯彻落实科学发展观，从中国特色社会主义事业总体布局和全面建设小康社会全局出发提出的重大战略任务，反映了建设富强民主文明和谐的社会主义现代化国家的内在要求，体现了全党全国各族人民的共同愿望。

其次，《决定》明确了构建社会主义和谐社会的指导思想、目标任务和原则，回答了"建设什么样的社会主义和谐社会"的问题。我们要构建的社会主义和谐社会，是在中国特色的社会主义道路上，中国共产党领导全体人民共同建设、共同享有的和谐社会。必须坚持以马克思列宁主义、毛泽东思想、邓小平理论和"三个代表"重要思想为指导，坚持党的基本路线、基本纲领、基本经验，坚持以科学发展观统领经济社会发展全局，按照民主法治、公平正义、诚信友爱、充满活力、安定有序、人与自然和谐相处的总要求，以解决人民群众最关心、最直接、最现实的利益问题为重点，着力发展社会事业，促进社会公平正义，建设和谐文化，完善社会管理，增强社会创造活力，走共同富裕道路，推动社会建设与经济建设、政治建设、文化建设协调发展。《决定》规划了到2020年构建社会主义和谐社会的目标和重要任务，强调了要遵循的原则,即必须坚持以人为本,必须坚持科学发展,必须坚持改革开放,必须坚持民主法治,必须坚持正确处理改革发展稳定的关系,必须坚持在党的领导下全社会共同建设。

最后,《决定》从六个方面对构建社会主义和谐社会作出了重大部署,回答了"怎样建设社会主义和谐社会"的问题。坚持协调发展,加强社会事业建设;加强制度建设,保障社会公平正义;建设和谐文化,巩固社会和谐和思想道德基础;完善社会管理,保持社会安定有序;激发社会活力,增进社会团结和睦;加强党对构建社会主义和谐社会的领导。

(二)要贯彻落实《决定》的基本精神

《决定》提出的构建社会主义和谐社会的指导思想、主要任务和原则,对我省交通工作有重要的指导意义。贯彻落实全会精神,必须在三个方面狠下工夫。

贯彻落实全会精神,就要从中国特色社会主义事业总体布局中获得启示,全面谋划浙江交通事业的战略格局。党的十六届六中全会从社会主义事业全局出发,把构建社会主义和谐社会摆在更加突出的地位,谋划了社会主义经济建设、政治建设、文化建议、社会建议的总体布局,提出了建设富强民主文明和谐的社会主义现代化国家的历史任务,为我们谋划浙江交通事业总体布局指明了方向。浙江交通事业多年来特别是自十六大以来,积极探索发展方向和总体布局,取得了重大进展。今天,在科学发展观的指导下,按照构建社会主义和谐社会的新要求,浙江交通事业要加快交通基础设施建设,为构建和谐社会提供量大质优的物质基础;要加强交通行业管理,提高行政管理能力,履行社会管理职责;要推进队伍建设,建设一支为民、务实、清廉的交通队伍;要着力文明创建,建设交通文化,促进交通和谐,树立交通形象。所以,浙江交通的现代化是全方位的现代化,浙江交通的新跨越是全面的新跨越,这就是实现交通建设、行业管理、队伍建设、文明创建四位一体的全省交通发展战略格局。

贯彻落实全会精神,就要将交通事业更好地融入到构建社会主义和谐社会的伟大事业中,找准在构建社会主义和谐社会过程中交通工作的着力点。《决定》对构建和谐社会所作的六个方面的重大部署,交通都要参与其中。坚持协调发展,要求交通更加关注公路与水路的协调发展、建设与管理的协调发展、城市与农村交通的协调发展、本省交通与周边省市交通的协调发展；加强制度建设，要求交通更加注重交通政策研究和交通法制建设，建立保障交通良性发展的政策体系和法制体系；建设和谐文化，要求交通推进交通文化建设和行业文明创建，打造交通发展的软实力；完善社会管理，要求交通更加强化行业管理，规范交通建设和运输市场，提高应对突发事件的能力；激发社会活力，要求交通继续弘扬交通精神，团结一切可以团结的力量，调动一切积极因素，合力推进交通事业又好又快的发展；加强党的领导，要求交通系统加强队伍建设，提高统筹协调、领导发展的能力。浙江交通只要努力完成这些任务，坚定不移地服务国民经济和社会发展大局，服务社会主义新农村建设，服务群众安全便捷出行，就一定能够为构建社会主义和谐社会作出重大贡献。

贯彻落实全会精神，就要全面分析交通的发展状况和不稳定因素，进一步明确和谐交通的基本内容。交通行业从业人员众多，各种关系复杂，社会关联度高，在构建社会主义和谐社会的过程中处于非常重要和特殊的位置。我们必须对行业自身和行业外部有一个全面准确的评估，并提出清晰可行的发展战略。交通事业在快速发展的同时，也面临着一系列难点、热点和焦点。难点，如交通建设的要素制约、前期工作难度加大、对交通从业者监管困难等；热点，如收费公路问题、出租汽车问题等；焦点，如交通发展的速度与规模问题、发达地区现代化和欠发达地区加快发展问题等。我们必须认真分析研究这些难点、热点和焦点，全面认识交通的成绩和问题，全面认识和谐交通的基本内容，努力构建交通行业内部的和谐关系，构建交通行业与其他行业的和谐关系，构建交通行业与社会公众的和谐关系，构建交通建设与自然环境的和谐关系，最终构建一个内外协调、充满活力的和谐交通，为构建社会主义和谐社会发挥应有的作用。

二、浙江交通面临的形势和存在的问题

自改革开放以来特别是“十五”以来，我省交通在省委、省政府和交通运输部的正确领导下，围绕实施“八八战略”、建设“平安浙江”的战略部署和“建设大交通、促进大发展”的重大决策，牢牢把握“在全国交通行业率先基本实现现代化、在全省各行业率先基本实现现代化”的奋斗目标，抢抓机遇，加快发展，推进交通六大工程建设，使浙江交通实现了历史性的突破，公路建设、港口航道建设、运输服务水平、行业管理能力、精神文明创建等方面，

均取得了令人振奋的成绩。“十五”期间全社会累计完成交通建设投资1 765亿元,年均增长27%,超过建国以来完成投资总和;高速公路总里程达到1 866公里,建成了全省第一个高速公路大环网,高速公路网络骨架基本形成,今年底将突破2 000公里大关;农村公路建设迅猛发展,四年来共建设通乡通村公路50 000多公里,通乡公路全面完成了等级化和硬化的“双化”目标,实现了历史性突破;大力推进水运强省工程,加快宁波—舟山港口一体化进程,按照规划、开发、品牌、管理“四个统一”的要求,成立了宁波—舟山港管理委员会,正式启用“宁波—舟山港”名称,宁波—舟山港集装箱量今年可以突破700万标准箱,造船、石化等临港重化工业发展很快,杭甬运河等内河骨干航道建设也取得很大进展;公路水路运输保障能力迅速提高,满足了经济社会发展对交通运输的需求。总的来看,我省公路水路交通不适应经济社会发展的状况得到显著缓解,总体趋向基本适应。浙江交通为浙江经济社会的快速发展作出了重大的贡献。

进入“十一五”,浙江交通又面临着新的机遇和更大的挑战。就我国经济社会发展来看,改革开放以来经过近30年经济的快速发展,我国已进入了全面建设小康社会的关键时期,这一时期是经济发展的腾飞期、增长方式的转变期、各项改革的攻坚期、开放水平的提升期、社会结构的转型期和社会矛盾的凸显期。《中华人民共和国国民经济和社会发展第十一个五年规划纲要》规划了这一时期的国家发展战略,就是要准确把握我国发展的阶段性特征,立足科学发展,着力自主创新,完善体制机制,促进社会和谐,全面提高我国的综合国力、国际竞争力和抗风险能力,开创社会主义经济建设、政治建设、文化建设、社会建设的新局面,为后十年顺利发展打下坚实基础,奋力把中国特色社会主义事业推向前进。就我省经济社会发展来看,省委、省政府审时度势,谋划了我省经济社会发展战略:浙江省将于2010年率先基本建成小康社会,到2020年实现经济增长方式的根本性转变,基本实现现代化。为实现这个目标,我省以实施“八八战略”为基础,以建设“平安浙江”为载体,以建设文化大省为支撑,以建设“法治浙江”的保证,全面促进浙江经济、政治、文化、社会建设协调发展。在这种背景下的浙江交通,既面临难得的发展机遇,又面临极为严峻的挑战。国民经济持续快速增长使公路水路交通需求更加旺盛,要求交通必须具有一定的数量和规模,保持充裕的供给能力;人民生活水平普遍提高促进交通消费结构进一步升级,要求交通必须迅速提高服务质量;经济结构调整,要求交通运力结构必须适应新的发展形势;区域经济协调发展和城镇化进程,要求交通必须网络化发展和均衡化发展;资源约束加剧,要求交通必须放弃粗放的发展模式,走可持续发展之路;建设和谐社会,要求交通必须具有更新的内涵、更大的职责、更强的能力和更高的目标。

与经济社会发展相适应,我们研究谋划了浙江交通的发展战略:到2010年,浙江省公路水路交通适应全面小康社会对交通运输的要求,为浙江省提前实现现代化奠定坚实基础;到2015年浙江省公路水路交通基本实现现代化,为浙江省提前基本实现现代化提供可靠的交通运输保障。为实现这个目标,我们已经明确了“十一五”我省交通发展的主要任务,就是重点实现两个“加快”、三个“推进”和四个“全面”。两个“加快”:加快公路网络化建设,重点建成杭州湾跨海大桥和舟山大陆连岛工程,到2010年全省公路总里程突破10万公里,高速公路总里程超过3 500公里,力争达到3 700公里;超额完成乡村康庄工程建设任务,等级公路通村率达98%,硬化路面通村率达97%;继续完善干线公路,构筑干支相连、通达城乡的全省公路网络。加快水运强省建设,重点建设大型深水港口和内河高等级航道;全省运力规模达到1 400万载重吨,沿海港口集装箱吞吐量突破1 000万标准箱,沿海港口吞吐能力超过6亿吨,内河高等级航道超过1 000公里。三个“推进”:推进长三角交通一体化,实现长三角“半日交通圈”;推进宁波—舟山港口一体化,基本实现“统一规划、统一开发、统一品牌、统一管理”;推进城乡交通一体化,形成贯通城乡、管理有序的公路网、运输网、行业管理网。四个“全面”:全面提高交通设施的综合质量,全面提升行业管理的综合水平,全面增强交通队伍的综合素质,全面健全廉政保障的综合体系。

可见,今后一段时期,浙江交通使命光荣、任务艰巨。浙江交通从现在起要用不到10年的时间(“十一五”和“十二五”,“十一五”已过一年,实际只有9年)提前基本实现现代化。这就是我们面临的最严峻的形势,要完成的最艰巨的任务。

浙江交通对于构建和谐交通,提前基本实现现代化,已经具备了基础性条件,我们对完成这个任务、实现这个目标充满信心。同时,我们必须清醒地认识到我省交通工作中还存在的一系列矛盾和问题,认识到问题的严重性,决不可掉以轻心和盲目乐观。交通运输部李盛霖部长在建设创新型交通行业会议上,比较全面地剖析了全国交通存在的矛盾和问题,如交通发展的资金问题、交通基础设施工程质量和耐久性问题等,这些问题我省交通都不同程度地存在。这次会议前,我们要求各市交通局(委)、厅机关各处室和厅管厅属各单位对职责范围内的交通工作存在的矛盾和问题作一次全面排查和分析,各单位的分析比较到位、比较深刻。归纳大家的分析,结合构建和谐交通的新要求,我认为以下六个方面的矛盾和问题是影响浙江交通进一步发展前进的重大问题,必须找准症结,合力破解,以问题的解决实现工作的突破。

一是供给能力问题。为社会提供交通公共产品,是交通部门的首要职责。交通公共产品即公路水路基础设施包括数量和质量两个方面,这里讲供给能力,主要侧重研究公路水路交通基础设施的数量是否能够满足经济社会发展需求的问题。浙江公路水路交通基础设施是否已充分满足了浙江经济社会发展需要?我们可以从浙江"十一五"期间预期的经济规模和浙江全省经济空间布局两个方面,作简单分析。根据《浙江省国民经济和社会发展第十一个五年规划纲要》,"十一五"全省生产总值年均增长9%左右,到2010年达到2万亿元左右,人均生产总值达到4万元左右;进出口总额年均增长10%,总额在1 700亿美元;城市化水平达到60%左右。经济总量的大幅度增长,必将带来客流货流的迅猛增加。如交通运输部《公路水路交通十一五发展规划》提出到2010年全国港口适应度接近1:1,而我省目前港口适应度只有0.67,存在较大的缺口,不能适应浙江进出口贸易总量的迅猛增长。浙江未来经济"一域四圈三带两翼"的空间布局对交通的数量和网络化提出了更多更高的要求。"一域"是指融入长三角,"四圈"是指强化杭、甬、温都市圈和浙中城市群,"三带"是指构筑环杭州湾、温台沿海和金衢丽三大产业带,"两翼"是指保护和合理开发浙西山区的绿色屏障和浙东沿海的蓝色屏障。全省经济发展的战略布局,要求我们加快推进接轨长三角的运输通道建设,推进四个都市圈、三个产业带之间及对外辐射的运输网络建设,推进沿海港口和浙西欠发达地区交通网络建设。所以,不断提高交通公共产品供给能力,是构建和谐交通的最为重要的任务。我们对目前的供给能力不足、交通基础设施数量不够的现状要有清醒的认识和正确的评估。

二是建设质量问题。交通基础设施工程质量和耐久性问题,关系交通可持续发展,关系建设节约型交通行业,关系交通形象。我省公路水路基础设施建设质量总体上是好的，特别是近年来，通过打造精品工程，优化勘察设计，加强施工监控，规范监理市场，交通工程质量不断提高。但是，与建设资源节约型行业的要求相比，与工程质量更加先进的省份相比，我们的工程质量还存在着较大的差距，一些工程还存在比较严重的质量问题，如公路的早期破损、路面的平整度不足影响行车安全和舒适度、桥头跳车等。我们必须尽快改变部分工程质量低劣的状况。

三是要素制约问题。交通是资源占用型、能源消耗型行业，今后的发展受到各种要素制约日益明显，土地岸线稀缺、资金紧张、环境脆弱成为制约我省交通发展的重要因素。首先是土地和岸线问题。与其他省份相比，浙江土地资源可以说是极度稀缺。交通又是用地大户，土地对交通发展的制约越来越大。我省岸线资源比较丰富，水深大于 10 米的深水岸线长达 343 公里，但已开发的岸线存在码头基础设施落后、泊位组成结构不合理、大型化专业化码头能力不足等问题，同时，由于长期以来缺少指导全省设施港口发展建设的布局规划，各港发展难以有效协调，存在着各自为政、争上项目、重复建设、岸线资源低效开发的现象。其次是资金问题。交通基础设施本来属于公共产品，应由国家财政拨款建设，但长久以来主要依靠交通规费、贷款等修建，至今尚没有形成一种长期稳定的政府财政资金保障政策。解决资金问题，仍然要深化投融资体制改革，多方筹集资金，但如何保持交通长远的可持续发展、如何有效解决交通建设负债问题，是一个必须认真思考研究的重大问题。最后是环境的脆弱性问题。公路水路建设必然对自然环境造成一定的影响，交通建设必须与环境承载力相协调，最大限度地保护、最小程度地破坏、最积极地恢复生态环境。

四是运输服务问题。交通基础设施建设的成效最终要通过运输服务体现出来，运输现代化至关重要。我省公路水路运输尽管已有了较大发展，但一些重要指标距离现代化水平还很遥远，要到 2015 年实现运输现代化，形势相当严峻。我省公路水路运输存在着市场主体弱小、增长方式粗放、运力结构失衡、市场竞争无序等问题，造成服务质量低、运输成本高、安全保障差。公路运输方面，2005 年底全省公路货运经营业户 15.4 万户，营运货车 24.1 万辆，每个经营主体平均车辆规模只有 1.56 辆，平均从业人员 2.27 人；目前我省重型车辆、厢式车辆、专用车辆三项之和在营运货车中的比例低于上海和江苏，与交通部《公路水路交通十一五发展规划》提出的到 2010

年比例达到80%还有较大差距;公路运输市场中不公平竞争、非法经营等违法违规现象大量存在。水路运输方面,经营主体实力偏弱,竞争能力不强,海运企业中无一家运力规模超过百万吨,平均每个经营主体的运力只有1万载重吨左右,内河运输以个体经营户为主,更谈不上规模经营;危险品船、集装箱船舶等专用船舶所占比例偏低;水路运输市场仍然存在着无证经营、超载运输、无票据运输、假委托经营等违法违章现象。公路水路中存在的这些问题,与经济社会发展和人民群众便捷安全出行对高品质运输服务的需求还不相适应。如果不尽快采取断然措施,"两个率先"的目标就难以实现。

五是体制机制问题。符合交通生产力发展规律的交通体制机制,可以成为推动交通又好又快发展的巨大动力;违背交通生产力发展规律的交通体制机制,会成为交通发展的巨大阻碍。能否在新的形势下推动交通实现新的跨越,在很大程度上取决于我们能否在体制机制创新上取得实质性突破。如探索建立"大交通"管理模式。宁波、温州已经行使着民航、铁路、邮电等管理职能,全省大部分市县行使着城市出租车管理职能,越来越多的市县开始行使城市公交管理职能。这些有益的实践和探索已在建立"大交通"管理模式上迈出了坚实的步伐,我们要不断总结经验,继续稳步推进,逐步从根本上解决交通管理中的多头管理、职责交叉、权责不清的机制体制问题。又如公路养护体制改革。我省从2001年底开始的公路养护管理体制和运行机制改革,已经取得了阶段性成绩,还需要随着形势的发展不断深化。目前,公路养护管理体制不能适应新形势新任务对养护工作提出的新要求;大部分养护公司生产能力不足,技术装备较弱;养护市场对资源配置的基础性作用不强。同时,农村公路养护管理体制改革也提上了议事日程,这项改革要求解决好明确养护责任主体、落实养护资金来源两个问题,把这些措施真正落到实体,也是一项相当艰巨的工作。还有如城乡交通运输一体化的体制问题、高速公路管理体制问题等。这些深层次的体制机制问题,需要认真研究解决。

六是管理能力问题。在我省交通迈向现代化的进程中,交通行政管理部门不仅在交通基本建设中起着主导作用,而且还在交通运输的市场化改革和提高服务水平中起着决定性作用。较强的管理能力必然加快交通现代化步伐,较弱的管理能力必然延缓交通现代化的进程。当我们分析交通存在的矛盾和问题时,也应当反思和检讨交通管理部门的管理能力。客观地说，我们在履行职能、提高能力方面还存在这样那样的问题，还有许多需要加强和改进的地方。在社会主义市场经济条件下，政府需要履行经济调节、市场监管、社会管理、公共服务的职能；交通行业需要提高五个方面的能力，即提高交通运输适应经济社会发展需求的能力，提高交通运输统筹规划和协调发展的能力，提高交通运输公共服务和组织保障的能力，提高交通运输市场和建设市场依法监管的能力，提高交通安全管理和重大突发事件应急处置的能力。要全面履行四个方面的职能、提高六个方面的能力，就要继续研究、探索和努力。

以上六个方面的矛盾和问题，是我省交通在构建和谐交通，推进交通现代化过程中必须认真思考并加以解决的矛盾和问题。这些矛盾和问题的存在，不能抹煞我们已经取得的巨大成绩，这些都是前进中的问题，有些是在特定的历史阶段难以避免的。但同时我们也决不能无视这些矛盾和问题，它们已经成了我省交通更好更快发展的阻力和障碍。唯一正确的态度，就是科学剖析之，努力解决之，为我省交通新的发展开辟崭新的道路、开拓广阔的空间。

三、构建和谐交通的总体目标和主要任务

我省交通系统贯彻落实党的十六届六中全会和省委十一届十一次全会精神，构建和谐交通的总体目标是：以邓小平理论和"三个代表"重要思想为指导，坚持科学发展观，围绕"两个率先"奋斗目标，以改革创新为动力，加快交通建设，强化行业管理，推进队伍建设，深化文明创建，建设一个更通畅、更经济、更安全、更勤廉的和谐交通，努力使我省交通在构建社会主义和谐社会的进程中走在前列。

为了构建和谐交通，谋求更好发展，我省交通要努力完成以下八个方面的具体任务。

（一）要落实科学发展理念

科学发展观是我省交通事业发展的根本指针，我们必须以科学发展观统领我省交通工作全局。交通部党组结合交通工作实际，将科学发展观具体化为"四个理念"，即坚持以人为本、好中求快、全面协调、可持续发展的理念。以人为本，就是把满足人民群众不断增长的交通运输要求作为交通发展的出发点和落实点，使人文关怀、人性化服务贯彻于交通建设、管理和运

输服务始终;好中求快,就是要处理好与快的关系,着力提高交通发展的质量和效益,在好与快出现矛盾的时候,宁可慢一些,也要保证好;全面协调,就是要统筹好交通基础设施建设、交通运输市场监管、支持保障系统以及行业精神文明建设,坚持区域交通、城乡交通一体化发展;可持续发展,就是要坚持走资源节约、成本节约、生态良好的文明发展之路。

坚持科学发展观,就要坚决摒弃有悖科学发展观的观念和行为。当前影响我省交通健康发展的错误观念或行为主要表现在以下几个方面:一是自满自足,认为近年来我省交通高速发展取得的成就已经满足了经济社会发展需要,可以停一停、歇一歇了,看不到交通建设和运输中存在的结构性矛盾,看不到经济社会快速发展对交通提出的更高要求。二是急于求成,在目标确定上,好高骛远,脱离发展阶段和实际情况;在具体项目实施上,主观行事,盲目求快,忽视前期工作,忽视工程质量;有的甚至在错误政绩观的误导下,搞"政绩工程"、"形象工程"。三是畏难退缩,目前交通工程建设的前期工作和施工管理难度越来越大,运输管理过程中的矛盾和问题更是层出不穷,在困难面前,有的地方和单位畏缩不前,存在等、靠、要思想,工作主动性不足,积极性不够。四是墨守成规,固守传统方式方法,缺乏开拓创新意识,面对新形势、新任务、新目标,缺少新思路、新方法,无法适应科学发展观对交通工作的新要求。以上四种观念或行为,有违科学发展理念,有碍事业健康发展,自满自足者,被已有的成绩陶醉;急于求成者,被一时的冲动左右;畏难退缩者,被眼前的困难吓倒;墨守成规者,被过去的方法束缚。坚持科学发展观,落实科学发展理念,就必须以客观的眼光看待成绩,以踏实的工作创造未来,以理性的态度对待困难,以科学的方法解决问题,走出光环,走出浮躁,将交通事业真正转入科学发展的轨道。

坚持科学发展观,还需要增强三种观念。一是增强大局观念。我们一定要站在全国这个大局来理解科学发展观,一定要处理好长江三角洲地区各省市交通发展的关系,一定要处理好与兄弟部门的关系,合作精神来源于全局意识。二是增强好快观念。要合理确定明年的投资总额,做到理性地回落,合理地增长。"理性地回落"就是明年投资额适度下调,这是为了更好的发展。"合理地增长"就是要确保重点。三是增强轻重观念。要讲究工作方法,分清轻重缓急,确保完成本届政府的任务,确保"十一五"必须启动的项目。

坚持科学发展观,关键在落实。科学发展观不是虚无缥缈的东西,而有着具体丰富的内容；不是高高在上的理论，而应当是实实在在的实践。坚持科学发展观，不应该只停留在口头上，而应该落实到行动上；不应该片面取舍，而应该全面贯彻。我们在构建和谐交通中启动的每一项改革、出台的每一项政策、采取的每一项措施，都要贯彻落实科学发展观，接受科学发展观的检验和评判。如交通计划安排和项目前期工作，都要贯彻科学发展观的理念，努力做到能快则快、突出重点、量力而行、遵从规划、注重前期，在科学轨道上健康发展。

（二）要重视交通法制建设

依法治国是构建和谐社会的最有效措施，法律能解决公正问题，公正能解决和谐问题。交通法制工作是“十一五”工作的重点，交通法制工作在构建和谐交通、做好交通工作中居于重要地位。交通行政管理部门的职能和工作重点，就是科学决策和依法行政，而服务科学决策、推进依法行政正是法制工作的核心内容。服务科学决策，就是要加强调查研究，参与政策制定，进行政策评估。浙江交通发展到今天，已经走过了“摸着石头过河”的阶段，进入了自觉遵循交通发展规律，推动和引导交通持续快速发展的新阶段，决策的科学性是这一新阶段的重要特征。交通法制工作要在加强调查研究的基础上，努力构建开放的、动态的、务实的交通发展政策体系。推进依法行政，就是要在全省交通系统贯彻落实依法治国基本方略、国务院《全面推进依法行政实施纲要》和中共浙江省委《关于建设“法治浙江”的决定》，加强法律知识的学习教育，树立正确的法制观念；加快交通立法，建立和完善交通法律法规体系，要重点在港口航运、高速公路转让、收费公路管理、农村公路管理养护等方面取得突破；提高依法行政水平，规范交通行政许可、行政处罚、行政强制等行政行为，健全行政执法责任追究制度，提升交通执法水平。

在构建和谐交通、建设法治政府、建设“法治浙江”的新形势下，依法行政能力已成为衡量交通行政管理部门管理服务能力的重要标准。全省交通系统各级领导干部都要进一步树立法治理念，科学决策，依法行政；要进一步加强交通法制建设，使全省交通工作真正走上规范化、制度化、法制化轨道；要进一步加强交通法制工作机构建设，建立健全机构，配备充足人员，将法制机构建设成为交通政策研究中心、法律问题解决中心、法律事务咨询中心，充分发挥法制机构在科学决策、依法行政中的重要作用。

(三)要加快公路水路建设

构建和谐交通,首先要加快公路水路交通基础设施建设,为构建社会主义和谐社会提供物质基础。加快公路水路建设,有许多问题需要研究和反思,我在这里想重点讲两个问题:一是公路水路协调发展问题,二是交通工程建设质量问题。

公路水路交通协调发展,是下一步我省交通发展必须高度关注并认真解决的问题。这些年来,我省公路水路交通基础设施建设均取得了很大成绩,基本满足了运输要求。由于历史欠账太多,水路交通基础设施建设近年来虽然也获得了长足的发展,但与公路交通基础设施建设相比,显得有些滞后,码头航道建设和法律法规建设都明显落后于公路建设。码头航道建设投入不多,筹资困难;岸线资源存在着浪费和盲目开发的现象;水运法律法规立法滞后,船舶法、航道法等急需的法律仍处在调研起草阶段。今后我们要从建设协调发展的公路水路交通系统的角度研究浙江交通基础设施建设,在继续大力推进高速公路、干线公路、农村公路建设的同时,把水路交通基础设施建设摆到更加重要的位置,从省委、省政府发展海洋经济、建设水运强省的战略部署出发,继续完善接陆连海、贯通海岸、延伸内陆的大交通网架,继续完善海港布局体系,加快宁波—舟山港一体化进程,推进港口物流、战略物资储运和临港工业三大基地建设;要加快内河骨干航道等内河运输基础设施建设,进一步提高内河运输在港口集疏运体系中的地位;要充分挖掘我省水运资源,充分发挥我省水运在综合运输中的优势和作用,以公路水运的协调发展提高运输服务的总供给能力,为我省转变经济增长方式、降低成本、提高竞争力服务。

交通建设中要特别注重质量问题。交通部党组提出了"要坚持以人为本,好中求快,协调发展、可持续发展"的交通发展理念,并多次特别强调"好中求快",当"好"与"快"发生矛盾时,宁好勿快。刚刚召开的中央经济工作会议强调"好"在"快"前,将过去的"又快又好",调整为"又好又快",这是发展观念的重大调整,真正体现了科学发展观。"好中求快"的发展理念对我省交通下一步发展具有很强的指导意义。我们要高度重视交通基础设施的质量问题,树立全寿命周期成本的理念,强化设计质量控制,强化招投标过程控制,强化施工源头控制,强化施工工艺控制,强化质保体系控制,全力以赴提高交通基础设施建设质量。明年要开展质量年活动。

（四）要加强交通运输管理

构建和谐交通，必须切实加强交通运输管理，为社会主义和谐社会提供强有力的运输保障。交通建设与交通运输的关系，形象化说就是“建设搭台、运输唱戏”。交通行业的成绩和不足最终都将通过运输体现出来，交通建设突飞猛进，交通运输必须加速跟进，共同向交通现代化迈进。从现在起到2015年不到10年时间内实现浙江交通运输现代化，要求我们必须下更大的工夫、花更大的力气加强交通运输管理，全面提升交通运输效率和服务质量，努力推进交通运输装备现代化。

公路水路交通的发展方向和现代化指标，在省政府发布的加快我省道路运输发展指导意见和相关的公路、水路的发展规划和调研报告中都已经提了出来，有的还需要不断完善，我们要沿着正确的道路继续向运输现代化的目标前进。基于我省运输现代化的严峻形势，我在这里对进一步加强运输管理工作提出一点意见。首先要统一思想认识。在运输市场很不规范，市场价格严重扭曲的形势下，交通行政管理部门是加强监管还是放任自流？美国、日本及欧洲发达国家的货运市场发展史告诉我们，必须加强监管，在遵循市场规律的前提下，发挥“有形之手”的引导作用，通过政策引导，使企业朝着转变增长方式、降低运营成本、提高服务质量的方向发展。这里的问题不是要不要监管的问题，而是如何监管的问题，这是对交通管理部门行政能力的考验。其次要抓住关键环节。阻碍我省交通运输从传统向现代转变、从粗放向集约转变的因素很多很复杂，我们必须透过现象看本质，抓住关键环节，采取有力措施。运输市场不规范、服务质量不高是表象，粗放的增长方式、弱小的经营主体、不合理的运力结构才是根本。要下决心转变增长方式、调整运力结构。最后要转变工作方式。加强运输管理，加快增长方式转变和运力结构调整，是一个系统工程，不是运管部门可以完全解决的，必须依靠交通系统的整体合力；也不是交通部门可以完全解决的，必须同时依靠公安、税务等其他部门的力量。一些引导企业做大做强和运力结构调整的经济政策必须由一级政府制定实施。这就要求我们跳出运管谋划运输，跳出交通谋划发展，将部门行为转化为政府行为，强化政策措施的科学性、系统性和权威性。

（五）要强化交通安全保障

构建和谐交通，必须狠抓交通安全。事故频发的交通不可能是和谐的交通。近年来,我省交通系统按照省委、省政府建设“平安浙江”的要求,结合交通行业特点,加强平安建设,打造平安交通,建设平安工程、平安运输、平安队伍,建立和完善了“政府总揽、部门参与、群众配合”的新型交通安全监管机制,逐步建立了以“十个要”为主要内容的安全管理长效机制,即:一要有强有力的组织领导保证,二要有明确的安全管理职责分工,三要有确定的市场准入退出安全关口,四要有科学的安全评价标准,五要有固定的应急反应预案,六要有先进的科技信息手段,七要有到位的安全投入保障,八要有严格的安全生产事故责任追究规则,九要有管用的考核激励制度,十要有有效的宣传教育抓手。

构建和谐交通,仍然要坚持平安交通建设的基本思路,强化“大安全”理念,在建设、运输和管理的各个环节,都要树立安全意识,采取防范措施。继续坚持安全第一、预防为主、综合治理的方针,继续推进平安工程、平安运输、平安队伍建设,继续构建和完善安全管理长效机制,以安全工作的实际成效为构建和谐交通作出贡献。

(六)要推进廉政交通建设

构建和谐交通必须要有一支清正廉洁的交通队伍,队伍不平安则交通难和谐。近年来,我省交通系统牢牢把握打造廉政交通这个目标,实施廉政保障工程,加快构建具有浙江交通特色的教育、制度、监督并重的惩防体系,开展了治理商业贿赂等专项整治,党风政风行风整体上趋向好转,逐步建立起交通系统反腐倡廉新的格局,党风廉政建设和反腐败工作迈上了新的台阶。

在构建和谐交通的新形势下,我们要充分估计到腐败案件易发多发现象和行业不正之风对交通行业造成负面影响的严重性,更加清醒地认识到反腐倡廉的艰巨性,时刻警醒,高度重视,坚定信心、坚定不移地强力推进党风廉政建设和反腐败工作。各级党组织要坚持“两手抓、两手都要硬”,以科学发展观统领反腐倡廉工作,严格执行党风廉政建设责任制,继续贯彻标本兼治、综合治理、惩防并举、注重预防的方针。一是狠抓教育。以树立社会主义核心价值体系为重点,深化反腐倡廉教育。坚持“廉政教育月”等行之有效的教育载体,通过正面宣传、典型示范和警示教育,引导广大党员干部认真学习贯彻党章,坚持立党为公、执政为民,严格执行廉洁从政各项规定,自觉抵制拜金主义、享乐主义、极端个人主义等消极腐朽思想文化的侵蚀,营造廉洁奉公的机关氛围。二是狠抓制度。以制度建设为根本保证,进一步健全和完善惩防体系。要着力在惩防体系的拓展、延伸和落实上下工夫,不断建立和健全从源头上预防腐败的体制机制制度。要细化各类具体的防范性制度,增强制度的可操作性。要及时研究解决新情况新问题,注重制度机制创新,提高制度的针对性。同时要继续推进各项制度改革。要深入推进行政审批制度、投融资体制等方面的改革,不断消除腐败滋生蔓延的条件。继续深化干部人事制度改革,严肃干部人事工作纪律,预防选人用人上的不正之风和腐败现象。要积极推进养护体制改革等体制机制制度的改革和创新,通过改革和创新来解决滋生腐败的深层次问题。要加强对制度执行情况的监督检查,切实增强制度的执行力。三是狠抓监督。以保证廉洁从政为目标,加强对领导干部的监督。继续落实民主集中制和《党内监督条例》,整合各方面的监督力量,加强对领导干部、特别是党员领导干部的监督。要突出抓好行政审批、交通基础设施领域等重点部位、重点岗位的监督。深入推行政务公开,积极探索党务公开。充分发挥现代科技手段对防治腐败的积极作用,切实提高监督的实际成效。以基础设施建设为重点,深入开展治理商业贿赂工作。充分运用基础设施领域廉政建设的成果,认真做好治理商业贿赂专项工作,着力查处商业贿赂案件,坚决纠正基础设施建设领域不正当交易行为。进一步完善招投标等制度,建立健全监管机制,打造诚信体系,建立和完善符合我省交通实际的治理商业贿赂的长效机制。以群众反映强烈的突出问题为整改内容,切实推进纠风工作和效能建设。把群众反映强烈的突出问题作为交通行业纠风工作和机关效能建设的重点来抓,努力使纠风治乱各项工作取得新进展。要认真实施查处公路“三乱”案件快速反应机制和公路无“三乱”达标摘挂牌制度,巩固全省所有公路基本无“三乱”成果。继续高度关注交通建设中侵害农民利益以及拖欠建设工程款和农民工工资等问题,严肃查处重大安全事故背后的腐败问题。四是狠抓惩治。以查办违法违纪案件为重要手段,严厉惩治腐败。继续保持查办案件的高压态势,毫不手软地查办腐败案件,充分发挥查办案件的治本功能,使具有交通行业特征的案件得到有效遏制。

(七)要实施交通人才工程

构建和谐交通,归根到底要依靠全省交通系统广大干部职工的共同奋斗,其中交通系统各级领导班子和领导干部在构建和谐交通中将发挥关键作用。实施交通人才工程,提高各级领导干部的能力,建设一支强大的交通队伍,千头万绪,任务艰巨,我们也已经做了大量的工作,取得了很好成效。但是,目前交通人才的数量、结构和素质,还不能适应科学发展观的要求,不能适应市场经济的要求,不能适应交通现代化的要求。面对构建和谐交通的新任务,我们要进一步增强紧迫感,继续全面推进交通人才工程,适应新形势新任务的需要。

实施交通人才工程,要特别突出交通系统领导干部的培养和锻炼。搞好这项工作,就要围绕"提高何种能力"和"如何提高能力"这两个问题做文章,不断提高研究能力和创新能力,通过加强培训和交流锻炼为领导干部的成长提供机会和舞台。

(八)要着力交通文化建设

构建和谐交通,必须建设和谐交通文化。我们要围绕建设和谐交通文化这一目标,继续推进交通行业精神文明建设,不断创新文明创建的载体,牢固树立质量为先、服务至上的行业价值观,大力弘扬爱岗敬业、求真务实、创新进取、团结协作、廉洁自律的行业精神,积极开展"学先进、树新风、创一流"主题活动,大力弘扬并不断丰富和发展浙江交通精神,充分发挥交通文化的统一思想、振奋精神、激发斗志、推动创新的重要作用,建设健康发展的行业,塑造积极向上的形象。

深入开展“作风建设年”活动 保证浙江交通又好又快发展

（2007 年 4 月 12 日）

一、统一思想，充分认识开展“作风建设年”的重要性和必要性

加强领导干部的作风建设是全面贯彻落实科学发展观、构建社会主义和谐社会的必然要求，是加强党的执政能力建设和先进性建设的有力保证，也是我省交通坚持“三个服务”，推进“五个发展”，努力实现“十一五”交通事业各项目标任务的重要保障。

开展“作风建设年”活动，是贯彻落实胡锦涛总书记重要讲话精神、全面加强党的建设的客观要求。党的作风建设是党的思想建设、组织建设的重要体现，也是党的建设的综合体现。领导干部的作风和机关作风是执政党作风的集中体现。人民群众对党和政府最直观、最主要的评价，就反映在领导干部和机关作风上。我们要全面加强党的建设，就必须以机关作风建设为突破口，全面推动党风建设，使各级党组织和广大党员干部的先进性具体体现在优良的机关工作作风上，落实到科学、规范、高效的行政管理和文明、热情、周到的服务上。我们要大力贯彻落实胡锦涛总书记关于八个方面良好作风的重要讲话精神和省委的要求，切实解决少数党员特别是党员领导干部在思想作风、学风、工作作风、领导作风和生活作风等方面存在的突出问题，努力取得抓党风促政风带行风的积极成效。

开展“作风建设年”活动，是坚持“三个服务”、推进“五个发展”和实现交通“十一五”各项目标任务的必然要求。坚持“三个服务”、推进“五个发展”，必须以良好的作风作保证。“十一五”时期，是我省交通事业发展的又一个重要机遇期，能否抓住这千载难逢的历史机遇，加快我省交通事业科学发展、和谐发展，实现交通“十一五”各项目标任务，关键在于能否切实转变

政府职能、提高服务效率和质量、优化发展环境,在于各级领导干部和广大机关干部是否具备了真抓实干的工作作风和锐意进取的精神状态,这就要求我们深入推进作风建设,彻底改变少数干部在作风上和精神上的不良状况。要通过"作风建设年"活动,提高为人民服务的能力,解决群众实际问题,这样才能有效促进交通事业科学发展、和谐发展,才能保证交通"十一五"目标任务的完成。

开展"作风建设年"活动,是巩固机关效能建设和先进性教育活动成果,加强反腐倡廉工作,培养高素质的交通干部队伍的重要保证。2004 年以来,我厅先后深入开展了机关效能建设和保持共产党员先进性教育活动,领导作风和机关作风进一步好转,干部队伍素质进一步提高,干部职工精神面貌焕然一新,多次受到省委、省政府主要领导的好评。近期厅直属党委对机关作风建设进行了民主测评,并征求到不少意见和建议。从机关和厅管厅属单位收回的 109 份无记名测评表反映,对交通厅机关作风建设的总体评价,认为"好"的有 83 份,约占总数的 76.1%;认为"较好"的有 23 份,约占 21.1%(认为"好"或"较好"的合计约占 97.2%);认为"一般"的有 3 份,约占总数的 2.8%;没有认为"差"的评价。从测评的情况来看,广大党员干部对我厅机关作风建设总体上是满意的,这说明机关作风总体上是好的,机关干部的整体素质是高的。"团结务实、开拓创新、无私奉献、一心为民"的浙江交通精神和"无私奉献先行官、一心为民孺子牛"的交通共产党员先锋形象得到大力弘扬。尤其是在厅原主要领导出事后,广大党员干部在厅党组的领导下,坚守岗位,努力工作,较好地完成了省委、省政府确定的年度工作目标。但是,我们不能满足于现状,机关作风也存在一些不容忽视的问题,主要反映在:一是少数工作人员服务意识不够强,办事效率还不够高,有推诿扯皮现象。二是有些人业务知识不够扎实,深入基层调查研究不够,协调解决基层难题的办法不多。三是有的工作还不够协调,"重建设轻管理"的情况没有得到根本扭转。四是机关勤俭节约的风气还不浓厚。有些不良风气在我们的领导干部中也有不同程度的存在,离胡锦涛总书记倡导的八个方面良好作风的要求还存在着差距。这些问题,我们必须给予高度重视,要通过"作风建设年"活动的开展,认真整改。

加强作风建设也是从源头上防止腐败发生、铲除滋生腐败土壤和条件的必然要求。加强作风建设,是反腐倡廉的一项重要内容,是反腐斗争的题中之意。我们需要牢固树立长期作战的思想,通过"作风建设年"活动,巩固机关反腐倡廉、效能建设和先进性教育活动成果,扎实推进交通系统党风廉政建设,为交通事业的发展不断培养立场坚定、作风过硬、业务精通的干部职工队伍。

机关广大党员干部特别是领导干部,要充分认识开展"作风建设年"活动的重要意义,切实增强作风建设的责任感和紧迫感,按照胡锦涛总书记重要讲话精神和省委部署要求,抓住重点部位改进服务态度和方式,抓住薄弱环节整改提高,抓住关键环节改革创新,不断取得作风建设的新成效。

二、开展"作风建设年"活动的目标要求、主要内容和实施步骤

开展"作风建设年"活动,必须坚持以邓小平理论和"三个代表"重要思想为指导,全面落实科学发展观,深入贯彻胡锦涛总书记在中纪委第七次全会上的重要讲话精神和习近平书记在全省开展"作风建设年"动员会上的重要部署,发扬党的光荣传统和优良作风,适应新形势新任务的要求,弘扬新风正气,抵制歪风邪气,努力实现领导干部作风的进一步转变。以打造学习型、服务型、创新型、廉洁型和节约型机关为载体,着力加强机关作风建设。坚持以人为本、服务至上,坚持求真务实、依法行政,坚持领导带头、率先垂范,坚持突出重点、整体推进,抓党风促政风带行风,坚持"两手抓、两促进",以"作风建设年"活动为动力,建立一个行为规范、公正透明、勤政高效、清正廉洁的政府部门,推进交通事业又好又快的发展,确保今年工作目标任务的圆满完成。

(一)开展"作风建设年"活动的目标要求

(1)端正思想作风,做实事求是、解放思想、与时俱进的模范。坚持解放思想、实事求是,反对因循守旧、不思进取。以创新的工作思路研究交通事业发展面临的新情况新问题,以努力进取、奋发有为的精神状态推进交通事业又好又快的发展。大力弘扬新风正气,坚决抵制歪风邪气。

(2)端正学风,做勤奋好学、学以致用、精通业务的模范。认真学习政治理论和交通业务知识,不断提高理论水平、政策观念和业务能力。弘扬理论联系实际的学风,坚持改造主观世界与改造客观世界相结合,坚持以党的最新理论成果武装头脑、指导实践、推动工作,努力做到自身素质与时代要求相适应、知识和本领与履行职责相适应。

(3)端正工作作风,做求真务实、脚踏实地、埋头苦干的模范。弘扬求真务实精神,牢固树立执政为民、敬业奉献的意识,贯彻落实科学发展观要求,坚持深入基层、深入群众,为民办好事、办实事、解难事。

(4)端正领导作风,做坚持原则、民主和谐、团结协作的模范。严格执行民主集中制各项制度,发扬党内民主,讲党性、讲原则、讲纪律,团结协作,和谐共事,自觉接受党组织和党员群众监督。

(5)端正生活作风,做品德高尚、生活正派、情趣健康的模范。切实加强思想道德修养,自觉遵守从政道德、社会公德和家庭美德,树立严谨的生活态度、生活作风,追求健康向上的生活情趣。讲操守、重品行,保持清廉节俭的良好形象。

(6)学习型、服务型、创新型、廉洁型、节约型机关建设取得实际成效。厅机关包括厅管厅属单位要做到学习制度健全、学习效果显著;效能建设扎实、服务质量提高;调研务实求真、创新能力增强;惩防体系健全、监督到位有力;节俭风气浓厚、节约措施落实。

(二)重点要抓好以下几项工作

(1)大兴学习之风,着力打造学习型机关。学习不仅是人类进步的阶梯,也是社会发展的动力。能不能勤于学习,是不是善于学习,直接决定着机关干部特别是领导干部思想理论水平的高低、工作能力的强弱,也直接影响着机关的形象。加强理论学习,既要着眼于提高理论素养,认真地、系统地学习马列主义、毛泽东思想、邓小平理论和“三个代表”的重要思想,始终保持政治上的清醒和坚定;又要着眼于提高胜任本职工作的能力,加强业务学习,努力成为本职工作岗位上的“业务通”。大兴学习之风,领导干部要带头,广大机关干部要积极主动,要多学一点,学深一点,要坚持学以致用,在学习中推进工作,在工作中检验学习成果;尤其是要坚持学习与改造主观世界相结合,反对学归学、做归做,反对学习只是为了装点门面,只是为了讲一些空头大道理。要进一步完善厅党组中心组学习制度,着力打造学习型党组织,以此带动整个机关和厅管厅属单位的学习,努力形成良好的学习氛围和环境。厅领导班子每人每年至少牵头组织一个重大课题的调研,机关每个干部每年都要出一篇调研文章或学习体会。厅直属机关党委要结合实际,提出加强学习的措施。

(2)深化机关效能建设,着力打造服务型机关。进一步加强机关干部的教育，增强服务意识，强化服务观念，把为基层服务、为群众服务作为机关干部的职责要求。要创新服务方式，在提高服务效率和服务质量上多出新举措；健全和完善领导干部联系制度，厅领导定点定单位联系市交通局和厅管厅属单位，听取意见，指导工作。进一步推进政务公开，办好门户网站，能公开的都向社会公开，方便基层和群众了解、监督交通工作。在“作风建设年”活动中，机关各处室、厅管厅属单位一定要结合本单位、本部门的工作特点，发扬创新精神，抓出工作亮点，通过开展“作风建设年”活动要能看出有明显的变化。要建立健全各项规章制度，理顺工作程序，严格按制度办事。严格“四条禁令”和《对影响机关效能行为的责任追究办法》的执行，进一步严格劳动纪律和工作纪律，努力提高工作效率和质量。认真落实《浙江省交通厅机关工作人员行为规范（试行）》，保持良好向上的机关形象。积极探索机关效能建设绩效考核方法，拓展效能建设的范围和深度，取得效能建设的新成效。

(3)大兴调研之风，着力打造创新型机关。创新是推进交通事业发展的源泉和动力，而真正的创新来源于丰富多彩的社会实践和深入细致的调查研究。要推进我省交通事业又好又快的发展，要解决交通发展中的难题，要适应国家宏观调控的要求，我们必须大力开展调查研究。同时，调查研究也是我们正确决策、避免失误的重要方法，又是我们深入基层、联系群众，发扬党的优良传统，避免官僚主义的重要措施。我们要按照交通部李盛霖部长在建设创新型交通行业工作会议上的讲话精神，紧密结合我省交通发展实际，坚持以科学发展观为统领，把创新的着力点放在优化产业结构，转变增长方式，提高发展质量，增强服务功能上，坚持推进理念创新、科技创新、体制机制创新和政策创新。要积极认真地组织创新调研和工作研讨，鼓励机关干部提供好的意见和建议。领导干部要做调查研究和创新的带头人，要结合工作分工开展调研，重点调研那些制约交通发展的焦点难点问题。当前，制约交通发展的因素不少，而人民群众的要求越来越高，这就需要我们以创新的思维，改革的思维来解决发展中的问题。要充实厅党组交通建设与发展的“智囊团”，充分发挥专家学者在创新中的作用。要鼓励科技创新，对交通科技创新项目给予政策和资金支持。2006 年，我们对全省交通系统的审批项目进行了全面清理，整理出行政许可项目 51 项，非行政许可事项 56 项，我们要在此基础上加快建设网上审批工作。

(4)加大反腐败力度,着力打造廉洁型机关。按照“为民、务实、清廉”的要求和厅构建惩防体系的部署,进一步完善和落实各项制度,把反腐倡廉工作溶入交通业务各个工作环节和层面,确保机关不发生大的问题。要严格执行省委、省政府和省纪委关于领导干部在党风廉政建设方面的各项规定,做到令行禁止。从以往发生的案件情况看,我们一些干部在经济或生活作风上犯错误,最终走上犯罪道路,都是从贪蝇头小利开始的。最近,厅里有一个下属单位的处室领导,就是在公务活动中,接受对方礼金、礼卡,每次数量都不多,但累计起来就多了,被检察院请去了。因此,要加大教育力度,创新教育方式,筑牢思想防线,使廉政要求和纪律规定落实到每个领导干部和工作人员的头脑中。当前,尤其要加强对干部慎独慎微方面的教育,做好防微杜渐的工作。

(5)坚持“两个务必”,着力打造节约型机关。始终保持不骄不躁的作风,始终保持艰苦奋斗的作风,是我们党的传家宝,也是我们加强思想作风建设,始终保持共产党人密切联系人民群众的关键所在。从交通的情况看,首先我们要进一步贯彻落实科学发展观的要求,坚持以人为本、全面协调可持续发展,在交通基础设施规划、建设和行业管理各个方面各个环节适应节约型社会的要求,着力抓好行业节约增效的工作。同时,我们要按照省委、省政府的要求,着力营造节约型机关氛围和风气。一要进一步改进会风和文风,完善会议报批制度,严格控制会议规模和数量,切实精简各类文件,提倡开短会、讲短话、说实话,提倡开视频会,节约会议费用。二要坚持领导干部深入基层、深入实际、深入服务对象,搭建多种形式的沟通平台,多同普通群众、基层干部、先进模范、专家学者交朋友,营造我们交通行业和谐的党群干群关系。三是领导干部下基层要轻车简从,不得接受接待单位在辖区边界组织的公务迎送,不得接受土特产,原则上不接受陪餐,提倡自助餐或便餐、快餐。厅领导多人在杭参加同一会议,集体乘坐面包车。要着力搞好节约教育,节约每一度电每一滴水,使机关所有工作人员形成良好的节约习惯。

(6)坚持边查边改,努力解决突出问题。要坚持边查边改,边整边改,广泛征求意见,深入查找机关工作作风,特别是领导干部作风上存在的突出问题。一要广开言路,接受各方面的监督。各单位面向社会、面向服务对象,开门纳谏,把社会监督引向机关;要通过发放征求意见书、召开干部群众座谈会、公开投诉举报电话、设置监督信箱、开展问卷调查进行民意测评等形式，广泛征求社会各方面的意见。二要查找问题，认真剖析。厅党组和各级基层党组织要召开专题会议，对照胡锦涛总书记倡导的八个方面的良好风气，从思想作风、学风、工作作风、领导作风和生活作风等各个方面查找问题。要正确对待意见和建议，抱着虚心和诚恳的态度，坚持有则改之、无则加勉的原则，端正思想，进行认真地查找和分析。针对发现的问题，要认真进行解剖，提出整改措施。各级领导干部都要自觉拿起批评与自我批评的锐利思想武器，多从世界观上深挖原因，多从领导角度总结教训，多从个人履行职责上查找差距，进一步增强党性观念和公仆意识，真正做到立党为公、执政为民。三要严肃整改，取信于民。对那些群众反映强烈的热点问题，能解决的要尽快解决，易改易行的要立改立行，特别要针对薄弱环节，抓住问题症结，强化措施，力争取得群众满意的效果。对有些暂时整改条件不具备的正确意见和建议，也要尽可能创造条件逐步予以解决。要通过整改，推动作风建设的规范化和制度化。

“作风建设年”各项活动大体分三个阶段实施：第一阶段是宣传发动，提高认识。全面发动，上下联动，为开展“作风建设年”活动营造良好氛围。第二阶段是查找问题，边整边改。厅机关和厅管厅属单位要广泛征求群众意见，针对作风方面存在的突出问题，认真进行查找和整改。要加强明察暗访，确保各项整改措施落到实处。第三阶段是建章立制，总结提高。把解决问题与建章立制紧密结合起来，注重从制度上巩固整改成果，使作风建设走上制度化、规范化的轨道，形成长效机制，发挥长效作用。整个“作风建设年”活动，厅里已经制定实施意见，要按照实施意见的安排，认真组织实施。

三、加强领导，落实责任，确保“作风建设年”各项工作落到实处

在全省开展“作风建设年”活动，是省委贯彻落实胡锦涛总书记在中纪委第七次全会上重要讲话精神的重大举措，厅机关和厅管厅属单位都要按省委部署，积极认真地组织好这次活动。

(1)加强领导，明确责任。作风建设涉及面广，影响深远。各级机关必须切实加强领导，统筹协调，落实责任，把进一步加强和改进作风建设作为一件大事，列入重要议事日程。各单位主要领导要身体力行，切实担负起第一责任人的责任，形成党委统一领导、党政一把手负总责、各部门协调配合，

广大干部职工共同参与的工作机制。领导班子、领导干部要率先垂范,发挥好表率和示范作用,要求广大干部做到的,领导干部要首先做到;要求领导班子做到的,"一把手"要首先做到;要求基层做到的,领导机关要首先做到;要求下级做到的,上级要首先做到。

(2)突出重点,严格要求。这次"作风建设年"活动教育的重点是各级领导干部,也是我们交通厅"作风建设年"能否取得实效的关键所在。在前几天召开的全国人代会五次会议分组讨论中,胡锦涛总书记谆谆告诫领导干部,要切实增强忧患意识、公仆意识和节俭意识,再一次对领导干部提出希望和要求。要求领导干部在"作风建设年"活动中,要在思想作风、学风、工作作风、领导作风和生活作风五个方面做出表率。这里,我再强调三点:一是要强化理论学习,坚持用马克思主义中国化的最新理论成果武装自己的头脑,加强道德修养。常修为政之德、常思贪欲之害、常怀律己之心,牢固树立马克思主义的世界观、人生观、价值观和正确的权力观、地位观、利益观,坚决抵制各种腐朽落后思想文化的侵蚀,永远保持共产党人的政治本色和革命气节。说实在话,我们每一个领导干部都是在党的培养下成长的,党把我们放在领导岗位上,给予我们一定权力,是要我们全心全意为人民服务,为建设祖国发挥我们的聪明才智。在待遇上,党和人民已经给予我们很多很多,我们的生活水平已经相当不错,我们只有扎扎实实做好本职工作的义务和责任,没有任何理由去获取分外的利益。二是摆正位置,严于律己,令行禁止。作风建设,领导干部必须提高认识、端正态度、确实发挥模范带头作用。中国古时候有句老话:其身正则不令则行,其身不正则有令不行。今天我们搞作风建设,只要各级领导以身作则,做出样子,并且严格要求工作人员,一定会取得很好的效果。所以,各级领导一定要坚决执行和严格遵守省委和厅党组在作风建设方面的规定,坚决抵制歪风邪气,大力弘扬新风正气,不断推进我厅作风建设再上新台阶。三是要正确分析和评价交通厅的作风状况。最近,省直机关党工委按照省委的部署,在人大代表、党代会代表、政协委员和市县机关干部群众中对省直71个厅局单位开展作风建设民主评议,收到对交通厅的批评意见有26条,直接针对作风的就有6条,有的还十分尖锐。比如,有的市县机关在意见中提到:该系统某些领导干部与相关管理单位处室的公务员在办理公务、参与工程建设管理活动中,活动费、验收费收入超过本人年薪收入。这些意见虽然只是针对少数人的,属个别现象,但是对于我们大家来说,是苦口良药,说明人民群众对我们还不满意,必须引起我们高度重视,认真加以整改。

(3)有机结合,讲究实效。开展“作风建设年”活动,本身就有一个作风问题。“作风建设年”活动搞的好不好,最后的衡量标准有两条:一是机关各项制度有没有规范、健全;二是今年的各项目标任务能不能完成。我们要紧密联系实际,讲求实际效果,切忌形式主义。要做好结合文章,坚持把“作风建设年”与学习“三个代表”重要思想、贯彻科学发展观结合起来,与巩固机关效能建设和党员先进性教育活动的成果结合起来,与努力推动当前交通各项工作结合起来,把加强和改进作风建设的实际效果落实到促进各项工作中去,体现到广大人民群众的实际利益中去,使之成为推动全省交通事业发展的强大动力。要将着力点放到研究解决交通建设、改革、发展、稳定中的重大问题上,放到实现交通“三个服务”、推进“五个发展”、研究解决干部群众反映强烈的突出问题上,以求真务实的精神推进各项工作,真正做到讲实话、想实招、办实事、见实效。坚持“两手抓、两促进”,以“作风建设年”活动为动力,推进今年工作目标任务的圆满完成。

(4)强化督查,注重长效。要充分认识作风建设的长期性和艰巨性,牢固树立打持久战的思想,加强督查考核,建立长效机制。要敢于解顽疾、破难点,采取切实有效措施解决存在的突出问题。要加大督查力度,采取定期与不定期相结合、明查与暗访相结合的办法,切实加强作风建设的专项督促检查,对发现的问题要及时予以督促纠正。要注重抓好机制、制度建设,健全完善工作机制,坚持以制度管人,以制度管事,逐步建立健全作风建设的长效机制。要及时总结经验,善于改革创新,积极探索加强和改进干部作风建设的新途径,不断把作风建设引向深入。

把关注的目光投向青年

(2007年4月30日)

在“五四”青年节即将来临之际,围绕如何搞好下一步交通工作,圆满完成“十一五”目标,如何关心青年,为青年创业营造良好环境,如何加强青年工作的组织领导等问题谈谈自己的想法。

青年时代是人生的一个重要阶段,青年人投入到工作岗位以后才是人生步入社会的真正开始。凡是有志青年,这个时候无不对未来充满着希望,工作到底什么样子,社会实践到底是什么样子,都会有很多想法。真正参加工作以后,又会产生很多想法,这也是我当年最深刻的体会。大学刚毕业,以为自己的翅膀都硬了,可以起飞了,但到了工作单位后,碰到很多的具体问题,感到与理想相距甚远。青年工作不只是搞些体育、文艺活动,更重要的是把握青年人的思想。其实,青年人刚参加工作最大的困惑是以后的人生道路应该怎么走,譬如说我自己,当时我也是很愁,期望最好有一位“高人”或“神仙”给我指点一下,告诉我以后该往哪条路走。我当时想人生大体有三条道路可以走:一条是“从学”,将来去从事教学、科研工作;一条是“从商”之路,去做生意、搞公司;还有一条是“从政”这条路,就是进入党政机关工作。从现在的理念看,其实这三条路都是可以走的,关键是要根据每个人自己的特长、个性特征、兴趣爱好来选择。知识结构倒不是主要的,可以在工作中学习完善。“高人”、“神仙”在现实中是不存在的,一切要靠自己的努力。我20岁在农村就劳动四年了,已经在县委工作队了,当时工作组组长让我写入党报告,我还开玩笑说我不想写,我这辈子不想在政治舞台上演戏,只想要搞专业,直至到大学毕业的时候,虽然已经是团支部书记,还是这种简单的想法,就想实实在在地做点事情。但是事实上,回过头来看,无论是经商,还是搞专业,或者从政,在中国这样的环境下,只是形式上的区别,都有共性的东西,这些共性的东西是最关键的。走什么路看起来很重要,但其实更重要的是那些内涵的共性的东西。我把它概括为三个方面:一是要有理想;二是要"两个会",即会工作、会生活;三是三点希望,即要修养、创新、实践。

一是要有理想。首先理想很重要,每个人都要有理想。但我讲的理想与学校里讲的大理想有点区别。一个人要有理想是肯定的,但是理想是随着人的成长而不断变化的。小孩子的理想无边无际,随着年龄增长,理想的范围越来越小,越来越与现实贴近,进入大学选择专业以后理想一般就在专业的范围里。工作以后的理想与学校里的理想又不一样,你要更现实,要围绕着自己的工作单位、自己的岗位,来确定自己的理想。这些理想是我们前进的动力,做任何事情,如果没有理想就会失去动力。

其次要选择一个理想的模型,就是在现实中寻找一个可以学习的真实人物。这个人物,未必是全国劳动模范这样的大人物,他可能存在于你的工作环境中,也可能存在于你的生活环境里,还有可能是在你的社交圈里面。他可能是你的同龄人,也可能是你的兄弟,还有可能是你的父辈、祖辈。在交通系统里面,像这样默默无闻的干部很多,譬如厅里的几位老领导、老干部、老同志,做人、做事都是相当优秀的,他们虽然不是什么劳动模范,但他们的人生轨迹也很灿烂,结果也很圆满。如果我们每个人都要像比尔·盖茨一样,这是不现实的。比尔·盖茨如果一开始就想着要成为世界首富,说不定他的路早就走弯了。所以,理想的典型需要我们善于在生活中去寻找、去发现。这样的理想模型,比文字、比想象要具体,可学性也就强多了。

最后是如何实现理想。我想关键是要持之以恒。现在有些青年,今天一个想法,明天一个想法,在事业上"三天打鱼,两天晒网",像"小猫钓鱼",看一样喜欢一样,做一样却厌一样,这是非常忌讳的。"龟兔赛跑"就反映了目标确定后持之以恒的重要性。看一个人的理想,不是看他的理想如何高远,而是看他的理想能否实现、如何实现。很多情况下,实现一个理想是与智商关系不大,就看你有没有持之以恒的精神。持之以恒就能水滴石穿,要把这种精神融入自己的生活当中、工作当中,并变为一种品质。

二是要会工作、会生活。对于我们这一代人来说,原本接受的观念,首先就是工作,生活不会放在重要位置上,住房问题、福利问题从来不会成为主要问题,即使想到也不敢讲出来。当时,工资大家都是一样的,有个集体宿舍就很好了。但是从20世纪90年代开始,工作与生活哪个重要,到底是工作为了生活,还是生活为了工作,开始出现争议。目前在一些发达国家里,人们的观念在相当程度上是工作为了生活,不会生活也就不会工作,一辈子都负债,先享受后工作。但是回到我们的国情,还不能盲目地照搬。现在我国市场经济发展之后,出现了一些新的行业、新的领域,也出现了一些新的谋生方式,单从物质条件上看,要远远高于在机关工作。这个问题慢慢成为一个主要问题,摆在青年人的面前。现在的年轻人都是七八十年代后出生的,多数是独生子女,不仅有年龄上的代沟,还有非独生子女与独生子女这个"大代沟"。这些年轻人参加工作会有一些新的思想,这也给共青团工作、机关工作提出了新的挑战。

我觉得,在生活与工作的关系上,应该学会既享受工作又享受生活,要把工作作为我们生活的一部分,也要把生活作为工作的一部分。现在有些年轻人,更多的是会享受,对于如何工作、怎么对待工作,没有很好考虑,或者考虑得很虚无缥缈。某种程度上讲,不会工作就不会生活,不会生活也不会工作。相对于现在的青年人来说,工作上要多思考些,就生活而言也要回到现实当中来的。有的青年人,一讲生活,看物质生活条件比较多,如房子大小、车子好坏、收入高低等等,可是生活中的社会内容少了一些。马克思说过,人是一切社会关系的总和。在社会生活中会碰到很多的关系,有许多老关系要处理好,又有许多新关系要建立起来。社会关系的分类也很多,我讲的会生活就是要妥善处理好与父母的关系,与爱人、孩子的关系,与同事、友人关系,等等。

三是三点希望。首先要修养。修养非常重要,"有知识不一定有文化"讲的就是这个道理。中国五千年文化的积淀,反映了中华民族整体的修养水平。中国源远流长的文化对我们做人、做事都提出了很多要求。我认为,当前关键是要在"三个观"上下功夫,一个是世界观,一个是人生观,一个是价值观,这三者决定了我们修养的主要内容。世界观就是人们看待世界的方法。我们有马克思主义,有唯物辩证法,这就像是给你输入一种软件,有了这种软件就有了信息处理的能力。树立正确的世界观关键的是把握四个字——"实事求是",就是一定要寻找事物发展的本质规律。我们交通发展到当前这个阶段,其中的规律在哪里?现在有一种观点,认为交通今后要慢慢走下坡路了,这种观点是不正确的,但也确实反映了,我们过去将交通建设等同于交通的全部,"重建设轻管理"的片面性,没有认识到不同阶段交通工作的新规律。像现在每年这样规模的交通建设，不可能长期持续下去，交通已经进入过渡时期、转型时期，今后要“建管并重”并逐步向“重在管理”方向发展。过去我们还重陆路轻水路，今后也要向“水陆”并重方向转变，并逐步向“以水带陆”发展。今后浙江交通总的来讲，要实现“三个加快”，一是加快公路网络化建设，更好地发挥区域与城乡公路网络的整体功能；二是加快“港航强省”建设，更好地发挥全省港航资源的整体功能；三是加快行业体制建设，更好地发挥交通行业的整体功能。这才是浙江交通今后发展的规律。

随着现代文明的发展，如何正确地待人接物，处理好人际关系，把握人生的方向，这些问题越来越摆到重要的位置。现在就业紧张、竞争激烈、环境恶化，矛盾很多，怎样做人比怎样做事更加重要。人生观也有很多内容，我觉得最主要的是要“以诚相待”，只要你以诚待人，诚心地去做人，去做事，我们的事业就能无往而不胜。“愚公移山”的故事除了说明持之以恒的道理以外，更说明了“诚”的重要性。为什么能够持之以恒，前提就是“诚”，忠诚于自己的事业，忠诚于自己的工作，包括在对待人的问题上，不能耍小聪明，无论是对待领导、对待同事，还是对待家人、对待小孩，一定要诚心、诚恳。“心诚则灵”，说的也是这个道理。

关于价值观的问题，也是摆在我们面前非常现实的问题。我希望你们年轻人一定要正确地对待名和利，要淡泊名利。特别是我们交通是个特殊的行业，面临着廉政建设的考验。当前人们评论的所谓“超女现象”，更多是指出了现在社会中企图一夜暴富、一夜成名的浮躁心理。名利是外在的东西，是身子后面的光环，只要你自己做人做好了、事情做好了，名利的光环就会放出来，而不能反过来先去追逐名利的光环。还有，年轻人不要去盲目的比较，要比就比自己的昨天，只要我在做事，今天比昨天好，我就在进步，就是在一步一步地往前走。与别人比，要避免一种错误方法，就是用自己的强项与别人的短项比，如果换一种方法，用自己的短项与别人的强项比，自己心态就会马上平和下来。所以，不比不可能，但要比自己的昨天，比别人的强项，这样人的心态就会好起来，就会不断地进步。

修养关键是要学习，树立好前面这“三种观”。这里我还要强调一点，就是有知识不一定有文化。以前有句话是讲“知识就是力量”，我个人认为这句话是不完善的，知识加上智慧才是力量，知识如果不用到实践中去，就不可能体现出力量。所以,我们既要从书本中学,更要从工作中学,多学别人的长处,尤其是要学理想的“模型”,特别是先人、高人、名人倡导的“大道之学”,要认真学、深刻思。可以向一个人全面地学,也可以学某个人的一个方面。只要这个人在某个方面成功,其中一定有必然规律,只怕你不细心,只看到人家的名利的光环,看不到其中辛勤的汗水,看不到别人的知识和智慧。

其次要创新。创新是年轻人的特点、强项、优势。交通这支队伍的总体素质是相当优秀的。但我们面临的问题也是相当多的,既有系统内部的问题,比方说农村公路的养护体制问题、高速公路管理体制的问题、宁波—舟山港如何加快推进的问题;也有系统以外的问题,比方说土地问题、投融资体制问题。资金的问题,我们往往是习惯于到银行贷款,而没有尝试从共同基金、证券市场上去努力。土地问题是共性问题,不仅交通行业存在,其他行业也面临着这个问题;不仅浙江存在,其他省份也面临着同样的困扰。在这些共性问题上面,你们年轻人可以发挥优势,进行创新,要跳出交通来思考交通,要敢想、敢讲、敢做。

有的同志说“讲了也白讲”,但我认为还是要讲。之所以讲了也白讲,可能是你讲的不对路,或者是你讲的不是时候,还有可能是领导对意见的接受有个过程,甚至是个别领导水平问题。所以,如果你坚信自己讲的有道理,讲了一遍没用,还要讲两遍、三遍,这个领导不接受,还要给其他领导讲。不能讲了一遍领导不听就以为自己讲的不对,有自卑感,年轻人讲错没有关系。我开会的时候,最喜欢别人提不同意见,不同的意见越多,事前准备就越充分,以后落实起来就越有底。厅里会努力营造一种民主、有活力的环境。年轻人最大的优势就是敢想、敢闯,如果年轻人都死气沉沉,就失去了自己的优势和强项。年轻人要大胆地讲,讲错了没有关系,因为讲是你的职责,决策是领导的职责。即使你讲的意见最后实践证明是错误,由此的决策责任也是领导,而不是你的。所以,我一直告诉我班子的同志和下属,要大胆地讲,有责任我来负。

再次就是要实践。把敢于创新的优势,与实践结合起来,这有一个磨炼的过程,对年轻人是一个新的考验。单纯地想是很容易的,但现实是残酷的,会让人产生困惑,甚至感到很痛苦。如何解决这个问题,首先要自重自敬。有些同志到了单位,看见一些老同志一辈子在这里工作,就像农民种地,年年都一样,会觉得信心都没有了。但是你们要知道现实就是这样的,要爱岗敬业,学一样、干一样、爱一样、成一样。只要你面对自己的工作,真正把心都用进去,有独特的创新,为整个事业做出自己的贡献,你就会慢慢进入角色,感到里面需要做的事情实在太多了,“里面的世界更精彩”,你自己的价值也会慢慢地体现出来。现在有的年轻人刚参加工作,好高骛远,只想干大事,不肯干小事。但是你们要知道“以小见大”、“细节决定成败”的道理。所以,我们要积极投身于实践,从小事做起,这样你会学到许多书本上学不到的东西。

胡总书记说过:“一个有远见的民族,总是把关注的目光投向青年,一个有远见的政党,总是把青年看作是推动历史发展和社会进步的力量”。我也用这句话与大家共勉,也希望青年人勇于挑起重担,继往开来,无愧于这个时代,无愧于这个行业,来加快推进浙江交通的现代化!

发扬党的优良作风
发挥党员先锋模范作用

(2007 年 6 月 29 日)

中国共产党建党已 86 周年,广大党员在各自平凡的岗位上,充分发扬党的优良作风,发挥党员先锋模范作用。希望党员继续保持优秀共产党员的优良品质,在完成今年交通各项目标任务中更好地发挥先锋模范作用。

一、作风问题是关系到党的生死存亡的大问题

执政党的作风是党的性质、宗旨、纲领、路线的集中体现,是党的创造力、战斗力和凝聚力的重要内容,关系党的形象、关系人心向背、关系党的执政地位的巩固和发展。陈云同志曾经告诫全党:“执政党的党风关系到党的生死存亡。”

从历史上看,自从建党以来,我们党历代领导人都十分重视党的作风建设。从 1942 年“延安整风”到 1949 年 3 月七届二中全会上毛泽东提出“两个务必”,说明我们党把作风建设放在了十分突出的位置,以求跳出“历史周期率”。

邓小平曾精辟地指出:共产党要出问题,还是在党的内部。他十分强调党风建设的重要性,提出要解放思想,实事求是。

江泽民同志在十五届六中全会上专门讲了加强党的作风建设问题,提出了“八个坚持,八个反对”。

胡锦涛同志当选中共中央总书记后仅一个月,就带领政治局常委们去西柏坡参观学习,重温“两个务必”,从历史出发,寻找新的起点。

从群众的期盼看,作风建设的核心问题,是保持党同人民群众的血肉联系。十六大报告中提出,我们党最大的政治优势是密切联系群众,最大的危险是脱离群众。说实话,群众心里有杆秤。新时期群众看党的作风,看党的

形象，主要看什么呢？就看你是否真心为群众办事。现在有些地方、有些部门办事情门槛高、架子大，门难进、脸难看、事难办，缺乏服务意识、敬业精神和群众观念，对群众无感情，对上级不负责，这样的党员干部不仅损害了党的形象，更损害了党同人民群众的关系。

我们必须牢记：人民群众最需要的是真正为群众办实事的好干部，共产党人是人民的公仆。人民群众最可亲，因为老百姓最真诚、朴实；人民群众最可敬，因为人民群众是真正的英雄；人民群众最可畏，因为"水能载舟，亦能覆舟"；人民群众最可靠，因为我们的智慧、力量、方法都来自人民群众。所以，无论是"三讲"也好，"三个代表"学习教育活动也好，党员先进性教育活动也好，我们提出的目标都是"干部受教育、群众得实惠"，通过解决群众所急、所需、所盼、所怨来改进作风，树好形象，始终保持同人民群众的血肉联系。

从党员的职责来看，党员是党的细胞，党的作风和形象是通过每一个党员来体现的。从大的方面看，党风是党的性质、宗旨的体现。从小的方面看，党风则是每一个党员思想、工作和生活态度的具体反映，是品格的体现。党员从他入党的那一天起，就明确了他的思想与追求，就界定了他的权利和义务，就注定了他要为党和人民群众的利益去奋斗终生。

对于这个职责，有些人记得清楚，有些人却记不清楚，有些人则根本背叛了它。焦裕禄、孔繁森、郑培民就记得清楚，成克杰、陈希同、胡长青等就根本背叛了共产党人的职责。

当然，人民群众看党的形象不是看几个典型，也不可能天天接触到中央、省市级干部，而接触最广泛的还是天天同群众打交道的基层党员干部。所以，广大基层党员干部的形象很大程度上就代表了党的形象，代表了干部形象，尤其是在窗口部门、权力部门工作的机关干部。因此，作风建设不是空的，不是哪一级组织、哪几个人的事，而是全体党员义不容辞的职责。

从我省交通工作来看，近年来，在省委省政府与交通部的正确领导下，在全省交通系统各级党组织、广大党员和干部群众的共同努力下，我省交通工作取得了显著成就。在2003年全省实现"四小时交通圈"的基础上，高速公路建设取得了新突破，到明年有望突破3 000公里。这些年，交通部门的地位也不断提高，体现了省委和广大人民群众对交通部门、交通行业的重视和肯定。

但是,我们也应该看到,随着经济社会的持续发展,广大人民群众对交通的需求也不断提高,交通“三个服务”的能力需要进一步提高。与此同时,当前我省交通发展面临新的挑战,制约交通发展的资金、土地和体制机制方面的因素不少,资源和环保的压力也在加大,交通系统的党风廉政建设和反腐败斗争的形势严峻。

刚刚闭幕的省第十二次党代会,确立了坚持科学发展、促进社会和谐、全面建设惠及全省人民的小康社会的宏伟目标,对我省交通发展也提出了加快建设港航强省、完善高速公路网络等新的重要任务。厅党组认真贯彻落实省党代会的总体任务,提出了建设惠及全省民生民计交通工程的重要目标。

我省交通实现“三个服务”、推进“五个发展”、贯彻落实省第十二次党代会精神,建设惠及全省民生民计的交通工程这个重要目标需要有良好的作风作保障。当前,厅机关和厅管厅属单位各级领导班子和广大党员的思想作风是好的,特别是我们广大的共产党员,在交通事业发展和本单位的工作中发挥了先锋模范作用,为交通事业作出很大贡献。但是,也应该清醒地看到,我们一些同志在思想作风上、服务态度服务水平上还存在这样那样的问题,需要引起我们的高度重视,需要我们的优秀党员和各级领导干部带头贯彻胡锦涛总书记倡导的八个方面的良好风气,弘扬正气,抵制歪风,真抓实干,求实创新,振奋精神,只争朝夕,以学习贯彻党代会精神为动力,为全面推进今年的各项工作,扎扎实实完成省委省政府下达的目标任务而努力奋斗。

“风形于上,俗成于下。”领导干部的作风始终是引领党风、政风和社会风气的风向标。省委省政府关于在全省开展“作风建设年”活动的决定是必需的、及时的。它是贯彻落实胡锦涛总书记重要讲话精神的具体体现,是推进科学发展、构建和谐社会的必然要求,是巩固先进性教育活动成果、提高党的执政能力的重要保证,我们要扎扎实实地抓下去,抓出成效。

二、共产党员要在作风建设方面充分发挥先锋模范作用

党员怎样才算是发挥了先锋模范作用?先进性教育期间,交通部总结得就很好:平时看得出来,困难面前站得出来,党和人民需要的关头豁得出来。具体到作风建设,要在以下几个方面发挥先锋模范作用:

做学习上的典范。学习是个永恒的话题,用周恩来同志的话来说,就是要“活到老,学到老”。尤其是现在正处于信息时代,科技发展很快,社会竞争激烈,遇到的新问题又这么多,我们如果墨守成规,沿用过去的现有的知识、智慧,要适应这个新时代,我想是有难度的。

做道德上的样板。道德,包括了社会公德、职业道德、家庭美德等多方面的内容。“道德”两个字,在中国这片土地上非常重要。“人之初,性本善”,人刚刚生出来的时候,都是想往好的方向发展,但是往往就在这个追求好的过程中人和人之间有了区别,这种区别可以用三条线来划出来:一条是法律,一条是行为规范,第三条就是道德。我认为道德这个标准在某种程度上和党员的标准一样,从另外的角度来说,道德的标准甚至比党员的标准更严格。俗话说,“金杯银杯不如老百姓的口碑”,说的就是这个道理。我们的优秀党员,如果都能按照高尚道德的要求去做,那么我们党的战斗力无疑是十分强大的。

做业务上的骨干。服务百姓必须要有真本事,尤其是现在交通处于转型期,我们也面临着工作能力、工作水平的转型。贯彻科学发展观,落实到每个人身上,要有科学的工作方法、务实高效的工作作风:事业心要强,业务技能要熟,掌握政策要准,办事效率要高,协作精神要好,创新精神要强。

做服务上的标兵。要有对老百姓的一份真心、一份热情。能力不足,你用热心、真情来弥补,人家还能理解;反过来说,你的本事很大,但是对老百姓态度很差,人家感觉就很不好了。在创建“五型”机关中要做好服务的标兵,服务理念上要强化宗旨意识,牢固确立全心全意为人民服务的观念,更要树立权力就是责任、权力就是服务的理念,为人民掌好权、用好权。

做守纪的楷模。纪律是一个规范,没有规矩不成方圆。各单位、各部门都有各自的纪律,党员不仅要遵守党的纪律,而且还要模范地遵守单位的各项纪律。大到国家的法律法规,小到劳动纪律,都要严于律己,率先垂范。不仅在工作上要做守纪的楷模,生活上也要清廉节俭,保持艰苦奋斗的作风。要坚决反对和制止那种贪图安逸,不思进取,铺张浪费的奢靡风气,时刻绷紧党风党纪这根弦,防止蜕化变质,腐化堕落。

以上五个方面是党员在作风建设中发挥先锋模范作用的具体体现,也是时代和人民对我们广大党员的根本要求。

三、加强党性修养,做“八个方面良好风气”的践行者

省委要求浙江全省各级领导干部要树立和践行八个方面良好风气,以其养身、以其服人、以其立威,努力做八个方面良好风气的模范实践者和积极推动者。

践行“八个方面的良好风气”,关键是要树立三种正确的观念。

第一,强化理想信念。理想信念对一个人来说是管方向的,始终左右着你前进的目标与行动。不同的理想信念决定着每个人不同的人生追求和境界。理想信念的动摇肯定会导致前进方向的迷失。对一个政党来说是这样的,一个组织来说是这样的,具体到每一个个人来说也是这样的。理想信念最后是要落脚到世界观、人生观、价值观上。年轻的时候,曾经认为世界观、人生观、价值观是比较虚的,到了一定年纪以后,就深切地感受到决定人生方向的还是世界观、人生观、价值观。一个人,要树立怎样的世界观、人生观、价值观呢?我认为,要树立实事求是的世界观,淡泊名利的价值观,以诚为本的人生观。要自觉地把树立远大理想与干好本职工作结合起来,为全面建设小康社会而奋斗,为促进我省交通事业的改革和发展贡献自己的力量。

第二,强化党的宗旨观念。立党为公、执政为民,全心全意为人民服务,是党的生命所在,更是永葆先进性的根本保证。纵观中外历史,大大小小政党无数,但绝大部分最终没能站住脚,成了历史的匆匆过客。原因当然是多方面的,但最主要的是这些政党没能很好地代表大多数人的利益,因而得不到人民群众的长久支持和响应。中国共产党之所以能够长久保持旺盛的生机和活力,根本原因就在于我们党自始至终地代表着最广大人民的根本利益,中国共产党的历史就是一部为老百姓谋求利益和幸福的历史。现在看我们党的执政地位是稳固的,但是我们绝不能因此而掉以轻心,因为党的执政地位不是与生俱来的,也不是一劳永逸的。要保持党的执政地位,关键取决于我们党能否保持先进性,能否一以贯之地实践自己的根本宗旨。“得人心者得天下,失人心者失天下。”所以,我们每个党员和党员干部都要牢固树立群众观点,永远把人民群众放在心上,永远把人民的利益摆在高于一切的位置。一句话,就是要时刻牢记我们是为人民服务的,并切实把为人民服务落实到实际行动中。特别是作为党员领导干部,就要坚持做到三点:一是坚

持贴近群众。要经常地、主动地带着深厚感情，扑下身子深入基层，深入群众，与他们谈心交流，沟通感情，听取他们的意见和反映，增强自身工作的针对性，更好地服务基层，服务群众。二是切实维护好群众利益。要始终牢记群众利益无小事，把永远做人民的好公仆作为毕生的追求，进一步增强全心全意为人民服务的本领，努力履行好自身职责。在交通各项工作中，都要设身处地为群众着想，把维护人民群众的利益贯穿于想问题、定政策、办事情的全过程，扎扎实实地为群众办实事好事，让群众满意。三是带头做好群众工作。要积极探索新形势下做好群众工作的有效方法，切实把服务群众与提高群众结合起来，既理直气壮地讲好大道理，又坚持以情感人，努力使群众统一思想、达成共识，积极为加快经济社会发展献计出力。

第三，树立正确的权力观，强化权力即责任、权力即服务的理念。中国古代官员是皇帝任命的，只对"万岁爷"负责。我们的权力是人民赋予的，我们必须对人民负责。权力就是责任，有一份权力就有一份责任；权力越大，职务越高，责任就越大，任何一名党员干部都不能只看到权力，而轻视或忘掉责任。关于如何正确行使权力，履行好自身职责，我们必须时刻强调两个"牢记"：一要牢记权力是人民赋予的；二要牢记权力是用来为人民服务的。我们党之所以处于领导地位和执政地位，这既是历史的选择，也是人民的选择，共产党的权力来自人民。作为人民的公仆，党员和党员领导干部的"权"是为人民谋利益的工具，只能用来为人民服务。在权力面前，每个党员干部都面临着两种选择，或者严于律己，审慎用权，尽职尽责地为人民服务；或者放纵自己，滥用职权，为个人牟取私利。如果我们得到了权力却不履行职责，甚至滥用权力以牟取私利，那就玷污了权力，变异了权力，也是对党的根本宗旨的亵渎。我们每一名共产党员都必须充分认识到，我们只有全心全意为人民服务的义务和责任，而没有利用职权和职务之便牟取任何私利的特权。在任何时候、任何情况下，都要始终把人民群众拥护不拥护、赞成不赞成、高兴不高兴、答应不答应作为行使权力的出发点和落脚点。

当前全省上下正在认真学习贯彻省第十二次党代会精神，让我们继承和发扬党的优良作风，不断加强党性修养，充分发挥党员先锋模范作用，围绕全面建设惠及全省人民的小康社会这一战略目标，进一步解放思想，真抓实干，在实施"三个服务"、实现浙江交通又好又快发展的进程中作出新的贡献！

开创交通廉政建设新局面　为浙江交通新发展提供更加坚强的政治保证

(2007年9月10日)

学习贯彻胡锦涛总书记6月25日在中央党校省部级干部进修班以及中央纪委书记吴官正在中央党校省部级干部纪检监察专题研讨班上的重要讲话精神,按照交通部全国交通系统基础设施建设廉政工作经验交流会议的部署要求,浙江总结交流推广交通廉政建设先进经验,弘扬交通行业正气,展示交通行业良好形象,在新的起点上,探索反腐倡廉建设新思路,开创全省交通系统党风廉政建设和反腐败工作的新局面。

一、全省交通系统反腐倡廉工作先进经验

近年来,各级交通部门在地方党委政府的领导下,认真贯彻落实省厅构建惩防体系实施意见,坚持以科学发展观统揽反腐倡廉工作,坚持党风廉政建设和交通业务工作同步推进,在前进中拓展,在改革中深化,使反腐倡廉工作呈现出良好的发展态势,取得了明显成效,积累了很多好的做法和经验,概括起来,主要有以下几个方面。

(一)领导高度重视,是抓好交通系统党风廉政建设的首要条件

我省交通部门的绝大多数领导在抓好交通建设和发展的同时,十分重视党风廉政建设,切实担负起领导责任,始终把交通基础设施建设和行业管理领域的廉政工作列入重要议事日程,作为一件大事来抓,有力地促进了交通系统党风廉政建设的深入开展。

一是认真落实了党风廉政建设责任制。在各单位介绍中,有一个共同点,就是把落实党风廉政建设责任制作为“龙头”紧抓不放。一是明确考核目标。结合交通工作特点,制定了党风廉政建设工作检查考核评分标准或考核办法,使责任制内容更加贴近交通实际和工作重点,增强了考核的科学

性和可操作性。二是分解落实责任。年初对党风廉政建设的工作目标和责任进行了分解,落实到每位领导和相关责任人,明确了牵头部门和配合、协助部门,规定了完成时限。三是加强督促检查。坚持季度抽查、半年检查、年终考核,通过签订"党风廉政建设责任状"等形式,有效地促进了责任制的进一步落实。

二是坚持"两手抓,两手都要硬"是抓好反腐倡廉工作的重要方针。近年来,在交通发展的过程中,交通部门绝大多数党组织始终把反腐倡廉工作放在改革发展的大局中来把握,把抓好廉政建设作为促进交通工作的一个重要方面,不断增强工作的自觉性和主动性。甬金高速公路金华市指挥部、湖州市港航局,就是众多建设单位的代表。他们不仅狠抓管理,使工程进展顺利,而且把反腐倡廉工作真正落到实处,党风廉政建设也取得了实实在在的成效。

三是领导干部率先垂范,发挥带头作用。领导班子和领导干部是搞好廉政建设的关键。一个勤政廉洁、务实进取的领导班子,能带出一批好干部。绝大多数的领导干部是好的,坚持从自身做起,做好表率,敢抓敢管、认真负责,能亲自研究部署党风廉政建设和反腐败工作,真正发挥了"第一责任人"的作用,管住了班子,带好了队伍。据统计,我省交通系统共有52名负责人被提拔到市(县)的领导岗位。

(二)强化思想教育,是抓好交通系统党风廉政建设的重要基础

廉政教育的强化,为筑牢广大党员干部拒腐防变的思想道德防线,树立交通队伍的新形象奠定了坚实的思想基础。

一是提高教育针对性。许多单位在开展廉政教育中,以领导干部和从事审批管理、干部管理、财务管理和物品采购等特殊岗位人员为重点,贴近教育对象,精心设计教育载体,以"人"为本、因人施教,提高了教育的针对性,推进了廉政教育的深入开展,增强了党员干部的廉洁意识。

二是丰富教育多样性。积极转变观念,围绕效果找方法,力求廉政教育形式多样化。不但有计划地组织学习,而且坚持教育与实践相结合,注意结合本地、本单位的实际开展党风廉政教育;充分运用竞赛活动等趣味性的形式,让受教育者参与进来,形成互动效应;大力开展廉政文化建设,举办廉政书画展,播放廉政影视片,制作廉政黑板报、宣传栏,组织知识讲座等等。通过这些生动活泼、直观具体、喜闻乐见、易于接受的形式,把党风廉政教育这

个严肃的课题做得有声有色,如同春风化雨,收到了潜移默化的效果。

三是增强教育的有效性。教育的有效性是廉政教育的最终目的。交流单位都注重增强教育的亲和力,做到忠言"顺耳"、良药"可口",在"入耳"的基础上实现"入脑"、"入心"。定海区交通局把廉政教育的触角向党员干部的家庭延伸,广泛开展家庭助廉、争当"廉内助"等活动,进一步提高了廉政教育的辐射力,构筑了牢固的家庭反腐倡廉防线。

(三)健全和落实制度,是抓好交通系统党风廉政建设的根本保证

制度建设具有根本性、稳定性和长期性,是规范权力运行、防止腐败行为的根本性措施。几年以来,交通系统根据行业发展的新情况新特点,坚持用改革和发展的办法,深入构建惩防体系,不断健全完善和落实制度,对预防和遏制腐败消极现象的滋生蔓延起到了重要作用。

一是构建惩防体系。针对交通基础设施建设领域制度不健全、行业管理水平不适应形势发展的状况,许多单位结合行业实际,抓紧构建教育、制度、监督并重的惩治和预防腐败体系基本框架。通过构建惩防体系,使反腐倡廉工作更具有了全局性;进一步加强了对党风廉政建设和反腐败工作的领导力度,立足交通改革发展的全局,与业务工作紧密结合,统筹部署各项廉政工作;反腐倡廉工作更具有了整体性,下大力气重点抓好交通基础设施建设领域的廉政工作,认真抓好交通行业管理、行政执法等各个环节的廉政建设,努力纠正公路、水运"三乱"等各种不正之风;反腐倡廉工作更具有了系统性,教育、制度、监督、改革和惩处等工作措施系统整合起来,相互照应,相互促进,系统地发挥廉政保障作用。

二是健全完善制度。交通部门结合现代交通改革发展的要求和以往的成功经验,深入开展了调查研究,不断健全、完善制度,推进体制机制制度创新,努力从源头上预防和遏制腐败。宁海县交通局深入剖析本单位原主要领导腐败案件的特点,针对队伍建设、内部管理的薄弱环节,先后出台了一系列制度。长兴县交通局出台了廉洁自律"十二个不准"。甬金高速公路金华市指挥部摸索出了"两公开一监督"的资金管理模式。很多部门还与当地纪检、司法机关建立了廉政保障工作联席会议制度、预防交通基础设施建设中职务犯罪工作机制。机制制度具有较强的针对性、实效性、可操作性,在反腐倡廉中发挥了很好的作用。

三是认真落实制度。大部分单位在抓紧制订制度的同时,加强管理,狠

抓制度落实，保证制度得到贯彻执行。有的交通局将《干部廉政谈话制度》、《财务管理》等汇编成书，人手一册，要求所有干部职工不折不扣执行。有的每月都要举行工程例会，建设三方要全面汇报工程进度、质量管理以及廉政合同的执行情况，使工程管理的各项制度得到了较好的落实。

(四)实施有效监督，是抓好交通系统党风廉政建设的关键

各地交通局都对廉政监督工作予以了更多的重视，普遍充实了监督力量，扩大了监督覆盖面，廉政监督的成效有所提高，既保护了干部，又促进了工程进度、质量和安全。

一是突出监督重点，加强对领导班子的监督。绝大多数党组织认真执行党章和《党内监督条例》等党内有关法规，贯彻了民主集中制，发扬党内民主，加强了对党政主要领导干部的监督。同时，强化对干部选拔任用、建设资金使用、国有资产运作、行政审批权运用等方面的监督，确保权力正确行使。同时，前移监督关口，加强了事前和事中监督。发现党员干部犯有错误的苗头，及时通过"打招呼"、"扯袖子"等形式，早作提醒，做到防微杜渐。

二是采取有效的措施，加大对重点环节和重点部位的监督。紧密结合行业特点，把交通基础设施建设领域作为监督重点，将招投标、设计变更、工程质量、建设资金管理作为重中之重，把监督和制约渗透到工程建设权力运行的全过程，及时发现问题，堵塞漏洞，防止出现违纪违法问题。有的单位对招投标、工程施工、监理，均派人到现场进行了监督；有的单位在建设阶段，协同纪检、司法机关，定期或不定期深入现场进行视察检查，发现问题及时纠正。

三是依托社会力量，汇集监督合力。积极争取和广泛发动社会各方面的监督力量，不断拓宽监督渠道，形成了监督合力，提高了监督效果。很多单位主动与执法执纪部门联系，联手开展监督，发挥人大代表、政协委员、行风监督员的作用，主动征求意见，不定期邀请他们对交通工作进行视察、监督，同时主动接受舆论和群众监督。全省交通系统都积极推行了政务公开工作，实施"阳光行政"，把交通部门的权力运作置于群众的监督之下，做到公开透明，以促进工程优质、干部廉洁。

(五)抓好作风建设，是促进交通系统党风廉政建设的强大动力

作风建设是全面加强党的建设的客观需要和必然要求，是加强队伍建设的重要工作。全省交通系统按照中央和省委的要求，推进了干部队伍的

作风建设。特别是开展“作风建设年”活动以来,各级部门围绕“三个服务”、“五个发展”,积极开展了一系列活动,做了大量的工作,广大党员干部的认识进一步提高,领导干部的模范带头作用进一步发挥,服务基层、服务群众的良好氛围正在逐步形成,巩固了先进性教育的成果,也为党风廉政建设提供了强大的动力。

各级交通部门立足于本单位实际,通过广泛深入的宣传教育,通过举办党的作风建设专题讲座等活动,宣讲“八荣八耻”等党的基本理论,开展牢记“两个务必”等教育,提高了干部职工对加强和改进作风建设重要性的认识,增强了新形势下时不我待的紧迫感,开拓创新的责任感和又好又快发展的使命感,为持续开展作风建设营造了良好的政治氛围,打下了扎实的思想基础。绝大多数单位建立健全了作风建设的相关制度,如办事承诺制、首问责任制、窗口工作人员服务规范和考核办法等;聘请了行风效能监督员,邀请社会各界评议交通部门;加强机关效能建设,改进了文风、会风,提高了工作效率;以开展文明创建工作和民主评议和创建“群众满意基层站所(办事窗口)”活动为契机,不断提高队伍素质,不断提供优质服务,对纠正不正之风、弘扬清风正气、加强行风建设发挥了较大的推动作用。

上述好的经验和做法,值得我们在今后的反腐倡廉建设中加以借鉴,逐步深化,不断推广。

二、进一步加强廉政建设,为打造“惠民交通”提供坚强有力的保证

今年6月25日,胡锦涛总书记在中央党校省部级干部进修班发表重要讲话,要求全党始终不渝地坚持以邓小平理论和“三个代表”重要思想为指导,深入贯彻落实科学发展观,毫不动摇地坚持和发展中国特色社会主义,强调必须“坚定不移地坚持解放思想”、“坚定不移地推进改革开放”、“坚定不移地落实科学发展、社会和谐”、“坚定不移地全面建设小康社会”。胡锦涛总书记同时指出,各级党委要充分认识反腐败斗争的长期性、艰巨性、复杂性,把反腐倡廉建设放在更加突出的位置,坚持标本兼治、综合治理、惩防并举、注重预防的方针,建立健全教育、制度、监督并重的惩治和预防腐败体系,在坚决惩治腐败的同时,更加注重治本,更加注重预防,更加注重制度建设,加强领导干部廉洁自律工作,坚决查办违纪违法案件。

当前浙江交通正处于提前基本实现现代化的关键阶段,正在逐步实现

从传统交通向现代综合交通转变，从陆域交通为主向水陆交通并重转变，从建设为主向建管并重转变，从发达地区向欠发达地区转变，从追求数量、速度向追求质量、效益转变等五大转变，既面临着前所未有的机遇，也面临着前所未有的挑战。从本系统来讲，还存在着交通整体功能和整体效益未能得到发挥、行业管理的难度日益凸显、交通投资建设体制不能适应发展需要以及队伍整体素质有待提高等问题。党风廉政建设和反腐败工作同样也面临着许多新情况新问题，反腐败斗争形势依然严峻，少数党组织还不够重视党风廉政建设和反腐败工作，没有深入地贯彻“两手抓，两手都要硬”的方针，系统内违纪违法案件的易发多发的势头没有得到有效遏制，交通基础设施建设领域的一些基本制度还不够健全完善，滋生腐败消极现象的土壤空间仍然存在。今年浙江省委常委、纪委书记王华元来交通厅调研时也进一步强调了反腐败斗争的长期性和艰巨性。因此，全省交通系统全体党员干部务必认真学习、深入领会胡锦涛总书记的重要讲话精神，紧密结合实际抓好贯彻落实，在聚精会神地抓好交通中心工作的同时，毫不放松地开展反腐倡廉建设，切实推进惠民交通工程建设，决不能辜负省委省政府的信任和人民群众的重托！

（一）切实加强领导，把反腐倡廉建设放在更加突出的位置，不断推进党风廉政建设和反腐败斗争的深入开展

全国革命胜利前夕，毛泽东同志告诫全党：“可能有这样一些共产党人，他们是不曾被拿枪的敌人征服过的，他们在这些敌人面前不愧英雄的称号；但是经不起人们用糖衣裹着的炮弹的袭击，他们在糖弹面前要打败仗！”这段话深刻揭示了执政党执政的规律和反腐败斗争的长期性、艰巨性、复杂性。在改革开放的新时期新形势下，反腐倡廉是加强党的执政能力建设和先进性建设的重大任务，也是维护社会公平正义和促进社会和谐的紧迫任务，必须从坚持和发展中国特色社会主义、全面推进党的建设新的伟大工程的战略高度，充分认识加强反腐倡廉建设的重要性。

交通系统各级党组织要坚持“党委统一领导、党政齐抓共管、纪委组织协调、部门各负其责、依靠群众支持和参与”的反腐败领导体制和工作机制，坚持从严治党的方针，加大对反腐倡廉建设的领导力度，将党风廉政建设和反腐败斗争贯穿于交通改革发展的全过程。一是要始终坚持“两手抓、两手都要硬”的方针。坚持以科学发展观为统领，将党风廉政建设和反腐败工作

纳入到交通转型发展的整体规划之中,与业务工作紧密结合,一起部署、一起落实、一起检查、一起考核,相互促进,协调发展。二是要充分发挥党风廉政建设责任制的龙头作用。认真落实党风廉政建设责任制,结合本部门、本系统的实际,制定出针对性、操作性强的实施方案,进一步明确工作目标、工作任务、具体措施和进度要求,落实责任。"一把手"要切实履行第一责任人的职责。分管领导也要在抓好业务工作的同时推进分管范围内的反腐倡廉建设。牵头单位、协办单位要加强配合,协同作战。要加强对责任制落实情况的督促检查和考核,严格落实责任追究。三是要用创新的办法,及时研究解决反腐倡廉建设中遇到的重大问题。各级党组织要定期召开会议,集中精力研究本单位本系统反腐倡廉的重大问题。要结合反腐倡廉建设的要求,深化干部人事制度、行政审批制度、交通建设体制、养护体制、运输管理、资金管理等体制机制的改革创新,促进交通事业的快速发展,同时努力为深化源头治理、拓展治理领域提供制度的保证,减少引发权力滥用、权力"寻租"的机会。四是领导干部要率先垂范,要增强忧患意识、公仆意识、节俭意识,做到思想上始终清醒,政治上始终坚定,作风上始终务实,以自身良好的形象引导机关和行业的作风转变。五是要大力支持纪检监察工作。各级党委(党组)要支持纪检监察部门开展执纪执法工作,帮助解决实际困难,督促纪检监察部门加强自身建设。

(二)落实"三个更加注重",围绕交通中心工作,探索从源头上预防腐败的新思路、新途径、新举措。

交通系统各级纪检监察部门要认真履行党章赋予的职责,自觉地担负起这一重大责任,积极协助同级党组织研究、部署和督促反腐倡廉工作,确保反腐倡廉建设落到实处

今后一个阶段,一是要以领导干部为重点,加强廉政教育。要整合交通宣传教育的资源,构建反腐倡廉"大宣教"格局,结合党员干部的思想实际,加强理想信念教育、党性宗旨教育、党纪法纪教育、社会主义荣辱观和廉洁从政教育,推进廉政文化进机关、进校园、进工地。党政主要领导要亲自上反腐倡廉教育课。纪检监察部门要不断创新教育方式,寓教育于各项学习和文化艺术活动中,防止形式主义,注重实效。二是要以健全和完善各项制度为重点,加快构建惩防体系的基本框架。以党风廉政责任制为保证,坚持以教育、制度、监督、改革、惩治为重点,把构建惩防体系任务纳入到交通改

革发展的全局中加以推进，努力做到权力运行到哪里，制度建设就跟进到哪里，交通事业发展到什么程度，制度建设就提高到什么程度，坚持制度创新，建立有利于落实科学发展观和构建和谐社会的廉政制度。探索建立制度实施的评估机制，加强对制度落实情况的监督检查，努力形成用制度管权、按制度办事、靠制度管人的有效机制，不给违法乱纪者留下灰色地带和腐败空间。三是要以交通基础设施建设领域为重点，切实加强廉政监督。李盛霖部长在2007 年9 月 4 日全国交通系统基础设施建设廉政工作经验交流会上强调指出，近年来，交通基础设施建设领域出现腐败现象的重要原因，就是缺乏对权力的有效制约和监督，强化监督是防止权力滥用的关键。为此，我们要进一步深化行政权力公开，切实保证行政权力在阳光下运行，避免由于暗箱操作发生腐败问题。要整合监督资源，创新监督机制，形成监督合力，提高监督的整体效能，要坚持向重点工程派驻纪检监察人员，要坚持实行纪检监察审计联席会议制度，要坚持发挥司法监督和新闻舆论媒体的监督作用。此外，要进一步规范工程建设招投标行为，遏制严重扰乱建设市场秩序的“串标”、“围标”等行为；要继续完善信用管理体系，引导交通建设市场健康发展；要加强效能监察，推进前期工作和工程进度，促进质量和安全管理。四是要以民生为重点，解决群众反映强烈的问题。结合文明创建、民主评议和创建“群众满意基层站所”活动，巩固全省公路、内河航道无“三乱”的治理成果；落实“农民工工资支付管理暂行办法”等制度，切实解决拖欠工程款和民工工资问题；加强执法队伍建设，查处损害群众利益的行为；继续深化政务公开，推进职能转变，以公开促监督、推进依法行政，以公开促改革、深化行政审批制度改革，以公开带服务、全面提高公共服务能力。五是要加大查办案件力度。坚持依法依纪办案，特别要注意查处严重侵害群众利益的案件，始终对腐败保持高压态势；同时要认真剖析案件，寻找案发规律和原因，总结经验教训，防止此类案件的再次发生。此外，还要不断提高防治腐败的科技含量，充分运用现代科技设备和信息技术，全面推行电子政务，实行网上审批、网上举报和网上实时监控，减少人为因素对公务处理的影响。

（三）大力推进交通文化，进一步加强干部队伍建设，树立浙江交通人的全新形象。深入落实科学发展观，全面打造诚信交通、平安交通、法治交通、创新交通、阳光交通

浙江交通转型发展的目标能否实现，很大程度上就取决于交通文化和

干部队伍的素质。通过大力实施交通“人才工程”、加大干部培养交流力度等一系列干部人事工作,我们在队伍建设方面已经取得了相当的成绩,这支队伍主流是好的,但是对照浙江交通改革发展宏伟目标的要求,还必须对干部队伍、特别是党员领导干部提出更高的要求,要大力提倡“增强惠民意识、弘扬奉献精神、提高服务本领”这一浙江交通的行业价值理念,取得扎扎实实的实际成果,推动浙江交通人全面发展,树立浙江交通人的全新形象。

(1)增强惠民意识,做一名服务人民、面向群众的浙江交通人。“但愿苍生俱饱暖,不辞辛苦出山林”,这是明代于谦《咏煤炭》里的诗句,自古以来有很多作品都体现了类似“惠民”的思想意识。当代浙江交通人增强惠民意识,首先,要强化宗旨。交通干部要充分认识服务人民是立身之本、面向群众是发展之源的历史规律,明确政治方向,坚定政治立场,牢固树立正确的世界观、人生观、价值观,切实增强为人民服务的宗旨观念,牢固树立“执政为民”的思想理念,真心为人民服务、对人民负责。其次,要摆正位置。我们要高度警惕和防止出现滥用权力而脱离群众的现象,必须强化公仆意识,时刻摆正自己和人民群众的位置,保持与人民群众的血肉联系;同时随着我省经济社会的快速发展,交通已经逐步由基础建设行业转化为服务行业,交通人要作为人民群众服务者,深入基层、深入实际、深入群众,耐心倾听群众意见,真心欢迎群众监督。第三,要办好实事。“车船岗站路、联系千万家”,交通事业与经济社会发展、人民群众的生产生活息息相关。要树立“三个服务”的理念,不搞“形象工程、面子工程、政绩工程”,找准群众呼声强烈或者意见较大的问题,不断推出惠民、利民、便民的新举措,为人民群众办好事、解难题,让广大老百姓真正享受交通发展的丰硕成果。

(2)弘扬奉献精神,做一名无私奉献、人格高尚的浙江交通人。浙江交通能够达到今天的发展成就,是历代交通人无私奉献精神的结果。可以说,奉献精神是浙江交通的优良传统,是浙江交通人的本质特点之一。作为新时期的浙江交通人、特别是交通战线的共产党人,更要在实际工作中、在惠民工程建设中,自觉加强作风建设。要始终心怀建设中国特色社会主义的理想信念,发扬艰苦奋斗的作风以尽职敬业的精神,全身心地投入到交通工作之中。

(3)提高服务本领,做一名励志进取、能打善战的浙江交通人。增强惠民意识、弘扬奉献精神都要通过我们的具体工作、实际成果来检验,因此,提高服务本领就极为关键。要跟上时代发展,应对时代挑战,就必须坚持理论联系实际,始终不渝地提高自身的能力,始终保持先进性,古书《周易》中说,“天行健,君子以自强不息”,就是对人才成长规律的总结。在浙江交通转型发展的新时期,提高服务本领就具有必要性和紧迫性。提高服务本领,就要加强学习,从交通工作的实际需要出发,深入学习科学发展观、构建社会主义和谐社会等重大战略思想,学习交通专业知识等现代科学和优秀的中国传统文化;提高服务本领,就要勇于实践,敢于创新,深入交通改革发展的第一线,走进矛盾,破解难题,大胆探索新路子新方法,不断提高业务水平,成为各个专业的行家里手和骨干精兵;提高服务本领,就要自我加压,不断提高自身的综合素质。要培养高素质的干部队伍和专业人才,用人导向是一个重要的关键。各级党组织要注意选拔“能吃苦、干实事、作风好”的干部。

胸怀全局　围绕中心
不断提高办公室工作水平

(2007 年 10 月 16 日)

办公室工作事关全局,事关交通发展大局。在此,一起探讨如何进一步做好新时期的交通系统办公室工作,以更好地为浙江交通事业又好又快发展服务。

办公室工作的特殊性主要有以下几个方面。一是跟领导近,基本上每天大大小小的活动都要跟在领导身边,相当于地方上的秘书长、副秘书长,这是一个工作形式问题。二是工作的面很宽,办公室了解的面、需要协调的面不仅是单位里的各个处室、科室,还有和所有外单位的联系,也是通过办公室的。三是工作内容多,有秘书、行政、协调、督查、信息、信访、档案等,还有一些领导临时交办的事情,工作内容非常丰富。四是办公室工作要求也很高。办公室是一个单位对外交往的窗口,代表着一个单位的形象,小到接一个电话,大到出一个文件,包括来人的接待工作,工作要求是没有止境的。

一、把握大局,增强做好办公室工作的使命感

办公室工作,我前面分析了一些特点,办公室主任在领导身边一个很大的作用就是智囊、参谋作用。那么,怎么样才能给领导当好参谋?我认为,作为办公室主任首先要认清我们交通现在所处的形势。

我们省的交通经过“九五”、“十五”时期的大发展,成绩是有目共睹的。交通发展的现代化雏形也反映了浙江经济社会发展的现代化雏形。现在我们省从东到西、从南到北,高速公路都能上得去,国道、省线也比过去有了很大的改善。农村公路这几年也加大了建设力度,推进了康庄工程,改善了农村的生产生活环境,加快了我省的新农村建设步伐。尤其是本届政府,全省公路的总里程数达到了 95 000 多公里。其中,高速公路截至去年年底达到了 2 383 公里,在全国排第 5 位,这个水平和世界上一些发达国家和地区来

比,也不算差。比如说韩国,韩国国土面积接近10万平方公里,人口4 700万,跟浙江省差不多,它的高速公路也只有2 000多公里。农村公路方面,县乡村三级总数也达到了86 000多公里,康庄公路的通村率达到了90.23%,硬化率达到了80.76%,都超额完成了本届政府的目标任务。港口方面,省委、省政府加大推进宁波—舟山港的整合力度,加快推进"四统一",即统一规划、统一品牌、统一建设、统一管理。在统一管理方面,现在还需要继续推进。在统一规划、统一品牌、统一建设方面,都已经取得了预期的效果,这也是浙江人敢于创新的典型范例。到2006年底,宁波—舟山港的港口吞吐量达到了4.23亿吨,位列全国第二、世界第三。特别是我省集装箱的吞吐量,这几年发展是相当快的,2006年超过了700万标箱,列上海、深圳、青岛之后,位居全国第四。内河航道的建设,特别是在提升航道等级方面,这些年我省也取得了很大的成绩。内河航道的总里程达到了9 652公里,位列全国第5,其中高等级航道达到了1 066公里。

应该说,这些交通基础设施的重大推进,有力地促进了浙江经济社会快速、持续、平稳的发展,我们一定要从这个角度来理解交通的贡献。我们所取得的成绩,不是以简单的几小时到达为目的,或者以完成多少工程为目的。我们的成绩要与整个区域经济协调发展、城乡的统筹、经济的平稳增长,特别是要与浙江的现代化联系起来评价我们的交通事业。为什么要强调这个问题?我们在写报告也好,给领导当参谋也好,一定要超脱于自己交通行业的思维方式、理念。举例来说,现在一讲到收费公路的时候,我们的思维总是习惯于说投资了多少亿,每天收了多少过路费,把一条路作为一个企业来经营,这是捡了芝麻,丢了西瓜。我们建高速公路的目的是为了推进整个区域经济发展,推进浙江省的现代化,收费无非是因政府目前财政困难,需要通过市场的手段来运作,来解决资金不足的问题。"十一"黄金周期间,浙江省高速公路上每天通行汽车五六十万辆,像杭金衢每天单车向进出口有五六万辆,上三线、杭宁每天也有四五万辆,沪杭甬在10月5日达到了十六万辆,这些车辆指标反映的是经济社会的发展、人民生活水平的提高。因此,我们一定要从推进浙江经济社会又好又快的发展这个意义上来看浙江交通的重要作用。

在看到成绩的同时,也要冷静地思考。2007年7月,我们召开了全省交通局长学习会,大家分析了上半年的工作,特别是深入地思考了浙江交通面临的新形势、新特点。大家都很有体会,现在的交通跟过去的交通表面形式上都是一样的,但仔细地分析,从宏观环境、微观环境、工作要求等方面来看,不同的东西太多了。首先是宏观调控的影响。交通是投资重点,每年浙江省的用地指标中交通厅占60%,重点工程项目当中,交通厅占80%。2006年10月我刚来交通厅的时候,收到停工通知单24张,这种情况在过去是从来没有的。曾经有很多领导、很多朋友告诉我,浙江省的高速公路建得差不多了,该建的都造好了。但是随着工作的深入,通过对"十一五"规划的研究,我发现不是差不多了,而是任务更加艰巨。简单地算一笔账,我们省的高速公路是20世纪90年代开始建设的,到去年年底,前后16年是2 383公里。按照"十一五"的规划,后4年我们省际有4条"接口路",省内有6条"断头路",还有区域之间16条"联网路"要搞。仅是这三种路,全省就有1 300多公里,而前后16年间总共只建了2 383公里,对此,我们交通人一定要头脑清醒。

一直以来,人们认为交通部门就是搞项目,但从科学发展观的角度来讲,不仅仅是搞项目,更重要的是抓管理。现在建高速公路碰到土地指标问题,每年三四万亩的土地指标,现在拿不到,只能解决百分之五六十,那么高速公路还怎么建下去?接下来要建的公路都是建到欠发达地区,车流量比较少,经济效益比较差,社会资金不愿意投,怎么样来融资?农村公路86 000公里需要养护,经费问题应该如何解决?路已经修好了,养护工作没跟上,以后会是什么样的后果?还有安全生产问题,各级领导都签责任状的。我们每年有500亿的工程投资,大到舟山连岛工程、杭州湾跨海大桥,小到农村公路,这么多的工程在搞,要做到安全生产,不死人、少伤人,这个工作要求高不高?还有桥梁安全,最近出现了一系列的问题,广东九江大桥垮塌以后,紧接着湖南堤溪大桥垮塌,这些问题对全国的交通系统工作压力是相当大的。从总书记到省里各级领导都强调安全工作,还有什么工作比安全更重要?作为交通部门,这是一种责任、一种压力。我们省的动作比较早,九江大桥出事后,我就和洪涛副厅长商量,防撞的问题我们省同样要重视,湖南堤溪大桥一出事,我们厅长办公会议专题研究,进行部署,省委赵书记后来表扬了交通厅,说我们遇事比较敏感。还有廉政建设,我们这支队伍,实事求是地说,是一支非常务实、非常有正气的队伍。但是这些年当中,也的确出现过极少数的腐败分子,廉政工作形势十分严峻。现在全社会对交通工作都比较关注，这些都对交通工作形成了很大的压力，对我们的工作提出了更高的要求。这就是我们交通现在面临的形势。

我们在看到这些问题的时候，第一，要增强发展的信心。省委、省政府对交通工作是相当重视的，省委第十二次党代会提出要建设“港航强省”，大力发展港航经济。这是我们多年来一直努力的目标，一个部门的工作目标作为省委的工作目标被写进党代会的报告，充分说明了省委对我们交通工作的重视。浙江省“港航强省”不是一句空话，到2010年我们完全可以实现这个目标，浙江省的港口可以在全世界排在前列。港口是浙江省最大的资源。一直以来，大家说浙江是资源小省，实际上，我们陆域是10万平方公里，但我们的海域有26万平方公里，海岸线6 600公里。而且我们的海岸线地理区位非常好，舟山有1 300多个岛，像明珠一样撒落在长三角——这个世界第六大都市群中，既靠近国际航道，又能辐射长三角。我们港口岸线的利用率目前只有7%左右，还有90%多没有利用起来。所以，“港航强省”对我们全省的交通系统来讲，是一个新的目标，任务是非常艰巨的。我们目前的重点是以宁波—舟山港为龙头，以北面的乍浦港、南面的温台港为两翼，然后连接到内河航道，即浙北航道、钱塘江航道、浙南航道三大航道，再“以水带陆”，来完善浙江的公路网络体系。第二，要加快公路网络体系建设。浙江的公路网络体系应该说初步框架已经形成，但是高速公路、干线公路网络还有待完善，农村公路也要成网，然后高速公路跟干线、干线跟农村公路都要联结好，要成网络，真正做到货畅其流、人便于行。第三，要加快体制改革。我们现在处于交通发展的新时期，也碰到许多新问题。因此我们必须要靠创新的思维，用改革的办法，来解决发展当中的难题。比如说土地问题，我们是用地大户，但我们节约的潜力也很大。现在有很多高速公路两边的土地，作为建设用地征下来了，但它的性质还是农用地，特别是一些互通立交处，少的四五百亩，大的有两千亩，现在全是绿化。所以这个问题大家要动动脑筋，我们要把原来批下的建设用地指标退出来，再转为农用地，把这些指标用于公路建设中的不足部分。对此，省里领导也非常重视，认为这是个非常好的办法。第四，加强现代物流的管理。前几年，我们在工程建设方面的确花了很大精力，现在在道路运输管理、现代物流管理方面，还有很多文章要做。因为造公路不是交通部门的唯一目的，而是交通工作一定历史阶段的主要任务。“十一五”以后，“十二五”、“十三五”面临的主要问题就是如何管理。所以,我们现在就要开始现代物流这方面的调查研究,培育企业,这是下一阶段的重点工作。在这方面,金华的义乌是搞得不错的。第五,加强自身建设。因为现在的交通对我们工作的方式、工作的内容都提出了很多新的要求,这就要求我们必须加强学习、加快提高。

今后一个时期,浙江交通发展的任务十分艰巨和繁重。办公室作为各级交通部门的参谋中心、运转中枢,承担着其中很大一部分责任,希望办公室的同志胸怀全局,围绕中心,切实增强做好办公室工作的使命感,不断提高工作水平和服务质量,为建设惠民交通作出贡献。

二、立足惠民,甘于奉献,大力弘扬新时期浙江交通文化精神

交通文化是凝聚我们这支队伍的精神力量。浙江的经济发展到今天,很多地方都来学习过,浙江的经验主要有两条,一个是家庭工业,另一个是专业市场。家庭工业是很容易办的,专业市场内地也在办,但为什么发展不起来?因为文化是不可能一下子“移植”过去的。交通面临着一个大发展的环境,今后五年还有很艰巨的任务摆在面前,我们要有一种巨大的精神力量。力量从哪里来?就是要从交通文化来。

交通文化是交通行业在长期的发展实践中逐步形成并不断积累的,为广大干部职工所信奉和倡导、并在交通发展实践中得到贯彻和落实的,体现行业价值理念的精神文化、制度文化和物质文化的总和,是交通事业发展的重要成果,是行业文明程度的重要标志,其核心是体现行业价值理念的精神。简单地说,交通文化是交通行业的灵魂,是交通区别于其他行业的根本所在,也是交通文化力的重要源泉。

浙江交通文化的内涵是什么?省厅班子在经过思考、酝酿以后,提出几个关键词。第一是“惠民”,胡锦涛总书记的报告当中就用了这个词,就是要建设惠及全国人民的小康社会,省第十二次党代会讲的是惠及全省人民的小康社会。“惠民”很重要,交通部门建公路,就是为了老百姓,这是目的。第二是“奉献”,我来到交通厅以后,一直在学习和思考,觉得全省交通队伍的一个共同点就是奉献意识。在交通系统当中,这些工作成绩的取得,核心的东西就是“奉献”。第三是“服务”,为人民服务。李盛霖部长提出的“三个服务”,我认为代表了今后交通转型发展的方向。因此,交通工作一定要服务于国民经济的发展,服务于社会主义新农村建设,服务于广大人民群众

的安全便捷出行。我们要进一步增强惠民意识,继续弘扬奉献精神,不断提高服务的本领。

为什么要大力弘扬和传承浙江交通文化?先进的交通文化,必将极大地增强交通行业的凝聚力和战斗力,使广大干部职工始终保持奋发有为、昂扬向上的精神状态,这也是浙江交通人从思想、作风、业务上全面加强自身建设的重要法宝之一。"增强惠民意识,弘扬奉献精神,提高服务本领"这三句话是我们浙江文化的内涵。我们接下来还要配合全省交通文化汇演、全省交通十大感动人物评选,好好地加以宣传。要好好地宣传这五年来,浙江交通取得的巨大成绩、对经济社会的贡献。现在搞建设,我们的力量是强大的,但我们更需要一个有利于交通发展的社会环境,要让整个社会来理解、认可、支持交通工作。

三、奋发有为,争创一流,努力做好新形势下交通系统办公室工作

办公室工作重要、地位突出,厅党组对办公室工作有很高的期望和要求。办公室工作好不好,对全省的交通工作影响很大。从事办公室工作的同志,一定要自觉地把本职工作融入交通工作全局,创造性地做好各项工作,促进办公室工作不断上新的台阶。

(一)强化大局意识,当好参谋助手

做好办公室工作必须要有很强的大局意识,自觉把办公室工作放在全省交通工作发展的大局中来考虑,时刻关注大局,准确把握大局。力求以领导的视野洞察形势、分析问题,谋在正当时,谋在紧要处。要抓住各地交通工作中的"亮点"、群众关心的"热点"、破解交通发展中的"难点"、工作安排和政策执行中的"盲点",在第一时间掌握真实情况和第一手资料,真正成为领导的"千里眼"和"顺风耳"。

有几个字大家一定要牢记。第一个是"近"字,是指思想上跟上领导,贴得更近一些。比如说,明年的工作思路,领导还未交办,办公室已经在思考了,这个就是"近"。"近"不是要全面,关键是要在某些方面有独到之处。第二个字是"高",就是要站得高一些,多考虑一些全局性、战略性、前瞻性的问题,要有一定高度。特别是现在面临转型时期的交通,我们分析问题,一定要有高度。第三个字是"宽",就是视野要宽。主要是在信息方面,办公室要掌握更多的信息,特别是外地、外省、外国一些好的信息。第四个字是

"实","实"字非常关键。办公室工作一定要做到件件有回音,事事有着落。有很多事情领导布置以后,我们在领导身边工作的人,要抓好落实。特别是涉及一些领导的批示,办公室一定要做到非常清楚。交通部门的工作是非常具体的,哪条路,多少钱,什么时候造好,非常具体,所以你们的工作一定要实。

(二)强化责任意识,抓好督查督办

办公室特殊的工作性质,决定了办公室工作无时无处不和"责任"二字联系在一起。"责任感"是一种品质,也是办公室工作人员必备的职业素养。为什么讲"品质",而不是能力呢?因为责任取决于认真,它与能力没有必然关系。能力是有强弱的,能力弱的人责任心可以很强,能力强的人责任心可能会很弱,但责任心比能力更重要。要更好地体现责任,关键是要发挥好督查职能作用,要让主要领导腾出时间来抓大事、理大事、思大事。

关于督查工作,一是要树立督查权威。督查是一种重要的工作方法,办公室既要敢用,又要慎用。所谓"敢用",就是要抓住一些重要问题,大胆督,反复督,跟踪督,问题不解决不放过,责任不追究不放过,群众不满意不放过,树立起督查权威。所谓"慎用",就是严格按程序办事,防止督促检查过多过滥,给基层增加负担。二是要突出督查重点,根据年初提出的一些重点工作,或者是每个月的重点工作、每周的重点工作,或者是领导近期关注的重点工作,办公室主任要时常想着这个事情,要了解整个过程,特别是了解最后的结果,适时地给领导提个醒。三是要务求督查实效。要注重督查的实效性,敢督、敢查、敢于碰硬,哪里有问题就督到哪里,哪里有阻力就查到哪里,哪里有困难就协调解决到哪里,直到工作得到落实为止。尤其对涉及群众切实利益的问题,要反复督查,确保政策的全面落实。

(三)强化服务意识,搞好组织协调

办公室的工作重点就是服务,从办公室主任到其他工作人员,都是做服务工作的,没有甘当服务员的心态是做不好办公室工作的。要不断强化服务至上意识,从办文、办会、办事的每一个环节、每一个细节做起,始终把服务贯穿于工作的全过程。要淡泊名利,甘当配角,在参政设谋时,牢记"辅助"二字,不要反辅为主;在办事时,牢记"授权"二字,严格按领导意图办事。要把为领导服务与为机关服务、为基层群众服务结合起来,尽心尽力地为职工群众办实事、办好事、解难事。

办公室作为一个单位的运转中枢，还有大量的组织协调工作要做。在协调当中，既要做班子协调的“润滑剂”，善于化解矛盾，使班子的整体功能得到充分发挥；又要做单位内部协调的“聚合剂”，善于发挥办公室的作用，在单位内部建立彼此协调、情感和谐、关系相融的人际关系；还要做公共关系协调的“催化剂”，协调好内部各方面的同时也要处理好对外关系，善于开展单位之间的首脑外交。具体来说，一是要围绕重点工作抓协调。要按照责任分工和目标要求，围绕年度工作目标，组织有关部门制订具体措施，及时协调解决问题，确保各项重点工作和主要任务按要求扎实推进。二是要围绕重要事项抓协调。对一个时期确定的重要工作事项，要在调研论证的基础上，制订详细的实施方案，认真做好前期工作，勇于突破难点和关键环节，为加快发展赢得主动。三是要围绕重大活动抓协调。办公室要善于整合各方力量，搞好工作衔接，保证各项重大活动取得圆满成功。四是要围绕突发事件抓协调，建立快速反应机制，在第一时间为领导处置突发事件赢得主动。只有这样，才能化解复杂矛盾，增强工作合力，保证各项工作顺利推进。

（四）强化创新意识，多出工作精品

创新是做好各项工作永恒的动力。办公室要善于找到工作的突破口，在“新”字上下工夫，在“精”字上做文章。一是创新思维观念。办公室干部一定要加强学习，解放思想，坚决摒弃思想保守、观念陈旧、办事过于谨小慎微的思维方式，敢于突破陈规，破除一些不适合形势发展的旧框框。比如，文稿起草工作，一定要做到与时俱进，有新思想，有新观点，要力求用简洁的语言表达深邃的思想，用短小的篇幅承载丰富的内涵，从而很好地体现领导决策意图，指导工作的开展。二是创新制度建设。要根据形势发展，不断建立健全制度，始终使办公室工作在规范化轨道上运转，以制度来管人、管物、管事。三是创新方式方法。办公室的工作千头万绪，要善于运用新的管理手段和科技手段，来提高运作效能和服务水平。譬如，要充分利用电脑和网络技术，继续推进电子政务建设；积极推行后勤服务的社会化管理，为机关干部创造高质量的工作、生活条件。要把工作标准定得更高一些，工作环节考虑得更细一些，多出高质量的工作成果，争创一流的工作业绩。

做好办公室工作，依靠的是全省交通系统默默无闻、无私奉献的办公室干部。因此，各级交通部门的领导要更加关心爱护每一位办公室干部职工，真正做到高看一眼,厚爱一层。

一是高看一眼。办公室工作涉及面广,会经常遇到复杂、难办的事情,甚至是需要顶住压力去办的事情。越是这种情况,各级领导特别是主要领导越是要旗帜鲜明地支持办公室的工作,为他们撑腰壮胆,支持办公室按程序办事、按制度履职,保障办公室工作的科学高效有序运行。要特别重视办公室干部的成长和进步。对办公室的干部,要选拔好,真正把那些德才兼备的干部选送到办公室岗位上来;要培养好,做到严格教育、严格管理和严格监督,多为办公室的同志构建学习、深造的平台;要使用好,特别是要按“人尽其才、才尽其用”的要求用好干部,让办公室成为培养人才的基地和摇篮。

二是厚爱一层。办公室干部工作非常辛苦,需要理解信任,需要关心爱护。作为领导,要在政治上多关心,注意了解大家的思想动态,关心干部的健康成长;在工作上多帮助,有成绩有进步要鼓励表扬,有问题有不足要悉心指点;在生活上多照顾,对个人或家庭遇到困难的同志,尽可能地给予帮助,解决好他们的后顾之忧,真正做到以感情留人、以事业留人、以适当的待遇留人,不断激发办公室干部的潜能,竭尽所能把工作做得更好。

弘扬抗灾精神　推进“三大建设”奋力走在实施“两创”总战略的前列

（2008年3月17日）

隆重举行全省交通行业抗击冰雪灾害总结表彰，目的是为总结宝贵经验，表彰先进集体和先进个人，弘扬2008抗冰雪灾害精神，激励全系统上下做好灾后恢复重建工作，并以此为契机，全力推进现代交通“三大建设”，为深入实施“两创”总战略、建设惠及全省人民的小康社会作出更大贡献。

一、全面动员，全力以赴，交通抗雪救灾取得重大胜利

2008年1月中旬以来，我省遭受了50年一遇的雨雪冰冻灾害侵袭，大雪覆盖了我省的大部分地区，共有45个县（市）出现积雪，积雪面积达7.32万平方公里，占全省70%以上，北部山区积雪最深达60厘米。其中，交通行业首当其冲，受灾情况极为严重，尤其是公路交通。从1月上旬，国内多个地方雨雪天气过程开始，我省旅客运输就受到影响，发往或途经重灾区的班车出现滞留情况。从1月26起，我省出现大范围、高强度降雪，大量公路因此中断，全省累计达1 226条次，其中高速公路25条次，国省道93条次，县乡道1 108条次。客运班线大面积停开，整个春运期间，全省道路运输日均投放班次比去年减少1.05万个，累计滞留旅客16.4万人、退票59万人。据统计，全省交通行业累计损失达22.785亿元，其中：交通基础设施损失15.825亿元（包括站场设施设备损失1亿元），客运企业停运损失4.4亿元；抗雪救灾投入资金2.56亿元。总起来讲，在这次雪灾中，交通系统承受了四大压力：一是冰雪灾害大面积长时间爆发，极端天气导致公路中断、人员受阻，通行不畅，且波及面广、影响程度大。二是灾害发生正逢春运期间，出现阶段性、集中性客、货运输需求暴涨，短时间公路畅通、运力组织、旅客和重点物资运输高度紧张。三是电煤库存少，寒冷天气和节日消费对电力的

需求猛增,有的地区电煤库存仅剩 1 ~ 2 天,保电煤运输的任务艰巨。四是春节期间粮食、蔬菜等生活必需品的供应关系社会和谐稳定,加之物价上涨,运输环节更不能出现闪失。可以说,交通行业在这次雨雪冰冻天气中所受到的灾害历史罕见,所面临的严峻挑战前所未有。

在这样的灾害之前,全省交通系统的干部职工在省委、省政府和交通部的正确领导和统一部署下,全面动员,众志成城,迎难而上,全力以赴,投入抗雪救灾的艰苦战斗,并最终打赢了这场硬仗,取得了决定性的胜利,确保了畅通,确保了春运,确保了民生,向党和人民交出了一份满意的答卷,得到了省委、省政府、交通部和广大群众的一致赞誉,进一步塑造了浙江交通良好的社会形象。

在交通抗雪救灾的整个过程中,我们主要做了以下工作。

(一)未雨绸缪,及早部署抓落实

2007 年末,我厅即开始部署今年春运的各项准备工作,预测客流,完善预案,组织运力。1 月 10 日召开的 2008 年全省交通工作会议,就抓好春运工作、应对各类突发事件提出了明确要求。11 日,召开全省交通系统 2008 年春运工作电视电话会议,对全省公路、水路春运工作进行全面的动员部署。同日,发文布置春运和应急准备工作,各级各单位都随即成立了春运领导机构,设立了专门的工作机构,进一步落实工作责任制。针对可能出现的恶劣天气,及早部署,做好应急预案。在春运开始前,全省交通部门加强春运检查,排查安全隐患,调度后备运力,配齐应急物资,组织救援队伍。虽然说开展这些工作的时候,我们没有预料后面会发生这么严重的冰雪灾害,但客观上为后面的抗雪救灾工作提供了良好基础和有利条件。“凡事预则立,不预则废”,做足做实预备工作,宁可十防九空,是抗雪救灾工作取得胜利的前提条件。

(二)审时度势,科学决策抢主动

灾情出现后,各级交通部门及时掌握信息,科学分析,按照省委“四保四一”和交通部“五个力保”要求,果断决策,迅速行动,牢牢把握抗灾工作的主动权。

一是坚持“五个到位”的抗灾工作方针。厅党组按照上级精神,在综合研判抗灾之后,及时提出了“五个到位”的抗灾工作方针,即责任到位、人员到位、应急物资到位、防救措施到位、站场服务到位。全省交通系统认真贯彻这一抗灾工作方针，迅速进入了抗灾应急状态，各项工作有条不紊地展开，整个系统在严重灾情下保持了高效运转。

二是积极做好党委、政府的参谋。灾情发生伊始，我们就建议省委、省政府发出通知，要求全省各级党委、政府充分认识灾情的严重性，立即调动各方力量参与抗雪救灾。根据灾情的发展，我们又提出了扩大"绿色通道"政策适用范围、高速公路尽量不封道、劝导滞留旅客在当地过年、组织社会力量（包括部队）参与除雪铲冰、特定时期大客车免费通行等五项切实有效的抗灾工作建议，均被省委、省政府采纳实行，对我省抗雪救灾工作发挥了积极作用。

三是确保政令和信息畅通。在抗灾期间，全系统进一步完善应急值班制度，提高救灾期间的信息报送效率和准确程度。各级交通部门实行24小时值班，领导同志带头坐岗带班。各级交通抗灾应急机构在除夕继续上班，春节期间坚持值班，及时向上报送信息，将上级的有关指示和部署及时传达贯彻到基层，保证全系统政令畅通、步调一致。

四是科学设定"三个确保"的目标。在全系统努力的基础上，通过与各地视频会商，厅党组提出"三个确保"的奋斗目标，即确保2月6日前抢通高速公路、国省道主干线，确保除夕夜之前持票旅客全部返乡，确保重点物资运输运力充足。此后的一天多时间中，下最大决心打响攻坚战，圆满实现目标，使广大群众过上了一个欢乐祥和的春节，也使交通行业在浙江整个抗雪救灾工作中率先取得了阶段性的胜利，让省委、省政府和交通部放心。

（三）众志成城，形成合力打硬仗

在交通抗雪救灾斗争中，我们突出重点，集中力量主要打了三大战役。

一是全力以赴，打好干线公路抢通仗。抢通因灾中断的公路是交通抗雪救灾的首要任务。为此，全省交通系统紧急动员，迅速调集人员、机械设备和物资，连续作战，采取多种措施，保障干线公路畅通。同时，积极与公安交管部门联系沟通，采取警车开道、路政护送等措施，加快疏导滞留车辆。在2月1日特大暴雪来袭后，省厅及时向部队求援，得到响应后，连夜制订方案和衔接协调，安排部队官兵参与抗雪救灾。各地也积极联系动员当地驻军和社会各界群众投入交通抗灾工作。自1月26日以来，全省交通系统共投入扫雪除冰抢险人员超过15万人次，协调社会力量投入近22人次，各类机械设备2万多台次，工业盐2.2万吨，融雪剂3 452吨，砂石料10.5万吨,麻袋及草包45.2万只,安全标牌9 865块,和大量食品、饮料和药品等,共计投入资金2.56亿元。

二是精心组织,打好滞留旅客疏运仗。让旅客安全、顺利返乡过年是交通抗雪救灾的主要任务。我们加强信息服务,多方组织运力,提高服务质量,做好旅客的运输组织和疏导。第一,及时了解和发布省内外气象和路况信息,实时预告班车开行情况,引导旅客理性出行。第二,在确保安全的前提下,最大限度地开行班次,尽量减少旅客滞留。全省各地共开展了40余次集中输运活动,先后组织车辆800余辆,向周边疏运了约12万名旅客。一些地方、企业克服自身运力紧张的困难,积极支援重点地区、重点线路的抢运工作,值得大力表扬。第三,做好滞留旅客的安抚疏散和站场保障工作,提供避寒、食品、开水等生活设施和物资,保证旅客有饭吃、有水喝、不受冻。第四,配合其他运输方式的旅客疏散。譬如,2月1日晚,省应急办电话要求我厅派车紧急疏散机场滞留旅客。由我亲自指挥,2小时内调集30辆大客车支援机场疏运滞留5 000名旅客。

三是关注民生,打好重点物资运输仗。第一,扩大开通农产品运输"绿色通道",从26日起至3月31日,全省所有收费公路开通鲜活农产品运输"绿色通道",为此,全省累计减免鲜活农产品运输18.3万辆,减免通行费2 523.6万元。第二,保障电煤、粮食、成品油、生活用气等重点物资运输,确保运力充足,优先安排通行和装卸。春运期间,我省共投入电煤运输船舶超过100万载重吨,完成电煤运输量250万吨,占全省电煤运输总量的85%。调动应急救援车辆1 300辆,驾驶员2 000余名,抢运300万吨重点物资。第三,做好应急抢险物资的通行保障。2月10日至4月10日,对抗冰抢险保电救灾物资运输车辆在全省高速公路上予以免费通行。

二、认真总结,学习典型,大力弘扬2008抗雪救灾精神

回顾这场波澜壮阔的交通抗雪救灾斗争,我们有四个方面的深刻体会:

第一,"三个代表"重要思想和科学发展观是我们克服困难、夺取胜利的思想武器。在灾害面前,各级交通干部职工舍小家、顾大家,以抗雪救灾的实际行动践行了"三个代表"重要思想和科学发展观。抗雪救灾斗争就是交通系统贯彻落实十七大精神、深入实施"两创"总战略的生动实践,是交通人"惠民、奉献、服务"核心价值理念的集中体现。

第二,党委、政府的正确领导和社会各界的大力支持是我们克服困难、夺取胜利的坚强后盾。自抗雪救灾斗争开始以来,省委、省政府就给予了坚强有力的领导,专门研究部署,赵洪祝书记、吕祖善省长、金德水副省长、王建满副省长等省领导多次亲临一线视察指导,给予我们以极大的鼓舞和鞭策。各地党委、政府也高度重视交通抗雪救灾工作,及时协调解决重大问题。社会各界包括部队官兵积极支援和参与交通抗雪救灾工作,充分体现了社会主义的政治优势。

第三,具有坚强战斗力的交通各级党组织,是我们克服困难、夺取胜利的有力组织保证。面对历史罕见的自然灾害,交通各级党组织团结和带领全系统干部职工,迅速投入战斗,发挥了坚强的战斗堡垒作用,党员干部发挥先锋模范作用,真正体现了党的先进性,凝聚了人心,鼓舞了士气。

第四,广大交通干部职工是我们克服困难、夺取胜利的力量源泉。交通系统广大干部职工是这场抗雪救灾斗争的主力军,充分展现特别能战斗、特别能吃苦的精神风貌和科学组织、善于应对各种突发事件的聪明才智。

在此次抗灾过程中,交通行业涌现出了许多动人的先进事迹和先进人物,我们要继续挖掘、总结,与十七大精神主题宣教活动结合起来,认真组织学习宣传,在全系统形成弘扬2008抗雪救灾精神的热潮,以此推动新一届政府开局之年各项工作的开展,加快浙江现代交通"三大建设"的步伐。

一是要学习他们一心为民、视人民利益高于一切、关键时刻勇挑重担的强烈的惠民意识。要时刻把"三个服务"作为交通发展的出发点和根本目的,牢记党的宗旨,将群众的出行需要放在首位,将交通的安全、畅通挂在心上,把交通作为广大人民群众最大的民生来抓。

二是要学习他们面对灾害冲锋在前、不畏艰险、不计个人安危得失的无私奉献精神。灾情就是命令,灾情就是责任,要保持交通人先行官、铺路石的本色,在危险岗位、艰苦工作中磨炼自己、锻造自己,使精神得到升华,能力得到提高。

三是要学习他们坚守岗位、恪尽职守、任劳任怨的服务本领。要立足岗位做贡献,干一行、爱一行、精一行,兢兢业业,埋头苦干,尽好每个人的责任,尤其是在危难之际,要当好螺丝钉,以确保整个系统的高效运转。

以上这些精神共同凝聚为浙江交通的2008抗雪救灾精神,这是"惠民、奉献、服务"这一交通行业核心价值理念在特殊时期的具体展开,丰富和深化了新时期的浙江交通精神。我们平常讲"立党为公、执政为民",讲"权为民所用、情为民所系、利为民所谋",不是抽象的、空洞的,而是要言必行、行必果,体现在发生抗雪救灾这样的关键时刻和危急关头,体现在"抗冰雪、保民生"这样的具体行动上。2008抗雪救灾精神是我们无比珍贵的财富,是先进交通文化的重要方面,是浙江交通行业的一种软实力,必将激励全系统广大干部职工夺取交通发展的新胜利。

三、再接再厉,奋发进取,全力推进现代交通"三大建设"

当前和今后一个时期,是我省全面建设小康社会的攻坚阶段,是推进现代交通"三大建设"的关键时期,对防灾救灾工作提出了新的更高的要求。当前应重点做好以下几项工作:

(一)继续做好灾后恢复重建工作

雪灾过后,我们立即组织力量投入灾后勘查、评估和恢复重建工作,制定较为详细周密的方案,提出了一系列有针对性的措施。目前,恢复重建工作正在有条不紊地进行,下一步要与中心工作相结合,继续抓好落实。重点要加强公路养护工作,发生次生灾害的路段要加强巡查,尽快抢修。当前,春汛将至,防汛工作任务艰巨,我们不能稍有松懈,要及早准备,再作一次全面排查,切实消除隐患,防止灾上加灾,加重损失。

(二)深入开展学习宣传抗雪救灾先进典型活动

要广泛宣传抗雪救灾先进集体和个人的感人事迹,与十七大精神主题宣教活动相结合,在全系统、全行业掀起向他们学习的热潮,激励广大干部职工更加自觉地投身交通事业,为夺取"三大建设"的新胜利而奋斗。同时,要借宣传交通抗雪救灾先进事迹,进一步塑造交通人无私奉献、一心为民的良好形象,争取全社会对交通工作的更大支持。对于在抗雪救灾中牺牲的同志,交通各级党组织要继续处理好善后事宜,帮助解决好其家庭的实际困难。

(三)努力提高交通防灾救灾能力

这次抗雪救灾取得了胜利,我们有不少宝贵经验,但也有深刻教训,对此都要认真评估总结,以便在今后的工作中加以改进。要坚持以人为本,把保障人民群众生命安全放在首位,维护好、实现好、发展好广大人民群众的根本利益,促进人与自然和谐。要坚持依法防治,认真执行有关法律法规,依法实施防灾救灾措施,确保各项工作有力有序进行。要坚持科学防治,尊重客观规律,科学预测、科学防范、科学调度、科学决策,全面提高灾害管理能力。要坚持综合防治,坚持工程措施与非工程措施结合、预防措施与应急措施结合、常态措施和非常态措施结合,全面提高灾害防御能力。要完善防灾救灾应急机制,坚持依靠政府、统一指挥、各方协作、社会参与,形成管理规范、协调有序、权责明确、步调一致的联动机制。要针对雪灾过程中暴露的深层次问题,加强政策调研,争取通过改革创新,从体制上加以根本性地解决。

(四)加快交通防灾减灾体系建设

随着全球气候变暖,今后各类极端性、灾害性天气会更加频繁地出现,对此要有高度的敏感性和深刻的认识。要坚持全面规划、统筹兼顾、标本兼治、综合治理的原则,加快交通防灾减灾体系建设。要全面启动"安全质量年活动",切实加强交通工程质量管理,提高新建交通设施的抗灾能力;继续开展交通基础设施安全隐患排查治理工作,集中力量用三年时间完成除险加固任务;认真监测地质灾害点段,及时采取防灾排险措施。要积极推进公路养护体制改革,按照省政府出台的体制改革方案落实责任和资金,确保养护工作的正常开展。要加强科研工作,针对交通防灾抗灾的突出技术难题组织攻关,以科技手段提高防灾救灾能力。要积极推进法制建设,将防灾抗灾的有关要求纳入相关法律法规,提高防灾抗灾工作的权威性、规范性。要健全机构、培养人才、形成网络,建设一支敢打硬仗、会打硬仗的交通抗灾应急队伍。

巩固活动成果　深化学习实践
开创浙江交通科学发展新局面

(2009年2月27日)

为期半年的深入学习实践科学发展观活动即将圆满结束,我们要认真总结经验,巩固和扩大学习实践活动的成果,全面"推进三大建设,打造畅通浙江",开创浙江交通科学发展的新局面。省委指导检查组十二组始终高度重视我厅的学习实践活动,全程参与指导,帮助我们明确活动开展的方向、重点,及时督促我们把握进度、突出特色和查漏补缺,付出了极大的努力和心血。

一、精心组织,扎实推进,认真开展学习实践活动

去年9月份以来,按照中央和省委的统一部署,我厅机关和厅管厅属10个单位党组织、75个基层党支部、1 110名党员参加了第一批深入学习实践科学发展观活动。这次学习实践活动时间紧、任务重、要求高,我们早部署、早动员。省委召开动员大会后,厅党组就利用休息时间及时召开了理论学习中心组扩大会议,传达省委会议精神,第一时间对我厅的学习实践活动做了部署,成立了领导机构和工作机构。在省委的正确领导、指导检查组的直接指导和厅党组的具体组织下,全厅各级党组织紧紧围绕"党员干部受教育、科学发展上水平、人民群众得实惠"的目标要求,以高度的政治责任感、良好的精神状态、务实的工作作风,坚持解放思想、突出实践特色、解决突出问题、创新体制机制,经过6个月的努力,圆满完成了3个阶段11个环节的各项工作任务,取得了贯彻落实科学发展观的新成效。日前,根据省委学习实践活动办公室的安排,我们对厅机关的学习实践活动进行了群众满意度测评,共向机关全体党员干部和离退休党员干部、群众代表,厅管厅属单位中层以上干部,各市交通局委(义乌市交通局),有关县(市、区)交通局主要

负责人和相关厅局发放测评表544份,收回534份,经统计,满意率为96%,满意、比较满意率达99.8%。省公路局、港航局、运管局的满意率也都在93%以上。

回顾半年来开展学习实践活动的过程,我们主要做了以下工作。

(一)突出思想性,牢固树立交通科学发展的新理念

在整个学习实践活动过程中,我们坚持把深入学习、提高认识贯穿始终,不断深化对科学发展观的认识,为学习实践活动深入开展奠定坚实的思想基础,也进一步牢固树立了科学发展观在交通工作中的指导地位。一是认真组织理论学习,深化对科学发展观的认识。为确保理论学习取得成效,活动一开始我们就制订了厅领导班子学习计划和各党支部学习计划,并适时举办专题培训班。厅理论学习中心组成员、厅机关处级领导及厅管厅属单位一把手,集中三天时间,闭门学习《毛泽东　邓小平　江泽民论科学发展》、《科学发展观重要论述摘编》等著作和中央、省委贯彻落实科学发展观的一系列重要文件。我们还邀请省委党校教授等专家为党员干部作学习辅导报告,全面阐述科学发展观的时代背景、精神内涵、理论本质等,提高党员干部的政治理论水平。我本人作为厅党组书记,在深入自学基础上,认真总结近年来学习实践科学发展观的切身体会,为全厅党员干部作辅导报告。厅班子其他成员也分头到下属联系单位作辅导报告,将厅党组在学习实践科学发展观方面的一些思考和认识与全厅党员干部共同交流探讨。同时,我们对党员个人自学也提出了明确要求,引导大家潜心研读有关文献。厅学习实践活动办公室还先后印发了学习资料汇编,供大家学习参考。二是认真组织解放思想大讨论,破除束缚交通科学发展的落后观念。结合纪念改革开放30周年,总结回顾浙江交通30年的基本经验和存在问题,组织党员干部广泛开展大讨论大交流,用科学发展观引导新的思想大解放。去年12月初,厅党组召开理论学习中心组务虚会,各市交通局、厅机关各处室、厅管厅属各单位主要负责人全部参加,研讨如何在新形势下,进一步解放思想,运用科学发展观推动浙江交通又好又快发展,尤其是在交通运输的本质属性、发展阶段等重大问题上破除落后观念的束缚,形成了许多新的共识。机关各党支部也结合实际开展了交流讨论,取得了很好的效果。三是认真组织调查研究,找准理论与实践的结合点。在科学发展观的指导下,围绕关系行业长远发展的突出问题和人民群众关心的热点难点问题,结合梳理新

一年的交通工作思路，我们深入开展了调研，探究影响和制约交通科学发展的深层原因，思考如何创新体制、机制和政策，并落实到工作措施上去，从而使科学发展观得到具体落实。对于重要的调研课题，厅领导领衔，并率领相关部门党员干部，深入基层、深入实际、深入群众进行调研，并形成针对性、实践性和可操作性较强的调研成果。对于比较复杂的问题，譬如关于交通建设前期工作、港航强省建设、大物流建设，我和有关分管厅领导都进行了多次调研，有的还动员省领导带队，以提高调研的成效。由我厅承担或参与的列为省政府重点的四个调研课题，即《大力发展海洋经济，建设港航强省的指导意见》（陈敏尔主持）、《加快交通运输管理体制改革，积极构建我省综合交通运输体系的实施意见》（王建满主持）、《加快建设港航强省的若干意见》、《加快我省大物流建设的意见》，目前都已基本完成。

（二）突出开放性，深刻查摆交通工作中存在的问题

在理论学习基础上，对照科学发展观要求，分析检查工作中存在的问题与不足，是学习与实践之间的中间环节，也是确保学习实践活动取得成效的关键所在。在分析检查中，我们大胆“开门”接受批评，努力做到征求意见真实全面，民主恳谈广泛深入，群众评议认真诚恳，不回避、不掩饰、不避重就轻，深刻查摆工作中存在的问题。一是广泛征求意见，集中民意民智。为找准厅领导班子和厅机关在贯彻落实科学发展观方面存在的突出问题和薄弱环节，有针对性地制订整改措施，厅党组精心部署，制订征求意见工作方案，强化各项工作措施，通过座谈恳谈、走访慰问、谈心交心、书面发函、问卷调查和报刊媒体征求等形式，认真组织开展征求意见建议活动，制定的征求意见工作方案在重点上突出“五征求”，即紧扣发展共识、紧扣惠民服务、紧扣统筹协调、紧扣体制机制、紧扣队伍建设分别征求意见，在方法上归纳为“五个上”，即在点上、面上、线上、网上和报上分别征求，既有针对性，又有广泛性，受到省委学习实践活动办公室肯定，并在简报上全文转载。征求意见期间，厅领导带队深入基层工作联系点和学习实践活动联系点，先后召开厅管厅属单位领导、厅机关干部职工代表和厅机关离退休老同志、党外人士座谈会，以及由基层交通管理部门、服务对象、群众代表、党外人士等参加的座谈会 51 个。厅机关、厅管厅属各单位共发放征求意见表 1 958 份，征求到的群众意见建议共 1 151 条次。此外，还在各服务窗口发放问卷调查表，在报刊媒体上开设“我为交通发展献良策”专栏，设立征求意见热线电话，向交通运

输部、省直各单位、“两代表一委员”、服务对象及行业协会征求意见。二是高质量开好领导班子专题民主生活会。在认真做好准备工作的基础上，厅党组召开了专题民主生活会，厅领导班子及其成员自觉查找不适应、不符合科学发展观的问题，以及在党性、党风、党纪方面存在的问题，认真总结经验教训，提出了进一步贯彻落实科学发展观的努力方向，切实做到敞开思想，坦诚沟通，严肃认真，实事求是，体现了重在自我教育、重在自我提高、重在总结经验、重在明确方向的要求。厅领导班子成员还参加了所在党支部的专题组织生活会和联系点的民主生活会，以自身的示范带头作用，引导和带动广大党员积极搞好分析评议。各党支部也分别召开了专题民主生活会，在找准问题、分析原因的基础上，明确了整改重点，提出了整改措施。三是反复研究修改形成分析检查报告。由我亲自全程主持，厅党组多次召开会议专题研究，深入分析党的十六大以来交通运输厅贯彻落实科学发展观的情况，总结了取得的主要成效和形成的共识，查找了存在的问题和不足，提出了深入贯彻落实科学发展观的具体思路和措施，形成了厅党组贯彻落实科学发展观情况分析检查报告（征求意见稿），然后广泛征求意见，反复研究修改，使分析检查报告不断完善。修改完善后的分析检查报告（评议稿）再印发给相关单位和人员，邀请他们进行评议。根据厅学习实践活动办公室的统计，共发出厅党组分析检查报告评议表498份，收回496份，对分析检查报告评议为满意的491份，比较满意5份，满意率为99%，满意、比较满意率为100%。

（三）突出实践性，以项目为抓手推进交通各项工作

在学习实践活动中，我们始终注重突出实践特色，做好结合文章，确定“加快转变交通发展方式，全面推进现代交通‘三大建设’，切实提高‘三个服务’的能力和水平”为实践载体，坚持“两手抓、两不误、两促进”，通过学习推动实践，在推进实践中深化学习。一是认真贯彻中央决策部署，加快推进交通重大项目建设。去年下半年，面对国际金融危机不断恶化、我国经济发展下行压力增大的形势，中央果断调整宏观调控方向，作出了扩大内需、确保经济平稳较快发展的决策部署。我们敏锐把握政策变化趋势，主动承担起增投资、扩内需的主力军职责，及时调整投资计划，加快交通基础设施建设。我们主动赶赴交通运输部衔接汇报，争取对我省增加中央车购税补助1.95亿元，并梳理出“六个一批”项目，即“确保完工一批、尽快开工一批、

加快在建一批、乘势催报一批、提前实施一批、抓紧储备一批”，随即召开加快交通基础设施建设视频会议进行全面布置，将2009年交通投资计划由原拟的471亿元扩大到570亿元。一个月时间内，先后召开厅长办公会、计划衔接会、项目储备会、项目协调会、业主座谈会等会议10余次，具体落实项目推进工作。在年底前集中开工了嘉绍大桥及接线、象山港大桥及接线、云景高速公路、绍诸高速公路、杭长高速公路二期、湖嘉申线航道嘉兴段、长湖申线航道等一大批项目。甬台温高速公路改扩建项目、龙庆高速公路、杭新景高速公路建德至开化段、京杭运河四改三工程、富春江大坝船闸改造等项目的前期工作也取得突破。据统计，去年年底前交通建设增加投资近20亿元，中央追加的投资全部落实到位，今年年初新增加的中央投资也都一一明确了项目，打赢了扩大内需的第一轮攻坚战。二是扎实开展以“一推三保”为主题的“双服务”专项行动。结合整改落实阶段工作，我们根据省委的统一部署，结合交通三大建设实际，确定我厅的专项行动主题是“推项目，保投资、保转型、保民生”，由厅班子成员分别领衔一个项目，服务一个基层点，开展“双服务”专项行动。目前，“一推三保”专项行动已全面展开，班子成员带领有关支部进行现场指导服务，形成了班子成员带支部、支部带党员，全员参与、全面服务的良好氛围。我负责联系淳安上江埠大桥工程，多次带领有关桥梁技术专家，深入工程建设一线调查研究，开展技术咨询，受到了建设单位的欢迎和好评，同时自己也受到了教育，增强了与基层、与群众的血肉联系。三是加大对交通惠民工程的投入。在抓好重大项目建设的同时，我们也十分注重直接关系民生的交通项目建设，大力推进农村公路和客运站点、水上康庄工程、公路安保工程等的建设。去年底，等级公路通村率达到98%，通村公路硬化率达到97%，班车通村率达到90%。今年这方面的投入将进一步加大，有条件的还要争取提前实施、提前完成。而且在投入的分配上，向欠发达地区倾斜，譬如去年中央追加的农村公路建设资金，全部用于丽水地区的通村公路建设；针对景宁畲族自治县，专门出台文件予以特殊扶持。

(四)突出建设性，在整改落实过程中完善体制机制

在整改落实阶段，我们把解决问题与完善制度紧密结合起来，在整改的实践中建章立制，在建章立制中推动整改，着力解决影响和制约交通科学发展的突出问题，建立贯彻落实科学发展观的长效机制。一是细致梳理问题，

认真制订整改方案。厅党组对查找出来的突出问题进行了全面梳理,在认真分析的基础上,分门别类、有针对性地提出了整改落实方案,每一项工作都明确了责任领导、责任部门和完成时限,努力使整改任务落到实处。二是明确主攻方向,集中力量解决问题。厅党组对照查找出来的问题和各方面提出的意见建议,从中筛选出一些影响和制约交通科学发展的突出问题,作为整改的重点和主攻方向,由厅领导分头包干,集中力量抓整改、抓落实。三是着眼长远发展,积极推进制度创新。坚持把解决具体问题和健全体制机制结合起来,主动适应交通改革和发展的新形势、新任务,着手研究建立健全多项体制机制,保障和促进交通科学发展,其中很多已经取得了阶段性成果,出台了相应了政策措施。譬如,我们连续出台了《关于进一步加强我省高速公路工程质量管理的意见》、《浙江省高速公路建设工程标准化工地管理规定》、《关于进一步加强我省公路水运工程招标投标管理工作的通知》、《浙江省公路水运工程施工企业信用评价管理办法》、《浙江省公路水运工程监理人员执业管理规定(试行)》、《浙江省交通建设项目环境保护管理实施细则》等规定,从企业信用评价、招投标管理、工程分包管理、工程监理、环境保护等各个环节,建立健全有利于工程建设市场健康发展的体制机制;印发了《浙江省交通行政处罚自由裁量权实施办法(试行)》和《浙江省交通行政处罚自由裁量执行标准(试行)》,进一步提高交通行政执法的规范化水平;印发《浙江省高速公路命名和编号规则》,拟订高速公路计重收费的实施方案,明确三大系统建设的期限目标,促进高速公路运营管理水平的提升;出台《浙江省交通系统建立健全惩治和预防腐败体系 2008 ~ 2012 年工作意见》及责任分解方案,深化新时期交通系统的反腐倡廉建设。

(五)突出示范性,推动学习实践活动广泛深入开展

在整个学习实践活动过程中,我们把握好示范性要求,通过以点带面的方式扩大活动的覆盖面、受益面和参与面。一是党组高度重视,领导率先垂范。厅党组把开展学习实践活动作为当前首要政治任务,及时成立学习实践活动领导小组,由我任领导小组组长,认真履行第一责任人职责,亲自作动员、抓督查、促落实,其他厅班子成员和厅管厅属单位主要负责人为领导小组成员。每个阶段的工作方案厅党组都专门专题研究,班子集体讨论审定。厅班子各成员一方面认真落实"五个表率"的要求,带头参加学习,带头深入调研,带头解放思想,带头分析总结、带头解决问题、带头落实整改,积

极参加所在党支部和学习实践活动联系点的各项活动,在学习实践活动中率先垂范;另一方面以高度的政治责任感,切实加强对学习实践活动的组织领导、督查指导,尤其是对联系单位的学习实践活动,重要环节都全程参加,确保全厅的学习实践活动广泛而深入地开展。同时,我们还十分注意在具体工作安排上,只要条件允许,让厅班子成员尽量带上所联系支部的普通党员,从而带动全厅党员干部积极投入学习实践活动,有效防止了“上热下冷”现象。二是选准示范对象,推动面上工作。在联系点、调研对象等的选取上,注重要具有一定典型示范意义,通过“解剖麻雀”的方式,总结提炼经验,形成工作指导意见,推动全省交通面上工作。譬如,我们以嘉善为示范点,研究如何通过加快交通发展,推动长三角一体化、统筹城乡发展和社会主义新农村建设,得到了习副主席的批示肯定。在接到习副主席批示后,我们又进一步赴嘉善实地踏看,与当地政府对接,并数次召开厅长办公会专题研究,认真落实和推进“六个一”项目,帮助嘉善破解交通建设难题。对此,省委、省政府和交通运输部领导都给予了高度评价,2 月 20 日,受李盛霖部长委托,翁孟勇副部长专程赴嘉善视察指导。之后,我和嘉兴市、嘉善县交通局局长又赶赴北京向李部长作了汇报。李部长也表示支持将嘉善作为全国交通系统学习实践活动和科学发展的示范点。三是树立先进典型,重视宣传引导。与纪念改革开放 30 周年、提炼交通精神等活动结合起来,深入挖掘交通战线的先进人物、先进事迹,树立赵长军、杨彬等先进典型,组织先进事迹视频报告会,感染和鼓舞全系统干部职工投身三大建设、推进科学发展。充分利用报纸、网站、宣传橱窗、活动简报等多种形式广泛宣传科学发展观,广泛宣传科学发展观在浙江交通的实践,广泛宣传进一步贯彻落实科学发展观的重要举措,营造推动学习实践活动深入开展的良好氛围。及时总结我厅开展学习实践活动的进展和有效做法,积极向省学习实践活动领导小组报送活动信息并有多篇被省学习实践活动简报刊录。

二、学习实践活动收到切实成效,推动了交通科学发展

开展学习实践活动,极大地推动我厅的党建工作和交通中心工作,收到了党员干部受教育、人民群众得实惠、科学发展上水平的切实成效,使浙江交通进一步全面纳入到了科学发展的轨道。

(一)思想认识明显提高

通过深入开展学习实践活动，全厅党员干部进一步加深了对科学发展观的科学内涵、精神实质和根本要求的理解，更加深刻地认识到，科学发展观不仅是我国经济社会发展必须长期坚持的重要指导方针，也是做好交通各项工作的强大思想武器，同时进一步深化了对我省交通仍处于交通建设高潮的持续期、综合交通的整合期、现代物流的提升期和发展方式的转型期的认识，增强了机遇意识、责任意识和紧迫意识。尤其是通过解放思想大讨论，我们更加清醒地认识到必须坚持交通的先行产业、公益产业的本质属性不动摇，必须坚持推进交通管理体制改革、构建综合交通运输体系的方向不动摇，必须坚持抓住扩大内需的宝贵机遇、进一步加快建设的时代使命不动摇。

（二）作风建设得到加强

在学习实践活动中，厅领导和机关党员干部，轻车简从，走进农村、走进工程建设现场、走进交通基层站所，与普通群众攀谈交流，看到了基层一线的真实情况，听到了老百姓的真实呼声，增进了与人民群众的鱼水深情，锤炼了党性修养，培育了良好作风。通过学习实践活动，也使机关党员干部深化了"交通是大民生"的认识，增强了从事交通工作的荣誉感、使命感，机关党员干部纷纷表示要立足本职，更加投入地做好工作，以服务基层、服务群众。

（三）体制机制创新取得突破

在学习实践活动中，厅党组提出了近期重点推进的前期工作机制、大交通管理机制、交通投融资体制机制、宁波—舟山港一体化、农村公路养护体制改革等10项体制机制改革；抓紧制定推进现代交通三大建设的政策意见、加快建设港航强省的政策意见（作为省发展海洋经济的政策意见的一部分）、农村公路管理养护体制改革方案的实施意见等10项政策措施。目前，这些体制机制和政策措施的制定落实工作进展顺利，有的已经出台，有的形成了征求意见稿，还有的正在全力推进。

（四）交通三大建设加快推进

通过开展学习实践活动，推动我们更加自觉地贯彻落实科学发展观，尤其是紧紧抓住去年底中央扩大内需决策所带来的机遇，加快推进现代交通三大建设。2008年全省完成公路、水路建设投资515.8亿元，超出计划13.7%，居于全国前列，并实现了五项突破：第一，全省公路总里程突破10

万公里,公路网密度突破100公里/百平方公里;第二,高速公路总里程突破3 000公里;第三,交通工程技术取得重大突破,杭州湾跨海大桥建成通车,舟山连岛工程西堠门大桥、金塘大桥全线贯通;第四,宁波—舟山港完成货物吞吐量突破5亿吨,集装箱吞吐量突破1 000万标箱;第五,公路货运量突破10亿吨,水路货运量突破5亿吨。这样的工作成效得到省委、省政府和交通运输部领导的高度评价。赵书记指出:“去年,是我省公路、桥梁、港口建设全面推进的一年,力度大,成效明显,为应对金融危机,推动全省经济社会发展做出了新贡献”。吕省长也指出2008年的交通工作成绩来之不易,应予以充分肯定和表示感谢。全国交通运输工作会议则多次点到浙江,表扬我们走在了前列。

(五)推动科学发展的能力进一步提高

通过开展学习实践活动,我们从多个方面提高了推动交通科学发展的能力。一是提高了解放思想、开拓创新的能力。自觉地从束缚交通科学发展的落后观念中解放出来,进一步树立了大局意识、世界眼光和战略思维,能做到“跳出交通谋划交通”、“跳出交通发展交通”,围绕经济社会发展全局、围绕省委省政府中心工作推动三大建设。二是提高了改善民生、服务基层的能力。进一步牢固树立了为人民服务的宗旨观念,坚定了走群众路线的思想,能够更加主动地服务基层、服务群众。三是提高了应对危机、攻坚克难的能力。在宏观经济形势急转直下形势下,能够更加敏锐地把握政策走向,及时调整完善工作思路,针对前期工作难题,通过各种方式、渠道努力加以破解,加快交通重大项目建设,迅速增加交通基础设施投资,促进我省经济平稳较快发展,受到各方面的好评和领导的表扬。四是提高了廉洁自律、拒腐防变的能力。通过认真学习胡锦涛总书记在中纪委三次全会上讲话,深刻认识到了加强党性修养、培养和弘扬良好作风的重要意义,提高了领导干部廉洁从政的自觉性。厅党组还针对建设高潮期、改革攻坚期的特点,切实强化了党风廉政建设和反腐败工作,进一步完善了惩治与预防腐败体系。五是提高了团结班子、带好队伍的能力。在学习实践活动中,班子之间开展真诚的批评和自我批评,领导与普通党员之间进行坦诚的沟通交流,增进了班子和队伍的团结。同时,按照科学发展观的要求,进一步加强党建工作,推进干部人事制度改革,大胆选拔优秀人才,深入开展交通文化建设和行业宣传,促进了队伍综合素质的提高,有利于塑造良好的社会形象。对于我厅的班子和队伍建设，王建满副省长在参加我厅专题民主生活会时给予了充分肯定，认为有四大特点：一是强。政治上坚定，与党中央、省委省政府思想上一致、政治上一致。二是正。班子正派，充满正气。交通系统项目多、投资大、关系复杂、社会压力大，做到一身正气很不容易。三是实。交通厅班子是实干的，厅机关中层以上干部“星期六保证不休息，星期日休息不保证”。四是和。团结和谐，民主和谐，人与人之间讲真话，相处得比较真诚。

回顾这次学习实践活动，我们主要有五个方面的体会：

一是必须把深化学习、提高认识贯穿始终。“学而思，思而信”，开展学习实践活动，首先必须在用科学发展观武装头脑上下功夫，坚持全程学、反复学、深入学，做到活动每推进一步，理论学习就深化一步，不断提高党员干部贯彻落实科学发展观的自觉性、主动性。

二是必须把解放思想、改革创新贯穿始终。要使科学发展观真正在交通工作中落地生根，就必须解放思想、改革创新，应用科学发展观重新对照审视交通工作，破除那些束缚交通科学发展的落后思想，树立新观念，理清新思路，采取新举措。

三是必须把解决问题、完善制度贯穿始终。精通理论、解放思想的目的全在于应用。所以，这次学习实践活动更加注重突出实践特色，从活动一开始，就要着眼于破难建制，边学、边查、边改，把认识成果、理论成果及时转化为实践成果、制度成果。

四是必须把依靠群众、发扬民主贯穿始终。学习实践活动的全过程都要请群众参与、受群众监督、由群众评判、让群众满意，使活动的过程变为发扬民主、集中民智、共破难题的过程，真正办成几件群众迫切希望的实事，让人民群众看到切切实实的效果，感受到交通工作的新变化、新气象。

五是必须把领导带头、典型示范贯穿始终。严于律己、以身作则，历来是领导干部从政的基本要求，也是开展好学习实践活动的必要条件。领导干部只有政治上强于人，学习上先于人，作风上好于人，整改上严于人，才能感召和带动广大党员热情参与，凝聚成学习实践科学发展观的强大合力。

由于这次学习实践活动时间较短，虽然活动整体上取得了预期成效，但对照中央、省委的要求和人民群众的期待，还存在着一些差距与不足，主要表现在：理论学习的深度有待进一步提高，有些党员干部浅尝辄止，对科学发展观的理解不深、把握不准；分析问题思路还不够开阔，就事论事、就交通论交通的现象还比较普遍；一些单位、部门在学习与实践的结合上做得不够，不能完全将科学发展观落实为具体工作措施，整改落实的效果不够明显；等等。对此，我们一定要高度重视，在今后努力加以解决。

三、发扬学习实践活动成果，开创交通科学发展新局面

学习实践科学发展观的活动是阶段性的，但学习实践科学发展观任务是长期性的。科学发展观博大精深，是不断丰富发展着的当代马克思主义。学习实践科学发展观也要常抓不懈，不断地与时俱进，总结提高，开创浙江交通科学发展的新局面。

一是要进一步深化理论武装，不断加强党性修养。1月13日，胡锦涛总书记在十七届中央纪委三次全会上发表了重要讲话，深刻阐述了新时期加强领导干部党性修养，树立和弘扬良好作风的重要性和紧迫性以及基本要求和工作重点。这对于全面推进党的建设新的伟大工程，具有重大而深远的意义。我们要在开展学习实践活动的基础上，按照胡总书记要求，坚持不懈地加强以科学发展观为重点的思想政治建设，强化全体党员干部的理论武装，在实践中进一步坚定理想信念，锤炼党性修养，树立和弘扬良好作风。

二是要进一步抓好整改落实，确保承诺任务完成。厅党组制订的整改方案中的大部分问题目前已经解决和正在整改当中，但也有一些问题需要各级各部门共同努力，积极创造条件逐步加以解决。为此，不能因学习实践活动结束而放松整改落实工作，要继续保持整改落实的热情和力度，不达目的不罢休，保证给群众以满意的答复。对已经解决的问题和完善的制度，要努力做好巩固和完善工作，防止出现问题反弹，甚至回归；对于一些一时无法解决的问题，要纳入长期规划的范畴，逐步分层次解决。在今后工作如果发现新的影响和制约交通科学发展的问题，要参照学习实践活动中的有效做法，立言立行，及时加以整改落实。

三是进一步推进改革创新，建立健全长效机制。目前浙江交通处于现代化的关键阶段，科学发展、转型发展已经形成为共识，但是体制机制严重落后于发展需要。虽然我们抓住学习实践活动这个契机，在体制机制改革方面大大地推进了一步，但是远没有完全解决。接下来要继续围绕构建大交通管理体制、加快项目前期工作、建设港航强省、推进交通公共服务均等

化等重点难点问题，深化研究，优化策略，找准时机，不折不挠，积极稳妥地推动体制机制改革，为交通科学发展提供强有力的制度保障。

四是进一步加大工作力度，加快推进三大建设。“推进三大建设，打造畅通浙江”是今后一个时期浙江交通贯彻落实科学发展观的具体抓手和实践载体。学习实践科学发展观的成效要以三大建设的具体成果来最终衡量。我们要保持学习实践活动所激发出来的昂扬斗志，各方齐心，集中力量，加快推进三大建设，牢牢把握住和充分利用好当前这个战略机遇期，通过几年的努力，使浙江交通发展水平能完全适应经济社会发展需求，并争取适度超前，真正展现“先行官”的地位和作用。当前，要按照“一推三保”双服务专项行动的方式，盯紧盯牢每一个重大项目，经常分析检查，及时协调解决难题，确保工程按计划推进。

五是进一步加强党的建设，提高干部能力素质。贯彻落实科学发展观，最终还是依靠广大党员干部。通过开展学习实践活动，我们推进交通科学发展的能力有了一定提高，但仍需要进一步提高。全厅要按照厅直属机关第四次党代会的部署，切实抓好党建各项工作，把党支部的基础地位巩固好，把党员的先锋模范作用发挥好，使每一名党员干部都成为学习实践科学发展观的标兵，有较高的政治素质和业务素质。

深入学习实践科学发展观作为一项活动虽然即将圆满结束，但作为一项工作则需要长期坚持。我们要在巩固和发扬此次学习实践活动的基础上，进一步强化学习、深入实践，努力开创浙江交通科学发展的新局面，夺取“推进三大建设，打造畅通浙江”的新胜利！

开展"之江先锋"创先争优活动
巩固扩大学习实践活动成果

(2010年6月7日)

贯彻落实中央、省委和省直机关工委有关文件要求,对厅机关、厅管厅属单位开展以学习实践科学发展观、建设服务型基层党组织为主要内容的"之江先锋"创先争优活动,意义深远。

一、统一思想,深刻认识深入开展创先争优活动的重要意义

开展创先争优活动是党的十七大提出的加强党的建设两项重要活动之一,是深入学习实践科学发展观集中教育活动结束以后,党的基层组织建设又一项重要活动。中央和省委高度重视,胡锦涛、习近平等中央领导同志多次发表重要讲话,对开展创先争优活动提出明确要求。近日,省委常委会对我省开展创先争优活动进行专题研究;4月22日,省委组织部、省委宣传部联合召开全省开展"之江先锋"创先争优活动动员大会;5月26日,省直机关工委又召开了动员会,对省直机关及省部属企事业单位深入开展创先争优活动进行了认真部署。我厅及时制订了活动实施方案,召开动员部署大会,厅机关、厅管厅属单位各级党组织一定要从全局和战略的高度,充分认识开展这项活动的重要意义,切实增强责任感和使命感,精心组织、周密部署,真正把这项工作抓紧抓实,抓出成效。

(一)开展创先争优活动是进一步巩固扩大学习实践活动成果的重大举措

学习实践活动和创先争优活动是党的十七大提出的明确要求。学习实践活动是党内集中性主题教育活动,创先争优活动是推动基层党组织和党员立足本职发挥先锋模范作用的经常性工作,这两项活动紧密联系、有机衔接,相互促进。在学习实践活动中,我厅以"加快转变交通发展方式,全面推

进现代交通‘三大建设’，切实提高‘三个服务’的能力和水平”为实践载体，以领导班子和党员领导干部为重点，紧紧围绕党员干部受教育、科学发展上水平、人民群众得实惠，着力解决影响和制约交通科学发展的突出问题以及群众反映强烈的突出问题，着力构建有利于交通科学发展的体制机制，取得了比较好的成效，得到了中央、交通运输部及省委省政府的好评。但我们也要清醒地看到，学习实践科学发展观是一项长期任务，学习实践活动中一些工作需要常抓不懈。因此，要以深入开展“之江先锋”创先争优活动为载体，进一步落实学习实践活动中形成的科学发展规划、思路和举措；进一步抓好各项整改落实的后续工作，兑现向群众作出的承诺；进一步健全促进科学发展的体制机制，推动学习实践科学发展观活动向深度和广度发展。

（二）开展创先争优活动是我省交通更好地落实“三个服务”要求，加快转型发展的客观需要

交通历来是经济社会发展的“先行官”，具有基础性、全局性和战略性的作用。近年来，我厅按照交通运输部党组提出“交通要服务国民经济和社会发展全局，服务社会主义新农村建设，服务人民群众安全便捷出行”的要求，紧紧围绕省委提出的“八八战略”和“两创”总战略，全力推进现代交通三大建设，取得了显著成效。尤其是在学习实践活动中，我们认真贯彻落实中央领导同志的指示精神，培育总结嘉善经验，推进城乡交通统筹发展，为加快经济发展方式转变、开创城乡一体化发展新格局作出了突出贡献。但随着经济社会的发展，尤其是浙江日均 GDP 突破 6 000 美元之后，如何拓展新的空间、实现可持续发展，是摆在我们面前新的任务。省委、省政府为此作出了一系列新的决策部署，譬如，建设大平台大产业大项目大企业、建设海洋经济发展带、建设生态文明等。这些都离不开交通运输的支撑、服务和保障，是对我们“三个服务”能力的考验。应对这些新形势、新挑战，进一步落实“三个服务”要求，加快浙江交通转型发展，需要充分发挥各级基层党组织的政治核心、战斗堡垒作用以及广大共产党员的先锋模范作用。深入开展“之江先锋”创先争优活动，就是要以经常性工作的形式，进一步组织各级党组织和广大党员干部深入学习实践科学发展观，把强化服务作为主要任务，坚持以服务促进发展，切实把党的政治优势和组织优势转化为落实“三个服务”、加快转型发展的强大动力，努力为我省构建“安全便捷、绿色高效”的综合交通运输体系提供坚强的组织保证。

(三)开展创先争优活动是进一步加强厅机关、厅管厅属单位党的基层组织建设的重要载体

党的基层组织是党的全部工作和战斗力的基础,是落实党的路线方针政策和各项工作任务的战斗堡垒。几年来,厅机关、厅管厅属单位各级基层党组织和广大党员,紧紧围绕交通运输部、省委省政府和厅党组的决策部署和本单位中心任务,以加强党的执政能力建设和先进性建设为主线,深入推进党的"五大建设",深入开展保持共产党员先进性教育活动、深入学习实践科学发展观等主题活动,取得了比较好的成效。但是我们也要看到,基层组织建设还存在一些薄弱环节,如少数基层党组织缺乏生机活力,党内组织生活不够规范,基层党建工作科学化水平不高;个别党员党员意识淡薄,学先进、赶先进、争当先进的动力不足,作用发挥不明显。这次以开展"之江先锋"创先争优活动为抓手,就是要着力解决基层党组织和党员队伍中存在的突出问题,引导基层党组织和党员创建服务型党组织,不断提升服务能力和服务水平,不断提升基层党建工作科学化水平。

(四)开展创先争优活动是深化作风建设年活动,进一步转变党员干部作风的内在要求

做好服务中心、服务发展、服务社会、服务群众工作,是党的宗旨的根本要求,是新时期基层党组织的基本职能。近年来,我厅坚持开展两年一次的民主评议党员活动,深入推进机关作风建设,围绕服务发展、服务群众,转变干部作风、营造风清气正的发展环境,取得了明显成效。但是机关作风建设不可能一劳永逸,很多方面的工作才刚刚破题,有些问题正在解决之中,有些问题还可能出现反复。广泛深入开展"之江先锋"创先争优活动,进一步深化"作风建设年"活动,就是要着力引导各级基层党组织和广大党员进一步牢固树立"交通大民生"理念,弘扬以"惠民、奉献、服务"为核心的浙江交通精神,落实"三个服务"工作要求,认真倾听群众呼声,及时反映群众意愿,主动关心群众疾苦,帮助群众解决生产生活中遇到的实际困难,在全心全意为人民服务的过程中塑造交通共产党员的良好形象。

二、准确把握活动的指导思想、基本原则和目标要求,扎实有序开展好创先争优活动

(一)准确把握创先争优活动的指导思想

坚持以邓小平理论和“三个代表”重要思想为指导，认真贯彻落实科学发展观，深入贯彻落实党的十七大和十七届三中、四中全会以及省委十二届六次全会精神，牢牢把握省委促进加快经济转型升级的工作主线，围绕服务中心、建设队伍两大核心任务，开展争做“之江先锋”活动，不断加大创建先进基层党组织、争当优秀共产党员活动的力度，努力提高党建工作科学化水平，为全面推进现代交通三大建设，促进浙江交通运输业转型升级提供坚强保证。

（二）准确把握创先争优活动的基本原则

一是坚持围绕中心、服务大局。紧紧围绕交通运输部、省委省政府的战略决策和工作中心，紧密联系我省交通运输工作科学发展的生动实践，以活动的成效促进浙江交通运输事业又好又快发展。二是坚持以人为本、服务群众。牢固树立以人为本和“交通大民生”理念，大力弘扬以“惠民、奉献、服务”为核心的浙江交通精神，把切实提高服务水平、提升群众满意度作为开展创先争优活动的根本出发点和落脚点，努力使活动真正成为群众满意工程。三是坚持立足实际、开拓创新。既要立足我省交通工作实际和本单位本部门实际，绝不搞“两张皮”和“走过场”；又要主动适应新形势、新任务要求，激发党组织和党员的积极性、创造性，不断增强党组织的创造力、凝聚力和战斗力。四是坚持领导带头、率先垂范。充分发挥各级党组织的政治核心作用和各级班子成员的示范引领作用，党员领导干部在活动的内容、标准、责任落实等方面坚持高标准、严要求，言行一致，模范带头。按照机关党组织要走在党的基层组织建设前头的要求，充分发挥厅局机关在服务发展、服务中心、服务党员方面的优势，以机关党组织的率先垂范带动全厅创先争优活动的深入开展。

（三）准确把握创先争优活动的主要目标

一是增强服务意识，办成一批实事。要通过深入开展创先争优活动，使各级党组织和广大共产党员进一步增强服务意识，服务理念、服务功能、服务能力、服务水平和服务质量进一步提升，切切实实为基层和群众办一批实事。二是弘扬创新精神，破解一批难题。活动中要通过深入调查研究，摸清实情，找准对策，破解一批制约我省交通科学发展的热点、难点问题，努力取得我省交通运输转型发展的新突破。三是坚持典型引路，树立一批先进。要通过深入开展创先争优活动，表彰一批在推动我省交通运输业转型发展中表现突出的先进基层党组织和优秀共产党员,进一步充分发挥基层党组织的政治核心和战斗堡垒作用,进一步增强广大党员的党员意识,发挥党员的先锋模范作用。四是推动科学发展,健全一批制度。围绕构建综合运输体系,大力发展现代交通运输业的工作目标,抓住深入开展创先争优活动这一重要机遇,把解决突出问题与建立长效机制结合起来,进一步建立健全符合科学发展观要求的交通发展体制机制,努力为推动我省交通运输业又好又快发展营造良好的政策制度环境。

(四)准确把握创先争优活动的工作要求

一是以基层党组织书记队伍建设为重点,努力建设一支高素质的服务型党员干部队伍。进一步创新选拔方式,按照守信念、讲奉献、有本领、重品行的要求,努力把党性强、作风正、业务精、威信高的优秀人才选拔到基层党组织领导班子中来,特别是选好配强基层党组织书记,发挥基层党组织带头人作用。落实党支部书记培训上岗制和三年轮训一次的制度,着力提高基层党支部书记队伍的理论水平和综合素质。积极推行服务承诺制度,把做好服务作为厅机关、厅管厅属单位党委(党支部)班子成员特别是书记、副书记年度工作和述职报告的重要内容。全面开展"三培养"活动,实施"党员人才工程"建设,努力把服务业绩突出的优秀分子培养成党员,把服务业绩突出的优秀党员培养成骨干,把服务业绩突出的优秀党员干部培养成基层党组织带头人。按照"志愿参加、无偿服务、志在奉献"的要求,加强党员志愿者服务队伍建设。厅管厅属各单位可根据党员职业特长和单位工作实际,适时组建素质高、业务强、工作实和服务优的党员志愿者队伍,经常性地开展为民服务活动。

二是大力推进学习型党组织建设,进一步提高党员干部的服务能力和水平。认真贯彻省委关于"创建学习型党组织"的决定,坚持把培养学习型党员干部、建设学习型党组织,作为建设马克思主义学习型政党的重要基础工程。充分发挥党组(党委、党支部)中心组学习的龙头和示范作用,认真制订年度学习计划,中心组集中学习每个季度不少于 1 次,确保全年集中学习不少于 12 天,每位成员在集体学习时要作 1 次中心发言或为所在党支部党员干部作 1 次学习辅导报告,撰写调研报告(理论文章)不少于 1 篇,每年召开 1 次理论务虚会,总结交流学习成果,研究提出下一年度重点学习课题。认真制订并及时向上级党组织提交党支部年度学习计划,健全和完善党支部集中“学习日”制度，每个党支部每半月至少集中学习一次。组织开展读书会、知识竞赛、技能比赛、参观考察等各种形式的主题学习教育活动，特别是结合“七一”、“十一”等重大节庆日，组织开展党的历史、新中国历史以及党的优良传统和优良作风、民族精神和时代精神等的专题学习教育。认真落实《2009～2013年全国党员教育培训工作规划》和《干部教育培训工作条例（试行）》，坚持统筹协调，采取日常学习与集中培训相结合，“菜单式”选学和在线学习相统一等形式，不断增强学习的针对性和实效性，大幅度提高党员、干部整体素质和能力水平。

三是调整和优化组织设置，切实适应服务型基层党组织建设的要求。厅机关、厅管厅属各单位要按照建设服务型基层党组织的要求，以组织设置的调整有效整合服务资源、提高服务效率、提升服务水平。按照“充分尊重党员意愿、充分发挥党员作用”的原则，根据每个党员的年龄、文化程度、特长和行业特点等，分类设置，为不同类型、不同专长的党员开展服务搭建平台。按照“有利于党支部开展活动、履行职责、发挥作用”的原则，进一步调整和规范党支部的设置。

四是深入实施城乡结对共建工作，全面提升基层党组织服务发展、服务群众的能力。深入开展和农村党组织、欠发达地区党组织的结对共建活动，今年年底前，厅机关党委、厅管厅属各单位党委（党支部），都要与1个以上村（社区、企业）党组织结为对子，在人才、资金、项目、信息、技术等方面为结对党组织提供支持，特别是要重点帮扶对集体经济年收入3万元以下的村级党组织。结对的基层党组织，每年要联合开展若干次组织生活，通过多种形式，强化结对双方的工作交流，推动城乡基层党组织服务发展、服务群众取得更大成效。要健全和完善党员领导干部蹲点调研、破解难题、结对联系、下访约访等制度，以增进感情、改进作风、服务基层为重点，切实为结对帮扶的乡镇、村和困难群众解难事、办实事、做好事。

五是健全完善党内关怀帮扶机制，为基层党组织和党员开展服务提供有力保障。认真落实《党员权利保障条例》和《党内民主监督条例（试行）》，建立健全党支部情况通报制度、情况反映制度、重要决策征求意见制度，切实保障和落实党员知情权、选择权、参与权和监督权，进一步落实党员民主权利，推进党务公开。创新党员发挥作用载体，组织开展以增强党员意识和服务群众为主要内容的主题实践活动，通过党员示范岗、党员责任区、党员先锋岗、党员志愿者队伍等有效载体,引导广大党员干部立足本职岗位,发挥好骨干作用。大力倡导党员之间的互助互帮精神,建立健全党内关怀和互助机制,坚持和完善谈心制度、定期走访慰问困难党员等制度,增强服务党员意识,关心党员的学习、工作和生活,帮助解决实际问题,进一步增强凝聚力和向心力。要重视做好离退休党支部工作,继续关心支持他们根据老同志的特点开展组织生活。今年年底前,有条件的单位要通过党费支持、党组织和党员捐助等多种途径,建立党内关爱资金(基金),为生活困难党员提供救助和帮扶。要积极创造条件推动党员活动室、党员服务中心、网上党员之家、党员教育培训基地等党员活动场所建设。

六是深化机关作风和效能建设,以实际行动树立为群众服务的良好形象。按照省委、省政府关于开展"深化作风建设年"活动的部署,以勤政、廉政、善政为目标,以"治庸治懒、提能增效、狠抓落实"为重点,以"转作风、提效能、促转型"为主题,着力解决机关作风不实、办事不公、效率不高以及"中梗阻"等问题,完善效能建设、效能监察和效能投诉"三合一"工作机制。根据省委"深化双服务"活动部署,积极履行牵头单位职责,开展以服务大平台、大产业、大项目、大企业建设为重点的各项行动,深入企业、深入基层、深入生产一线,积极帮助解难事、办实事、做好事。深入开展"讲党性、重品行、作表率"活动和"诚信、责任、敬畏"机关伦理道德教育活动,把加强党员党性修养、提升思想道德品质作为优良作风养成的重要基础。

三、加强领导,狠抓落实,确保创先争优活动落到实处

一是要加强领导,落实责任。深入开展创先争优活动,是对各级党组织贯彻落实科学发展观执行力的重要检验,是各级党组织必须肩负的重大政治责任。省厅成立厅创先争优活动领导小组,由我任组长,厅党组副书记、副厅长徐纪平和厅党组成员、副厅长储雪青任副组长,其他厅领导和厅管厅属单位一把手为成员。创先争优活动领导小组下设办公室,设在厅直属机关党委,负责创先争优活动日常工作。厅党组成员、副厅长储雪青兼任办公室主任,厅直属机关党委专职副书记、厅人事处副处长戴英任办公室副主任,厅机关各党支部书记为成员。厅管厅属各单位也要从实际出发,成立相应的工作机构,制订具体的实施方案,负责活动的组织指导和落实工作。

二是要加强指导,狠抓落实。厅机关、厅管厅属各单位要按照上级党组

织的统一部署，结合本单位工作实际，合理设置创先争优活动载体，深入开展争做“廉洁高效先锋”、“转型发展先锋”、“诚信服务先锋”等各项活动。离退休干部党组织也要以“支部班子好、党员队伍好、组织设置好、活动开展好、群众反映好”为目标，开展创先争优活动。厅机关、厅管厅属各单位要围绕创先争优活动的目标要求，加强指导和督促检查，及时总结推广基层党组织在创先争优活动中好的经验和成功做法，不断推动活动向纵深发展。各单位党委（党支部）要适时对本单位基层党组织、党员开展创先争优活动情况进行点评，实事求是肯定取得的成绩，指出存在问题及努力方向；要适时组织党员、群众，对本单位的基层党组织和广大党员开展创先争优活动的情况进行评议。

三是要精心组织、扎实推进。基层党组织要在深入调查研究的基础上，认真制订好活动的实施方案，明确创建的目标、要求和工作计划，抓紧抓好落实。党员个人要结合岗位职责，提出参与活动的具体打算。基层党组织的实施方案和党员个人的具体打算要采取适当方式向群众公布，作出承诺，听取群众意见，接受群众监督。根据中央、省委和省直机关工委的部署要求，我们的具体安排是，从现在开始到明年“七一”，着重围绕迎接建党90周年开展活动，兴起创先争优的热潮。具体安排是：6月中旬前后，厅管厅属各单位要完成动员部署；6月底前，每个党员要结合岗位职责，制订参加活动的具体方案；7月初，厅机关、厅管厅属各单位党委（党支部），各基层党委、党总支、党支部都要将实施意见或实施方案和党员个人的具体打算以适当方式进行公布，作出承诺；“七一”前后，省厅将表彰一批优秀共产党员；下半年，省厅将召开座谈会，听取各单位活动开展情况汇报。从2011年7月开始，着重围绕迎接党的十八大开展创先争优活动，引导各级基层党组织和广大党员以昂扬向上的精神风貌，更加出色的工作业绩，向党献礼。省厅将在明年建党90周年之际，集中表彰一批先进基层党组织、优秀共产党员和优秀党务工作者；在2012年“七一”前后，专项表彰一批“2010～2012年创先争优活动”先进基层党组织、优秀共产党员和活动开展成绩显著的先进单位；同时积极向省委、省直机关工委员推荐表彰先进集体和先进个人。

四是要加强宣传，营造环境。创先争优活动是一项经常性的工作，要注重结合，有计划、有节奏地推进，不搞“一阵风”、“两张皮”，也不能抓抓停停、松松散散。各单位要充分运用多种媒体，广泛深入地宣传开展创先争优活动的目的意义、进展情况、成功做法和典型经验,积极营造良好氛围,树立正确舆论导向。要深入开展学习沈浩、师延林、王伯祥等先进人物,学习朱汉华、赵长军以及全国劳模、省劳模和省直机关道德模范等身边先进典型活动,学习宣传创先争优活动中涌现出的先进基层党组织、优秀共产党员和优秀党务工作者,充分发挥先进典型的示范带动作用,努力在全系统形成学习先进、崇尚先进、争当先进的良好风气。

深入开展“之江先锋”创先争优活动是时代的要求、事业的需要、群众的期待。我们要在省委省政府的正确领导下,以高度负责的态度,改革创新的精神,求真务实的作风,扎扎实实搞好创先争优活动,不断增强党组织的创造力、凝聚力和战斗力,为全面推进三大建设,促进浙江交通科学发展提供坚强保证!

附录一

做好“三个服务”、坚持“五个发展”——浙江省交通厅党组书记、厅长郭剑彪在浙江省交通工作会议上的讲话

（摘自《中国交通报》,2007年2月2日）

2007年是实施“十一五”规划的第二年,是完成本届政府任期内各项目标任务的最后一年。2007年浙江省交通工作面临新的机遇。当前全国及浙江省经济继续快速发展,对交通运输有着旺盛的需求。全国交通工作会议提出的“三个服务”的指导思想,进一步明确了交通事业的发展方向。浙江省委、省政府十分关心和支持交通的事业发展,浙江省经济工作会议提出,要引导社会投资投向农业、水利、交通、生态保护和社会发展等重点领域和薄弱环节,政府投资更要注意优化结构,突出重点,集中力量办大事,加快推进“五大百亿工程”建设,这是浙江交通做好今年工作的重要保障。近年来,我们在科学发展观的指导下,在建设和管理上都积累了许多好经验、好做法。浙江省交通系统广大干部职工是一支敢打硬仗的队伍,有一种开拓创新的精神,这是做好今年工作的良好基础。同时,要清醒地看到,今年交通工作也面临着严峻挑战:经济社会的快速发展,对交通服务国民经济和社会发展全局的能力、服务社会主义新农村建设的能力、服务人民群众安全便捷出行的能力提出了更高的要求;浙江省港口资源的整合开发相对滞后,不能适应浙江经济发展对水路运输的需求;农村公路建设在快速推进的同时,还需要建立和完善农村公路管理、养护体制;交通建设项目的前期工作难度越来越大,一些项目土地问题迟迟不能解决,严重影响工程进度,个别重大项目的资金问题影响项目顺利推进;运输中存在的增长方式、运力结构等深层次问题影响服务质量的提高。在机遇和挑战并存的形势下,必须科学地分

析形势,理性地面对困难,扎实地推进工作。

2007 年浙江省交通工作的总体要求是:以邓小平理论和“三个代表”重要思想为指导,坚持科学发展观,按照全国交通工作会议和全省经济工作会议的要求,紧紧围绕浙江交通“两个率先”奋斗目标,做好“三个服务”,以改革创新为动力,加快交通建设,强化行业管理,推进队伍建设,深化文明创建,全面完成“六大工程”,着力构建和谐交通,推进浙江省交通又好又快发展。

2007 年浙江省交通工作的主要目标是:全省公路、水路交通计划完成投资 475 亿元,其中公路建设计划完成投资 399 亿元,水路建设计划完成投资 76 亿元。确保建成通车高速公路 329 公里,再力争建成 311 公里;再建农村公路 11 000 公里;以宁波—舟山港为龙头推进全省港口资源整合,加快港口、航道基础设施建设,新建沿海港口万吨级泊位 16 个;新增内河高等级航道 300 公里;全省港口吞吐量达到 9 亿吨(其中沿海港口 5.6 亿吨),集装箱吞吐量达到 880 万标准箱(其中宁波—舟山港 850 万标准箱)。

为完成上述目标,必须做好“三个服务”,坚持“五个发展”。“三个服务”,就是要服务国民经济和社会发展全局,服务社会主义新农村建设,服务人民群众安全便捷出行。“五个发展”就是要坚持科学发展、协调发展、集约发展、创新发展、和谐发展。

一是坚持科学发展。科学发展观是浙江省交通事业发展的根本指针。科学发展观的核心是以人为本,交通发展为了人民,交通发展依靠人民,交通发展成果由人民共享。坚持以人为本,就要大力推进“平安交通”建设,使交通建设和交通运输实现安全发展。坚持以人为本,必须推动交通“又好又快”发展。从“又快又好”到“又好又快”是落实科学发展观的必然要求。交通发展必须正确处理快与好的关系,正确把握交通发展速度与质量的关系,着力提高交通发展的质量和效益,努力实现由主要追求增长速度向主要追求发展质量和效益的转变,做到又好又快,好中求快。

二是坚持协调发展。交通发展要注意各个层面上的协调发展。要在实现交通建设、行业管理、队伍建设、文明创建等方面协调发展的基础上,实现公路与水路协调发展,在加快推进高速公路、农村公路、干线公路建设的同时,更加重视水路发展,将加快浙江省水路运输发展提到更加重要的位置,加强沿海港口的统筹规划和内河航道建设;要实现建设与管理的协调发展,加强运政、路政、养护、稽征等行业管理工作；要实现城市与农村交通的协调发展，在加快高速公路等交通主干线建设的同时，更加重视农村公路建设，继续推进农村公路网、城乡客运网、安全保障网建设；要实现本省交通与周边省、市交通的协调发展，在更大范围内发挥浙江省交通网络的效益。

三是坚持集约发展。实现集约型增长，是浙江交通提前基本实现现代化的必由之路。能源、资源和环境对交通发展的刚性约束，要求浙江省交通必须走出一条资源节约、环境友好的发展新路。在交通建设中集约利用土地和岸线资源，保护自然环境，就必须加强和改进建设项目前期工作，加快前期工作进度，提高前期工作质量，在项目规划、方案论证、设计施工、运营管理等环节强化科学管理，把好质量关。交通运输中，要继续大力推进增长方式转变和运力结构调整。浙江交通系统要进一步依法加强市场监管，充分运用经济、法律和必要的行政手段，引导集约型企业通过结构调整和增长方式转变做大做强做优。

四是坚持创新发展。创新是浙江交通实现跨越式发展的强大动力，要推动理念创新，探索和落实交通事业健康发展的新观念；要推动科技创新，以科技创新引领集约发展，以科技创新提高服务质量；要推动体制机制创新，不断探索和完善交通建设体制、养护体制、运输管理等体制机制，为交通可持续发展提供制度保证；要推动政策创新，不断提升交通行业的行政能力和管理水平。坚持创新发展，就要保持走在前列的精神状态，不断提高行业创新能力，集聚创新要素，激发创新活力，转化创新成果。

五是坚持和谐发展。在构建社会主义和谐社会的新的历史条件下发展交通，就必须按照中央提出的“民主法治、公平正义、诚信友爱、充满活力、安定有序、人与自然和谐相处”的总要求，遵循浙江省委提出的“发展固和谐、民主促和谐、文化育和谐、公正求和谐、管理谋和谐、稳定保和谐”的总体思路，努力构建和谐交通，构建交通行业内部的和谐关系，构建交通行业与其他行业的和谐关系，构建交通行业与社会公众的和谐关系，构建交通建设、运输与自然环境的和谐关系，最终构建内外协调、充满活力的和谐交通，为构建社会主义和谐社会发挥应有的作用。

附录二

以创新为动力加快推进交通现代化

（摘自《中国交通报》,2007 年 7 月 15 日）

站在新历史起点上的浙江交通人,将认真贯彻党的十六届六中全会精神和建设创新型交通行业工作会议精神,牢牢把握建设创新型交通行业的战略重点,构建和谐交通,谋求更好发展,大力推进理念创新、科技创新、体制机制创新和政策创新,使创新成为加快推进浙江交通现代化的强大动力。

一是抓好理念创新这个重要前提。

我们要坚持科学发展观,坚持以人为本、好中求快、协调发展、可持续发展的交通发展核心理念。我们将着力推进公路、水路交通协调发展和城乡交通协调发展。在加快公路建设的同时,把水路运输发展摆在更加突出的位置,加快港口航道建设,调整运力结构,将水运大省建设成为水运强省,建立和完善协调发展的综合运输体系。浙江交通在提前一年完成本届省政府任期内的乡村康庄工程建设任务的基础上,继续着力构建农村公路网、城乡客运网和安全保障网,使一体化的城乡交通在社会主义新农村建设中发挥更加重要的作用。

二是抓好科技创新这个主导力量。

在交通产业从传统转向现代、从粗放走向集约的转折期,在建设资源节约型、环境友好型交通行业的形势下,交通科技创新尤为重要。我们将继续推进“科教兴交”战略,推进交通科技创新体系建设,以浙江交通建设和运输生产中的突出问题为重点,加大科技投入,进一步发挥交通信息化建设在提高运输效能、提升服务水平方面的积极作用;以强化成果推广为重点,加强交通科技管理工作,建立交通科技信息沟通机制,培育科技中介机构,使交通科技成果尽快转化为生产力。

三是抓好体制机制创新这个必要保障。

浙江交通的快速发展得益于不断改革创新的体制机制优势。宁波、舟山两港一体化是近年来浙江交通在体制机制创新上的一大亮点。我们遵循市场经济规律和岸线资源开发的内在规律，打破行政区划，将宁波、舟山作为一个有机整体，在《宁波—舟山港总体规划》和《宁波—舟山港口资源整合规划》的指导下，对外统一使用“宁波—舟山港”名称，进行统一开发建设，逐步实现统一管理。这一创新举措提高了宁波—舟山港的国际知名度，增强了宁波—舟山港的综合竞争力，有力推动了全省沿海港口资源整体优势的发挥。我们将继续创新交通管理体制和交通工作机制，推动交通事业更好更快发展。

四是抓好政策创新这个有效手段。

浙江交通正处于走向现代化的关键时期，我们必须准确判断发展形势，适时出台有力措施，以政策创新引领行业发展。我们将调整收费公路政策，确保收费公路良性发展；密切关注已出台的收费航道政策的运行状况，为水运发展拓宽投融资渠道；逐步建立农村公路管养体制，出台促进农村公路可持续发展的政策措施；采取有效手段，引导和推动公路、水路运输结构的调整和优化。我们将加强政策研究力量，完善政策研究方法，建立政策评估机制，确保政策的科学性、可行性和创造性，并逐步建立起动态的交通发展政策体系。

附录三

港口——浙江新一轮腾飞的翅膀

——关于建设“港航强省”的几点思考

（摘自《中国交通报》，2007 年 8 月 10 日）

省第十二次党代会提出要“大力发展海洋经济，加快建设港航强省”，这是从浙江全局和长远发展出发作出的一项重大决策，是创业富民、创新强省战略的有机组成部分。通过学习调研，我们对落实党代会决策、加快港口发展有了进一步的思考。

一、港口是经济全球化背景下区域发展的重要支撑

近代的历史，是一部从内陆文明走向海洋文明的历史。纵观 16 世纪以来大国的崛起，无不依靠港口海运的发展。葡萄牙、西班牙因“地理大发现”而兴盛，荷兰被称为“海上马车夫”，英国借助海运向世界倾销工业品，俄国夺取出海口后才奠定了帝国基础，美国的经济之都纽约建立在哈得孙河口等。当代世界五大城市群也都依托国际性港口。国内外发展经验表明，港口是带动国家和区域经济发展的核心战略资源，是经济全球化时代的重要支撑。

（一）带动相关产业，产生乘数效应

港口的发展会极大地催生和带动运输、仓储、加工、贸易、金融、代理、信息产业的发展。例如，一只标准集装箱重箱的港口包干费，即港口企业直接收益部分，约为 800 ~ 1 200 元，而由此带来的拖轮、引航、口岸以及港口配套服务，其经济收益则是港口直接收益的 6 倍，也就是 4 800 ~ 7 200 元。有数据显示，港口生产经营与其他相关产业及间接诱发的经济贡献为 1∶5，提供就业比值为 1∶9。按照世界银行的测算，修建一个集装箱码头 92% 的利益获

得者是地区经济，剩下的8%才属于码头和船公司本身。

（二）形成产业集群，取得规模经济效益

现代临港产业大都呈现产业集聚态势。在法国的福斯港，在进口原油、铁矿石、煤炭的基础上，形成了炼油—石油化工、钢铁—金属加工为主体的工业体系，其产量占到全国的1/4；日本的阪神工业带，在港口沿岸附近1～3公里的狭长区域内，分布着6 000多家工厂，神户制钢、川崎重工、三菱电子等都在这里设有大厂。我国临港工业发展虽然起步不久，但产业集群效应也已比较明显。随着上海港、深圳港、天津港等的建设，当地都在加快培育石化、钢铁、机械、高新技术等临港产业群。

（三）促进结构调整，优化产业布局

自然资源是经济发展的基础，而资源分布的不平衡性决定了交通对区域经济发展的重要影响。港口作为海陆货物运输的结合点，为本地区参与全球竞争提供了高效便捷的通道，使各种资源运输成本降低，已成为配置资源、改善投资环境、调整区域产业结构的重要力量。浙江过去是依靠内外两种资源、两个市场实现了从资源小省向经济大省的跨越，今后要在更大范围利用好外部资源和外部市场，承接国际产业大转移，获取全世界资源为我所用，为全世界提供商品和服务，因此而产生的巨量贸易运输需求，唯有依靠现代化的海港。

（四）加强区际联系，促进区域经济一体化

区域经济一体化是经济全球化大背景下经济发展的潮流，它可在区域内实现产业优势互补，降低生产成本，产生巨大聚合效应，从而增强区域综合竞争力。现代化国际港口作为海陆交通枢纽，通过与周边地区形成集疏运体系，促进区域间物流、人流、资金流、信息流等生产要素的沟通和交流，整合区域资源，增强区域的整体性，从而促进区域经济一体化。有资料表明，目前世界上凡是集装箱年吞吐量超过200万标准箱的港口所在城市都经济发达、充满活力，甚至是地区性、国际性的经济中心，如纽约、伦敦、东京、汉堡、鹿特丹、香港等。我国长三角、珠三角经济一体化，也无不依托航运中心的建设。在环渤海区域，中央决定建设天津滨海新区，逐步强化其经济中心职能，其重要的考虑因素也在于天津有着传统的港口优势。

（五）发挥辐射功能，带动腹地经济发展

国内外发展实践表明，港口是区域经济发展的增长极，也是带动腹地经济发展的强大引擎。现代港口的发展已不能着眼于狭隘的"港口"概念,而应该树立港口与腹地联系互动的"港区"概念。通过完善的集疏运体系,港口城市与腹地区域相连接,成为各类生产要素的向内积聚和对外辐射的节点,如同资源配置的"总调度室",可以切实发挥领头和带动作用。腹地区域既可以通过为港口城市服务配套获得利益,还可以通过港口向世界打开大门,融入全球经济大循环。如我省的宁波—舟山港,通过在义乌设置内陆无水港,直接为这个世界小商品城服务。

二、浙江港口发展面临新的机遇与挑战

(一)浙江建造世界级大港的机遇

一是具有优越的自然条件和区位优势。我省是海洋大省,海域面积是陆地面积的2.6倍,海岸线6 646公里,居全国首位,其中前沿水深15米以上、可建10万吨以上深水港的岸线有100余公里;同时,我省位于长江经济带与东部沿海经济带的"T"型交汇点,处于连接国际航道和国内支线的良好位置。因此,浙江建港条件得天独厚,世所罕匹。

二是具备广阔的经济腹地。长江三角洲地区是我国经济最发达的地区之一,该区域外向经济发达,是LPG、LNG、原油、铁矿砂等大宗散货的主要消费地,对港口、航运的需求量大,单靠某一地区或某一港口难以满足区域经济的需求,需一个港口群的支撑。浙江作为长三角南翼,还有一定的深水岸线储备,尤其是海岛岸线资源相对丰富,在大宗散货转运特别是水—水中转方面有明显的竞争优势,目前已形成以宁波—舟山港为中心的铁矿石、原油运输系统。

三是浙江自身发展对港口需求日益提高。"十一五"期,我省将重点形成"一域四圈三带两翼"的空间发展架构。"一域"是融入长三角;"四圈"是强化杭、甬、温都市圈和浙中城市群;"三带"是构筑环杭州湾、温台沿海和金衢丽三大产业带;"两翼"是保护和合理开发浙西山区的绿色屏障和浙东沿海的蓝色屏障。《浙江省先进制造业基地建设规划纲要》确定了浙江制造业的基本框架——着力构筑环杭州湾大产业带、温台沿海产业带、金衢丽沿高速公路产业带等三大产业带。这些产业带的建设高度依赖沿海港口所提供的物流服务支持。环杭州湾大产业带、温台沿海产业带依托港口不在话下,金衢丽产业带同样通过公路、铁路与港口紧密相连,在全球经济中寻求定位

和发展。

（二）浙江港口发展面临的挑战

一是国际港口发展势头迅猛。随着世界经济的发展，近年来，国际航运业开始新一轮增长，尤其是东亚地区，发展更为迅猛，干散货和集装箱吞吐量都占到世界的50%以上。港口之间的竞争也日趋激烈，争夺航运中心地位已成为所在国家、地区的重大战略。譬如，新加坡港计划到2011年前，新增15个集装箱泊位，使整个港口的集装箱泊位达到37个，且全部配备外伸距为67米的巨型集装箱装卸桥。到2009年或2010年，新加坡的集装箱处理能力可达到每年3 100万标准箱。韩国计划釜山港增建30个新泊位，同时实行耗资近30亿美元的船舶保证金计划，鼓励国内船公司发展支线班轮运输，争夺我国北方箱源，今年进出口标准箱和转载标准箱吞吐量分别计划达到717万和544万箱。

二是长三角相邻港口异军突起。上海港原有的码头并非深水良港，在国际航运市场的激烈竞争中“先天不足”。2005年12月10日，洋山深水港一期正式开港，中国首个保税港区——洋山保税港区同时启用；2006年12月10日，洋山深水港二期正式开港，上海港实现了从河口港向外海港的跨越。上海港2006年的货物吞吐量达5亿吨，完成的集装箱吞吐量达到2 100多万标准箱，比上年增长20%以上，继续稳居世界第三位。良好的深水港能够容纳第六代集装箱船的停靠，降低远洋运输成本。此外，上海港航线多，航班密度大，信息化程度高，口岸运作规范，综合服务能力也在不断增强。

江苏也在筹划将苏州港建设为“上海国际航运中心北翼国际重要海港区”。他们一方面把张家港、太仓港和常熟港整合起来，建设新苏州港；另一方面建设长江口12.5米延伸至南京和连云港港15万吨级以上深水航道等工程。同时，在苏北大手笔建设大丰港，2005年一期工程万吨级泊位建成试运行，港口全部建成后可常年进出5万至10万吨级海轮，具有广阔的后方腹地，直接覆盖苏中、苏北地区。

三是省内港口间缺乏合力，综合竞争力亟须增强。沿海深水岸线缺乏统一的布局，深水码头、深水泊位不连片而被一些零星码头所分割，不仅影响深水泊位整体功能的发挥，也造成了港口资源配置的低效率；长期忽视进港航道建设，以致造成航道约束瓶颈。如台州港，进港航道最浅处水深仅2米，大型船舶的通行受阻，严重制约了港口的发展；省内个别港口与省外港口合作,有造成货源、箱源外流的可能。另外,各港口在码头建设尤其是货主码头建设上普遍存在较大的随意性,货主码头与公用码头之间缺乏协调,造成了港口功能的混乱及岸线资源的浪费,制约全省港口综合实力的提高。

三、建设港航强省是浙江港口发展的必然选择

海洋是浙江拥有的最大资源优势。发挥好这一优势,建设港航强省,为浙江新一轮腾飞插上翅膀,是我省今后港口发展的主题。我们要进一步创新思路,狠抓落实,加快推进我省港口事业的发展。根据我省港口布局规划,到2010年,沿海港口万吨级以上深水泊位将超过160个,在现有基础上翻一番,货物吞吐量超过7亿吨,集装箱吞吐量超过1 300万标准箱。为完成上述目标,我们提出如下措施和建议:

(一)切实完善港口规划,并依法实施规划

港口规划是建设和管理港口的基本依据,是源头调控港口资源,保证港口持续、稳定、协调发展的重要手段。我们要在《浙江省沿海港口布局规划》的基础上,抓紧完成各港口总体规划和港区控制性详细规划的编制和报批工作。日前,省人大常委会已经审议通过《浙江省港口管理条例》,对港口规划的法律地位作了明确规定,并细化了港口岸线审批程序。今后,在港口开发建设时,要以港口规划为依据,严格依法办理各项审批手续,积极为港口投资者创造良好的发展环境。

(二)推进宁波—舟山港一体化,整合全省港口资源

深化改革,全力推进规划、品牌、建设与管理的“四统一”,将宁波—舟山港打造成国际性大港,到2010年,使年货物吞吐量达到6亿吨,集装箱吞吐量1 200万标准箱;着手整合嘉兴、温台港口资源,在宁波—舟山港的龙头带动下,筹划组建全省港口联盟,增强浙江港口的整体实力;加快建设“煤、矿、油、箱和公共基础设施”五大类代表性工程项目,新增各类泊位63个(万吨级以上泊位51个),新增吞吐能力2.6亿吨。

(三)加快集疏运体系建设,拓宽港口发展腹地

港口的发展依赖于腹地经济的支撑。要破除就港口论港口的狭隘观念,跳出港口看港口,跳出港口发展港口,促进港口与腹地的良性互动、共赢发展。为此,要将码头、航道、锚地、公路、铁路等相关设施视为有机整体,完善港口集疏运体系。要抓紧编制港口集疏运专项规划,进一步明确各规划

港区的集疏运方式和建设方案。要加快全省公路网络化建设，充分发挥区域与城乡公路网络的整体功能。到“十一五”末，使全省高速公路总里程超过3 500公里，建成3座世界级桥梁（杭州湾跨海大桥及舟山连岛工程金塘大桥、西堠门大桥）和4条出省高速公路通道、6条省内断头高速公路、16条省内联网高速公路。要重视内河航道的建设改造，完善大宗物资的河海联运体系，充分发挥水运运量大、能耗少、成本低、污染小的特点。重点是建设杭甬运河、湖嘉申线、杭平申线，改造京杭运河、杭申线、长湖申线、乍嘉苏线，提高通航能力，深化钱塘江流域航道整治方案研究。此外，还要协调铁路、航空等部门，实现多种运输方式的“无缝衔接”。

（四）创新港口开发模式，发挥政府主导作用

港口岸线是不可再生的稀缺资源，一旦获得可以垄断经营。同时，港口开发中土地征迁和岸线平整等前期工作难度高、阻力大，社会投资者很难承担。因此，在港口开发上，坚持政府主导是必要的。积极倡导“地主港”开发模式，组建由国有资产为主、省市共同出资的港口开发投资公司，进行土地征迁、岸线平整、基础设施和港口项目建设，以自营、转让或出租等多种形式参与港口经营，体现政府战略意图，减少项目前期难度，更好地协调解决开发中的各种问题。

（五）增加基础设施投资，加大政策扶持力度

由于港口建设项目投资大、投资回报期长，对国民经济贡献显著，各级政府应加大扶持力度。2006年江苏省从结余财政中拿出15亿元设立水运航道建设基金，以后每年视财政情况酌情补充资金。建议我省加大各级政府投入，设立港航发展专项基金，用于港口公共基础设施、航道和运输结构调整；对港航基础设施建设在资金、税收、用地指标等方面出台优惠政策，对集装箱车辆给予通行费减免；吸引有实力企业投资我省港口；同时，大力培育航运企业的发展。对涉及港口规划区内的建设项目，各级政府要协调各相关部门，做好项目审批工作，在土地、水域使用上要按照《港口管理条例》确定的“三位一体”原则，与岸线使用一同审批，确保港口岸线有足够的配套陆域和水域。

附录四

围绕“三个服务”　实现“三个加快”

（摘自《中国交通报》,2007 年 9 月 5 日）

近年来,在交通运输部和浙江省委、省政府的正确领导下,依靠社会各界的广泛支持,通过全系统干部职工的不懈努力,浙江交通各项事业快速推进,为经济、社会发展提供了有力保障。今后一个时期,是浙江全面建设小康社会的攻坚阶段,也是浙江交通提前基本实现现代化的关键时期。我们将围绕交通运输部党组提出的“三个服务”要求,结合浙江实际,以科学发展观为统领,实现“三个加快”,推动浙江交通事业又好又快发展。

“十一五”浙江交通发展的总体思路是“坚持一个统领,实现三个加快”。即坚持以科学发展观为统领,加快公路网络化建设,加快港航强省建设,加快行业体制建设,全力推进浙江交通提前基本实现现代化。

“三个加快”的具体内容是:

一是加快公路网络化建设,更好地发挥区域与城乡公路网络的整体功能。高速公路重点建设通往省外的“接口路”、省内的“断头路”、区域间的“联网路”,干线公路重点强化配套、确保畅通,农村公路重点提高通达水平、健全管理养护体制。到“十一五”末,使全省公路总里程突破 10 万公里,高速公路总里程超过 3 500 公里,建成 3 座世界级桥梁和 4 条出省高速公路通道、6 条省内断头高速公路、16 条省内联网高速公路;新改建通村公路32 500 公里,使全省具备条件的行政村全部通等级公路,并逐步改造 1.2 万公里连村公路。同时,按照“压量提质”的要求,规划新改建国省道及区域干线公路 5 400 公里。

二是加快港航强省建设,更好地发挥全省港航资源的整体功能。以宁波—舟山港为龙头,整合全省资源,增强集疏运能力,形成“一个龙头”、“两个区域”(嘉兴港、温台港)、“三条主线”(浙北航道、钱江中上游航道、杭甬运河)的水运网络。一要实现管理体制上的实质性突破,成立统一的港口行政管理机构,加大政府对港航资源的利用。二要着手整合嘉兴、温台港口资源,筹划组建全省港口联盟,增强浙江港口的整体实力。三要加快建设“煤、矿、油、箱和公共基础设施”五大类代表性工程项目,新增各类泊位 63 个(万吨级以上泊位 51 个),新增年吞吐能力 2.6 亿吨,全省实现沿海港口年集装箱吞吐量突破 1 200 万标箱,货物年吞吐能力超 7 亿吨。四要加快港口集疏运体系规划和建设,大力发展港口服务业、现代物流和海运业,提高港口现代化水平。五要加快内河航道建设改造,实现内河高等级航道超 1 000 公里,完善大宗物资的河海联运体系。

三是加快体制建设,更好地发挥交通行业的整体功能。重点是通过推进港口管理体制、高速公路建设运营体制和农村公路管理养护体制等项改革,加强行业自身建设,努力建设“和谐交通”。一要进一步规范建设和运输市场秩序,建设“诚信交通”。二要抓好行业安全生产和行业稳定,建设“平安交通”。三要加强交通法制建设,建设“法治交通”。四要加强资源节约和环境保护工作,建设“集约交通”。五要实施“人才工程”,加强交通科研工作,建设“创新交通”。六要深化党风廉政建设和反腐败斗争,建设“阳光交通”。七要深入开展“作风建设年”活动,打造学习型、服务型、创新型、廉洁型和节约型机关,建设“效能交通”。